V&R

# Lutherjahrbuch

Organ der internationalen Lutherforschung

Im Auftrag der Luther-Gesellschaft herausgegeben von

Helmar Junghans

Professor em. an der Universität Leipzig

69. Jahrgang 2002

Vandenhoeck & Ruprecht in Göttingen

ISBN 3-525-87434-0
ISSN 0342-0914

Layout: Institut für Kirchengeschichte
der Theologischen Fakultät Leipzig
Gesamtherstellung: Gulde-Druck GmbH Tübingen

# Anschriften

*der Mitarbeiter:* Privatdozent Dr. Michael Basse, Weiers Wiesen 49, D-53229 Bonn; Professor Dr. Albrecht Beutel, Erich-Greffin-Weg 37, D-48167 Münster; Akademischer Mitarbeiter Dr. Michael Beyer, Pfarrhaus, D-04668 Schönbach; Dr. Kathryn Duffy, Grand View College, 1200 Grandview Avenue, Des Moines, IA 50316-1599 USA; Professor Dr. Helmar Junghans, Gletschersteinstraße 37, D-04299 Leipzig; Professor Dr. Robert Kolb, Institute for Mission Studies, Concordia Seminary, 801 DeMun Avenue, St. Louis, MO 63105 USA, Professor Dr. Isao Kuramatsu, Tohoku Gakuin University, 1-3-1 Tsuchitoi, Aoba-ku Sendai, 980-8511 Japan; Professor Dr. Heiner Lück, Mozartstraße 23, D-06114 Halle; Dr. Franz Posset, 16 Brook Street, Beaver Dam, WI 53916 USA; Privatdozent Dr. Uwe Rieske-Braun, Bismarckstraße 176, D-52066 Aachen; Professor Dr. Manfred Schulze, Tannenweg 4, D-72076 Tübingen; Assistant Lecturer Corneliu C. Simut, Historical and Dogmatic Theology, Campusul Universitas Emanuel, str. Nufarului nr. 87, RO-3700 Oradea, Bihor; Professor Dr. Herbert Wolf, Am Mehrdrusch 4, D-35094 Lahntal; Jens Wolff, Evangelisch-Theologische Fakultät, Universitätsstraße 13-17, D-48143 Münster;

*für Rezensionsexemplare, Sonderdrucke, Mitteilungen sowie Anfragen:* Theologische Fakultät, Institut für Kirchengeschichte, Abt. Spätmittelalter und Reformation, Otto-Schill-Straße 1, D-04109 Leipzig (Tel. 0341-9735436, FAX 0341-8616821); E-mail: Lutherjahrbuch@uni-leipzig.de; Junghans@uni-leipzig.de;

*der Luther-Gesellschaft:* Krochmannstraße 37, D-22299 Hamburg (Tel./Fax: 040-5141150; E-mail: Luther-Gesellschaft@t-online.de; www.luther-gesellschaft.com).

Die *Abkürzungen* der »Lutherbibliographie 2002« werden im ganzen »Lutherjahrbuch 2002« verwendet. Den Abkürzungen für die *Lutherausgaben* liegt »Kurt ALAND: Hilfsbuch zum Lutherstudium. 4. Aufl. Bielefeld 1996« zugrunde; StA verweist auf »Martin LUTHER: Studienausgabe. B; L 1979 ff«; BSLK auf »DIE BEKENNTNISSCHRIFTEN DER EVANGELISCH-LUTHERISCHEN KIRCHE/ hrsg. vom Deutschen Evangelischen Kirchenausschuß im Gedenkjahr der Augsburgischen Konfession 1930. 2 Bde. GÖ 1930« und Nachdrucke.
Die Abkürzungen für *biblische Bücher* und die *Zeichensetzung bei Stellenangaben* folgen dem »NOVUM TESTAMENTUM GRAECE« von Eberhard Nestle.
Die *Anordnung der Rezensionen* folgt der Systematik der »Lutherbibliographie«.

# In memoriam Heiko A. Oberman

Von Manfred Schulze

Heiko Augustinus Oberman, geboren am 15. Oktober 1930 in Utrecht, verstarb am 22. April 2001 in Tucson (Arizona), der Stadt seiner Universität. Nach einem Festgottesdienst an Christi Himmelfahrt in der Kirche zu Holten (Niederlande) wurde seine Asche am nächsten Tage, Freitag den 25. Mai 2001, auf dem dortigen Friedhof beigesetzt. Verheiratet seit 1955, hinterläßt er seine Frau Geertruida, geb. Reesink, sowie zwei Töchter und zwei Söhne.

Nach der Schulzeit und dem Studium in Utrecht wurde Oberman im Oktober 1957 zum Doktor der Theologie promoviert, 1958 als Instructor an die Harvard Divinity School in Cambridge, Mass. berufen und dort 1963 zum Professor of Church History ernannt. Von 1966 bis 1984 war Oberman Professor für Kirchengeschichte und Direktor des Instituts für Spätmittelalter und Reformation an der Evangelisch-Theologischen Fakultät Tübingen, beides in der Nachfolge von Hanns Rückert (1901-1974). 1984 folgte er dem Ruf als Professor of History der University of Arizona (Tucson) und gründete am dortigen Department of History die Division for Late Medieval and Reformation Studies.

Oberman war Hauptherausgeber mehrerer wissenschaftlicher Reihen: der »Studies in the history of Christian thought« und der »Studies in medieval and Reformation thought«, beide bei E. J. Brill in Leiden; »Spätmittelalter und Reformation: Texte und Untersuchungen« bei Walter de Gruyter in Berlin, »Spätmittelalter und Reformation: neue Reihe« bei J. C. B. Mohr (Paul Siebeck) in Tübingen. Er war Mitherausgeber mehrerer Zeitschriften, u. a. vom »Archiv für Reformationsgeschichte« und der »Zeitschrift für Kirchengeschichte«.

Dreimal wurde Oberman als Doctor honoris causa geehrt (1971 vom Concordia Seminary in St. Louis, Mo.; 1984 von der University of Aberdeen; 2000 von der Valparaiso University in Valparaiso, Ind.), Mitgliedschaften in wissenschaftlichen Akademien wurden ihm übertragen (z. B. 1961 als Corresponding Fellow of the Royal Netherlands Academy of Arts and Sciences) und Preise verliehen (z. B. 1996 der Heineken Preis für Geschichte).

Betreut von Professor Dr. M. van Rhijn, begann Oberman als Utrechter Doktorand seine Forschungen mit einem Thema, dessen Zukunftsträchtigkeit er nicht ahnen konnte. In seiner Dissertation befaßte er sich mit Thomas Bradwardine (um 1290/1300-1349 – Archbishop Thomas Bradwardine: a fourteenth century Augustinian; a study of his theology in its historical context. Utrecht 1958), dem Augustintheologen im Oxford des 14. Jahrhunderts, der vehement den Streit gegen die Theo-Philosophie seiner Zeit aufnahm: gegen den Fatalismus von Philosophen, die Bradwardine als Averroisten ausmachte, und gegen das Autonomiestreben jener Theologen, die ihm als moderne Pelagianer verdächtig waren. Rückblickend hat Oberman auch die Grenzen Bradwardines herausgestellt: Seine Durchsetzungskraft blieb unter den philosophischen Voraussetzungen des Universalienrealismus begrenzt (Gregorius Ariminensis: Lectura super Primum et Secundum Sententiarum/ hrsg. von A. Damasus Trapp; Venicio Marcolino. Bd. 6. B; NY 1980, V).

Das nächste Arbeitsprojekt sollte noch weitreichender seine Überzeugungen und künftigen Forschungen bestimmen. In Harvard stieß Oberman auf einen Tübinger, auf Gabriel Biel (1410-1495), dessen Meßkommentar er zusammen mit William J. Courtenay herausgab (Gabriel Biel: Canonis misse expositio. 4 Bde. Wiesbaden 1963-1967) und dessen Sentenzenkommentar er in einer Monographie zum Gegenstand einer Bestandsaufnahme der spätmittelalterlichen Theologie machte (The harvest of medieval theology: Gabriel Biel and late medieval nominalism. Cambridge, Mass. 1963; dt.: Spätscholastik und Reformation. Bd. 1: Der Herbst der mittelalterlichen Theologie. ZH 1965). Diese Arbeit war in mehrfacher Hinsicht ein Programm. Einmal suchte Oberman nach den aussagefähigen Quellen, machte sich deshalb selber an die Edition und förderte die Editionsarbeit anderer. Ferner entdeckte er in Biels Tübinger Werk die reifen Früchte der via moderna. Mit Biel wurde Oberman selber Nominalist, gerade als Historiker und Theologe: Sachgemäße Geschichtsschreibung geht vom konkreten Einzelnen aus und führt zu Konstruktionen von »conceptus« der Geschichte, die je aus einzelnen Quellen erhoben werden und an diesen wiederum zu bewähren sind. Der Theologe als Nominalist verbietet sich den Einblick in Gottes Wesen und weiß, daß alles Geschehen immer nur »de potentia dei ordinata« wirklich ist und immer auch anders hätte geschehen können. Drittens wies Gabriel Biel den Weg hin zu Luther. Wer Luther erfassen will, muß ihn konsequent in seine Zeit hineinstellen und aus dem Verstehenshorizont des späten Mittelalters deuten.

Als Oberman 1966 den Weg Biels nach Tübingen selber eingeschlagen hatte, waren sein Wissenschaftsverständnis und sein Forschungsprogramm definiert: Spätmittelalter und Reformation sind zusammenzuschauen. Die Reformation ist wieder zu vergeschichtlichen, nicht, um sie in der Vergangenheit zu versenken, sondern um sie für die Gegenwart wahrnehmungsfähig zu machen. Der Historiker muß vielsprachig werden, war seine Überzeugung, er muß in seine eigene Zeit hineinsprechen können, was er von den fremden Zeitgenossen damals erfahren hat. Das bedeutet für Luther: Er war damals und ist deshalb auch heute verstehbar. Es bedarf dazu nicht, daß man in ein religiöses oder gar nationales Mysterium eintaucht. So sehr Luther – auch – ein deutsches Ereignis ist, so wenig ist er ein deutsches Geheimnis.

Von Rückert übernahm Oberman in Tübingen als wissenschaftlicher Leiter der Kommission zur Herausgabe der Werke Martin Luthers die so unermeßlich erscheinende Aufgabe des Luther-Registers, das er als Direktor zusammen mit den Mitarbeitern des Instituts für Spätmittelalter und Reformation zu einem umfassenden Projekt ausbaute. Das Schwergewicht des Instituts sollte dieser Arbeit die realistische Chance zu ihrer erfolgreichen Beendigung geben. Diese Erwartung hat nicht getrogen. Die Registerbände zur Weimarer Lutherausgabe (Abteilung Schriften) erscheinen kontinuierlich in Weimar seit 1986, so daß nun das Ortsregister, das Personen- und Zitatenregister sowie das lateinische Sachregister in fünf Bänden vorliegen.

Luthers Werke für die wissenschaftliche Forschung begrifflich aufzuschlüsseln, erfordert einen ungeheuren Arbeitsaufwand, der den aller Elektronik überlegenen Sachverstand von Vorarbeitern bedarf, damit der Benutzer angesichts der Fülle des Materials nicht entnervt aufgeben muß. Eine Kostprobe der Möglichkeiten begrifflichen Arbeitens liefert Oberman selber mit einem Beitrag zu dem so unscheinbaren Wort »immo«. Der Nominalist Oberman sucht die Worte und stößt ins Zentrum der Rechtfertigungslehre. Mit dem Wort »immo« hebt Luther den Rechtsstreit zwischen Gott und Mensch heraus, bis zur Spitzenaussage der »spes contra spem«: Sünder, »immo« Gerechtfertigter; Gefangener, »immo« Befreiter (Lutheriana/ ... hrsg. von Gerhard Hammer und Karl-Heinz zur Mühlen. Köln; W 1984, 17-38).

Ein zweites großes Forschungvorhaben ist die Frucht der Arbeit an Biel und der spätmittelalterlichen Theologie. Oberman begründete ein Editionsprojekt, das im Rahmen des fächerübergreifenden Tübinger Sonderforschungsbereichs »Spätmittelalter und Reformation« zentrale Quellen der spätmittelalterlichen Theologie zugänglich machen sollte. Gemeinsam ist dem Projekt, daß alle zu edierenden Werke aus dem Bereich von Luthers Orden stammen: Der Sentenzenkommentar Gregors von Rimini (um 1300-1358 – 7 Bde. B; NY 1980-1987), die Werke des Erfurter Augustiners Johannes von Paltz (1444/47-1511 – 3 Bde. B; NY 1983-1989) und schließlich die Predigten, Traktate und Dokumente des Johannes von Staupitz (um 1465-1524 – Bd. 1. 2. 5. B; NY 1987-2001).

Die Geschichte aus sich heraus und damit auch Luther inmitten seiner Geschichte zum Reden zu bringen, war das Anliegen dieser Editionsprojekte. Mit den abgeschlossenen Gregor- und Paltzeditionen liegen Quellenkorpora von ungewöhnlicher Aussagekraft vor: Gregor entwickelt eine Theologie, die konsequent an Augustinus ausgerichtet und zugleich von den Errungenschaften der »modernen« theo-philosophischen Artistik durchdrungen ist. Johannes von Paltz zeigt sich von Gregors »Modernismus« und »Augustinismus« unbeeindruckt, ist aber ein beredter Zeuge der kirchlichen »communis opinio« sowie der Frömmigkeit, Ängste und Hoffnungen seiner Zeit, die längst schon Luthers Zeit war. Wer wissen will, wie eng das Verständnis von Kirche und und Rechtfertigung miteinander verwoben ist, muß zu Johannes von Paltz greifen. Die Staupitzedition ist noch nicht abgeschlossen. Der zuletzt fertiggestellte Band erschien wie ein Vermächtnis kurz nach Obermans Tod 2001. Was vorliegt, eröffnet den Blick in Staupitzens theologische Anfänge, in sein Wirken als Ordensreformer sowie als theologischer Frühreformator(!) und kritischer Verteidiger des Wandels im 16. Jahrhundert.

Das Lutherjahr 1983 war eine ungemeine Herausforderung, vornehmlich im damals noch geteilten Deutschland. Oberman suchte Luthers Zeitgenosse zu werden und diese Zeitgenossenschaft einer breiten Öffentlichkeit vorzutragen. Er wollte das aber nicht tun, ohne sich vor eben dieser Öffentlichkeit dem Thema »Luther und die Juden« gestellt zu haben. Es erschien »Wurzeln des Antisemitismus: Christenangst und Judenplage im Zeitalter von Humanismus und Reformation« (B 1981). Um die »Wurzeln« zusammenfassend zu werten: So, wie es geschrieben ist, hätte ein Deutscher dieses Buch nicht schreiben können – und wohl auch nicht dürfen. Oberman hat das gewußt und gewollt. Er wollte die Mehrdeutigkeit des Titels und wagte die pointiert vorgetragene »Rechenschaft«: »Die Rückschau auf den Neuaufbruch der Christenheit im 16. Jahrhundert zeigt ..., wie brandgefährlich es ist, Judenhaß als typisch deutsch an Blut und Boden festzuheften. Unsere Gesellschaft hat nicht nur ein Recht auf genauere Information, Europa bedarf sogar der kollektiven Anamnese, der schmerzhaften Aufarbeitung von Geburt und Wachstum seiner Neuzeit« (18). »Kollektive Anamnese« heißt auch hier, Luther in die Gesamtgeschichte und in die apokalyptisch geladene Geschichtsschau seiner Zeit zurückzustellen. Auch Luthers »Judenplage« ist kein deutsches Mysterium.

In Erwartung des Gedenkjahres 1983 brachte Oberman seine Darstellung »Luther, Mensch zwischen Gott und Teufel« (B 1981) heraus. Diese Deutung, die er in Jerusalem als Gast des Institute for Advanced Studies of the Hebrew University entwerfen konnte, führte die apokalypische Zeitschau weiter, die bereits das Judenbuch bestimmt hatte. Schon im Eingang beleuchtet er das Ganze, wenn er mit dem Ende beginnt: »Nach Luthers Tod wies ... nichts darauf hin, daß die Reformation eine Überlebenschance hätte« (17). Aus dieser Perspektive der Bedrohung wendet Oberman den Blick des Lesers von der heutigen zu Luthers Geschichtserfahrung: »Luther verstehen zu wollen, macht es nötig, seine Geschichte anders zu lesen als gewohnt: Sie ist Geschichte ›sub specie aeternitatis‹, zwar im Lichte der Ewigkeit, doch nicht im milden Schein eines stetigen Fortschritts gen Himmel, sondern im Schatten der chaotischen Endzeit einer nahe herbeigekommenen Ewigkeit« (21). Das bestimmt das Leben und Wirken jenes Luther, der sich nicht als Reformator, sondern bewußt als Prophet, Evangelist und Apostel Christi in den letzten Tagen versteht. Luther wendet die Zeiten nicht, das erwartet er nicht und will er nicht. Man kann begreifen, daß manche Historiker und Theologen in ihren Wünschen, den »modernen« Luther zu propagieren oder auch zu verdammen, dem Autor nicht folgen mochten.

Obermans Arbeit wäre unvollständig beschrieben, wenn nicht sein Bemühen, die Zeiten von Spätmittelalter, Renaissance und Reformation in ihren Brüchen und Kontinuitäten beieinanderzuhalten, ausdrücklich zur Sprache käme. Die Jubelfeier des Jahres 1977 zum 500jährigen Bestehen der Universität Tübingen bot den Anlaß, den Weg vom späten Mittelalter zur Reformation aus der Perspektive einer oberdeutschen Universität zu erkunden: »Werden und Wertung der Reformation: vom Wegestreit zum Glaubenskampf« (TÜ 1977). Oberman will sowohl der spannungsvollen Vielfalt als auch der Ganzheit der »reformatio«-Zeiten aus wechselnden Perspektiven ansichtig werden: »Die Erforschung des Werdens der Reformation ist auf Engführung programmiert, wenn wir uns nicht einprägen, daß es sich bei den ›Epochen‹ Spätmittelalter, Renaissance und Reformation nicht um voneinander abgegrenzte Zeitabschnitte handelt, sondern um drei verschiedene Sinnbezüge und um drei Fragerichtungen, denen gemäß dieselben Quellen und Ereignisse jeweils eigens gereiht und gewertet werden« (IX). Der Titel dieser »Schau aus der Perspektive« ist sprachlich bewußt brüchig formuliert, denn die Inhomogenität soll anzeigen, daß sich die Geschichte nicht in Prozeßverläufen vom klar definierten einen zum eindeutigen anderen hin entwickelt. Man kann dieses Buch als »disparat« bemängeln, das er selber als ausgesprochen »nominalistisch« verstanden hat, denn Geschichtsereignisse sind keine Realuniversalien, deren der Historiker mit glatten Begrifflichkeiten mächtig würde. Oberman setzt bei der Beobachtung ein, daß die Geschichte der württembergischen Universität des späten Mittelalters eine »reformatio«-Geschichte ist. Solch eine Reformation kann sich mit anderen »reformationes« in ganz eigener Weise verbinden. Es gibt keinen »Prozeß« von Biel hin zu Ulrich Zwingli, und doch vollziehen sich die Reformationen in Zürich oder Wittenberg nicht ohne jene Vorprägungen, die auch von den Universitäten, ihren Strukturen, Wissenschaften und Wissenschaftlern erbracht worden sind.

Auch für den inneren Bereich der Reformationsgeschichte suchte Oberman bereits in »Werden und Wertung« nach den Verbindungen und Brüchen unterschiedlicher »reformationes« (370-378). Sein Ziel und seine Hoffnung war das zu schreibende Calvinbuch, um die Reformation in ihrer vielfältigen Ganzheit erfassen zu lernen. Eine der dazu erbrachten Vorarbeiten hat er in den Niederlanden im Rahmen der Kuyper-Lectures vorgetragen: »De erfenis van Calvijn: grootheid en grenzen« (Kampen 1988). Calvins Erbe ist nicht nur aber auch in den Niederlanden hoch umstritten. Von neuem wird Obermans Anliegen deutlich: Calvin ist in seine Geschichte und Gesellschaft zurückzustellen, um ihn für heute verstehfähig zu machen. Es ergibt sich die Notwendigkeit der »social history of ideas«, die darauf zielt, die ganze Reformation, damit gerade auch die Geistesgeschichte der Reformation in ihren sozialen Bezügen und Verflechtungen herauszuarbeiten. Isolierungen der Theologie führen im Falle Calvins zur Bildung von Ideologiesystemen, die den Verdacht des unerträglichen Totalitarismus heraufgeführt haben: »Von Ami Perrin, Calvins Zeitgenossen und politischem Gegner in Genf bis zu Stefan Zweig, dem Ankläger aus dem 20. Jahrhundert, hat sich der Protest vielfältig als Protest gegen ›religiösen Terrorismus‹ durch Calvin artikuliert« (9). Wie wichtig dieses Thema werden sollte, hat damals niemand voraussehen können. Oberman beschließt seine Vorlesungen mit der Erinnerung an Calvins Kampf gegen den religiösen Totalitarismus und führt ihn bewußt mit Luther zusammen: »Wir leben aus dem Glauben an unsere Erwählung und lassen uns nicht terrorisieren durch Vernichtung und Verfolgung, durch Abfall und Bedrohung. Bettler, die wir sind, sind wir doch im Glück wie Könige. Es gibt deshalb keine bessere Weise, die Calvin-Vorlesungen zusammenzufassen, als mit den Worten [Luthers]: ›Wir sind Bettler ... Hoc est verum‹ (51).«

*Festschriften:* AUGUSTIN, THE HARVEST, AND THEOLOGY (1300-1650): essays dedicated to Heiko Augustinus Oberman in honor of his sixtieth birthday/ hrsg. von Kenneth Hagen. Leiden 1990; CONTINUITY AND CHANGE: the harvest of late medieval and Reformation history: essays presented to Heiko A. Oberman on his 70$^{th}$ birthday/ hrsg. von Robert J. Bast; Andrew C. Gow. Leiden 2000.

*Bibliographien:* HEIKO AUGUSTINUS OBERMAN BIBLIOGRAPHY/ zsgest. von Suse Rau und Elsie A. W. Vezey. In: Augustin, the harvest ..., 349-362; HEIKO AUGUSTINUS OBERMAN: bibliography. In: Continuity and change, 431-446.

*Bilder:* Augustin, the harvest, ..., Frontispiz; Continuity and change, IV.

# In memoriam Gerhard Ebeling

Von Albrecht Beutel

Am 30. September 2001 verstarb in Zürich Gerhard Ebeling. Den Fortgang der historischen und systematischen Theologie nach 1945 hat er tiefgreifend geprägt. Zur wissenschaftsorganisatorischen Konsolidierung des deutschen Protestantismus trug er als Präsident des ersten gesamtdeutschen Fakultätentages, Herausgeber der erneuerten »Zeitschrift für Theologie und Kirche«, Begründer zweier hochkarätiger Publikationsreihen (»Beiträge zur historischen Theologie«, »Hermeneutische Untersuchungen zur Theologie«) und verantwortlicher Mitarbeiter in verschiedenen Editionskommissionen (Luther, Bucer, Lavater, Schleiermacher) maßgebend bei. In seinem disziplinierten Arbeits- und Lebensstil transformierte sich die Tradition deutscher Universitätstheologie in verpflichtende Modernität. Seine akademisch geprägte und kirchlich orientierte Lebensarbeit vollzog sich in programmatischer Offenheit für die Welt. Die menschliche Wärme, die er ausstrahlte, und die natürliche Noblesse seines Wesens werden jedem, der ihm begegnet ist, als wohltuend und ansteckend erinnerlich sein. Mit seinem Tod ist eine Epoche der Theologiegeschichte zu Ende gegangen.

Am 6. Juli 1912 kam Gerhard Ebeling in Berlin-Steglitz zur Welt. Das im Frühjahr 1930 in Marburg begonnene Studium hat ihm gleich mit dem ersten Semester zwei lebensbestimmende Impulse vermittelt. Der Geist streng-sachnaher Wissenschaftlichkeit, der die Vorlesungen und Seminare Rudolf Bultmanns (1884-1976) durchwehte, prägte ihn tief. Zugleich hat ihn Wilhelm Maurer (1900-1981) in die Textwelt Martin Luthers nachhaltig eindringen lassen. Nach einem philosophischen Zwischensemester in Berlin – vor allem bei Nicolai Hartmann (1882-1950) – ging Ebeling zum Wintersemester 1932/33, vornehmlich Emil Brunners (1889-1966) wegen, nach Zürich, kehrte aber aufgrund der prekären kirchlichen Lage bereits im Juli 1933 nach Deutschland zurück. Auf das beim Prüfungsamt der Bekennenden Kirche Berlin-Brandenburg abgelegte Erste theologische Examen folgte ab Mai 1934 das Vikariat in Crossen a. O. und Fehrbellin. Im Oktober 1936 kam Ebeling in das von Dietrich Bonhoeffer (1906-1945) geleitete Predigerseminar der Bekennenden Kirche in Finkenwalde. Bonhoeffer, der die hohe wissenschaftliche Begabung des Vikars rasch erkannte, erwirkte beim Bruderrat der Bekennenden Kirche, daß Ebeling im April 1937 nach Zürich zur Promotion entsandt wurde. Nach fünfzehn Monaten war die umfangreiche, gewichtige Studie »Evangelische Evangelienauslegung: eine Untersuchung zu Luthers Hermeneutik« (M 1942, 2. Aufl. DA 1962 –Nachdrucke 1966, 1969–, 3. Aufl. TÜ 1991) fertiggestellt. Anfang 1939 wurde Ebeling als »illegaler« Pastor in die Notgemeinde der Bekennenden Kirche in Berlin-Hermsdorf und Berlin-Frohnau berufen. Während des Krieges als Sanitätssoldat eingezogen, blieb ihm die Weiterführung der pfarramtlichen Tätigkeit neben dem Militärdienst gestattet, bis die Truppe kurz vor Kriegsende nach Schleswig-Holstein abkommandiert wurde. Im Sommer 1945, am Ende einer abenteuerlichen Fahrradreise von dort nach Württemberg, bestallte ihn die Tübinger Evangelisch-theologische Fakultät als Assistenten für Kirchengeschichte bei Hanns Rückert (1901-1974). Im Folgejahr, nach vollzogener Habilitation, wurde er Professor für Kirchengeschichte, 1954 für Systematische Theologie. 1956 wechselte er an die Universität Zürich, kam 1965 erneut nach Tübingen und kehrte 1968 endgültig nach Zürich zurück. Wenn die Stadt an der Limmat dem geborenen Preußen zu einem Stück Heimat geworden ist, dann allem zuvor dank seiner Frau Kometa Ebeling geb. Richner, die er im Zürcher Großmünster kennengelernt und 1939 geheiratet hat.

Die Titulatur des Lehrstuhls, den Ebeling in Zürich zuletzt innehatte, bezeichnet einen von drei Schwerpunkten seiner Lebensarbeit: Fundamentaltheologie und Hermeneutik. Die hermeneutische Frage beschäftigte Ebeling seit seiner Dissertation. Daß er in Tübingen und Zürich ein »Institut für Hermeneutik« gegründet hat, war auch ein Ausdruck der Sorge um die akademische Gesprächsfähigkeit der Theologie. Die enzyklopädischen, hermeneutischen und apologetischen Problemstellungen suchte Ebeling dann aber immer stärker in das Bemühen um eine evangelische Fundamentaltheologie zu konzentrieren. Gemeint war damit die »Lehre vom Wesen der Theologie« im Sinne einer methodisch reflektierten Grundlagenbestimmung des eigenen Faches. Angesichts der fortschreitenden zentrifugalen Verselbständigung der theologischen Disziplinen und Subdisziplinen schien es ihm unabdingbar, die Frage nach dem Wesen der Theologie, ihrer Einheit, Wahrheit und Notwendigkeit, erneut auf die Tagesordnung zu setzen. Die Arbeit an einer ausführlichen Fundamentaltheologie war weit gediehen, als sich Ebeling dazu entschloß, seine Arbeitspläne umzudisponieren und statt dessen eine regelrechte Dogmatik in Angriff zu nehmen. Die Entscheidung mag ihm um so leichter gefallen sein, als er den prinzipiellen Fragen der Theologie ohnehin kein selbständiges Recht zuerkannte, sondern sie allein in ihrer subsidiären Bezogenheit auf die materialen Themen der Theologie sachgemäß erörtert wußte.

Systematische Theologie, als der zweite Schwerpunkt seiner Lebensarbeit, war für Ebeling »die systematisch verfahrende Rechenschaft über den christlichen Glauben«. Grundlegende Studien erstellte er zu Kernfragen der Gotteslehre, Christologie, Soteriologie, Ekklesiologie und Mariologie, ferner zum Verhältnis von Schrift und Tradition, Theologie und Verkündigung, Frömmigkeit und Bildung. Die Frage nach dem Zusammenhang der christlichen Glaubenslehre geriet darüber nicht aus dem Blick. Das frühe, aus Vorlesungen erwachsene Büchlein »Das Wesen des christlichen Glaubens« (TÜ 1959, 6. Aufl. FR 1993; etliche Übersetzungen) hatte dem Ziel gedient, das überlieferte Glaubenszeugnis für die Herausforderung zu gegenwärtiger Glaubensrechenschaft fruchtbar zu machen. Es war noch keine Dogmatik, schloß aber die Verpflichtung zu einer solchen in sich. Zwanzig Jahre später ist sie mit der dreibändigen »Dogmatik des christlichen Glaubens« (TÜ 1979, 3. Aufl. 1987-1993) eingelöst worden. In einer biblisch orientierten Freilegung des Glaubensbegriffs sah Ebeling die beste Gewähr gegen die neuzeitlich drohende Auflösung der Theologie in Anthropologie. Er hatte bei Luther gelernt, daß der Glaube in seinem Wesen exzentrisch ist: als Antwort des Menschen auf das ihn anredende Wort Gottes. Die Wendung »Wort und Glaube« – so der Titel seiner vier Aufsatzbände (TÜ 1960 – 3. Aufl.1967 –,1969, 1975, 1995) – markiert die zwischen Schrift und Erfahrung hin- und herpendelnde Grundbewegung theologischer Reflexion. In den Gegensätzen des Lebens ringt sie um stichhaltige theologische Wahrheit. Modisch ist der Dogmatiker Ebeling niemals gewesen. Auch deshalb ist seine Dogmatik in so eminentem Maße modern.

Hermeneutik, Dogmatik und – als der dritte Schwerpunkt – Lutherforschung waren für Ebeling nicht drei beziehungslos nebeneinander stehende Arbeitsfelder, sondern die einander bedingenden Dimensionen seines ganzen, ungeteilten Lebenswerks. Von Anfang an gab dafür, nächst der Heiligen Schrift, die Arbeit an Luther den entscheidenden Nährboden ab. Auch darin ist er, ohne eine Schule bilden zu wollen, für viele Theologen der nachwachsenden Generationen der entscheidende Lehrer geworden. Bereits die Dissertation wurde ein Meisterwerk der Lutherforschung, beeindruckend durch den gewaltigen Materialreichtum, den sie nicht nur versammelt, sondern auch durchdringt, geprägt von akribischer Textanalyse und einem umfassenden hermeneutisch-theologischen Zugriff. Mit dieser Untersuchung hat Ebeling den Forschungsimpuls, den Karl Holl (1866-1926) mit »Luthers Bedeutung für den Fortschritt der Auslegungskunst« 1920 gegeben hatte, aufgegriffen und in eigenständiger Weise weitergeführt, indem er die bis dahin wenig beachtete, vornehmlich in Predigten überlieferte Evangelienauslegung des Reformators zum Gegenstand einer exegetisch-hermeneutischen Studie machte.

Zu den wichtigsten Verfahrensweisen seiner weiteren »Lutherstudien« (TÜ Bd. 1 1971, 2 I 1977, 2 II 1982, 2 III 1989, 3 1985) gehörte für Ebeling die zugleich intensive und extensive Interpretation eines – meist eng begrenzten – Textkomplexes. Zwischen 1950 und 1953 hat er vor allem für den jungen Luther einige wichtige Textinterpretationen bereitgestellt. Die auf der Grundlage der ersten Psalmenvorlesung (1513-1515) rekonstruierten »Anfänge von Luthers Hermeneutik« zeigen dank einer minutiösen Textanalyse das fortwährende Ringen mit dem aus der exegetischen Tradition überkommenen Schema des vierfachen Schriftsinns, das Luther am Ende »von innen her zerbrochen« hat, indem er Christus als »den sensus principalis der Schrift« freilegte, in den er die particulae veri der anderen sensus, zumal des tropologischen, integriert sah. In weiteren Arbeiten zur Psalmenexegese der Reformators untersuchte Ebeling »Luthers Psalterdruck vom Jahre 1513« sowie, in eindringendem Vergleich mit der exegetischen Tradition, dessen Auslegung des 14. (15.) und 44. (45.) Psalms. Anfangs der 1980er Jahre sind dann, meist im Umkreis des Lutherjahres 1983, noch einmal eine Reihe von Textinterpretationen entstanden, die u. a. Luthers Kennzeichnung Christi als König und Priester, seine Auslegung von G 3, 6 und seine dritte und vierte Thesenreihe über R 3, 8 detaillierten Strukturanalysen unterzogen. Diese und andere Textinterpretationen kommen darin überein, daß sie sich nur äußerst schwer exzerpieren und schon gar nicht in einem knappen summary bilanzieren lassen. Sie sind darauf aus, in der jeweiligen Textgrundlage das aus der Bewegung zwischen dem biblischen Glaubensgrund und der aktuell erforderlichen Glaubensaussage sich speisende theologische Denken Luthers nachzuvollziehen. Indem sie dem Leser zumuten, sich derart dem Sog von Luthers Denken auszusetzen, und ihn dadurch zu eigenem theologischen Denken herausfordern, bleiben sie ausgesprochen spröde gegenüber dem Wunsch, einen Erkenntnisgewinn in bilanzierenden Formeln nach Hause zu tragen, und erst recht gegenüber der Absicht, die Theologie Luthers als autoritative Legitimation eigener Theologoumena zu mißbrauchen.

Die begriffsgeschichtliche Untersuchung, die den Gebrauch eines Wortes bei Luther in der Konfrontation mit der traditionellen theologischen Semantik sowie im Kontext seiner sprachlichen und sachlichen Bezüge analysiert, stellt eine der Textinterpretation insofern analoge Verfahrensweise dar, als dabei durch die Konzentration auf einen scheinbar eng begrenzten Aspekt ebenfalls nicht eine Verengung des Blickwinkels bewirkt, vielmehr eine geschärfte Wahrnehmung des theologischen Gesamtzusammenhangs möglich gemacht wird. Die begriffsgeschichtlichen Untersuchungen Ebelings galten vor allem den Wortfamilien »natura«, »conscientia«, »peccatum«, »persona«, »ratio« sowie der Relation »coram«. Darüber hinaus sind auch seine Analysen von Wortpaaren wie »Glaube und Liebe« oder »Lehre und Leben« dem begriffsgeschichtlichen Ansatz verpflichtet. Der dynamische Charakter der theologischen Semantik Luthers – das scheinbare Schwanken im Gebrauch einzelner Wörter und Begriffe, aber auch die bei Luther auffallende Äquivalenz vieler zentraler Ausdrücke – wird von Ebeling als das Indiz einer sachbezogenen Sprache kenntlich gemacht, die den modus loquendi scripturae für die eigene Glaubenssprache wiedergewinnen möchte und darum auch in theologisch scheinbar peripheren Wörtern alsbald eine zentripedale Semantik entfaltet.

In krassem Widerspruch, wie es scheint, zu diesen engmaschigen Verfahrensweisen steht eine dritte Gruppe von Luther-Arbeiten, die, gleichsam in geistesgeschichtlicher Weitwinkel-Perspektive, die neuzeitliche Wirkungsgeschichte Luthers kritisch in Augenschein nehmen. Zweimal hat sich Ebeling zum Thema »Luther und die Neuzeit« grundsätzlich geäußert und dabei – in unterschiedlichem Zugriff – die »hochkomplizierte Zwischenstellung« Luthers herausgearbeitet, die, solange man »einen umfassenden Gegensatz zwischen Mittelalter und Neuzeit« statuiert, gar nicht in den Blick kommen kann. Die »Befreiung Luthers aus seiner Wirkungsgeschichte« wurde ein Leitmotiv der wirkungsgeschichtlichen Arbeiten Ebelings. Der Versuch, die verschiedenen Luther-Bilder, die im Verlauf der neuzeitlichen Rezeptionsgeschichte dominierend hervortraten, als verfälschende Adaptionen kenntlich zu machen, war davon ebenso geleitet wie der Aufweis einer überraschenden sachlichen – nicht freilich sprachlich-terminologischen – Analogie zwischen Luther und Schleiermacher oder die sorgsame Rekonstruktion der komplizierten, eigenwilligen, auch in ihrer Außenwirkung nicht selten fatalen Lutherrezeption durch Karl Barth (1886-1968). Hier eröffnete die Orientierung an Luther ein erregendes Gespräch über die Aufgabe der Theologie in unserer Zeit. Zugleich hat Ebeling die Wirkungsgeschichte Luthers auch konstruktiv zu befördern getrachtet: durch allgemeinverständliche, die Gegenwartsbedeutung des Reformators freilegende Aufsätze und Vorträge, vor allem aber durch die zusammen mit Karin Bornkamm besorgte sechsbändige Leseausgabe des »Insel-Luther«, in der die wichtigsten Schriften und Briefe des Reformators in behutsamer sprachlicher Modernisierung bereitgestellt und – bei 46.000 verkauften Exemplaren – einer ganz ungewöhnlichen Breitenwirkung zugeführt wurden.

Auch die Aufgabe einer Gesamtdarstellung der Theologie Luthers hat Ebeling verschiedentlich, obschon in eigener Weise, in Angriff genommen. In seinem hochkonzentrierten Lexikonartikel »Luther II. Theologie« (Die Religion in Geschichte und Gegenwart. Bd. 4. 3. Aufl. TÜ 1960, 459-520) hat er die Theologie Luthers nicht anhand der üblichen dogmatischen Lokalmethode entfaltet, die doch zumeist nur auf eine »eigene Systematisierung von atomisiertem Zitate-Material« hinauslaufe. Vielmehr schien es ihm geboten, die Denk- und Sprachbewegung Luthers nachzuvollziehen, da Luther seine Theologie fast durchgängig erst in den konkreten geschichtlichen Herausforderungen, denen er sich zu stellen hatte, entfaltet und zum Ausdruck gebracht habe. Anders verfuhr das 1964 veröffentlichte, aus Vorlesungen erwachsene Buch »Luther: Einführung in sein Denken« (TÜ 1964. 4. Aufl. 1990). Hier erschloß Ebeling anhand der wichtigsten Fundamentalunterscheidungen Luthers die antithetische Denkstruktur des Reformators und wies mit Hilfe dieses formalen Ansatzes einen direkten Weg in den materialen Reichtum seiner Theologie. Das Werk, mehrfach nachgedruckt, zählt längst unter die Klassiker der neueren Lutherforschung und hat Generationen von Studenten einen Zugang zur Theologie des Reformators vermittelt.

Indessen präsentierte Ebeling seine maßgebende Gesamtdarstellung der Theologie Luthers in Gestalt eines Kommentars zu den Disputationsthesen »De homine« von 1536. Band 1 (TÜ 1977) bietet eine Analyse des Textbestands sowie eine gedrängte Übersicht zum Traditionshintergund, konzentriert auf das Definitionsproblem sowie das Problem einer philosophischen und theologischen Definition des Menschen, näherhin der menschlichen Seele. Band 2 (TÜ 1982) liefert dann die eigentliche Kommentierung der die philosophische Definition des Menschen betreffenden Thesen 1-19, Band 3 (TÜ 1989) die Kommentierung der auf die theologische Definition des Menschen zielenden Thesen 20-40. Die beiden letztgenannten Kommentarbände profilieren den knappen Text der Thesen anhand eines reichen, vor allem aus Aristoteles, der Scholastik, der Renaissancephilosophie sowie dem Gesamtwerk Luthers geschöpften Materials. Dabei wird die fortlaufende Kommentierung immer wieder durch exkursorische Vertiefungen unterbrochen, so in Band 2 zum Thema »Unsterblichkeit der Seele« oder zur theologischen Rezeption des aristotelischen Vier-causae-Schemas, in Band 3 zum Verhältnis von Christologie und Anthropologie samt einer Zuspitzung auf den persona-Begriff, aber auch zur Rechtfertigungslehre oder zu Luthers Reden vom Teufel. Indem Ebeling die knappe Thesenreihe im Horizont ihres weiten traditionsgeschichtlichen und theologischen Gesamtzusammenhangs interpretiert, macht er im kleinsten Teil das große Ganze anschaulich und damit das scheinbar Einzelne erst in Wahrheit geschichtlich konkret. Insofern bildet das monumentale Kommentarwerk zu den Thesen »De homine« in der Tat ein »Summar von Luthers Theologie«.

Eine Gesamtdarstellung eigener Art ist Ebelings Alterswerk »Luthers Seelsorge« (TÜ 1997), in dem er das Briefkorpus des Reformators als eine kaum auszuschöpfende Quelle seiner seelsorgerlichen Theologie kenntlich macht und exemplarisch erschließt.

»Umgang mit Luther« (TÜ 1983) ist ein schmales Büchlein benannt, in dem Ebeling einige Beiträge zur Gegenwartsbedeutung des Reformators veröffentlicht hat. Doch die Überschrift ist paradigmatisch. Denn nicht allein diese Studien zur Aktualität Luthers, sondern die gesamte theologische Arbeit Ebelings, gerade auch in ihren fundamentaltheologischen und dogmatischen Teilen, lebt aus seinem »Umgang mit Luther«. Sein Lebenswerk ist Theologie im Umgang mit Luther: nicht im Sinne einer ungeschichtlichen Monumentalisierung, die ja doch nur alsbald in die wissenschaftsfeindliche Ideologisierung Luthers umschlagen müßte; auch nicht als eine dogmatistisch-trotzige Engführung, dergemäß jeder geschichtliche Schritt über Luther hinaus nur als ein Abstieg, ja Absturz in die als reformationswidrig perhorreszierte Neuzeit zu denken wäre – in dieser Hinsicht konnte Ebeling die neuzeitlichen Verächter der Neuzeit daran erinnern, daß »der Sündenfall noch immer Adam und nicht etwa Descartes zuzuschreiben ist« –; vielmehr in Gestalt einer geschichtlich und intellektuell auf der Höhe der eigenen Zeit stehenden theologischen Reflexion, die sich von Luther »zu eigener Denkverantwortung herausfordern« läßt, weil sie sich durch die Kraft, die von »Luthers ungewöhnlicher Nähe zum theologischen Sachverhalt« ausgeht, inspiriert sieht.

Insofern zählt Gerhard Ebeling zu den klassischen Repräsentanten einer lutherischen Theologie, die den Namen verdient, weil sie sich, diesseits jeder konfessionellen oder gar konfessionalistischen Verengung, im Zeichen Luthers der Sache verpflichtet weiß, für die er steht. Ebelings ganze Lebensarbeit war Theologie »nach Luther«: nicht nur chronologisch später, sondern auch, gerade in ihrer kritischen Zeitgenossenschaft, ihm gemäß.

*Biographie*: Gerhard EBELING: Nachwort. In: Ders.: Evangelische Evangelienauslegung: eine Untersuchung zu Luthers Hermeneutik. 3. Aufl. TÜ 1991, 545-560; DERS.: Theologie in den Gegensätzen des Lebens. In: Ders.: Wort und Glaube. Bd. 4. TÜ 1995, 3-23.

*Festschriften*: VERIFIKATIONEN: Festschrift für Gerhard Ebeling zum 70. Geburtstag/ hrsg. von Eberhard Jüngel, Johannes Wallmann und Wilfried Werbeck. TÜ 1982; WIRKUNGEN HERMENEUTISCHER THEOLOGIE: eine Zürcher Festgabe zum 70. Geburtstag Gerhard Ebelings/ hrsg. von Hans Friedrich Geisser und Walter Mostert. ZH 1983.

*Bibliographie:* BIBLIOGRAPHIE GERHARD EBELING/ ... bearb. von Wilfried Werbeck. In: Verifikationen, 523-542.

*Ehrungen*: Dr. theol. h. c. Bonn (1952), Uppsala (1970), St. Louis, Mo. (1971), Edinburgh (1981), Tübingen (1997); Sigmund-Freud-Preis für wissenschaftliche Prosa der Deutschen Akademie für Sprache und Dichtung (1987).

*Bild*: Verifikationen, Frontispiz; sowie in verschiedenen Publikationen Ebelings, zuletzt: Gerhard EBELING: Predigten eines »Illegalen« aus den Jahren 1939 bis 1945. TÜ 1995, Schutzumschlag.

Das Lutherhaus um 1826/29 mit nach dem Verkauf von 1564 – siehe unten Seite 79-100 – 1566/67 errichteten Wendelstein und vor der 1846 beginnenden Umgestaltung; nach der Natur gezeichnet und lithographiert von Eduard Dietrich (1803-1877), gedruckt von M. Bauer in Leipzig, 22,3 x 35,2 cm (Lutherstadt Wittenberg, Lutherhalle)

# Glaube und Aberglaube

## Luthers Auslegung des Ersten Gebotes 1516/18*

Von Uwe Rieske-Braun

Kaum ein Aspekt der Reformationsgeschichte ist so gründlich und intensiv erforscht worden wie die reformatorische Entwicklung des jungen Luther. Seit den provozierenden Arbeiten von Heinrich Denifle[1] (1844-1905) und infolge der Entdeckung und Edition der Skripte mit den frühen Exegetica[2] des Wittenberger Doctor in bibliam wurden die frühen Vorlesungen, Sermone und Disputationen mannigfach intensiv analysiert.[3] Ein Jahrhundert lang galt das Interesse der reifenden reformatorischen Theologie und den Anhaltspunkten für die Datierung des »Turmerlebnisses«, nach denen intensiv gesucht worden ist – mit bekanntlich ganz

* Überarbeitetes und ergänztes Referat, das erstmals vorgetragen wurde in der Arbeitsgruppe 10 des Neunten Internationalen Kongresses für Lutherforschung in Heidelberg am 18. August 1997; vgl. den Bericht von Ninna Jörgensen: Die Zehn Gebote als theologisches Thema in der Schultheologie und bei Luther. LuJ 66 (1999), 284-287.

1 Heinrich Denifle: Luther und Luthertum: in der ersten Entwicklung; quellenmäßig dargestellt. Bd. 1 I-II. MZ 1904, 1905; Ergbd. 1. MZ 1906; Ergbd. 2. MZ 1904, 2. Aufl. 1906; Bd. 2. MZ 1909.

2 Besonderes Interesse erfuhren die von Johannes Ficker (1861-1944) entdeckten Skripte der Römerbriefvorlesung; Martin Luther: Vorlesung über den Römerbrief 1515/16/ hrsg. von Johannes Ficker. Teil 1: Glossen. Teil 2: Scholien, in einem Bd. L 1908; 4. Aufl. L 1930 (Anfänge reformatorischer Bibelauslegung; 1) ≙ WA 56.

3 Karl-Heinz zur Mühlen: Zur Erforschung des »jungen Luther« seit 1876. LuJ 50 (1983), 53-60; Otto-Hermann Pesch: Zur Frage nach Luthers reformatorischer Wende: Ergebnisse und Probleme der Diskussion um Ernst Bizer, Fides ex auditu. In: Der Durchbruch der reformatorischen Erkenntnis bei Luther/ hrsg. von Bernhard Lohse. DA 1968, 445-505; ders.: Neuere Beiträge zur Frage nach Luthers »Reformatorischer Wende«. In: Der Durchbruch der reformatorischen Erkenntnis bei Luther: neuere Untersuchungen/ hrsg. von Bernhard Lohse S 1988, 245-341; Bernhard Lohse: Luthers Theologie in ihrer historischen Entwicklung und in ihrem systematischen Zusammenhang. GÖ 1995, 97-110; Lennart Pinomaa: Noch einmal: Der reformatorische Durchbruch Luthers. Lu 61 (1990), 77-80; Heiko A. Oberman: The dawn of the Reformation: essays in late medieval and early Reformation thought. Edinburgh 1986; Robert Stupperich: Luthers itio spiritualis. ZKG 107 (1996), 19-28; Thorsten Jacobi: »Christen heißen Freie«: Luthers Freiheitsaussagen in den Jahren 1515-1519. TÜ 1997; Uwe Rieske-Braun: Duellum mirabile: Studien zum Kampfmotiv in Martin Luthers Theologie. GÖ 1999, 116-156.

unterschiedlichen Ergebnissen.[4] Einige der frühen Quellen aus dem Zeitraum vor dem Wartburgaufenthalt wurden von der Lutherforschung dabei vergleichsweise wenig beachtet. Dazu gehört auch eine Reihe von Predigten über den Dekalog, die Luther 1518 in einer den spätmittelalterlichen Präceptorien angenäherten Druckfassung veröffentlichen ließ. In dieser umfänglichsten der frühen, von Luther selbst verfaßten reformatorischen Schriften[5] nimmt die Behandlung des Ersten Gebotes den quantitativ größten Raum ein. Ähnlich wie in den zahlreichen spätmittelalterlichen Präceptorien werden hier eingehend beschriebene Formen spätmittelalterlichen Aberglaubens und der Magie sowie Mißbräuche bei der Heiligenverehrung behandelt.

In mancherlei Hinsicht wurde die frühe Schrift durchaus beachtet. So hat sich Erich Vogelsang (1904-1944) in einem grundlegenden Aufsatz von 1931 um eine genauere Datierung der frühen Lutherpredigten bemüht und darin auch Luthers Dekalogpredigten berücksichtigt.[6] Walther von Loewenich (1903-1992) hat in seinem TRE-Artikel von 1980 Luthers Haltung zur Bilderfrage mit der Behandlung des Ersten Gebotes in den »Decem praecepta Wittenbergensi praedicata populo« 1516/18 eingeleitet.[7] Den ausführlichsten und eingehendsten Beitrag zu Luthers Praeceptorium bietet bislang die Dissertation von Jörg Haustein.[8] Darin wird Luthers Behandlung des zeitgenössischen Aberglaubens als frühe reformatorische

4 Über die divergenten Ergebnisse der Erforschung des Materials aus Luthers Frühzeit äußerte sich Kurt Aland (1915-1994) bereits 1965 resigniert; vgl. ders.: Der Weg zur Reformation: Zeitpunkt und Charakter des reformatorischen Erlebnisses Martin Luthers. M 1965, 5.

5 Nach der am 4. Dezember 1516 zunächst unvollständig erschienenen »Ein deutsch Theologia«, der Luther eine Vorrede beigab, publizierte er im Jahr 1517 »Die sieben Bußpsalmen mit deutscher Auslegung«, den »Tractatus de indulgentiis« sowie die Ablaßthesen »Disputatio pro declaratione virtutis indulgentiarum«. Im Jahr 1518 schrieb er zunächst die kleine Abhandlung »Eine Freiheit des Sermons päpstlichen Ablaß und Gnade belangend«, sodann erschienen in Nürnberg »Eine kurze Erklärung der 10 Gebote« und das »Epistolium ad Joh. Egranum«; darauf folgten die kleineren »Duo sermones de passione Christi«, der »Sermo de poenitentia«, die »Resolutiones disputationum de indulgentiarum virtute« sowie die vollständige »Ein deutsch Theologia«. Am 20. Juli publizierte Johann Rhau-Grunenberg die »Decem Praecepta Wittenbergensi praedicata populo« in einer 76 Bl. starken Ausgabe; vgl. Josef Benzing: Lutherbibliographie: Verzeichnis der gedruckten Schriften Martin Luthers bis zu dessen Tod. Baden-Baden 1966, 14-29 (69-208).

6 Erich Vogelsang: Zur Datierung der frühesten Lutherpredigten. ZKG 50 (1931), 112-145.

7 Walther von Loewenich: Bilder VI.: Reformatorische und nachreformatorische Zeit. TRE 6 (1980), 546, 49-52.

8 Jörg Haustein: Martin Luthers Stellung zum Zauber- und Hexenwesen. S; B; Köln 1990, 32-67.

Kritik am Schadenszauber, an der Astrologie, am Mißbrauch von Sakramentalien und an Formen von Teufelsbuhlschaft sowie an anderen magischen Praktiken detailliert analysiert. Haustein hat damit auch das brisante Problemfeld von Luthers Position zur Hexenverfolgung und die diesbezüglich spannungsvollen Ambivalenzen in Werk und Wirkung des Reformators differenziert aufgearbeitet.[9] Martin Brecht behandelte zudem in seiner Gesamtdarstellung von Luthers Leben dessen eingehende Stellungnahme zur Heiligenverehrung[10] und Albrecht Peters (1924-1987) würdigte das Präceptorium von 1518 als wichtige, frühe Quelle für die Interpretation des Dekaloges in den Katechismen von 1529.[11] Die rechtfertigungstheologischen Pointen in Luthers Dekalogauslegung in dieser für das Reifen der reformatorischen Theologie wichtigen Klärungsphase zwischen 1516 und 1518 wurden aber bislang kaum beachtet. Ebensowenig liegt ein Vergleich vor zwischen den Predigttexten und dem gedruckten Präceptorium. Diese Aspekte verdienen jedoch eine eigene Würdigung, zumal das Präceptorium die erste sorgfältig präparierte Auslegung des für Luther theologisch eminent bedeutsamen[12] Ersten Gebotes bietet.[13]

9 Aus der seither erschienenen Literatur seien erwähnt der einführende Überblick von Richard KIECKHEFER: Magie im Mittelalter (Magic in the Middle Ages ⟨dt.⟩)/ aus dem Englischen übers. von Peter Knecht. M 1992, 70-111; die materialintensive Dissertation von Karin BAUMANN: Aberglaube für Laien: zur Programmatik und Überlieferung spätmittelalterlicher Superstitionenkritik. 2 Bde. Würzburg 1989. Darin werden spätmittelalterliche Dekalogauslegungen detailliert ausgewertet und im Anhang zwei Handschriften ediert. Zudem Kirsten SANDER: Aberglauben im Spiegel schleswig-holsteinischer Quellen des 16. bis 18. Jahrhunderts. Neumünster 1991; Eva LABOUVIE: Verbotene Künste: Volksmagie und ländlicher Aberglaube in den Dorfgemeinden des Saarraumes (16.-19. Jahrhundert). St. Ingbert 1992; MALLEUS MALEFICARUM/ von Heinrich Institoris (alias Kramer) unter Mithilfe Jakob Sprengers aufgrund der dämonologischen Tradition zusammengestellt. Faksimile des Erstdrucks von 1487 (Hain 9238). Kommentar zur Wiedergabe des Erstdrucks von André Schnyder. Göppingen 1991, 1993.

10 Martin BRECHT: Martin Luther. Bd. 1: Sein Weg zur Reformation 1483-1521. S 1981, 151-154; vgl. dazu auch Jörg Haustein: Luthers frühe Kritik an der Heiligenverehrung und ihre Bedeutung für das ökumenische Gespräch. ThLZ 124 (1999), 1187-1203.

11 Albrecht PETERS: Kommentar zu Luthers Katechismen. Bd. 1: Die Zehn Gebote. Luthers Vorreden/ hrsg. von Gottfried Seebaß. GÖ 1990, 77 f. 88 und passim.

12 Vgl. ebd 1, 109: »Wie kein Ausleger vor ihm hat Luther das erste Gebot über alle anderen Gebote gestellt, ja im ersten Gebot Gottes gesamtes Handeln an der Menschheit wie in einem Brennspiegel zusammengefaßt gesehen.« Gunther WENZ: Die Zehn Gebote als Grundlage christlicher Ethik: zur Auslegung des ersten Hauptstücks in Luthers Katechismen. ZThK 89 (1990), 411: »Offenkundig ist, daß das erste Gebot allen folgenden als Basis zugrunde liegt, weil die dort ausgesprochene Regel alle weiteren einschließt.«

13 Mit seinem vielbeachteten Aufsatz »Was verstand Luther unter Religion?« – dessen In-

Konturen und Akzentuierungen der frühen Auslegung Luthers lassen sich am Vergleich mit zeitgenössischer Aberglaubenskritik bestimmen. Neue Editionen und Untersuchungen zeigen, daß die frühen Drucke von Luthers Präceptorium in die verbreitete katechetische Literaturgattung spätmittelalterlicher Dekalogauslegung gehören. Sie trug auch zur »Popularisierung gelehrten Wissens« bei, indem sie sich »gezielt an ›illitterati‹ in Klostergemeinschaften und an Lateinkundige unter den Laien« wandte, an deren religiösen Belangen sie intensiven Anteil nahm.[14]

Luthers Präceptorium zeigt dabei eine Verbindung von reformationsgeschichtlich interessanten Aspekten: Die Bezüge zwischen der superstitio-Kritik und den rechtfertigungstheologischen Pointen in Luthers Dekalogauslegung aus der reformatorischen Klärungsphase vor 1518 stehen im Kontext der ersten, sorgfältig ausgearbeiteten Auslegung des Ersten Gebotes. Die überlieferungskritische Frage nach dem Verhältnis zwischen den Predigten, die bislang auf 1516 datiert wurden, und dem Druck der »Decem praecepta ...« von 1518 stellt dabei ein besonderes Problem dar.

halt Karl Holl (1866-1926) zunächst 1917 anläßlich des 400jährigen Reformations-Jubiläums in Berlin vortrug und 1921 in erweiterter Form im ersten Band seiner »Gesammelten Aufsätze zur Kirchengeschichte« abdruckte – hat er bekanntlich dem Ersten Gebot für die reformatorische Erkenntnis besondere Bedeutung zugemessen. Es sei hervorzuheben, daß »Luthers Frömmigkeit keineswegs nur in dem Sinn Christusfrömmigkeit gewesen ist, als ob sein ganzer Glaube nur auf Christus gestanden wäre«. In höchsten Anfechtungen habe Luther nur noch eine Möglichkeit des Entrinnens gefunden: »Es war das erste Gebot. An dessen Anfangsworte, an das: ›Ich bin der Herr dein Gott‹, hat er sich immer in seiner Todesnot geklammert.«; Karl HOLL: Gesammelte Aufsätze zur Kirchengeschichte. Bd. 1: Luther. 2. und 3., verm. und verb. Aufl. TÜ 1923, 1-110, 73 f. Zu Holls theologischem Ansatz und seiner Entwicklung zwischen 1906 und 1926 vgl. Heinrich ASSEL: Der andere Aufbruch: die Lutherrenaissance – Ursprünge, Aporien und Wege: Karl Holl, Emanuel Hirsch, Rudolf Hermann. GÖ 1994. Dort ist Seite 59, Anm. 1 auch die neuere Literatur zu Holl verzeichnet. Besonders hinzuweisen ist auf Johannes WALLMANN: Karl Holl und seine Schule. ZThK 75 (1978) Beiheft 4: Tübinger Theologie im 20. Jahrhundert, 1-34. Widerspruch gegen diese diastatisch anmutende Zuordnung Holls erhob etwa Heinrich BORNKAMM (1901-1977): Christus und das 1. Gebot in der Anfechtung bei Luther: zum Verständnis von Holls Lutherauffassung. Zeitschrift für systematische Theologie 5 (1927), 453-477.

14 Baumann: AaO 1, 270.

*I Zum Verhältnis von Predigtreihe und Präceptorium*

Die nicht erhaltene Handschrift mit den von Joachim Karl Friedrich Knaake (1835-1905), Erich Vogelsang (1904-1944), Gustav Kawerau (1847-1918) und Martin Brecht auf die Zeitspanne zwischen Juni 1516 bis Anfang 1517 datierten Predigten Luthers über die Zehn Gebote hat Valentin Ernst Löscher (1673-1749) vorgelegen, der Auszüge daraus veröffentlicht und die seither gängige Datierung vorgeschlagen hat.[15] Aus den Sermones erwuchs die Druckfassung der »Decem praecepta Wittenbergensi predicata populo«, die in Luthers Bearbeitung ab Juli 1518 in Wittenberg und in Leipzig sowie an einem weiteren Druckort (Venedig?) erschienen.[16] Es gab sechs lateinische und fünf deutsche Drucke. Die deutsche Übersetzung stammt von Sebastian Münster (1488-1552) und wurde erstmals 1520 in Basel veröffentlicht. Außerdem erschienen eine niederländische Übersetzung in zwei Drucken (1520, 1521) sowie eine tschechische (1520) und eine dänische (1526?) Übersetzung.[17] Die Übersetzung von Münster wurde überarbeitet in die Leipziger und davon in die Walchsche Lutherausgabe übernommen und von Gustav Kawerau (1847-1918) überarbeitet in der Braunschweiger Ausgabe veröffentlicht.[18] Zudem erschien 1518 Luthers »Ein kurze Erklärung der Zehn Gebote« in deutscher und lateinischer Fassung.[19] In Luthers Brief an Johannes Lang (1487-1548) vom 4. September 1517 wird eine Abhandlung über die »Decem praecepta« in deutscher und lateinischer Fassung erwähnt: »Praecepta ideo tibi utraque lingua misi, ut, si quando volueris ad populum de iis praedicare (sic enim ego illa docui, ut mihi videor, ad euangelicum morem), haberes.«[20] Es ist jedoch fraglich, in welchem Verhältnis diese Erwähnung einer zweisprachigen Fassung der Praecepta-Auslegung zu den

15 Valentin Ernst LÖSCHER: Vollständige Reformations-Acta und -Documenta, Bd. 1. L 1720, 231 f. 729 f., vgl. E ex 12 (1844), (III) 3-218. Diese Sammlung ist erneut WA 1, 17-141 abgedruckt. Vgl. die Einführung zu den Sermonen aus den Jahren 1514 bis 1517 in WA 1, 18 f und Anm. 426-430; Gustav KAWERAU: Einleitung zur Auslegung des Ersten Gebotes; Br 7, 44-47, vgl. die Angaben bei Georg BUCHWALD: Luther-Kalendarium. Gustav KAWERAU: Verzeichnis von Luthers Schriften. 2., durchges. Aufl. L 1929, 4 f; Vogelsang: AaO, 139; Walther KÖHLER: Dokumente zum Ablaßstreit von 1517. 2., verb. Aufl. TÜ 1934, 94.

16 WA 1, 398-430.

17 Benzing: Lutherbibliographie, 27-29 (192-204); Josef BENZING; Helmut CLAUS: Lutherbibliographie: Verzeichnis der gedruckten Schriften Martin Luthers bis zu dessen Tod. Bd. 2. Baden-Baden 1994, 35 f (192-204).

18 Br 7, (41) 46-106.

19 WA 1, (247) 250-256.

20 WA Br 1, 103, 15 - 104, 18 (45).

von Löscher überlieferten Predigten steht: Bezieht sie sich auf die 1518 publizierte kurze Erklärung der Zehn Gebote, auf eine Vorform des Präceptoriums oder auf Predigt-Skripte? Die Überlieferungsgeschichte der letzteren läßt sich wohl kaum noch annähernd zweifelsfrei erhellen. Insgesamt acht Predigtstücke dieser auf 1516/17 datierten Predigtreihe wurden bislang der Auslegung des Ersten Gebotes zugewiesen:

1. Der »Sermo in die visitationis Mariae habitus«[21] vom 2. Juli 1516 über L 1, 39 lobt Maria, weil sie das Erste Gebot gänzlich erfüllt habe: »Beata Virgo autem vidit Deum in omnibus, non haeret in ulla creatura, omnia in Deum refert. Siquidem non magnificat Dominum nisi qui se et omnia nihil facit: hoc autem non facit nisi cui solus Deus in visu est, caetera omnia velut evanuerunt.«[22] Viele cultores Dei lobten ihn zwar mit Worten und verliehen ihm viele Titel, aber ihr Herz hänge an anderen Dingen: »Ideo purissima cultrix Dei est beata Virgo, quae solum Deum super omnia magnificat: ...«[23]

2. Im »Sermo Domin. VII. post Trinit.«[24] vom 6. Juli 1516 über Mt 7, 15 wird über die opera hominis reflektiert. Differenziert werden die opera interioris et absconditi hominis dargestellt, als welche gelten dürfen humilitas, caritas, patientia, fides und pax,[25] die aber durch das wollene Kleid der äußeren Werke verdeckt werden, »i. e. actionibus, oblationibus, gestu, ceremoniis corporalibus«.[26] Gleichwohl erscheinen sie dem auf sie konzentrierten Menschen selbst und anderen Einfältigen als Ausfluß von Güte und Gerechtigkeit, weil sie am ehesten dem Begriff der Kardinaltugenden entsprechen, gerade darum aber subtil zur Sünde gegen das Erste Gebot verleiten: »Et hi sunt illi, qui subtiliter agunt contra praeceptum primum.«[27]

3. Der nur 13 Druckzeilen umfassende »Sermo Dom. X. post Trin.«[28] vom 27. Juli 1516 über L 18, 10 widmet sich Menschen, die den Anschein von Frömmigkeit zeigen; wer aber sicher in seinen guten Werken lebe, unterschätze dennoch die ihm drohende Gefahr, durch fehlgeleitetes Vertrauen auf eigene Gerechtigkeit

21 WA 1, 60 f.
22 WA 1, 60, 28 - 61, 1.
23 WA 1, 61, 8 f.
24 WA 1, 61 f.
25 Vgl. WA 1, 61, 23-25.
26 WA 1, 62, 5.
27 WA 1, 62, 6 f.
28 WA 1, 62.

Gottes Gebot zu übertreten: »Haec ideo iam commemoro, quia iam accedo ad subtiliores homines et invisibiles transgressores praecepti Dei et in abscondito peccantes et sagittantes eos, qui sunt recti corde.«[29]

4. Auf den 10. Sonntag nach Trinitatis 1516 ist ein zweiter Sermon datiert worden, der das im voraufgehenden Sermo angesprochene Thema »contra opinionem sanctitatis et meriti« aufnimmt und bei Ps 113, 5 anknüpft[30]: »Quis sicut Dominus Deus noster, qui in altis habitat et humilia respicit in coelo et in terra?«[31] Darin wird die Dialektik von superbia und humilitas entfaltet und jene anthropologische Verfassung gelobt, die nichts als Gott selbst begehrt: »Contra vere humilis de se sibi desperat sufficere, quam maxime Deum cupit esse et rogat quod deficit, Imo Deum glorificat et est iustus.« Allein wer sich radikal als Sünder erfährt und anklagt, »incurrit in Christum, qui omnes peccatores suscepit in se«.[32]

5. Noch eine dritte Predigt wurde ebenfalls auf diesen Sonntag datiert: »Ex Sermone habito Domin. X. post Trinit. ›De Indulgentiis‹«.[33] Sie enthält eine scharfe Kritik der Ablaßpredigt mit sehr konkreten Polemiken gegen die »Commissarii et Ministri« welche in ihren Predigten weniger auf die Seelen als auf die Geldbeutel zielten und unter Berufung auf die päpstliche Bulle das Volk zum Ablaßkauf bewegen wollten.[34] Das von ihnen betrogene Volk, das auf diese Weise Sündennachlaß erwerben wolle, verstärke noch die Fesseln des Gewissens.

6. Im eingeschobenen kurzen Predigtstück »Sermo in vincula S. Petri«[35] findet sich keine Erwähnung des Ersten Gebotes.

7. Ein Neuansatz mit expliziter Erwähnung des Ersten Gebotes findet sich dann im »Sermo Dominica XI. post Trin. (De vitiis capitalibus in merito operum et opinione sanctitatis se efferentibus)«, der auf den 3. August 1516 datiert worden ist.[36] Er bezieht sich auf einen vorhergehenden Sermon zum Ersten Gebot[37] und zeigt in diesem Verweis eine deutliche Parallele zum Anfang des Präceptoriums von 1518.[38]

29 WA 1, 62, 22-24.
30 WA 1, 63-65.
31 WA 1, 63, 4 f.
32 WA 1, 64, 1-3.
33 WA 1, 65-69; vgl. Köhler: AaO, 94-99.
34 WA 1, 65, 9-14.
35 WA 1, 69.
36 WA 1, 70-73.
37 WA 1, 70, 5. 14 f.
38 WA 1, 70, 5 f, entspricht fast wörtlich der Passage 398, 21 - 399, 1.

8. Der folgende, bislang auf den 10. August 1516 datierte »Sermo in die S. Laurentii«[39] erwähnt die vorhergehenden Erwägungen zum Ersten Gebot und zeigt, inwiefern die wahre fiducia in Deum das Leben selbst und alle Güter von Gott empfängt, aber auch in den probationes und zuletzt im Sterben nicht verzagt: »Hic cadunt infideles huius praecepti transgressores«.[40] Christus sei den Glaubenden in doppelter Hinsicht hilfreich, nämlich »in exemplum et auctorem spei« oder, wie Augustinus ausführe, »sacramentaliter et exemplariter«: »Ita et sacramentum est, quod nudus voluit sine omni fiducia fieri extreme relictus, in Deum solummodo confidens, ut nos essemus sine fiducia et spe derelicti.«[41] Es könnten hier Berührungen zu den Schlußpassagen im Präceptorium vorliegen, wo Luther die Notwendigkeit der humiliatio betont und hervorhebt, daß Christus allein vom Fluch der Sünde befreit.[42]

Deutliche thematische Parallelen zwischen den Predigten von 1516 und dem Praeceptorium von 1518 bestehen offenkundig in der hier wie dort reformatorisch reflektierten Dialektik von superbia und humilitas und in den Erwägungen über die subtilen Formen der innerlichen Gebotsübertretung. Kritik an Magie, an zeitgenössischem Aberglauben und an der Heiligenverehrung findet sich in den Predigten nicht. Da die von Löscher verwendete Textgrundlage der Sermone nicht erhalten ist, läßt sich weder die Authentizität in der Wiedergabe der Sermone noch ihre Datierung mit Gewißheit bestimmen. Bislang wurde die von Löscher vorgenommene Datierung der Predigten auf die Sonntage des Kirchenjahres 1516 übernommen.[43] Allerdings ist zweifelhaft, ob der 5. Sermo tatsächlich in diese Predigtreihe gehört. Gustav Krüger (1862-1940) hat 1917[44] aufgrund einer zweiten Abschrift dieses Traktates wahrscheinlich machen können, daß dieser wohl »einem späteren Stadium der systematischen Beschäftigung mit dem Gegenstande angehört, als man bisher allgemein angenommen hat«.[45] Die hier begegnenden, scharfen Polemiken gegen den Ablaßhandel nehmen explizit Bezug auf die päpstliche Ablaßbulle, die den mit dem Vertrieb des Ablasses Beauftragten eine faden-

39 WA 1, 74-77.
40 WA 1, 75, 36.
41 WA 1, 77, 10-12.
42 WA 1, 426, 17 f.
43 Vogelsang: AaO, 121: »Die 32 Exordiums-Stücke ... ergeben eine einwandfrei zu erkennende chronologische Reihe vom 2. Juli 1516 bis 24. Februar 1517.«
44 Gustav KRÜGER: Luthers Tractatus de Indulgentiis: ThStKr 90 (1917), 507-520; vgl. zuvor bereits Fritz HERRMANN: Luthers Tractatus de indulgentiis. ZKG 28 (1907), 370-374.
45 Ebd, 510 f.

scheinige Legitimation verleihe: »nusquam enim Commissarii et Ministri aliud praedicant quam quod commendent indulgentias et populum provocent ad dandum«.[46] Von der Ablaßbulle Leo X. (1475-1521) erhielt Luther aber erst im Sommer 1517 Kenntnis.[47] In der späten Schrift »Wider Hans Worst« (1541), aber auch in den Briefen an Albrecht von Mainz (1490-1545) vom 31. Oktober 1517 und an Hieronymus Scultetus († 1522), Bischof von Brandenburg (13. Februar 1518)[48] hat Luther auf Mißstände bei Ablaßpredigten in der Umgebung Wittenbergs Bezug genommen, die ihm im Sommer 1517 bekannt wurden und offenbar mit dem Wirken Johann Tetzels (1465-1519) in Verbindung standen. Dieser war erstmals im April 1517 in Jüterbog tätig.[49] Es finden sich dagegen weder im Briefwechsel noch in den Vorlesungen Belege für eine Auseinandersetzung Luthers mit dem Ablaßhandel im Sommer und Herbst 1516. Kurt Aland hat diesen Ablaßsermon entsprechend auf den 31. Oktober 1517 datiert und somit darin eine bislang kaum beachtete Predigt Luthers vom reformationsgeschichtlich eminent bedeutsamen Vorabend des Allerheiligenfestes erkannt.[50]

Eine im Kontext des Praeceptoriums von 1518 parallele Erwähnung der Ablaßfrage,[51] aber auch das Vorliegen eines zweiten Ablaßsermons, »Sermo de indulgentiis pridie Dedicationis«,[52] der sich in der Predigtreihe findet und auf den Vorabend des Allerheiligenfestes 1516 datiert worden ist, aber doch eher am 30. Mai 1517 gehalten wurde,[53] könnten Anlaß bieten, die bislang einhellig übernommene Datierung der Predigtreihe auf den Sommer 1516 zu überprüfen. Handelte es sich vielleicht doch um eine zusammenhängende Predigtreihe, die Luther im

46 WA 1, 66, 2-4; 65, 13 f.

47 Vgl. Brecht: AaO 1, 177.

48 WA Br 1, 110-112. 138-140 (48. 58).

49 Vgl. Godofredus Hechtius: Vita Ioannis Tezelii. Vitembergae 1717, 53 f; Nikolaus Paulus: Johann Tetzel der Ablaßprediger. MZ 1899, 40-42. Die Chronik des Wittenberger Studenten Johann Oldecop/ hrsg. von Karl Euling. TÜ 1891, 47-51, die von einem Wirken Tetzels im Sommer 1516 in Wittenberg berichtet, ist hier offenbar zu korrigieren.

50 Kurt Aland: Hilfsbuch zum Lutherstudium. 3. Aufl. Witten 1970, 88 (299 a); so auch in der 4. Aufl. Witten 1996, 88 (299 a).

51 WA 1, 426, 15 f: »Hic fiducia quoque indulgentiarum taxanda fuisset, nisi iam plus satis illa multis modis a me taxata esset.«

52 WA 1, 94-99.

53 So Norbert Flörken: Ein Beitrag zur Datierung von Luthers Sermo de indulgentiis pridie Dedicationis. ZKG 82 (1971), 344-350. Er plädiert dafür, daß der »Sermo de indulgentiis pridie dedicationis« am Vorabend des Kirchweihfestes der Stadtkirche gehalten wurde, deren Hauptschiff der Brandenburger Bischof am 31. Mai 1439 geweiht hatte. Dieser Termin paßt auch zu Luthers Angaben über das Wirken Tetzels in Jüterbog.

Sommer und Herbst 1517 gehalten hat, in der er mehrfach auf die seinerzeit virulente Ablaßfrage zu sprechen kam? Gewißheit läßt sich diesbezüglich kaum erlangen. In jedem Fall hat Luther die im September 1517 an Johann Lang gesandten Predigtskripte umfassend umgearbeitet, ausgebaut und 1518 in einer umfänglichen Schrift publiziert, die sich deutlich an spätmittelalterliche Präceptorien anlehnt.

## *II Das Präceptorium*

Luthers gedruckte Auslegung des Ersten Gebotes von 1518 ist klar und übersichtlich gegliedert. Nach einer thematischen Einleitung (1)[54] wandte sich der Wittenberger Doctor in bibliam gegen verschiedene Formen, das Erste Gebot zu übertreten: Götzendienst bzw. Idolatrie begegnet im Aberglauben (2),[55] im Abusus der zeitgenössischen Heiligenverehrung (3)[56] sowie in der latenten menschlichen Neigung zum Hochmut (4).[57] Die einzelnen thematischen Aspekte lassen sich recht gut gegeneinander abgrenzen und entsprechend ihrer Abfolge differenzierend interpretieren.

### *1 Die Einführung*

Signifikant ist bereits Luthers Zitation des Ersten Gebotes in der Druckfassung von 1518. Luther folgte der in einigen spätmittelalterlichen Präceptorien begegnenden Tradition,[58] die er bereits im 8. Sermo (bislang auf den Laurentiustag 1516 datiert) und in der kurzen Erklärung der Zehn Gebote aus dem Frühjahr 1518 aufnahm.[59] Es fehlt dabei sowohl die Vorrede aus Ex 20, 2 und Dtn 5, 6: »Ich bin der Herr dein Gott« als auch das Bilderverbot aus Ex 20, 4 und Dtn 5, 8.[60] Luther zitierte und zählte auch künftig in seinen katechetischen Schriften als Erstes Gebot allein die prohibitive Formulierung nach Ex 20, 3: »Non Habebis deos alienos.«[61]

54 WA 1, 398, 6 - 399, 27 ≙ Br 7, 46 f.
55 WA 1, 401, 5 - 411, 5 ≙ Br 7, 50-71.
56 WA 1, 411, 6 - 426, 16 ≙ Br 7, 71-99.
57 WA 1, 426, 17 - 430, 3 ≙ Br 7, 99-106.
58 Vgl. Johannes GEFFCKEN: Der Bildercatechismus des funfzehnten Jahrhunderts und die catechetischen Hauptstücke in dieser Zeit bis auf Luther. Bd. 1: Die zehn Gebote, mit 12 Bildtafeln nach Cod. Heidelb. 438. L 1855, Anhang 1 (Heidelberger Bilderhandschrift No. 438, Mitte / Ende des 15. Jahrhunderts), 1: Du salt nicht fremde got haben; Anhang 2 (Praeceptorium des Nicolaus von Lyra, 1452, 4$^{v}$): Du solt nit anbetten fremde gott.
59 WA 1, 74, 11; 250, 3.
60 Vgl. dazu Margarete STIRM: Die Bilderfrage in der Reformation. GÜ 1977, 17.
61 WA 1, 398, 5.

Die den Götzendienst knapp und deutlich abweisende Formulierung sei zu bevorzugen, »quia negativa est vehementior quam affirmativa«.[62] Das Gebot solle eher die vergangene Sünde aufweisen als die zukünftige verhindern. Alle Adamskinder seien des Götzendienstes und damit der Übertretung des Ersten Gebotes anzuklagen.[63] Solche anthropologische Fundamentalkritik entsprach dem an Paulus und Augustinus gereiften usus elenchticus legis. Doch begegnet in ihr keineswegs ein Wittenberger Proprium. Mannigfach dienen Auslegungen der Zehn Gebote im Spätmittelalter als Beichtspiegel.[64] Am Ersten Gebot wird vielfach die Unterscheidung von wahrer Gottesliebe und den superstitiösen, oft aber auch subtilen und alltäglichen Formen abgöttischer Weltverfallenheit vorgenommen: »Was du aber lieber hast denn Gott, das ist Dein Abgott. Das sei Braut, Weib oder Kind, der Welt Gut, Ehre oder Liebe« heißt es mit spürbaren Anklängen an reformatorische Theologie in einer Wolfenbütteler Handschrift.[65] Die frühe reformatorische Theologie greift somit die in den Präceptorien des Spätmittelalters bereits vorhandene kriteriologische Funktion des Ersten Gebotes auf, die mit Luthers Einsicht in den überführenden secundus usus legis konvergiert.

Der Sinn des Ersten Gebotes lag für Luther vorrangig nicht darin, daß es den uneingeschränkten Monotheismus einschärfte. Dieser sei auch bei Juden, Samaritanern und anderen Glaubensrichtungen anzutreffen. Es gehe beim usus secundus primi legis vielmehr um die Demaskierung der latenten Idolatrie. Diese lasse sich in zwei Alternativen unterscheiden: Die eine gebe sich im abusus der Heiligen-

62 WA 1, 398, 21 f; vgl. die parallele Formulierung 70, 5-10.

63 WA 1, 399, 11.

64 Geiler von Kaisersberg (1445-1510) ließ 1510 das »Opusculum tripartitum« des Johannes Gerson (1363-1429) unter dem Titel »Der dreieckicht Spiegel« zur orientierenden Beicht- und Bußpräparation in Straßburg veröffentlichen; vgl. Geffcken: AaO, Beilagen, 29-47. Martin von Ambergs (um 1340 - nach 1399) wohl 1386 entstandener, erstmals in einer Handschrift von 1476 vorhandener »Gewissensspiegel« (Baumann: AaO 1, 141-145), ein Lübecker Beicht- und Gebetbuch von 1485/87 sowie Johann Schotts (1477-1548) »Spiegel christlicher walfart« verwenden ebenfalls die Metapher des »Spiegels«; vgl. Geffcken: AaO, 122-157. 179-188.

65 Ebd, 175, Beilage XIX: Die Zehn Gebote in Reimen, hier zum Ersten Gebot: »Wat du auer leuer heuest dan god, Dat is dyn afgod, Dat sy brut, wyf, Edder kynt, der werlt gud, ere edder lyff.« Geffcken faßt den Tenor der von ihm edierten und ausgewerteten Präceptorien zum Ersten Gebot zusammen (Einleitung, 53): »Alles, so wird dann gleichmässig mit vollem Rechte von Allen ausgeführt, worauf der Mensch mehr Werth lege, seine Zuversicht setze als auf Gott, sei sein Abgott. Wer Menschen mehr liebt als Gott ist abgöttisch, der Geizige, der Schmeichler ist abgöttisch, der Hoffärtige ist abgöttisch. ... Wer Gott nicht mehr als die Creatur liebt, ist mit sehenden Augen blind.«

verehrung und bei magischen Praktiken als äußerlicher Götzendienst zu erkennen;[66] die innerliche Idolatrie im eigenen Herzen, die vor weltlichen Schätzen und Ehren die Knie beuge, sei jedoch weit häufiger anzutreffen und wegen ihrer Verborgenheit auch gefährlicher. Sie begegne im amor und in der »fiducia in creaturam«.[67] Die Kreaturvergötzung bleibe im Menschen so lange virulent, bis er von ihr durch Gottes Gnade im Glauben an Christus geheilt werde.[68]

Kritik der Eitelkeit oder der »hochuart« ist ebenfalls mannigfach in spätmittelalterlichen Präceptorien anzutreffen.[69] Die reformatorische Pointe liegt demgegenüber erst in der christologischen Zuspitzung: Die Erfüllung des Ersten Gebotes ist nur und allein denen möglich, die an Christus glauben. Wer die Stimme Christi und die Botschaft von seiner Heilstat vernimmt, wird gewahr, daß ihm keine Kreatur nachhaltig nützen kann. Wo der »amor dulcis ad Christum« anhebt, vergeht »omnis rerum affectus ut inutilium«.[70] Allein wer sich ganz auf Jesus wendet, welcher »verus, unus solus deus« ist, hat keinen anderen Gott.[71] Damit keimt in den Glaubenden zugleich die Demut, die hier nicht als menschliche Vorbedingung für die Erlangung des Heils eingeführt wird, sondern als Korrelat des Vertrauens auf Christus zu gelten hat: »Non humiliatus autem non adorabis me, sed te et tua.«[72] Demut als einzige dem Ersten Gebot angemessene anthropologische Verfassung erwächst aus der glaubenden Konzentration auf Christus, ist

66 WA 1, 399, 13f: »Exterius, Quo homo lignum, lapidem, bestias, stellas adorat, ut notum est ex vetere testamento et libris gentilium«.

67 WA 1, 399, 16f. In den Sermones vom 6. und 27. Juli 1516 wird die Differenzierung »exterior – interior« erkennbar auf die opera hominis und auf den Menschen selbst bezogen, vgl. WA 1, 61, 17 - 62, 7; 62, 22-24; 63, 23-26. Dagegen verweist Luther in der von Martin Brecht und Oswald Bayer auf 1516 datierten Predigt über Ps 113, 9 (WA 1, 213-219) auf die Unmöglichkeit, die Zehn Gebote in Demut und mit dem ganzen Herzen zu erfüllen. So spreche Christus zu dem Sünder: »Darum liber mensch, ven du kumest zu mir und herkennest dich als ein brichlichen menschen, so vil ich dir von meiner gnod ein teil geben, und vo du vol sundt bist, vill ich mein vollkummenheit und gerechtikeith vor dein sund setzen ...«; WA 1, 219, 146-149.

68 WA 1, 399, 20f.

69 Vgl. eine anonym überlieferte Dekalogerklärung (1459) aus der bayerischen Staatsbibliothek bei Baumann: AaO 2, 705: »Die ander gestalt der hochuart ist die grosse schätzung sich selbs, und die uolpringt der mensch, so er alle seine güte werch oder andre güttät der seel, gelücks oder der natur also schätzt, das er sy hab von got. Aber er maint, er habs aus seinem verdienen, er habs umb got verdienet, der sündt auch damit wider das erst gepots.«

70 WA 1, 399, 33.

71 WA 1, 400, 2f.

72 WA 1, 400, 7f.

demnach nicht zu suchende Vorleistung für die Rechtfertigung,[73] sondern Korrelat der fides viva. Alle Sünde wider das Erste Gebot entsteht somit aus der Unterschätzung der Sünde und – entsprechend – der Heilstat Christi. Allein der Christusglaube befreit auch aus der latenten menschlichen Neigung zur Idolatrie.[74]

Diese deutlich christologisch pointierte Einleitung zur Auslegung des Ersten Gebotes ist im Vergleich mit den spätmittelalterlichen Präceptorien singulär. Es gebe, so betonte Luther in diesem knappen Zusammenhang mehrfach, allein die Heilstat Christi Anlaß zur Hoffnung angesichts der Macht und Faktizität des peccatum originale[75] und gewähre nachhaltige Gewißheit: Menschen, die sich selbst nicht für Übertreter des Ersten Gebotes hielten, sollten sich prüfen, ob sich ihre fides viva bewähre, daß sie tatsächlich in den Geschicken des Lebens ihren christlichen Gleichmut bewahrten, nämlich »sich der Wollust nicht freuen, noch von Leiden und Unglück betrüben; ja, allenthalben sich nichts anfechten lassen, Gott gebe, wie es ihnen gehe, daß sie doch zufrieden seien und alles genug haben, wenn sie nur Jesum Christum haben.«[76]

Die engen und betont herausgestellten Bezüge des Christusglaubens zur Erfüllung des Ersten Gebotes sind auffallend. Diese pointiert christologischen Akzentuierungen im Blick auf die fides viva unterscheiden Luthers Präceptorium aber nicht nur von spätmittelalterlichen Dekalogauslegungen. In ihnen liegt offenbar auch eine Erweiterung gegenüber entsprechenden Passagen in den früheren Predigten vor. Auch in der Predigtreihe wird die Bedeutung der Heilstat Christi herausgestellt, »qui omnes peccatores suscepit in se«;[77] aber christologisch pointier-

73 So hat sie allerdings auch nicht Ernst BIZER (1904-1975) interpretiert; vgl. DERS.: Fides ex auditu: eine Untersuchung über die Entdeckung der Gerechtigkeit Gottes durch Martin Luther. 3., erw. Aufl. NK 1966, 22: »Als eine Folge der Demütigung durch Gott ist diese Demut nicht unser eigenes Werk. Sie erfüllt das Gesetz, weil sie das Sterben des alten Menschen bedeutet. Aber daß dies die Entdeckung sei, die er 1545 beschrieben hat, wird man nicht im Ernst behaupten wollen.«

74 WA 1, 400, 32-35: »hiis inquam timoratis et confitentibus, querentibus, petentibus non imputatur ista idolatriae suae mixtura propter Christum in quem credunt, Illis vero, qui sine timore, sine sollicitudine proficiendi in securitate stertunt, omnino imputatur et sunt vere idolatrae, ...«

75 In Valentin Ernst Löschers Handschrift endet das einleitende Corollarium mit der summierenden Feststellung: »Non operibus tuis eris formosa, sed fide in Christum, non tamen eris sine peccato, sed etiam decora per Christum, cuius decor tuus est per fidem in illum.«; WA 1, 399, Anm. zu Zeile 27.

76 Br 7, 49 ≙ WA 1, 400, 10-20.

77 WA 1, 64, 26.

te, soteriologische Passagen bestimmen dort nicht den dominanten Tenor. Im Vordergrund steht hier noch eine spürbar anders nuancierte Einübung der »verissima natura humilitatis«, die der »natura verissima superbiae« entgegengestellt wird.[78] Die auf Gottes schöpferische Macht konzentrierte abnegatio, humiliatio und contritio, die alle Eigengerechtigkeit zu vermeiden und zu demaskieren sucht, soll in der Demut und der desperatio des eigenen Ungenügens Gott allein die Ehre geben.[79] Dabei müsse unbedingt vermieden werden, sich mit dem Anschein einer nur äußerlichen humiliatio zu begnügen oder darin gar eine Tugend zu sehen. Entlarvt wird die subtile Gefährdung durch die angesehenen, inneren Tugenden, unter denen die Demut vorrangige Bedeutung hat. Noch aber ist in den Predigten die im Präceptorium begegnende enge Korrelation von fides Christi und humilitas nicht anzutreffen.

### 2 *Drei Formen Aberglaube*

Die rechtfertigungstheologisch und christologisch akzentuierten Ausführungen von 1518 prädisponieren die eingehende Auseinandersetzung mit spätmittelalterlichem Aberglauben und dem mannigfachen abusus der Heiligenverehrung; ähnlich detaillierte Schilderungen der magischen Bräuche und Hexengeschichten finden sich in zeitgenössischen Auslegungen des Ersten Gebotes, die Luther teilweise aus eigener Anschauung ergänzte.[80] Der diese Phänomene bündelnde Begriff der »superstitio« umfaßt zahllose, regional verschiedene Facetten mittelalterlichen Aberglaubens.[81] Im Vergleich mit spätmittelalterlichen Präceptorien, wie etwa dem des Augustinereremiten Gottschalk Hollen (1411-1481) – gedruckt 1489 in Köln –,[82] liegt ein Spezifikum der Auslegung Luthers in der rechtfertigungstheologisch zugespitzten Beurteilung der magischen Praktiken. Überdies ist an Luthers Einteilung der superstitiösen Bräuche charakteristisch, daß er

78 WA 1, 63, 9 f.

79 WA 1, 64, 1-3: »Contra vere humilis de se sibi desperat sufficere, quam maxime Deum cupit esse et rogat quod deficit, Imo Deum glorificat et est iustus.«

80 Geffcken: AaO, 54-56; Baumann: AaO 1, 437-473; vgl. etwa Luthers Erwähnung der Schwertbriefe bzw. des Schwertsegens, mit dem man ein gladium untauglich oder besonders gefährlich zu machen gedachte; WA 1, 401, 11-16.

81 Vgl. dazu Dieter HARMENING: Superstitio: Überlieferungs- und theoriegeschichtliche Untersuchungen zur kirchlich-theologischen Aberglaubensliteratur des Mittelalters. B 1979, 40.

82 [Gottschalk HOLLEN]: Praeceptorium gotscalci ordinis heremitarum sancti Augustini, gedruckt bei Johannes Koelhoff. Zu diesem und anderen spätmittelalterlichen Präceptorien vgl. Geffcken: AaO, 55 und Haustein: AaO, 36 f.

jedem menschlichen Lebensalter eigene abergläubische Präferenzen zuspricht: Unterschieden werden abergläubische Vorlieben der heranwachsenden Jugend (adolescentia), der jüngeren Erwachsenen (iuventus) und schließlich der älteren Menschen. Zur dritten aetas der vetulae gehören auch die magischen Praktiken der Hexen bzw. das, was über sie erzählt wird.

Offenkundig entsprach im Spätmittelalter nahezu allen Lebenssituationen ein spezifischer Aberglaube; die streitbaren Jünglinge suchten Waffen mit bestimmten Praktiken unschädlich zu machen, um im bewaffneten Kampf unverletzt zu bleiben: »Als ich denn selbst einen Jüngling gesehen habe, der sich selbst ein Schwert an den bloßen Leib setzte und mit aller Macht darauf drückte, daß das Heft sich bis zur Spitze bog und wieder zurücksprang, und geschah ihm doch kein Leid.«[83] In diesem, aber auch in späteren Lebensaltern spielt zudem der Liebeszauber eine besondere Rolle, etwa, wenn man den Geliebten aus der Ferne anlokken möchte[84] oder wenn eine Braut prüfen will, ob sie in einer gerade geschlossenen Ehe »des Mannes Herr sein werde«.[85] Im Lebensalter der iuventus gilt die Sorge den Kindern, die vor Alpdrücken und rätselhaften Krankheiten mit Schutzbriefen geschützt werden sollen.[86] Aber auch der Schutz des Viehs, »daß es vor Wölfen, Pestilenz, Wasser und Feuer sicher sei«,[87] die Beachtung bestimmter Tage, an denen »es gut über Land zu gehen ist, zu bauen, Geschäfte zu treiben, neue Kleider anzulegen«[88] und schließlich die besonders ausführlich behandelte Astrologie[89] gehörten im Alter der iuventus zu den bevorzugten Spielarten der Magie. Die Aspekte der dritten aetas der superstitio-Kritik, in denen Luther die Praktiken der »vetulae«, der magiekundigen alten Frauen abhandelt, berühren den sensiblen und brisanten Aspekt von Luthers Stellung zum Hexenglauben. Er teilte offenkundig die in zeitgenössischen Präceptorien begegnende Ansicht, daß Frauen für die Teufelsbundschaft empfänglicher seien – eine Argumentation, die von

83 Br 7, 51 ≙ WA 1, 401, 13-16.
84 WA 1, 401, 20-23.
85 Br 7, 52 ≙ WA 1, 402, 1-4.
86 Ein Spezifikum des Wittenberger Aberglaubens bildete offenbar der im nord- und mitteldeutschen Raum selten vorgenommene Ritus gegen die »Elben«, demzufolge Kindern Schutzbriefe um den Hals gebunden wurden, WA 1, 402, 15-21; vgl. dazu ELBEN. Handwörterbuch des deutschen Aberglaubens/ hrsg. unter Mitw. von Eduard Hoffmann-Kreyer von Hanns Bächtold-Stäubli. Bd. 2. Unv. Nachdruck der Ausgabe. BL 1929/30. B; NY 2000, 758-761.
87 Br 7, 54 ≙ WA 1, 403, 5-9.
88 Br 7, 56, ≙ WA 1, 403, 27 f.
89 WA 1, 404, 1 - 405, 19.

der im Spätmittelalter einsetzenden Hexenverfolgung aufgegriffen wurde.[90] Luthers Augenmerk galt dabei zunächst weniger den magischen und zauberischen Akteuren als ihren Praktiken, von denen die Zeitgenossen Abstand nehmen sollten. Später hat er andernorts im Einklang mit seinen scharfen Invektiven gegen das dem Wort Gottes widerstreitende Wirken des Teufels unter Berufung auf Ex 22, 18 (17) unmißverständlich für magiekundige Hexen und Zauberinnen den Tod gefordert: »Occidantur magae, quia fures sunt, adulteri, latrones, homicidae.«[91]

Derlei scharfe Formulierungen wurzeln in reformatorischen Grundüberzeugungen Luthers. Generell gilt: Im Vertrauen auf die Wirkung magischer Bräuche würden Zeitgenossen vom Teufel anders als in qualvollen Anfechtungen nicht ernsthaft (»non serio«), sondern zunächst eher spielerisch (»velut moriones«) genasführt[92]: Akteure diabolischer Verführungskunst seien Wahrsager, Zeichendeuter, die mit der schwarzen Magie befaßten Zauberer, abergläubische Segensprecher, Hexen und andere magiekundige Zeitgenossen.[93] Die klar gegliederten und detailliert beschriebenen abergläubischen Handlungen werden teilweise für sich behandelt, zuletzt aber summarisch kritisiert: Wer Gott in den kleinen Dingen des Alltags nicht vertraue, sondern der magischen Kreaturvergötzung größere Macht zubillige als dem Schöpfer aller Dinge, glaube ihm auch nicht »in magnis«.[94] Worte und Zeichen Gottes würden damit in profaner und diabolischer Weise mißbraucht. Es sei damit aber eben keineswegs ausgemacht, daß der Aberglaube lediglich

90 Bereits im ersten Abschnitt zur superstitio iuventutis hatte Luther sich »zu einem äußerst scharfen, die Polemik eines Hexenhammers in nichts nachstehenden Angriff gegen die Frauen« hinreißen lassen, so Haustein: AaO, 47, zu WA 1, 403, 18-20. Luther habe sowohl die älteren Spielarten des Hexenglaubens von einer Teufelsbuhlschaft und dem Schadenszauber gekannt wie die jüngeren Vorstellungen vom Hexenflug etc. geteilt. Für ihn sind Hexen »in erster Linie Malefikanten, die mit Hilfe des Teufels und göttlicher Erlaubnis Unheil verbreiten«. Aus seinen Tischreden lasse sich eine »grundsätzliche Bereitschaft zur Verfolgung vernehmen«, ohne daß er zu einer solchen gezielt aufgefordert habe (171 f).

Die argumentative Verbindung von weiblicher Anfälligkeit für luxuriöse Vorlieben und magische Praktiken begegnet auch in Johannes Nyder: Formicarius/ mit einer Einführung von Hans Biedermann. Graz 1971, 222 (V, 8). Malleus Maleficarum pars 1, qu. 14 (71 C) proklamierte, daß die Schuld der Hexen »an Bosheit alle gegen moralische Gebote gerichteten Sünden« übertreffe, »die Gott je zugelassen hat« (ebd 2, 150).

91 Predigt über Ex 22, 18 vom Frühjahr 1526, WA 16, 552, 14. Dazu Haustein: AaO, 123-126.

92 WA 1, 401, 5 f.

93 WA 1, 401, 6 f. Zu den von Luther im Folgenden genannten magischen Akteuren und Praktiken siehe Haustein AaO, 38-67.

94 WA 1, 402, 8-10: »Excusant se sane, quod sint sacra signa sacraque verba, quasi non ideo magis sint accusandi, quod rebus, signis verbisque dei in re prophana et diabolica utuntur.«

nichtig sei, indem er nutz- und folgenlos bleibe. Vielmehr habe eine jede Zauberei ihr eigenes verborgenes Geheimnis, »et fit tamen quod faciunt, quia credunt«.[95] Die Wirkung der magischen Praktiken erwächst für Luther aus dem Glauben an die Macht der Magie: Das Zutrauen in die abergläubischen Bräuche wirke und zeitige damit verhängnisvolle Konsequenzen, wie sie die Teufelsbuhlschaft unabwendbar nach sich ziehe. Sowohl der Aberglaube wie der dem Ersten Gebot entsprechende Glaube an Christus haben ihre jeweils entsprechenden Folgen. Superstitiöse Handlungen werden erst durch das nötige Vertrauen auf ihren Nutzen wirksam. Es deutet sich darin bereits eine Einsicht an, die später im Großen Katechismus wirkungsträchtig formuliert wird: »Denn die zwey gehören zuhauffe, glaube und Gott. Worauff du nu (sage ich) dein hertz hengest und verlessest, das ist eygentlich dein Gott.«[96]

Die Anrufung von Dämonen bleibe keineswegs folgenlos; aber der an Kindern geübte apotropäische Zauber zeitige andere als die erhofften Wirkungen: Gott, dem man die schuldige Ehrerbietung habe fehlen lassen, lasse es zu, daß die Geister die Eltern peinigten, nach dem verborgenen Ratschluß des gerechten Gottes, der den Glauben der einen prüfe und die anderen strafe.[97] – Wirklich wirkungslos sei allerdings die Astrologie.[98] Die Sternenkunde, zu der sich auch Melanchthon bekannte, trage zur entscheidenden Heilsfrage nichts bei: Alle Menschen würden als Sünder geboren und wären rettungslos in diesem Stande verblieben, wenn sich nicht Gottes Gnade ihrer erbarmt hätte. Eine anthropologisch relevante Macht der Sterne sei also schlechterdings nicht vorhanden. Der Mensch sündige generell aus schuldhafter Neigung, die durch astralen Einfluß weder vergrößert noch vermindert werde: »Omnis mala inclinatio non extra nos, sed in nobis est.«[99]

Ob der von ihm behandelten mannigfachen Praktiken der Hexen, Magier, Wahrsager, Wahrsagerinnen sowie Wünschelrutengänger zeigte sich der Wittenberger weniger über die differenzierte Vielfalt dieser Bräuche erstaunt als darüber, daß diese species von den Bischöfen geduldet werde und weithin unbehelligt ihr Treiben ausüben dürfe.[100] Denn sofern der Teufel, wie das Exempel Hiobs zeige,

95 WA 1, 402, 21.
96 WA 30 I, 133, 7f ≙ BSLK 560, 21-24.
97 WA 1, 403, 1f: »..., occulto dei iudicio sed iustissimo, ut probet fidem vel illorum vel aliorum aut utrosque puniat.«
98 WA 1, 404, 1 - 405, 3.
99 WA 1, 404, 24f.
100 WA 1, 406, 19.

diesen unter Erlaubnis Gottes mit Feuer, Sturm und Schwären peinigen dürfe, sei es durchaus möglich, daß er auch gegenwärtig solches vermöge, wenn man einen Bund mit ihm schließe.[101]

Mit der sich verschärfenden Kritik Luthers an den zahlreichen Formen von Magie und Schadenszauber, die den Hexen zugeschrieben wurden, stellte sich ihm zudem die abgründige theologische Frage nach dem Ursprung und der Macht des Bösen. Die im Präceptorium von 1518 gegebene Antwort zeigt Bezüge zu Gedanken, die in der späteren Kontroverse mit Erasmus erneut entfaltet werden. Ähnlich wie Gott »multis malis hominibus« die Macht gebe, zeitliche Güter und Macht zu mißbrauchen, erlaube er auch den Dämonen den Mißbrauch von Dingen »contra nos«, sei es zur Strafe oder zum Zweck der Erziehung.[102] Es sei von Christen deshalb am Glauben an die Allmacht Gottes festzuhalten, weil ohne Erlaubnis Gottes nach Mt 10, 20 kein Blatt vom Baume zur Erde falle. So sei das böse Werk der Magier und Dämonen von Gott zugelassen: »Bonum facit deus per seipsum, Malum per malos.«[103]

Der Teufel verstehe allerlei Gaukelwerk und verführe unter Erlaubnis Gottes die Menschen zu ihrem eigenen Schaden; doch gefährlicher sei es, wenn er in seiner perfiden Geschicklichkeit auch mit mens und intellectum der Menschen sein Spiel treibe.[104] So äußerte der Wittenberger seine Skepsis angesichts der volkstümlichen Legenden, daß Hexen auf Mänteln fahren könnten: Wenn dies möglich sei, äußerte er spöttisch, kämen sie doch gewiß nicht weit. Als feststehende Tatsache aber galt ihm, daß der Teufel dem Menschen alle Sinne derart betören könne, daß er meine, er fliege zu seiner Geliebten und verkehre mit ihr.[105] Diese

101 WA 1, 408, 18.

102 WA 1, 408, 31-34.

103 WA 1, 408, 38. Dieser Gedanke begegnet 1525 erneut in »De servo arbitrio«: Auch gegen Erasmus insistierte Luther darauf, daß Gott tatsächlich in allen seinen Kreaturen unablässig am Werk sei – auch in den Bösen und in den Gottlosen. Wie er den Pharao, der Israel nicht aus Ägypten ziehen lassen wollte, als einen »impium« geschaffen habe, »hoc est, ex impio et corrupto semine« (WA 18, 708, 26 f ≙ StA 3, 277, 17-20: »Omnia propter semetipsum fecit Dominus, etiam impium ad diem malum.«) sei er auch derjenige, der ihn verstocke. Hier könne die Ausflucht nicht weiterhelfen, es handele sich lediglich um eine uneigentliche Bildrede. Gott sei jedoch damit keineswegs als Urheber der Sünde anzusehen. Vielmehr finde er die Verderbnis der Natur als Tatsache vor: »Licet enim Deus peccatum non faciat, tamen naturam peccato, subtracto spiritu, uitiatiam, non cessat formare et multiplicare, tanquam si faber ex ligno corrupto statuas faciat« (StA 3, 277, 23-25 ≙ WA 18, 708, 31-33).

104 WA 1, 410, 28-35.

105 WA 1, 410, 16 f.

von Gott zugelassene potestas diaboli, deren Ursprung und Sinn dem Menschen verborgen bleibe, dürfe keinesfalls unterschätzt werden. Luthers Kritik am verbreiteten Hexenglauben und den beschriebenen Spielarten des Aberglaubens, aber auch die in der Kontroverse mit Erasmus 1525 behauptete Position wurzeln in seiner tiefen Überzeugung vom notwendigen Kampf gegen das verderbliche Wirken Satans, der sich in subtilen und massiven Attacken gegen das lebendige, heilschaffende Wirken Christi wende.[106] Luthers Kritik der Magie ist eine entschiedene Warnung vor allen Versuchen, in zeitlichen Sorgen, Nöten und Ängsten den Beistand Satans zu suchen.

### 3 *Mißbräuchliche Heiligenverehrung*

Sofern sich auch die Heiligenverehrung vielfach auf temporalia und corporalia bezog, stand sie dem detailliert beschriebenen abusus magischer Praktiken nicht fern. Luther folgte Augustinus, wenn er der Anrufung der Heiligen und dem Gebet zu Gott wegen profaner Güter einen relativen Vorzug gab gegenüber den Versuchen, um zeitlicher Interessen willen einen Pakt mit dem Teufel zu schließen.[107] Es sei immerhin besser, zeitliche Segnungen von Gott zu erbitten.[108] Doch sofern Gott, wie die Schrift zeige, oft auch Gebete um temporalia erhöre, werde man durch sie allein noch nicht zum Christen.

Der abusus bei der Verehrung der zahllosen Heiligen, der von diesen Schutz vor spezifischen Gefahren und Wechselfällen des Lebens erbitte, sei im Blick auf das Wesen des christlichen Glaubens eben doch ein Mißbrauch. Am sinnenfälligsten werde dies im Blick auf Sankt Christophorus. Die in der Legende seinem Bild zugeschriebene Kraft, vor jähem Tod zu bewahren, widerstreite völlig dem Ersten Gebot: Damit werde einem hölzernen Bild mehr zugetraut als der Macht Gottes.[109] Bezeichnend sind an Luthers Pointierungen nicht allein die hier – wie später auch im Sterbesermon von 1519 und in der Magnificat-Auslegung von 1522 – noch anzutreffenden Zugeständnisse an das relative Recht der Heiligenverehrung:

106 Lohse: Luthers Theologie, 271: »Was den Teufel als den Gegenspieler Gottes betrifft, so ist er letztlich bei allem, was gegen Gottes Willen gerichtet ist und was der Welt und den Menschen schadet, derjenige, der im Hintergrund wirkt.« Dazu Hans-Martin BARTH: Der Teufel und Jesus Christus in der Theologie Martin Luthers. GÖ 1967; Heiko A. OBERMAN: Luther: Mensch zwischen Gott und Teufel B 1982; Gerhard EBELING: Luthers Reden vom Teufel. In: Ders.: Lutherstudien. Bd. 2 III. TÜ 1989, 246-271.

107 WA 1, 411, 14-17.

108 WA 1, 411, 16 f.

109 WA 1, 413, 14-16.

Insofern Gott selbst »in sanctis eius« gesucht und seine Ehre in ihnen gelobt werde,[110] könne auch ein »Christophorus« als »Christusträger« rechtfertigungstheologisch heilsam auf die Bedeutung des Kreuzes Christi verweisen.[111] Überdies schrieb Luther ähnlich wie beim abusus der superstitio auch bei der Anrufung der Heiligen um profaner Zwecke willen dem Glauben an deren Wirkmacht die entscheidende Kraft zu; der abusus liege darin, daß man nicht dem Glauben die Wirkung zuschreibe, »quae sola facit«, sondern der Kraft der Heiligen.[112]

So sei die Anrufung der Heiligen um zeitlicher Güter willen nicht gänzlich zu verbieten; doch sei es von Übel, daß man sie allein für temporalia angehe und ihre zum rechten Glauben und zur Demut anleitende Tugend sowie ihren diesbezüglichen Vorbildcharakter gänzlich ignoriere.[113] Das Wohlleben sei nach christlichen Maßstäben jedenfalls nicht das erstrebenswerteste: »Narren sind wir alle, die wir uns vorstellen, das Leben in guter Gesundheit zu steigern, aber nicht verstehen, daß es im Leiden beginnt besser zu werden und weit vorzüglicher ist als alles aktive Leben.«[114] Folglich sei es für Christen angemessener, das Leid willig zu tragen und für das ewige Seelenheil nichts nützlicher, als rasch zu sterben.[115]

Die eingehende und detaillierte Kritik Luthers an Mißständen und Mißbräuchen der spätmittelalterlichen Heiligenverehrung gründete also in dem zentralen Monitum, daß nicht dem Ersten Gebot entsprechend die Liebe zu Gott gefördert würde,[116] sondern der eigene Nutzen im Blick auf temporalia et corporalia im Vordergrund stehe. Diesem Zweck dienten auch die mannigfachen, diversen Patrozinien, mittels derer sich etwa die verschiedenen Handwerke und Landschaften einem Schutzpatron zuordneten.[117] Zu verwerfen seien aber auch die zahllosen Heiligenfeste,[118] das vielfach der Habsucht entspringende, ausufernde Wallfahrtswesen und eben auch der vorgeblich zum Zweck des Kirchenbaus betriebene Ablaßhandel.[119] Die sich an diesem Heiligenkult beteiligten oder gar von

110 Vgl. dazu auch WA 1, 416, 22-27 und später den umfänglichen Abschnitt 419, 22 - 420, 32.

111 WA 1, 413, 17-35.

112 WA 1, 413, 15 f.

113 WA 1, 417, 14-16.

114 WA 1, 417, 36 - 418, 1: »Stulti sumus omnes qui vitam praesumimus emendare in bona valitudine, quum in aegritudine non intelligamus eam esse emendari ceptam et longe esse excellentiorem quam omnem vitam activam.«

115 WA 1, 418, 1-3.

116 WA 1, 419, 22-27: »Ille scilicet colit vere sanctos dei in deo, qui opera et gratiam dei in illis intuitus et meditatus movetur et solvitur in dulcem affectum erga deum, ...«

117 WA 1, 420, 33 - 421, 2.

118 WA 1, 421, 35 - 422, 26.

ihm profitierten, kritisierte der Wittenberger mit teilweise scharfen Formulierungen[120]: Sie suchten nicht Gottes Ehre, sondern ihren eigenen Vorteil; sie benutzen Gott um ihres eigenen Genusses willen, wie in spürbarem Anklang an die Unterscheidung des Augustinus von »frui et uti Deo« formuliert wurde.[121]

In dieser rechtfertigungstheologischen Fundamentalkritik an den zeitgenössischen Mißständen der Heiligenverehrung »verbinden sich sozialkritische mit den an sich vorrangigen theologischen Motiven« – ähnlich wie im Ablaßstreit und später in den reformatorischen Hauptschriften von 1520, namentlich in »De captivitate Babylonica ecclesiae praeludium« und der Adelsschrift. So zeigt sich gerade am Präceptorium von 1518 in nuce, inwiefern »Luthers tiefernste Theologie zum heftigen Angriff auf bestimmte Zweige der kirchlichen Praxis und Frömmigkeit werden konnte«.[122] Es ist zudem für die frühe Phase der reformatorischen Theologie kennzeichnend, daß der von Luther in den »Decem praecepta ...« häufiger als jeder andere Kirchenvater zitierte Augustinus[123] als klärender Inaugurator dieser Fundamentalkritik diente. Aus seinen Anregungen reift in der Kritik von superstitio und superbia wie in seiner Unterscheidung von Glaube und Aberglaube Luthers reformatorische Position.

### *4 Hochmut nach dem Fall*

Dies zeigt auch der letzte Abschnitt, der die bereits in der Einführung kritisierte Form des innerlichen Götzendienstes mit »Herz und Verstand«[124] als subtile und damit gefährlichste Form einer Übertretung des Ersten Gebotes behandelt. Heftig geißelte Luther den sündigen Hochmut und wandte sich gegen diejenigen, die anstelle des wahren Gottes ihre eigene Weisheit und Gerechtigkeit schätzten. Solche »filii superbiae« regiere der Teufel, sie vertrauten ihrem liberum arbitrium. Für sie sei Christus umsonst gestorben.[125] Die Invektiven gegen Pelagius († um 422) und die Pelagianer zielen offenkundig auf die nominalistische Theologie, wie

119 WA 1, 422, 27 - 424, 39.

120 WA 1, 425, 21-25.

121 WA 1, 425, 2-5. Zu Luthers Rezeption dieser ihm bereits 1509 bei der Lektüre des Lombarden (vgl. PETRUS LOMBARDUS: Sententiae in IV libris distinctae. Bd. 1. Grottaferrata (Romae) 1971, 57, 5-16 (lib. 1, dist. 1, cap. 3 [3]) begegneten Unterscheidung vgl. etwa Leif GRANE: Contra Gabrielem: Luthers Auseinandersetzung mit Gabriel Biel in der Disputatio contra scholasticam theologiam 1517. København 1962, 266.

122 Brecht: AaO 2, 153.

123 Vgl. WA 1, 405, 2; 409, 1; 411, 14 f. 27-29; 418, 5-8. 28-30; 420, 22 f; 427, 15 f; 429, 20.

124 WA 1, 399, 11-27.

125 WA 1, 426, 17-21.

die Kritik an der verhängnisvollen Verwendung des Verdienstgedankens und die Bezugnahme auf spätscholastische Sündenlehre im Begriff des »peccatum mortale« zeigt[126]: Wer lediglich zugestehe, daß man ohne Christus nicht verdienstvoll leben könne,[127] unterschätze, daß Christus notwendig für die Sünden der Menschen habe sterben müssen, stellvertretend die Höllenstrafen erduldete und damit allein von der Macht des Teufels befreien könne.[128] Die fortwirkende Bedeutung des peccatum originale dürfe nicht unterschätzt werden. Die Menschheit sei mit Augustinus als »massa perditionis« anzusehen[129]: »nemo iustificatur nisi per puram, sine meritis, gratiam Christi.«[130] Christi Stellvertretung wird hier mit den auch später – etwa im Galaterbriefkommentar von 1531/35[131] – verwendeten Schriftbelegen G 3, 13 und 2 Kor 5, 21 umschrieben: »... Christus pro nobis factus maledictum et peccatum, ut de maledicto et peccato nos liberaret, ...«[132]

Deutlich ist nun die reformatorische Alternative vorhanden: Allein der Glaube an die Heilstat Christi genügt dem Ersten Gebot: »nam sine fide impossibile est placere deo, Et omne quod non est ex fide peccatum est«. Jene scheinbar guten Werke, welche zeitgenössische Theologen als natürliche und moralische Tatsachen ansähen, seien doch in Wahrheit »mala coram deo«, weil sie nicht »ex deo nec propter deum« geschähen, so sehr sie auch den Beifall »coram hominibus« fänden.[133] Alle christliche Hoffnung, so wandte Luther gegen den Lombarden,[134]

126 WA 1, 426, 29-31. Vgl. zum Zusammenhang »peccatum mortale – peccatum veniale« etwa JOHANNES DUNS SCOTUS: Commentaria Oxoniensa ad IV. libros Magistri sententiarum. Bd. 2. Quaracchi 1914, 638-646 (714-730), bes. 640f (719. 721); Gabriel BIEL: Collectorium quattuor libros Sententiarum/ hrsg. von Wilfridus Werbeck und Udo Hofmann. Bd. 2. Tübingen 1984, 448-451 (lib. 2, dist. 22, art. 3); zur Verwendung des Begriffes »peccatum mortale« ebd: Indices/ bearb. von Wilfridus Werbeck. Tübingen 1992, 173.

127 WA 1, 426, 27f.

128 WA 1, 426, 29-34.

129 Augustinus verwendet den Begriff »massa perditionis« im Rekurs auf R 5, 12; vgl. AUGUSTINUS: De gratia Christi et de peccato originali, lib. 2: De peccato originali; Corpus scriptorum ecclesiasticorum latinorum (CSEL) 42 (1902), 193, 24 - 194, 3: »ex quo tempore per unum hominem peccatum intravit in mundum et per peccatum mors, et ita in omnes homines pertransiit, in quo omnes peccaverunt, profecto universa massa perditionis facta est possessio perditoris.« Ähnlich in AUGUSTINUS: De civitate Dei libri XXII, lib. 14, cap. 26; CSEL 40 II (1900), 54, 28 - 55, 7 ≙ CChr.SL 48 (1955), 450, 44-54.

130 WA 1, 427, 15f.

131 WA 40 I, 432, 5 - 452, 6; vgl. Rieske-Braun: AaO, 89-103.

132 WA 1, 427, 8f.

133 WA 1, 428, 8-18.

134 PETRUS LOMBARDUS: Sententiae in IV libris distinctae. Bd. 2. Grottaferrata (Romae) 1981, 159, 16-20 (lib. 3, dist. 26, cap. 1 [91]): »Est autem spes virtus qua spiritualia et aeterna bona

entstehe nicht aus prävenienten, menschlichen Verdiensten, sondern »ex miserente et infundente deo«.[135] Sie habe keinen anderen Bezugspunkt, Gehalt und Grund als »ipsam nudam dei misericordiam«; menschliche opera wirkten keine Hoffnung, sondern führten unausweichlich in tiefe Verzweiflung.[136] Der sieghafte Christus sei das einzige hoffnungsstiftende »meritum nostrum« und folglich auch die alleinige causa für die sich einstellende Fülle aller Tugenden, die erst aus der Beachtung des Ersten Gebotes folge, wenn auch die glaubenden Christen stets peccatores und Übertreter des Ersten Gebotes blieben.[137]

Der Dialektik von superbia und humilitas gelten auch Passagen in der früheren Predigtreihe, etwa im 4. Sermo, wo Luther ausgeführt hatte: Gott belohnt die Demütigen, nicht die »superbi hominis proprietates«.[138] Gnade erlangen, die ob ihrer Unzulänglichkeit vor Gott verzweifeln; ihnen gilt: »Contra vere humilis de se sibi desperat sufficere, quam maxime Deum cupit esse et rogat quod deficit, Imo Deum glorificat et est iustus.«[139] Bei denen, die meinen, daß sie Gottes nicht bedürften, reift vielleicht erst in schweren probationes solche humilitas. Im Präceptorium von 1518 werden die Erwägungen zur humilitas demgegenüber nun deutlich christologisch pointiert: Hier ist die reine und völlige Demut das unabdingbare Korrelat der dem Ersten Gebot entsprechenden, glaubenden Konzentration auf Christus, welche die Radikalität der eigenen bleibenden Sündhaftigkeit nur deshalb erträgt, sofern sie allein propter Christum ignoriert werden darf, »quia humilibus deus dat gratiam«.[140]

Erst die mit dem Christusglauben eng verbundene und aus ihm erwachsende humilitas ist die Alternative zur trügerischen securitas, die die Radikalität des Ersten Gebotes unterschätzt und in verderblicher superbia dem Zorn Gottes anheimfällt.[141]

sperantur, id est cum fiducia exspectantur. Est enim certa exspectatio futurae beatitudinis, veniens ex Dei gratia et ex meritis praecedentibus vel ipsam spem, quam natura praeit caritas; vel rem speratam, id est beatitudinem aeternam«.

135 WA 1, 428, 34.

136 WA 1, 428, 33-36. Die Auseinandersetzung mit dem Lombarden findet sich auch in Luthers Sermo vom 11. Sonntag nach Trinitatis; WA 1, 70, 24 - 71, 4: »Ratio est, quia spes non potest aliud fundamentum habere quam Dei bonitatem, et nullam creaturam: quocirca apud Magistrum definitio spei vel est falsa vel false intellegitur.«

137 WA 1, 429, 10-19; 428, 36f.

138 WA 1, 63, 30.

139 WA 1, 64, 1-3.

140 WA 1, 429, 19-22.

141 WA 1, 429, 37f: »Qui autem non agnoscit se peccatorem, quomodo timebit deum et iudicium eius?«

*III Conclusio*

In Luthers Auslegung des Ersten Gebotes von 1518 zeigen sich an den Details der superstitio-Kritik reformationsgeschichtliche Aspekte, die die frühe Phase der reformatorischen Theologie, die Ablaßkontroverse, aber auch die beginnende Wittenberger Reformation in ein interessantes Licht rücken.

Zunächst liegt offenbar zwischen den Predigten und dem Präceptorium von 1518 eine reformatorisch-theologische Entwicklung, die sich – wenn die Datierung zuverlässig ist – zwischen dem Sommer 1516 und dem Frühjahr 1518 vollzogen hat oder aber, wenn die Predigtreihe doch in den Spätsommer und Herbst 1517 zu datieren ist, in diesem Zeitraum reformatorisch positionell festigt: In den entschiedenen christologisch-soteriologischen Pointierungen, die sich in den Passagen I und IV des Präceptoriums finden, begegnet nicht nur eine Singularität gegenüber der spätmittelalterlichen Dekalogauslegung, sondern wohl auch ein spürbarer argumentativer Ausbau gegenüber den früheren Sermonen 1, 4 und 8, sofern nun die Erfüllung des Ersten Gebotes nachdrücklich auf den Christusglauben und die reine, innerliche Gebotserfüllung konzentriert wird, die sich erst und allein aus dem Christusgeschehen als möglich eröffnet.

Das argumentative Augenmerk und reformatorische Interesse gilt im Präceptorium der Macht und darum der Unterscheidung von Glaube *und* Aberglaube, der sich als superstitio, in der mißbräuchlichen Heiligenverehrung, aber auch im fehlgeleiteten Vertrauen auf die Ablässe verhängnisvoll und gefährdend, als fides Christi aber heilvoll auswirkt. Insofern entwickelt bereits die frühe reformatorische Auslegung des Ersten Gebotes jenen Zusammenhang, der 1529 wirkungsträchtig formuliert wird, insofern »das alleine das trawen und gleuben des hertzens machet beide Gott und abeGott. Ist der glaube und vertrawen recht, so ist auch dein Gott recht, und widerumb wo das vertrawen falsch und unrecht ist, da ist auch der rechte Gott nicht.«[142] Ausgehend von diesem »heubstuck aller sapientiae et scientiae«[143] werden auch in den Katechismen die Mißbräuche in der Heiligenverehrung,[144] das falsche Vertrauen auf eigene Werke[145] und die Kreaturvergötzung[146] abgewiesen.

142 WA 30 I, 133, 1-8 ≙ BSLK, 560, 15-21. Vgl. die ähnliche Formulierung in der Katechismuspredigt vom 14. September 1528; WA 30 I, 28, 2-7.

143 Katechismuspredigt vom 30. November 1529; WA 30 I, 61, 19f.

144 WA 30 I, 134, 7-17.

145 WA 30 I, 135, 20.

146 WA 30 I, 135, 14; 136, 8-16.

Auch andere Aspekte des frühen Präceptoriums entfalten sich später im reformatorischen Oeuvre, etwa im Sermon »Von den guten Werken« (1520).[147] Bereits in »Ein kurze Erklärung der Zehn Gebote« von 1518,[148] aber auch im Betbüchlein von 1522[149] sind in summarischen Aufzählungen die diversen Spielarten einer Übertretung des Ersten Gebotes aufgeführt, die in den »Decem praecepta ...« 1518 als Formen zeitgenössischen Aberglaubens und der Heiligenverehrung »nur umb tzeyttlich nutz willen«[150] ausführlich behandelt sind. Sie finden sich später auch im Kleinen[151] und im Großen Katechismus.[152]

Die »Decem praecepta ...« von 1518 zeigen zudem eine Reihe von reformatorischen Grundanliegen: Der konstitutiv relationale Charakter christlicher Existenz und die Betonung der selbstevidenten Macht des Wortes Gottes[153] wird ebenso pointiert wie die radikale Macht der Sünde und – entsprechend – der Hinweis auf die exklusive Bedeutung des heilsrelevanten Glaubens.[154] Die Demut ist nicht länger in eigenem Bemühen zu suchende affektive Verfassung der peccatores, sondern – ähnlich wie das der Mystik verwandte Leerwerden von allen irdischen Verhaftungen – unmittelbar entspringendes Pendant der fides selbst.[155] In diesen Akzentuierungen entfaltet sich das reformatorische Profil der frühen Theologie Luthers in durchaus weitreichenden Parallelen zu spätmittelalterlichen Dekalogauslegungen und in sehr konkreten Bezugnahmen auf die intensive spätmittelalterliche religiös-magische Praxis und zeigt doch gleichzeitig, wie sie sich

147 WA 6, 212, 1-7: »Darausz merck selber, wie weit von einander sein das erst gebot nur mit eusserlichen wercken und mit ynnerlichem vortrawen erfullenn. Dan dis macht recht, lebendige gottis kinder, jhenes macht nur erger abgotterey und die schedlichsten gleissener, die auff erden seinn, die untzehlich vil leutt mit yrem grossem schein furen in yrhe weysze, und lassen sie doch on glauben bleiben, unnd alszo jemerlich vorfuret stecken in dem eusszerlichen geplerre und gespenste.«

148 WA 1, 252, 2-15.

149 WA 10 II, 380, 14 - 381, 6.

150 WA 10 II, 381, 10 f.

151 BSLK 508, 5-10 ≙ WA 30 I, 243, 20 - 244, 3.

152 BSLK 562, 10-38 ≙ WA 30 I, 134, 7-17.

153 WA 1, 399, 25 f: »Tunc autem non adorabis alienum, si me audieris, id est, fides verbi mei te faciet liberum a diis alienis et verum cultorem dei. Haec enim abstrahet te a cupiditate et fiducia rerum et trahet ad creatorem.«

154 WA 1, 399, 29 - 400, 3.

155 WA 1, 400, 6-10: »›impossibile est, ut non adores alienum, si non audieris me, quia non humiliaberis nec auferetur tibi fiducia creaturae. Non humiliatus autem non adorabis me, sed te et tua.‹ Clare ergo patet, quod nemo implet hoc praeceptum nisi credens in Christum, sperans, diligens, nudatus ab omnium rerum affectu, Quod sine gratia dei est impossibile.«

von dieser löst. Vor allem aber demonstriert das 1518 publizierte Präceptorium: Luthers wirkungsvolle Kritik am Ablaßwesen, auf die er auch in dieser Schrift verweist,[156] bildete lediglich den besonders wirkungsträchtigen Teilaspekt einer umfassenden und detailreichen Auseinandersetzung mit Formen der intensivierten spätmittelalterlichen Frömmigkeit und des magischen Umgangs mit dem Numinosen. Gegen die fehlgeleiteten und gefährlichen Hoffnungen auf Magie, Aberglaube, Heiligenverehrung und käufliche Ablässe empfahl der Wittenberger in seiner bislang umfänglichsten Schrift die angstlösende und vertrauende Hinwendung zu Gott in Christus. In den Bezügen zur zeitgenössischen superstitio-Kritik, zum Teufelsglauben und zur sich ausweitenden Hexenverfolgung zeigt sich deutlich das reformatorische Interesse, aber auch der spätmittelalterliche Kontext, in dem sich dieser wirkungsträchtige Aufbruch entwickelt. Luthers Kritik am Ablaßhandel als eines Mißbrauches des Bußsakramentes ist Teil einer umfassenden, seelsorgerlichen Bemühung, die am Kriterium des Christusglaubens offene und subtile Übertretungen des Ersten Gebotes aufdeckt.

156 WA 1, 426, 15f.

# Luthers Geschichtsverständnis und dessen Rezeption im Kontext der Reformationsjubiläen von 1817 und 1917[1]

Von Michael Basse

*Heinz Zahrnt zugeeignet*

Theologisches Reden von Geschichte wird in Umbruchzeiten besonders virulent. Wenn sich dabei signifikante Unterschiede zwischen dem Zeitalter der Reformation und der Zeit nach der Aufklärung zeigen, so liegt das an der unterschiedlichen Begründung und Intention theologischer Rede wie auch Inanspruchnahme von Geschichte. Dieses läßt sich am Beispiel der beiden Reformationsjubiläen der Jahre 1817 und 1917 besonders gut nachzeichnen, weil hier der zeitgeschichtliche Kontext eine besondere geschichtstheologische Deutung erfuhr. Im Vergleich mit Martin Luthers Geschichtsverständnis kann nun erörtert werden, inwieweit die Geschichtskonzeptionen des 19. und beginnenden 20. Jahrhunderts den theologischen Intentionen des Reformators entsprachen und welche Konsequenzen sich daraus für das theologische Reden von Geschichte in unserer Zeit ergeben.

## *1 Luthers Geschichtsverständnis*

Luther hat mit dem »geistige[n] Klima seiner Zeit«[2] auch dessen besonderes Interesse für die Geschichte geteilt. Schon ein Blick in das Sachregister der Weimarer Ausgabe läßt erkennen, wie vielfältig Luthers Reden von Geschichte gewesen ist.[3] Bezeichnend für Luthers Denkansatz ist, daß ein allgemeiner Entwurf von Geschichte fehlt. Aber gerade dadurch, daß seine Geschichtsauffassung aus der Auseinandersetzung mit konkreten Ereignissen, Themen und Problemen erwachsen ist, weist sie auch immer wieder in die Mitte seiner Theologie.[4] Luthers Geschichtsverständnis läßt sich nun in zwei voneinander unterschiedenen und

1 Erweiterte Fassung des Vortrages, der im Rahmen des Habilitationsverfahrens an der Evangelisch-Theologischen Fakultät der Universität Bonn am 16. Dezember 1998 gehalten wurde.

2 Heinz Zahrnt: Luther deutet Geschichte: Erfolg und Mißerfolg im Lichte des Evangeliums. M 1952, 15

3 Vgl. WA 65, 579-583 (historia).

4 Vgl. Bernhard Lohse: Martin Luther: eine Einführung in sein Leben und sein Werk. 2. Aufl. M 1981, 198.

zugleich miteinander verbundenen Perspektiven entfalten: Zum einen hat Luther Geschichte in seiner eigenen Person und seiner Zeit unmittelbar erfahren, zum anderen hat er sie mit bestimmten, primär theologischen Kategorien gedeutet.[5]

Luther war sich dessen bewußt, daß er sich nicht nur auf dem Höhepunkt eines vielfältigen und tiefgreifenden Umbruchs in der Geschichte befand, sondern daß er diesen selbst wesentlich mit vorantrieb. Dieses Selbstbewußtsein der historischen Bedeutung der eigenen Person wurde jedoch von einer Sache getragen und damit auch entscheidend begrenzt, die er in der Konsequenz der Rechtfertigungslehre der Verfügungsgewalt des Menschen entzogen und ganz auf Gottes Handeln konzentriert hat. In diese Geschichte sah sich Luther gestellt und allein in diesem Zusammenhang begriff er es als seine Aufgabe, zur Zeitgeschichte Stellung zu beziehen. Auch wenn er dabei die konkreten Verhältnisse seiner Zeit aus heutiger Sicht teilweise nur unzureichend reflektiert hat,[6] gewann er im Rahmen seiner Geschichtsauffassung doch sowohl den Blick für die konkrete und individuelle Ausprägung von »Geschichte« als auch tragfähige Beurteilungskategorien. Dabei grenzte er die vor aller Geschichte liegende, allerdings in der Geschichte offenbar gewordene göttliche Wahrheit von der Wahrheit der Geschichte im Bereich menschlichen Handelns und zwischenmenschlicher Rechtsansprüche ab.[7] In dieser zweiten Perspektive konnte er die historia 1519 in seiner Leipziger Disputation mit Johannes Eck (1486-1543) als »mater veritatis«[8] bezeichnen, um so den päpstlichen Universalanspruch historisch zu widerlegen. Genau hier, bei der Problematisierung des Papstamtes und damit des Kirchenverständnisses insgesamt, erhielt Luthers Geschichtsauffassung in den Jahre 1518 und 1519 ihre Zuspitzung und ihren konkreten lebens- wie kirchengeschichtlichen Bezug. Von hier aus entfaltete er sie sodann parallel zur politischen Ausweitung der causa Lutheri auch in allgemein politischer und gesellschaftlicher Hinsicht, wobei der ursprüngliche Bezug insofern gewahrt blieb, als Luther den päpstlichen Suprematsanspruch auch für die Störung des weltlichen Rechtslebens sowie des häuslichen Lebensbereiches, und hier insbesondere des Eheverständnisses, verantwortlich gemacht hat.[9] Auch auf Anregung Philipp Melanchthons, der in seiner Wittenber-

5 Vgl. Martin SCHMIDT: Luthers Schau der Geschichte. LuJ 30 (1963), 17-69; Hans VON CAMPENHAUSEN: Reformatorisches Selbstbewußtsein und reformatorisches Geschichtsbewußtsein bei Luther 1517-1522. ARG 37 (1940), 128-150.

6 Vgl. Lohse: Martin Luther. 3. Aufl. M 1997, 199.

7 Vgl. Reinhard SCHWARZ: Die Wahrheit der Geschichte im Verständnis der Wittenberger Reformation. ZThK 76 (1979), 161.

8 WA 2, 289, 13 f; vgl. Schwarz: AaO, 159.

ger Antrittsrede die Relevanz historischer Kenntnisse aufgezeigt hatte,[10] gewann Luther einen Sinn für die Aussagekraft historischer Fakten. Diente diese Erkenntnis insbesondere seiner Widerlegung des päpstlichen Universalanspruches, so wurde damit zugleich einer Profanisierung der Geschichte vorgearbeitet, wie sie dann durch Melanchthons Forderung einer »objektiven« Geschichtsschreibung weiter vorangetrieben worden ist.[11]

Luthers Geschichtsverständnis knüpft an die biblisch-augustinische Geschichtsauffassung an, wonach Anfang, Mitte und Ende der Geschichte feststehen und diese selbst von der Vermittlung des Heils durch die Kirche und der Ablehnung durch ihre Gegner bestimmt wird.[12] Von Melanchthon hat Luther die Einteilung der Universalgeschichte in drei Epochen zu je 2000 Jahren übernommen,[13] dieses Schema aber eschatologisch so präzisiert, daß die eigene Zeit, d. h. die Mitte des letzten Jahrtausends, in Analogie zum Ostergeschehen des »dritten Tages« als Endzeit zu verstehen sei.[14] Diese apokalyptische Erwartung, die Luthers Auffassung vom Ende der Geschichte prägt,[15] erklärt die z. T. vehemente Zeitkritik, die sich schon beim jungen Luther aufzeigen läßt.[16] Bestimmt wurde sie von der für Luthers Geschichtsverständnis grundlegenden Überzeugung, daß sich in der Geschichte der Kampf zwischen Gott und dem Satan vollziehe und daß der Satan einen »realen Geschichtsfaktor« im Wirkungsbereich menschlichen Lebens bezeichne.[17] Dabei übernahm Luther zunächst die geschichtstheologische Kon-

9 WA DB 11 II, 64 / 65, 7-11; vgl. Schwarz: AaO, 176.

10 Vgl. Philipp Melanchthon: De corrigendis adulescentiae studiis [1518]. CR 11, 22 f; vgl. Die Anfänge der reformatorischen Geschichtsschreibung/ hrsg. von Heinz Scheible. GÜ 1966, 13; Schwarz: AaO, 162.

11 Vgl. Philipp Melanchthon: Vorrede zu Hedios Bearbeitung der Chronik des Burchard von Ursberg [1539]. CR 3, 883; vgl. Die Anfänge der reformatorischen Geschichtsschreibung, 24 f; Schwarz: AaO, 163.

12 Vgl. Gustav Adolf Benrath: Geschichte/Geschichtsschreibung/Geschichtsphilosophie. VII/1: 16. bis 18. Jahrhundert. TRE 12 (1984), 630, 25-49.

13 Vgl. WA 53, 22; vgl. Philipp Melanchthon: Einleitung zu Joh. Carionis Chronica [1532]. CR 12, 717-721; vgl. Die Anfänge der reformatorischen Geschichtsschreibung, 17; Schwarz: AaO, 168-171.

14 Vgl. WA 53, 171; vgl. Schwarz: AaO, 171.

15 Vgl. Heiko A. Oberman: Luther: Mensch zwischen Gott und Teufel. B 1981, 75-81; Bernhard Lohse: Luthers Theologie in ihrer historischen Entwicklung und in ihrem systematischen Zusammenhang. GÖ 1995, 353-356.

16 Vgl. Peter Meinhold: Zeit- und Kirchenkritik beim jungen Luther: der Ansatz des reformatorischen Denkens und Handelns in seiner Theologie. Wiesbaden 1977, bes. 20-35.

17 Schmidt: AaO, 34 f [Zitat 35]; Uwe Rieske-Braun: Duellum mirabile: Studien zum Kampfmotiv in Martin Luthers Theologie. GÖ 1999, 83.

zeption Bernhard von Clairvauxs (1090/91-1153), wonach die Kirche drei Verfolgungszeiten zu überwinden habe.[18] Nach den Tyrannen und den Häretikern gelte es nun die Glaubensschwäche und die falsche Sicherheit im Inneren der Kirche zu bekämpfen.[19] Ist Luthers Kritik in der ersten Psalmenvorlesung noch recht allgemein gehalten, so wird sie in der Folgezeit mit der rechtfertigungstheologischen Präzisierung seines reformatorischen Neuansatzes nicht nur schärfer, sondern auch konkreter.[20] Das hängt damit zusammen, daß Luthers Weg nun in die Öffentlichkeit führte und dadurch sein Blick für die Lage der Kirche sowie die politischen Verhältnisse seiner Zeit geschärft wurde.

Insbesondere die Jahre zwischen dem Wormser Reichstag 1521 und dem Nürnberger Religionsfrieden von 1532, d.h. die Zeit der »Ordnung und Abgrenzung der Reformation«,[21] spiegeln Luthers wachsende Einsicht in die bestimmenden Mächte und Strukturen der Geschichte wider. Dabei gewann sein Geschichtsverständnis in dem Maße an Tiefenschärfe, in dem seine Ekklesiologie Gestalt annahm. Gerade in den theologischen und kirchenpolitischen Auseinandersetzungen dieser Zeit – sei es mit den Schwärmern, mit Thomas Müntzer (um 1489-1525) oder mit Erasmus von Rotterdam (1466/69-1536) – wird dieses besonders deutlich. Zugleich kommt die für Luthers Geschichts- wie auch Offenbarungsverständnis grundlegende Anschauung vom Maskenspiel Gottes in der Geschichte, d.h. seinem Handeln in der Verborgenheit, eindringlich zur Geltung.[22] Wenn Erasmus seine anthropologische Konzeption auf ein Schriftverständnis gründet, das von den geschichtlichen Erscheinungsformen der Kirche und ihrer Lehrautorität

18 Vgl. Lohse: Luthers Theologie ..., 78; Wilhelm MAURER: Kirche und Geschichte nach Luthers Dictata super Psalterium. In: Lutherforschung heute: Referate und Berichte des 1. Internationalen Lutherforschungskongresses Aarhus, 18.-23. August 1956/ hrsg. von Vilmos Vajta. B 1958, 85-101; Kurt-Viktor SELGE: Ekklesiologisch-heilsgeschichtliches Denken beim jungen Luther. In: Augustine, the harvest and theology (1300-1650): essays dedicated to Heiko Augustinus Oberman in honor of his sixtieth birthday/ hrsg. von Kenneth Hagen. Leiden 1990, 259-285.

19 Vgl. WA 3, 416, 9 - 417, 9; vgl. Lohse: Luthers Theologie ..., 78.

20 Vgl. Lohse: Luthers Theologie ..., 94-97; Christian Bogislav BURANDT: Der eine Glaube zu allen Zeiten: Luthers Sicht der Geschichte aufgrund der Operationes in psalmos 1519-1521. HH 1997.

21 Martin BRECHT: Martin Luther. Bd. 2: Ordnung und Abgrenzung der Reformation 1521-1532. S 1986.

22 Vgl. WA 15, 371, 8; 16, 262, 35 - 264, 6; 17 II, 192, 28-31; Fritz BLANKE: Der verborgene Gott bei Luther. B 1928, passim; Hanns LILJE: Luthers Geschichtsanschauung. B 1932, 74-81; Zahrnt: AaO, 21-25; Schmidt: AaO, 54-56; Schwarz: AaO, 184 f.

her entwickelt und legitimiert wird,[23] so betont Luther demgegenüber, daß sich die wahre Kirche nicht aus der Geschichte heraus erweisen läßt und dann die Schriftauslegung autorisiert, sondern allein von der Schrift her gewonnen werden kann.[24] In Luthers Unterscheidung von Offenbarung und Geschichte bleibt gewahrt, daß die Geschichte theologisch qualifiziert ist, zugleich wird aber jeder Versuch, Gottes Willen aus ihr direkt abzulesen, unmöglich.[25] Gerade deshalb versagt sich Luther auch im Hinblick auf den Krieg gegen die Türken jeglicher Anknüpfung an den Kreuzzugsgedanken. Die Auseinandersetzung bleibt für ihn eine rein politische, in dieser Hinsicht aber um so drängendere Angelegenheit.[26]

Parallel zur theologischen Präzisierung seines Geschichtsverständnisses wurde Luther in den Zwanziger Jahren die politische wie theologische Brisanz der Stellung des Christen in der Geschichte in zunehmendem Maße deutlich. In dieser Hinsicht hat er sich 1523 mit seiner Schrift »Von weltlicher Oberkeit, wie weit man ihr Gehorsam schuldig sei«,[27] 1525 mit seinen Stellungnahmen zum Bauernkrieg[28] und 1526 mit seiner Schrift »Ob Kriegsleute auch in seligem Stande sein können«[29] zu Wort gemeldet. Wenn er dabei in sich einheitliche theologische Grundanschauungen entwickelt, so entspringen diese seinem konkreten Anlaß und dem seelsorgerlichen Bemühen.[30] Die sog. Zweireichelehre bildet insofern einen Teilaspekt von Luthers theologischer Geschichtsauffassung, als mit der Unterscheidung von Offenbarung und Geschichte auch der Raum geöffnet wird, in der Relation coram mundo das jeweils Notwendige zu tun. In diesen Bezugsrahmen gehören jene Grundelemente, die Luthers Sozial- und Berufsethos zugleich mit seinem Geschichtsverständnis bestimmen. Dazu zählen insbesondere die Familie und das Volk als soziale Komponenten sowie die bedeutenden Einzelnen, Luther spricht von den »gesunden Helden«, die die Geschichte mit Leben füllen.[31] Die Eigenständigkeit des weltlichen Bereichs korrespondiert der Profanisierung der Geschichte in dem Sinne, daß diese um des Deus absconditus

23 Vgl. Erasmus von Rotterdam: De libero arbitrio diatribe sive collatio [1524]: In: Ders.: Ausgewählte Schriften/ hrsg. von Werner Welzig, Bd. 4. DA 1969, 20-24; Zahrnt: AaO, 45 f.
24 Vgl. WA 18, 652, 23; 653, 23-35; Zahrnt: AaO, 46-50.
25 Vgl. WA 45, 488, 4 - 502, 4; Zahrnt: AaO, 30.
26 Vgl. Zahrnt: AaO, 119-133.
27 WA 11, (229) 245-281.
28 WA 18, (279) 291-401.
29 WA 19, (616) 623-662.
30 Lohse: Martin Luther. 3. Aufl, 68-79, bes. 76.
31 WA 51, 214, 30; vgl. Heinrich Bornkamm: Gott und die Geschichte. In: Ders.: Luthers geistige Welt. 4. Aufl. GÜ 1960, 199-218. 326 f, hier: 203 f.

willen soteriologisch entlastet wird.[32] Die Geschichte bleibt dann dem Willen und dem Handeln Gottes untergeordnet, wird aber nicht im Hinblick darauf lesbar.

Besonders prägnant, auch in der Differenz zu Melanchthons Auffassung, wird Luthers Geschichtsverständnis in seinen Stellungnahmen zu den Vorgängen auf dem Augsburger Reichstag 1530. In seinen Briefen von der Coburg ordnet er diese Ereignisse in den letzten Akt des Kampfes zwischen Christus und dem Satan ein.[33] Wenn er sich dabei im Unterschied zu Melanchthon des Sieges Christi hoffnungsvoll gewiß ist, so liegt das an seinem Glaubensverständnis, das nun seinerseits ein Geschichtsverständnis freisetzt, dem gemäß das, was dem Augenschein nach gegen die Verheißungen spricht – und die Berichte seiner Freunde von dem ihnen entgegen gebrachten Haß und den Schmähungen verliehen dem ja deutlich Ausdruck –, gerade gegen den Augenschein für die Verheißung spreche.[34] Melanchthons Sorge um den öffentlichen Frieden und die Zukunft entspringt demgegenüber für Luther einem philosophischen Denkansatz, und ist theologisch höchstens im Sinne einer »theologia gloriae«, die den Willen Gottes mit Hilfe eines Analogieschlusses an der Geschichte abzulesen versucht, um dann auf sie einwirken zu können.[35] In seiner rechtfertigungstheologisch begründeten Beurteilung der Geschichte hat Luther deren Kontinuität, wie sie für Melanchthon existentiell in Frage stand, von der Treue Gottes her entfaltet und auf eine Zukunft ausgerichtet, die nicht von menschlichen Entscheidungen abhängt, sondern das Entscheidende schon hat anbrechen lassen.[36] Dadurch erhält menschliches Reden und Tun einen Antwortcharakter, der von der übermächtigen Verantwortung für die Geschichte insgesamt entlastet und auf das konzentriert, was in der Geschichte zu sagen und zu tun ist. Gerade deshalb ist es das öffentliche Bekenntnis in Augsburg, dem Luther die Bedeutung des Sieges Christi beimißt.[37]

32 Vgl. Hans-Walter KRUMWIEDE: Glaube und Geschichte in der Theologie Luthers: zur Entstehung des geschichtlichen Denkens in Deutschland. GÖ 1952, 42.

33 WA Br 5, 416, 35 - 417, 49 (1613), Luther an Johann Agricola am 30. Juni 1530 von der Coburg; vgl. Zahrnt: AaO, 63.

34 WA Br 5, 406, 35 - 407, 82 (1609), Luther an Melanchthon am 29. Juni 1530 von der Coburg; vgl. Zahrnt: AaO, 64 f.

35 WA Br 5, 399, 16 f (1605), Luther an Melanchthon am 27. Juni 1530 von der Coburg; 406, 59 f (1609), Luther an Melanchthon am 29. Juni 1530 von der Coburg; WA Br 5, 417, 3 f (1614), Luther an Johannes Brenz am 30. Juni 1530 von der Coburg; vgl. Zahrnt: AaO, 61 f.

36 Vgl. Zahrnt: AaO, 66.

37 Vgl. WA Br 5, 12-18 (1626), Luther an Konrad Cordatus am 6. Juli 1530 von der Coburg; vgl. Martin LUTHER: Warnung an seine lieben Deutschen [1531]. WA 30 III, 278, 27-35; Zahrnt: AaO, 63 f.

Nachdem das Wormser Edikt im Augsburger Reichstagstagsabschied erneuert worden war, sah sich Luther genötigt, seine Haltung zur Obrigkeit und zum Widerstandsrecht im Hinblick auf das Schmalkaldische Bündnis (1531) zu überdenken.[38] Mit dem vorläufigen Waffenstillstand des Nürnberger Anstandes (1532) beruhigte sich die Lage dann wieder und konnte sich Luther auf innerkirchliche und theologische Fragen konzentrieren. Seine Geschichtsauffassung kam dabei insbesondere noch einmal in seiner Auseinandersetzung mit der antinomistischen Lehre zum Tragen. Seine Schrift »Wider die Antinomer« (1539) ist ein eindrucksvolles Beispiel für Luthers Verknüpfung zeitgeschichtlicher Konkretionen mit einer bis zur Polemik gesteigerten theologischen Beurteilung, die auch diesen Streit in den großen weltgeschichtlichen Kampf zwischen Gott und dem Satan einordnet.[39] Die für Luthers Rechtfertigungstheologie grundlegende Unterscheidung zwischen Gesetz und Evangelium öffnet auch hier den Blickwinkel für die konkrete Zeitlichkeit menschlicher Existenz einerseits und die eschatologische Ausrichtung der Geschichte andererseits.

Luthers Geschichtsverständnis zielt somit insgesamt nicht auf eine in sich geschlossene Systematik oder gar eine Theorie der Geschichte, sondern impliziert einen spezifischen Begründungszusammenhang von Geschichte, indem Gottes Handeln in der Geschichte zum theologischen Beurteilungskriterium erhoben wird. Dadurch wird die Wahrnehmung der Geschichte entscheidend qualifiziert, aber auch entlastet, wie überhaupt Luthers Geschichtsdeutung letztlich von einem seelsorgerlichen Anliegen bewegt wird.[40] Mit der Wahrnehmung geschichtlicher Wirklichkeit verknüpft blieb der Gedanke einer Verantwortung innerhalb der Geschichte.[41] Darin kommt letztlich jene Doppelstruktur christlicher Freiheit zum Tragen, die Luthers Geschichtsverständnis wie seine Theologie insgesamt bestimmt. Dieser Zusammenhang von Geschichte, Freiheit und Verantwortung war es, der dann im veränderten geistigen und politischen Bezugsrahmen der Zeit nach der Aufklärung neu und anders zur Sprache kam.

38 Vgl. Brecht: AaO 2, 396-405.
39 Vgl. WA 50, 475, 7 - 476, 37; Lohse: Martin Luther. 2. Aufl., 202.
40 Vgl. Zahrnt: AaO, 185.
41 Vgl. Schwarz: AaO, 182.

## *II Das neue Geschichtsverständnis und seine geschichtstheologische Funktion im Kontext des Reformationsjubiläums von 1817*

Die Dreihundertjahrfeier der Reformation fiel in eine geistesgeschichtlich interessante und politisch brisante Zeit. Gab das Ende der Napoleonischen Herrschaft und damit auch die Überwindung unmittelbar belastender Erfahrungen von Krieg und Besetzung schon Anlaß genug, das Reformationsgedenken als ein Jubelfest zu gestalten, so trug nach den vorangegangenen zwei Jahren von Teuerung und Hunger die außergewöhnlich gute Ernte des Jahres 1817 noch ihren Teil zur allgemeinen Hochstimmung bei.[42] Andererseits wurden mit dem Wiener Kongreß und dem Wiedererstarken der Restauration die Hoffnungen all' derer enttäuscht, die die Verwirklichung politischer Freiheit und nationalstaatlicher Einheit herbeigesehnt hatten. Die politischen Ideen wurden dabei ganz wesentlich von einem Geschichtsverständnis getragen, das von Johann Gottfried Herder (1744-1803) grundgelegt[43] und dann in den verschiedenen Systementwürfen des Idealismus weiter entwickelt worden ist.[44] Geschichte wurde hier als eine die »Vergangenheit, Gegenwart und Zukunft umfassende Bewegungskategorie« konzipiert, die ein »zielgerichtetes Verständnis von der Vielfalt und Freiheit der geschichtlichen Bestimmung des Menschen« ermöglichen sollte.[45] Dazu wurde das Erbe der Reformation in Anspruch genommen, insofern der reformatorische Freiheitsbegriff als Grundprinzip der Geschichte verstanden wurde, das nun zur Idee der Subjektivität entfaltet werden sollte.[46] Dieses geschichtsphilosophische wie -theologische Denken

42 Vgl. Wichmann von Meding: Kirchenverbesserung: die deutschen Reformationspredigten des Jahres 1817. Bielefeld 1986, 31-33.

43 Vgl. Johann Gottfried Herder: Ideen zur Philosophie der Geschichte der Menschheit. Riga; Leipzig 1784-1791 ≙ Ders.: Sämtliche Werke/ hrsg. von Bernhard Suphan ... Bd. 13/14. Nachdruck der Ausgabe B 1887/1909. Hildesheim 1967; Karl Barth: Die protestantische Theologie im 19. Jahrhundert: ihre Vorgeschichte und ihre Geschichte. 5. Aufl. ZH 1985, 289-293.

44 Vgl. Friedrich Wilhelm Johann Schelling: System des transzendentalen Idealismus [1800]/ hrsg. von Horst D. Brandt; Peter Müller. HH 1992, 272 f; Georg Wilhelm Friedrich Hegel: Phänomenologie des Geistes [1807]/ hrsg. von Johannes Hoffmeister. 6. Aufl. HH 1952, bes. 563; Wilhelm von Humboldt: Betrachtungen über die bewegenden Ursachen in der Weltgeschichte [1818]. In: Ders.: Gesammelte Schriften/ hrsg. von Albert Leitzmann. Bd. 3. B 1904, 360-367.

45 Joachim Mehlhausen: Geschichte/Geschichtsschreibung/Geschichtsphilosophie. VII/2: 19.-20. Jahrhundert. TRE 12 (1984), 644, 9 f. 38 f.

46 Heinrich Bornkamm: Luther im Spiegel der deutschen Geistesgeschichte: mit ausgewählten Texten von Lessing bis zur Gegenwart. 2. Aufl. GÖ 1970, 31-36.

hat nicht zuletzt durch die Freiheitsidee der Französischen Revolution einen wesentlichen Impuls erfahren.[47] In Deutschland fand dies in den sog. Befreiungskriegen[48] seinen besonderen Niederschlag, zumal die philosophischen Vordenker wie Johann Gottlieb Fichte (1762-1814) und Wilhelm von Humboldt (1767-1835) ihre Geschichtsauffassung in den Dienst der antinapoelonischen und nationalidealistischen Bewegung gestellt haben. Waren die geschichtstheologischen Implikationen dieses Freiheitsstrebens bereits zu Zeiten der kriegerischen Auseinandersetzung offensichtlich, wie nicht zuletzt Friedrich Daniel Ernst Schleiermachers (1768-1834) politische Predigt dieser Zeit belegt,[49] und erfuhren sie beispielsweise in Preußen ihre Zuspitzung in der Devise »Mit Gott für König und Vaterland«,[50] so wurde diese Verknüpfung von Freiheitsverständnis und Geschichtstheologie nach 1815 besonders virulent. Dem entsprach ein bestimmtes Lutherbild, das sich den politischen wie theologischen und philosophischen Intentionen einfügen ließ.[51]

47 Vgl. Mehlhausen: AaO, 644, 32-45.

48 Zur Glorifizierung dieses primär doch »konventionellen Fürstenkrieg[es]« vgl. Hans-Ulrich WEHLER: Deutsche Gesellschaftgeschichte. Bd. 1: Vom Feudalismus des Alten Reiches bis zur Defensiven Modernisierung der Reformära: 1700-1815. M 1987, 525 f.

49 Vgl. Christoph BURGER: Der Wandel in der Beurteilung von Feinden und Krieg bei Friedrich Schleiermacher: dargestellt an drei Predigten. In: Kirche zwischen Krieg und Frieden: Studien zur Geschichte des deutschen Protestantismus/ hrsg. von Wolfgang Huber; Johannes Schwerdtfeger. S 1976, 232-238.

50 Gerhard GRAF: Gottesbild und Politik: eine Studie zur Frömmigkeit in Preußen während der Freiheitskriege 1813-1815. GÖ 1993, 29, der auch aufzeigt, wie hier ansatzweise jener Auffassung vom »›deutschen‹ Gott« (72) vorgearbeitet wurde, die dann ein Jahrhundert später im Ersten Weltkrieg mit Vehemenz vertreten worden ist.

51 Besonders deutlich spiegelt sich das in der Geschichte der Lutherbildnisse und Lutherdenkmäler wider. So hat Johann Gottfried Schadow (1764-1850) den Sockel des Wittenberger Lutherstandbildes, dessen Grundstein am Reformationsfest des Jahres 1817 gelegt wurde, auf besonderen Wunsch des preußischen Königs Friedrich Wilhelm III. in »vaterländischem Granit« ausgeführt; vgl. Sibylle BADSTÜBNER-GRÖGER; Peter FINDEISEN: Martin Luther: Städte, Stätten, Stationen: eine kunstgeschichtliche Dokumentation. 2. Aufl. L 1992, 138. Ludwig Emil Grimm (1790-1863) – ein Bruder der berühmten Germanisten –, der sich selbst an den Freiheitskriegen beteiligt hatte, hat den Reformator in einem 1817 von Achim von Arnim (1781-1831) herausgegebenen Neudruck von Johannes Mathesius' (1504-1565) Lutherpredigten als den »teutschen Mann« und »freien, urwüchsigen Naturmenschen im Sinne Jahns« dargestellt; Hans PREUSS: Lutherbildnisse. L [1912], 18. Im Biedermeier des Vormärz wurde das Lutherbild dann auf den in sich gekehrten, auf Vermittlung bedachten Theologen sowie das treusorgende Familienoberhaupt konzentriert (vgl. ebd.). Das Wormser Lutherdenkmal Ernst Rietschels (1804-1861) wiederum, das parallel zur Verwirklichung der von Preußen dominierten Einheit Deutschlands entstand und 1868 eingeweiht worden ist, wurde in religiöser Hinsicht von einem unionistischen Interesse ebenso

Ihren vorläufigen Kulminationspunkt erreichte die »vage Mischung von protestantischen und liberalen Freiheitsideen« am 18. Oktober 1817 auf dem Wartburgfest, bei dem sowohl Luthers Reformation als auch der sog. »Völkerschlacht« bei Leipzig gedacht werden sollte,[52] um beide in den Dienst einer engeren Zusammengehörigkeit der neu entstandenen Burschenschaften stellen zu können.[53] Bereits hier zeigte sich eine unmittelbare Verknüpfung geschichtstheologischer und politischer Intentionen,[54] die allerdings in sich komplex und durchaus sehr verschiedenartig waren. Daß der 18. Oktober – also der Tag der Schlacht bei Leipzig – und nicht der 31. Oktober oder – wie damals in einigen Regionen auch üblich – der 1. bzw. 2. November,[55] gewählt worden ist, unterstreicht die besondere politische Funktion dieses Reformationsgedenkens.

Luther wurde von den Rednern des Wartburgfestes, wie zuvor schon von Fichte, Friedrich Ludwig Jahn (1778-1852) und Ernst Moritz Arndt (1769-1860),[56] für ein bestimmtes Geschichts- und Kulturverständnis in Anspruch genommen. Dabei kristallisierten sich zwei Akzentuierungen heraus, insofern eine nationale sowie eine liberale Orientierung zum Ausdruck gebracht wurden.[57] Beide ergänzten sich jedoch, wie es der politischen Vorstellungswelt des Bürgertums entsprach, in der das liberale Gesellschaftsideal mit dem Nationalgedanken nicht zuletzt auch aus

wie dem aufkommenden konfessionellen Dissens bestimmt und erhielt in politischer Hinsicht eine deutschnationale sowie antifranzösische Ausrichtung, indem das Heldenhafte Luthers zum Ausdruck gebracht wurde; vgl. Christiane THEISELMANN: Das Wormser Lutherdenkmal Ernst Rietschels [1856-1868] im Rahmen der Lutherrezeption des 19. Jahrhunderts. F 1992, 195-224.

52 Hans-Ulrich WEHLER: Deutsche Gesellschaftgeschichte. Bd. 2: Von der Reformära bis zur industriellen und politischen »Doppelrevolution«: 1815-1845/49. M 1987, 335.

53 Vgl. Lutz WINCKLER: Martin Luther als Bürger und Patriot: das Reformationsjubiläum von 1817 und der politische Protestantismus des Wartburgfestes. Lübeck; HH 1969, 44 (mit Bezug auf das Einladungsschreiben der Jenaer Burschenschaft vom 11. August 1817).

54 Vgl. Max L. BAEUMER: Lutherfeiern und ihre politische Manipulation. In: Deutsche Feiern/ hrsg. von Reinhold Grimm; Jost Hermand. Wiesbaden 1977, 46-61; Johannes BURKHARDT: Reformations- und Lutherfeiern: die Verbürgerlichung der reformatorischen Jubiläumskultur. In: Öffentliche Festkultur: politische Feste in Deutschland von der Aufklärung bis zum Ersten Weltkrieg/ hrsg. von Dieter Düding ... Reinbek bei Hamburg 1988, 212-236.

55 Vgl. von Meding: AaO, 21-25.

56 Vgl. Johann Gottlieb FICHTE: Reden an die deutsche Nation [1808]. In: Ders.: Ausgewählte Werke/ hrsg. von Fritz Medicus. DA 1962, 458 f; Friedrich Ludwig JAHN: Deutsches Volksthum. Lübeck 1810, 11; Ernst Moritz ARNDT: Geist der Zeit. Erster Teil [1806]. In: Ders.: Ausgewählte Werke. Bd. 9/ hrsg. von Heinrich Meisner. L 1908, 14 u. ö.; vgl. Winckler: AaO, 53-55.

57 Vgl. Winckler: AaO, 56-72.

wirtschaftlichen Interessen unmittelbar verknüpft war.[58] Der nationale Akzent, der insbesondere die Festrede Heinrich Hermann Riemanns (1793-1872) bestimmte, war ein Jahr zuvor bereits von Philipp Marheineke (1780-1846) in seiner damals bedeutenden Reformationsgeschichte zur Geltung gebracht worden. Hier wurde Luther zum Begründer und Garanten wahren Deutschtums erklärt, um von daher eine nationale Gesinnung hervorzurufen.[59] Dieser Intention grundsätzlich folgend hat Jakob Friedrich Fries (1773-1843), einer der führenden Kantianer seiner Zeit und Mitbegründer der Jenaer Burschenschaft,[60] in seiner Ansprache den revolutionären Impetus und das bleibende Vermächtnis der Reformation im Hinblick auf den Kampf um bürgerliche Freiheit herausgestellt.[61] Der liberalen Forderung nach bürgerlichen Grundrechten korrespondiert hier ein Lutherbild, das den Reformator als den Vorkämpfer von Wahrheit und Gerechtigkeit darzustellen versuchte, dem es nun nachzueifern gelte. Darin kam auch eine Geschichtsauffassung zum Tragen, die – in der Tradition der Aufklärung wie des Perfektibilitätsgedankens von Johann Salomo Semler (1725-1791) stehend – einen kontinuierlichen Fortschritt in der Geschichte von der Reformation bis zu den Freiheitskriegen meinte aufzeigen zu können.[62]

58 Winckler hat die Verknüpfung beider Linien zu wenig beachtet (vgl. von Meding: AaO, 17 f); zur Korrelation des bürgerlichen Liberalismus und des Nationalgedankens vgl. Ernst Rudolf Huber: Deutsche Verfassungsgeschichte seit 1789: Bd. 1: Reform und Restauration 1789-1830. S 1957, 698 f.

59 Vgl. Heinrich Hermann Riemann: Rede im Minnesängersaal der Wartburg, gehalten am 18ten Oktober 1817/ abgedr. in: Hugo Kühn: Das Wartburgfest am 18. Oktober 1817: zeitgenössische Darstellungen, archivalische Akten und Urkunden. Weimar 1913, 58 f; Philipp Marheineke: Geschichte der teutschen Reformation. Teil 1. B 1816, XIII f.

60 Vgl. Hinrich Knittermeyer: Fries, Jakob Friedrich. Die Religion in Geschichte und Gegenwart. 3. Aufl. Bd. 2. TÜ 1958, 1151-1153.

61 Vgl. Jacob Friedrich Fries: Rede an die deutschen Burschen zum 18ten Oktober 1817/ abgedr. in: Kühn: Das Wartburgfest am 18. Oktober 1817, 50-55. – Es war diese Linie der Aufklärungstheologie, die auch die überwiegende Mehrzahl der Predigten zum Reformationsjubiläum bestimmte; vgl. von Meding: AaO, bes. 196 f.

62 Vgl. Winckler: AaO, 68; zu Semlers Perfektibilitätsgedanken vgl. Gottfried Hornig: Der Perfektibilitätsgedanke bei J. S. Semler. ZThK 72 (1975), 382-397. – Die Auffassung von der noch unvollendeten Reformation läßt sich bis in den Pietismus hinein zurückverfolgen; vgl. Philipp Jakob Spener: Theologische Bedenken. Vierter Teil. Halle 1702, 202; Ernst Walter Zeeden: Martin Luther und die Reformation im Urteil des deutschen Luthertums: Studien zum Selbstverständnis des lutherischen Protestantismus von Luthers Tode bis zum Beginn der Goethezeit. Bd. 2. FR 1952, 201; Heinz-Hermann Brandhorst: Lutherrezeption und bürgerliche Emanzipation: Studien zum Luther- und Reformationsverständnis im deutschen Vormärz [1815-1848] unter besonderer Berücksichtigung Ludwig Feuerbachs. GÖ 1981, 28 f.

Wenn dieser Überzeugung von einem zugleich religiösen, sittlichen und kulturellen Fortschritt in Kategorien einer zeitspezifisch bürgerlichen Moral Ausdruck verliehen wurde, so zeigt sich auch darin das Fortwirken bestimmter Aspekte von Luthers Geschichtsauffassung einerseits sowie deren Integration in ein bestimmtes Lutherbild andererseits. Dabei ist zu betonen, daß die »Politisierung des aufklärerischen Luther- und Reformationsverständnisses ... nicht repräsentativ« war, vielmehr »die Mehrzahl der um 1817 gehaltenen Jubiläumspredigten und -reden, bzw. veröffentlichten Lutherbiographien ... bei der auf Innerlichkeit und Privatsphäre beschränkten Gewissens- und Geistesfreiheit stehen [blieben]«.[63] Kritik kam allerdings an der Kirche auf, die es zu verbessern galt.[64] Daß Luthers Privat- und Berufsleben wie auch seinem »ächt deutschen Unterthanengeist« Vorbildcharakter beigemessen wurde,[65] ist in sozial- und in theologiegeschichtlicher Hinsicht auf den prägenden Einfluß von Luthers Gesellschafts- und Berufsethos zurückzuführen, wenngleich diese im Horizont der bürgerlichen Ideale des ausgehenden 18. und beginnenden 19. Jahrhunderts eine grundlegende Transformation erfuhren.

Unter den Teilnehmern des Wartburgfestes befand sich auch Karl Ludwig Sand (1795-1819), der zwei Jahre später durch sein Attentat auf August von Kotzebue (1761-1819) die Karlsbader Beschlüsse motiviert und damit den Beginn der politischen Reaktion eingeleitet hat. Kotzebues »Geschichte des Deutschen Reiches« hatte zu den Werken gezählt, die im Verlaufe des Wartburgfestes einer Bücherverbrennung zum Opfer fielen, wobei man sich auf das Vorbild Luthers und seiner Verbrennung der päpstlichen Bulle im Jahre 1520 meinte berufen zu können.[66] Sands Lebenslauf wurde durch die napoleonische Fremdherrschaft und die Befreiungskriege geprägt, bevor er 1815 das Theologiestudium in Erlangen aufnahm und dort im darauffolgenden Jahr die Burschenschaft »Teutonia« gründete.[67] Die Reise zum Wartburgfest wurde für ihn zur »Wallfahrt«.[68] Er ließ dort eine Flugschrift verteilen, in deren zwölf Thesen er die Ansicht vertrat, »daß es gegenwärtig im Unterschied zu 1517 nicht um die religiöse, sondern um eine wissenschaft-

63 Brandhorst: AaO, 38, mit Bezug auf Winckler: AaO, 17-34.

64 Vgl. von Meding: AaO, passim.

65 Winckler: AaO, 31. 72 f.

66 Vgl. Erica von Dellingshausen: Die Wartburg: ein Ort geistesgeschichtlicher Entwicklungen. S 1983, 101.

67 Vgl. Günter Steiger: Aufbruch: Urburschenschaft und Wartburgfest. L; Jena; B 1967, 179 f.

68 Steiger: AaO, 181.

lich-bürgerliche Umwälzung gehe«.[69] Es wirft ein bezeichnendes Licht auf Sands Geschichtsbild, wenn er Römer, Mönchtum und Soldatentum als Hauptfeinde der neuen Bewegung betrachtet und damit eine historische Verbindung zwischen der Reformationszeit und der eigenen Zeit herzustellen sucht.[70] Daß er schließlich sein Attentat in einem Aufruf ankündigte, den er an eine Kirchentür anzuschlagen gedachte, sollte Luthers Thesenanschlag nacheifern und damit symbolischer Akt wie Legitimation zugleich sein.[71]

Sands Tat ist in einem Trostbrief, den der Berliner Theologe Wilhelm Martin Leberecht de Wette (1780-1849) an Sands Mutter gesandt hatte, wenn auch keineswegs legitimiert, so doch als ein Akt aufrichtiger Überzeugung geehrt worden.[72] Dies hatte für de Wette selbst die Entlassung aus der Professur zur Folge, was wiederum ihn, der sich eher als Exeget ausgewiesen hatte, zwang, nach neuen Beschäftigungsmöglichkeiten Ausschau zu halten. Zusammen mit dem Bonner, später Göttinger Neutestamentler und Kirchenhistoriker Friedrich Lücke (1791-1855), einem der »angesehensten Theologen seiner Zeit«,[73] faßte er den Plan einer Gesamtausgabe von Luthers Werken, wovon allerdings nur die Briefbände erschienen sind.[74] In diesem Vorhaben machte sich durchaus ein Problem der damaligen Lutherrezeption bemerkbar, insofern sich deren Grenzen auch – wenngleich nicht in erster Linie – durch die begrenzten Lutherkenntnisse ergaben.[75] De Wette gilt neben Ferdinand Christian Baur (1792-1860) als *»der historische* Theologe« seiner Zeit, insofern es ihm gelang, die historisch-grammatische Schu-

69 Steiger: AaO, 181.

70 Vgl. Steiger: AaO 182.

71 Vgl. Steiger: AaO 183 f.

72 Vgl. Rudolf SMEND: Wilhelm Martin Leberecht de Wette (1780-1849). In: Theologen des Protestantismus im 19. und 20. Jahrhundert/ hrsg. von Martin Greschat. Bd. 1. S 1978, 55.

73 Eberhard H. PÄLTZ: Lücke, Friedrich. Die Religion in Geschichte und Gegenwart. 3. Aufl. Bd. 4. TÜ 1960, 470.

74 LUTHER: Briefe, Sendschreiben, Bedenken/ vollständig aus den verschiedenen Ausgaben seiner Werke und Briefe, aus anderen Büchern und noch unbenutzten Handschriften ges., kritisch und historisch bearb. von Wilhelm Martin Leberecht de Wette. 5 Bde.. B 1825-1828; vgl. Smend: AaO, 56.

75 Zur Geschichte der Lutherausgaben vgl. Johannes SCHILLING: Lutherausgaben. TRE 21 (1991), 594-599; Lohse: Martin Luther. 3. Aufl., 221-225. – Selbst unter Lutheranern stützte sich die Kenntnis von Lutherschriften im wesentlichen auf die 1816 von Karl Johann Friedrich von Roth (1780-1852) und Friedrich Immanuel Niethammer (1766-1848) herausgegebene »Weisheit D. Martin Luthers«; vgl. RIESKE-BRAUN: Zwei-Bereiche-Lehre und christlicher Staat: Verhältnisbestimmungen von Religion und Politik im Erlanger Neuluthertum und in der Allgemeinen Ev.-Luth. Kirchenzeitung. GÜ 1993, 81.

lung des 18. Jahrhunderts mit Herders Geschichtsauffassung zu verbinden.[76] Im Kontext des Wartburgfestes hat de Wette in dem 1817 erstmals herausgegebenen »Reformations-Almanach« eine politische Theologie entwickelt, die sich nicht nur mit eingehenden Textbelegen auf Luther berief, sondern die Fortsetzung der Reformation einforderte und den »unreformatorischen« Charakter der politischen Verhältnisse nach 1815 anprangerte.[77]

De Wettes durchaus auch historisches Interesse an Luther blieb zunächst noch eher die Ausnahme, wie überhaupt die Lutherrezeption unter den Fachtheologen im Unterschied zu den Philosophen und allen vom nationalen Freiheitspathos Getragenen zu Beginn des 19. Jahrhunderts größere Anlaufschwierigkeiten zu überwinden hatte.[78] Die rationalistische Ausrichtung dominierte insgesamt noch, und Schleiermacher blieb der Reformator fremd, was auch an seiner Geschichtsauffassung lag, für die Luther wie auch alle anderen einzelnen Erscheinungen nur insoweit von Interesse waren, als sich in ihnen »ein gemeinsamer Geist und gewisse Grundsätze concentrieren« und sie so für die Geschichte der Selbstauslegung christlicher Frömmigkeit bedeutsam sind.[79] Hinzu kam Schleiermachers Engagement für die Kirchenunion, die vom preußischen König absichtlich mit den Feierlichkeiten zum Reformationsgedenken verknüpft worden war.[80]

Demgegenüber nahm der Kieler Pastor Claus Harms (1778-1855) das Reformationsjubiläum zum Anlaß, Luthers Thesen neu herauszugeben und um eigene 95 Thesen zu ergänzen. Darin ging es ihm in erster Linie um die Abwehr jeglichen

76 Barth: AaO, 434; vgl. Ernst WOLF: De Wette, Wilhelm Martin Leberecht. Die Religion in Geschichte und Gegenwart. 3. Aufl. Bd. 2. TÜ 1958, 159.

77 Vgl. Wilhelm Martin Leberecht DE WETTE: Über den sittlichen Geist der Reformation in Beziehung auf unsere Zeit [1818]. In: Reformations-Almanach auf das Jahr 1819/ hrsg. von Friedrich Keyser. Erfurt 1819, 211-334; vgl. Brandhorst: AaO, 39.

78 Vgl. Bornkamm: Luther im Spiegel ..., 77-85.

79 Vgl. Friedrich Daniel SCHLEIERMACHER: Geschichte der christlichen Kirche/ hrsg. von Eduard Bonnell. In: Ders.: Sämtliche Werke. Abt. 1, Bd. 11. B 1840, 576; vgl. Bornkamm: Luther im Spiegel ..., 78. – Schleiermachers Beiträge zum Reformationsjubiläum beschränken sich – ungeachtet ihrer diesbezüglichen Bedeutung – darauf, die pädagogischen sowie kirchen- und universitätspolitischen Konsequenzen der Reformation für die eigene Zeit aufzuzeigen; vgl. Schleiermachers Schulpredigt vom 1. November 1817; ders.: Universitätsrede. In: Ders.: Sämtliche Werke. Abt. 1, Bd. 5. B 1846, 311-325; Bornkamm: Luther im Spiegel ..., 78; von Meding: AaO, 184-189.

80 Vgl. Klaus WAPPLER: Reformationsjubiläum und Kirchenunion (1817). In: Die Geschichte der Evangelischen Kirche der Union: ein Handbuch. Bd. 1: Die Anfänge der Union unter landesherrlichem Kirchenregiment (1817-1850)/ hrsg. von Johann F. Gerhard Goeters und Rudolf Mau. L 1992, 93-115.

rationalistischen Denkens in Theologie und Kirche.[81] Damit verbunden war auch ein bestimmtes Geschichtsverständnis, insofern Harms die aufklärerische »Idee einer fortschreitenden Reformation« als verhängnisvoll betrachte.[82] Zudem käme es durch die Vernunftreligion zur Verwirrung sowohl zwischen den Staaten als auch im »bürgerlichen Leben«, denn so werde das gegenseitige, in den Bekenntnisschriften fundierte Verhältnis zwischen Staat und Kirche aufgelöst, damit aber das »religiöse Element im Menschen« auf gefährliche Weise entfesselt,[83] so daß die enge Verknüpfung von bürgerlichem Leben und Kirche aus den Fugen gerate.[84] Gegenüber allen Unionsbestrebungen komme es schließlich in ekklesiologischer Hinsicht darauf an, die unüberbietbare »Herrlichkeit« der evangelisch-lutherischen Kirche hervorzuheben.[85] Damit waren die Grundlinien des Neuluthertums markiert, das in der Folgezeit zur konfessionellen Theologie ausgebaut wurde. Deren Dilemma, die normative Bedeutung von Bekenntnis und Lehre mit dem herrschenden Entwicklungsgedanken in Einklang zu bringen,[86] läßt sich schon bei Harms feststellen, insofern sich dieser nur vom aufklärerischen Geschichtsverständnis abzugrenzen versuchte, ohne dem aber eine andere Geschichtsauffassung wirklich entgegenzusetzen.

Einen ganz eigenen Ansatz der Beschäftigung mit Luther, der gleichwohl von weitreichender Wirkung für die Geschichtsschreibung insgesamt sein sollte, fand der Leipziger Student Leopold Ranke (1795-1886) in seinem berühmten Lutherfragment vom Reformationstag des Jahres 1817. Darin stellte Ranke Luthers Geschichtsverständnis in einen unmittelbaren Zusammenhang mit Fichtes Anschauung von der »göttliche[n] Idee, die allwaltend die Menschen überall und allezeit regiert«.[87] Von daher entwickelte Ranke schließlich seine universal-

81 Vgl. Claus HARMS: 95 Thesen zum Reformationsjubiläum 1817. In: Ders.: Ausgewählte Schriften und Predigten/ hrsg. von Peter Meinhold. Bd. 1. Flensburg 1955, 209-225, bes. Thesen 9-62. 68-74. 82-89.

82 Ebd, 211 (These 3).

83 Ebd, 224 (These 88).

84 Ebd, 224 (These 89).

85 Vgl. ebd, 225 (Thesen 92-95).

86 Vgl. Gottfried HORNIG: Lehre und Bekenntnis im Protestantismus. In: Handbuch der Dogmen- und Theologiegeschichte/ hrsg. von Carl Andresen. Bd. 3: Die Lehrentwicklung im Rahmen der Ökumenizität. 2. Aufl. GÖ 1998, 178 f.

87 Leopold VON RANKE: Luther-Fragment [1817]/ hrsg. von Elisabeth Schweitzer. In: Ders:: Deutsche Geschichte im Zeitalter der Reformation/ hrsg. von Paul Joachimsen. Bd. 6. Meersburg; L 1933, 259 [Stück 43], mit Bezug auf Johann Gottlieb FICHTE: Über das Wesen des Gelehrten und seine Erscheinungen im Gebiete der Freiheit [1806]. In: Ders.: Gesamt-

historische Konzeption mit ihrem »Glauben an das Hervortreten des Göttlichen auf den Höhepunkten der Geschichte« sowie der »priesterlichen Auffassung seines Historikeramtes«.[88]

In der Tradition des Lutherverständnisses der Aufklärung, dieses aber in Richtung der idealistischen Geschichtsphilosophie transformierend, stand schließlich Georg Wilhelm Friedrich Hegels (1770-1831) Verhältnisbestimmung von Reformation und Revolution. Wenn auch nicht 1817 im Kontext des Reformationsjubiläums, so stellte Hegel 1830 in seiner Rede anläßlich der Dreihundertjahrfeier der »Confessio Augustana« heraus, daß »die bürgerliche Freiheit und Gerechtigkeit einzig und allein die Frucht der errungenen Freiheit in Gott« sei.[89] Ist die Reformation Luthers deshalb als »›Hauptrevolution‹ des neuzeitlichen Freiheitsprozesses« anzusehen,[90] so stellte Hegel diese universalhistorische Sicht in den Dienst des preußischen Staates, in dem er das Anliegen der mit der Reformation bereits vollbrachten Revolution verwirklicht sah.[91] Diese Kombination von Geschichts- und Staatsverständnis sollte lange Zeit historiographisch wie politisch maßgebend werden, zumal die Reichsgründung von 1871 den endgültigen Abschluß dieser Entwicklung zu verheißen schien und dem theologisch begründeten Ineinander von Geschichts- und Nationalgedanken die endgültige Weihe verlieh.[92] Exemplarisch deutlich wurde das in Heinrich von Treitschkes (1834-1896) berühmter Rede zum Luthergedenken 1883.[93] Nun entwickelte sich innerhalb des Protestantis-

ausgabe/ hrsg. von Reinhard Lauth; Erich Fuchs; Hans Gliwitzky. Abt. 1, Bd. 8: Werke 1801-1806/ hrsg. von Reinhard Lauth; Hans Gliwitzky. S-Bad Cannstatt 1991, 64, 12-33 u. ö.; vgl. Bornkamm: Luther im Spiegel ..., 43.

88 Bornkamm: Luther im Spiegel ..., 43.

89 Georg Friedrich Wilhelm HEGEL: Rede bei der dritten Säkularfeier der Übergabe der Augsburgischen Konfession [am 25. Juni 1830]. In: Ders.: Berliner Schriften 1818-1831/ hrsg. von Johannes Hoffmeister. HH 1956, 51; vgl. Brandhorst: AaO, 46 f; Joachim MEHLHAUSEN: Augustana-Jubiläum und Julirevolution. In: Die Geschichte der Evangelischen Kirche der Union 1, 210-220.

90 Brandhorst: AaO, 46 mit Bezug auf Georg Friedrich Wilhelm HEGEL: Vorlesungen über die Geschichte der Philosophie. Bd. 3/ hrsg. von Gerd Irrlitz. L 1971, 171.

91 Vgl. Georg Friedrich Wilhelm HEGEL: Vorlesungen über die Philosophie der Weltgeschichte. Bd. 4: Die germanische Welt/ hrsg. von Georg Lasson. 2. Aufl. Nachdruck der Ausgabe L 1923. HH 1968, 925; vgl. Brandhorst: AaO, 47.

92 Vgl. Martin FRIEDRICH: Das Wormser Lutherfest von 1868. ZThK 96 (1999), 384-404.

93 Vgl. Heinrich VON TREITSCHKE: Luther und die deutsche Nation [1883]. In: Ders.: Historische und politische Aufsätze: Bd. 4: Biographische und historische Abhandlungen vornehmlich aus der neueren deutschen Geschichte. L 1897, 377-396; vgl. Hans DÜFEL: Das Lutherjubiläum 1883. ZKG 95 (1984), 50-55.

mus jener »Pastorennationalismus«, der evangelische und nationale Gesinnung identifizierte und das Bündnis von »Thron und Altar« zur Dreiheit von »Thron, Nation und Altar« erweiterte.[94] War dieser kirchliche Nationalismus noch »eher an der Staatsnation als am Staatsgrenzen übergreifenden ›Volk‹ orientiert«,[95] so ist es die vom frühen Schleiermacher vermittelte und insbesondere in der Erlanger Theologie rezipierte Organismusvorstellung gewesen, die innerhalb der protestantischen Theologie des 19. Jahrhunderts Volksgeist und göttlichen Geist in einer Weise miteinander verknüpft hat, die dann in den ersten Jahrzehnten des 20. Jahrhunderts fatale Wirkung zeigen sollte.[96] Der Übergang von der nationalkonservativen zur völkischen Ausprägung des Protestantismus vollzog sich im Ersten Weltkrieg, wobei das Reformationsjubiläum des Jahres 1917 einen entscheidenden Einschnitt markierte. Hier bot sich die Gelegenheit, unter Berücksichtigung der veränderten theologiegeschichtlichen wie politischen Situation Luthers Geschichtsauffassung neu zur Geltung zu bringen.

### *III Das Reformationsjubiläum 1917*

Die Vierhundertjahrfeier der Reformation fiel in die entscheidende Phase des Ersten Weltkrieges. Die euphorische Stimmung vom August 1914 war längst verflogen und die militärische Wende mit dem Kriegseintritt der USA vollzogen.[97] Innenpolitisch war das Jahr 1917 durch den Streit um die Friedensresolution des Reichstages sowie die Forderung nach einer grundlegenden Parlamentarisierung gekennzeichnet.[98] Im Juli 1917 hatte sich die Lage zugespitzt und zum Rücktritt des Reichskanzlers Theobald von Bethmann Hollweg (1856-1921) geführt.[99] Dessen Nachfolger Georg Michaelis (1857-1936) verfolgte zusammen mit Paul von Hindenburg (1847-1934) und Erich Ludendorff (1865-1937), der Obersten Heeresleitung und eigentlichen Führung des Reiches, eine Politik der Stärke und des

94 Thomas NIPPERDEY: Deutsche Geschichte 1866-1918: Bd. 1: Arbeitswelt und Bürgergeist. 3. Aufl. M 1993, 487 f.

95 Nipperdey: AaO, 489.

96 Vgl. Manfred JACOBS: Die Entwicklung des deutschen Nationalgedankens von der Reformation bis zum deutschen Idealismus. In: Volk – Nation – Vaterland: Der deutsche Protestantismus und der Nationalismus/ hrsg. von Horst Zilleßen. GÜ 1970, 106 f.

97 Vgl. Wolfgang J. MOMMSEN: Das Ringen um den nationalen Staat. Teil 2: Bürgerstolz und Weltmachtstreben: Deutschland unter Wilhelm II. (1890-1918). B 1995, 646-664.

98 Vgl. Mommsen: AaO, 741-755.

99 Vgl. Mommsen: AaO, 754.

Siegfriedens. Diese Linie wurde auch von der Anfang September neu gegründeten Vaterlandspartei unterstützt,[100] die sich als eine nationale Sammlungsbewegung verstand, im wesentlichen aber auf die protestantische Bevölkerung beschränkt blieb.[101] Als nun die Sozialdemokratie aus dem »Burgfrieden« auszuscheren drohte, kam es zu einem erneuten Wechsel in der politischen Führung, wobei pikanterweise und »sehr zum Mißfallen der norddeutschen Protestanten« der bayrische Zentrumspolitiker Georg Graf von Hertling (1843-1919) ausgerechnet am Reformationstag zum Reichskanzler berufen wurde.[102] An den faktischen Machtverhältnissen änderte dieses allerdings nichts.

Vor diesem Hintergrund wurde des Reformationsjubiläums in Predigten, Ansprachen und Publikationen gedacht.[103] Auf demonstrative Feiern wurde angesichts der angespannten Lage verzichtet.[104] In den verschiedenen Beiträgen spiegelte sich jene grundlegende Spaltung innerhalb des Protestantismus wider, die ein Resultat nicht zuletzt dieses »Epochenjahres« 1917 gewesen ist. Während der sozialliberale Flügel – vertreten u. a. von Adolf von Harnack (1851-1930), Ernst Troeltsch (1865-1923), Otto Baumgarten (1858-1934), Friedrich Naumann (1860-1919) und Max Weber (1864-1920) – für einen Verständigungsfrieden sowie innenpolitische Reformen eintrat, strebte die überwiegende Mehrheit der Theologen weiterhin nach einem Siegfrieden und der Bewahrung der bestehenden gesellschaftlichen wie politischen Strukturen.[105] Dem Schlachtruf »Luthers Lehr' unsere Wehr« folgend,[106] wurde »Luthers Lied ›Ein feste Burg‹ zum nationalen Kriegslied erhoben«, und mit »national-religiösem Pathos« betrachtete man »Deutsch-

100 Vgl. Gottfried MEHNERT: Evangelische Kirche und Politik 1917-1919: die politischen Strömungen im deutschen Protestantismus von der Julikrise 1917 bis zum Herbst 1919. Düsseldorf 1959, 57-63.

101 Vgl. Mommsen: AaO, 758 f.

102 Mehnert: AaO, 56; vgl. Mommsen: AaO, 771.

103 Vgl. Martin GRESCHAT: Reformationsjubiläum 1917: Exempel einer fragwürdigen Symbiose von Politik und Theologie. Wissenschaft und Praxis in Kirche und Gesellschaft 61 (1972), 419-429; Günter BRAKELMANN: Der deutsche Protestantismus im Epochenjahr 1917. Witten 1974; Wilhelm PRESSEL: Die Kriegspredigt 1914-1918 in der evangelischen Kirche Deutschlands. GÖ 1967.

104 Vgl. Mehnert: AaO, 48.

105 Gerhard BESIER: Die protestantischen Kirchen Europas im Ersten Weltkrieg: ein Quellen- und Arbeitsbuch. GÖ 1984, 24 f.

106 Alfred JUST: Luthers Lehr' unsere Wehr: 30 Entwürfe zu Vorträgen in evangelischen Vereinen für das Reformationsjubeljahr. GÜ 1917.

107 Mehnert: AaO, 49 mit Bezug auf Just: AaO, 81; vgl. EINE FESTE BURG: Predigten und Reden aus eherner Zeit/ hrsg. von Bruno Doehring. 2 Bde. B 1914.

lands Schwert ... [als] durch Luther geweiht«.[107] Die »lieben Deutschen«, wie sie Luther vor sich gesehen hatte, waren nun zur »deutschen Nation« geworden, die ihr Nationalgefühl vom Reformator abzuleiten versuchte.[108] So wird auch Luthers grundlegende Wiederentdeckung der Heiligen Schrift darauf reduziert, sich um die »deutsche Bibel« verdient gemacht zu haben.[109] Ein bezeichnendes Licht auf die nationalistische Vereinnahmung des Reformators wirft eine Äußerung des deutschnationalen Theologen Gottfried Traub (1869-1956), der anläßlich der päpstlichen Friedensinitiative vom 1. August 1917 sowie der Vermittlungsbemühungen Nathan Söderbloms (1866-1931) schrieb: »Wir gehen nicht nach Rom und nicht nach Stockholm, wir gehen nach Friedrichsruh und auf die Wartburg. Hier holen wir uns die innere Ruhe und Sicherheit ... Das ist der kürzeste Weg zum eigenen deutschen Friedensschluß.«[110] Damit wurden in einer für den nationalkonservativen Protestantismus typischen Weise Otto von Bismarck (1815-1898) und Luther zugleich für die deutsche Sache in Anspruch genommen.

Insgesamt dominiert die Frage nach der Relevanz Luthers und der Reformation für die Bewältigung der konkreten politischen und geistigen Situation des Jahres 1917.[111] Von diesem erkenntnisleitenden Interesse her wird die Rezeption von Luthers Geschichtsverständnis darauf reduziert, den nationalidealistischen Bezugsrahmen sowie die daraus resultierenden Optionen politischen und militärischen Handelns zu legitimieren. In wissenschaftsgeschichtlicher und -theoretischer Hinsicht lassen sich hier die Konsequenzen einer Geschichtstheorie erkennen, die die Unterscheidung von diachronischer und synchronischer Dimension aufhebt und der Geschichte »den Charakter einer transzendentalen Rahmenkategorie« zukommen läßt.[112] Entscheidend ist dann nicht so sehr der historische Gegenstand selbst, sondern die Gegenwartsorientierung im Horizont der jeweiligen Kultur und ihres »ethischen Bezugsrahmen[s]«.[113]

108 Vgl. Mehnert: AaO, 49.

109 Pressel: AaO, 94.

110 Gottfried Traub: Aus Welt und Zeit. Christliche Freiheit 33 (1917), 537; vgl. Besier: AaO, 25.

111 Vgl. Günter Brakelmann: Protestantische Kriegstheologie im 1. Weltkrieg: Reinhold Seeberg als Theologe des deutschen Imperialismus. Bielefeld 1974, 60.

112 Jürgen Courtin; Hans-Wilfried Haase: Theoriebildung in den Geisteswissenschaften. In: Wissenschaftstheoretische Kritik der Theologie: die Theologie und die neuere wissenschaftstheoretische Diskussion; Materialien – Analysen – Entwürfe/ Gerhard Sauter in Verbindung mit Jürgen Courtin .... M 1973, 167.

113 Ebd, 170. – Hier kann nur jener Respekt vor der »Fremdheit« des Vergangenen weiterhelfen, der dann, in einem zweiten Schritt, nach der Relevanz der Vergangenheit für die Gegenwart fragen lassen kann; vgl. Greschat: Reformationsjubiläum 1917, 428.

Dabei wurde jenes bürgerliche Lutherbild der Kaiserzeit übernommen und angewandt, wie es von Treitschke, Gustav Freytag (1816-1895) und Houston S. Chamberlain (1855-1927) im Anschluß an Herder vermittelt worden war und das seinerseits Rankes Lutherbild verdrängt hatte.[114] Einen bezeichnenden Ausdruck findet dieses in den Predigten des Berliner Oberhofpredigers Ernst von Dryander (1843-1922), der selbst der Vermittlungstheologie zuzurechnen ist.[115] Luthers Kampf für reformatorische Freiheit wird hier durchaus unterschieden von dem Krieg, den Deutschland im Namen der Freiheit führe, »um ›Vaterland, Ehre, Kultur, Glauben‹ zu verteidigen«.[116] Jedoch läuft es letztendlich doch auf den Appell hinaus, »in der Liebe zum Vaterland Luther als dem ›Prophet[en]‹ und ›Führer‹ zu folgen«.[117] Von dieser letzten Zuspitzung abgesehen blieb auch in Dryanders Predigt ebenso wie in anderen Beiträgen zum Reformationsjubiläen das zugrunde gelegte Lutherbild ohne rechte Konturen und insbesondere ohne theologische Tiefenschärfe,[118] und dies obwohl im zweiten Jahrzehnt dieses Jahrhunderts und speziell bei Karl Holl (1866-1926) jener »andere Aufbruch« stattfand, der mit einer regelrechten »Lutherrenaissance« verbunden war.[119] Jedoch hängt die theologische Unschärfe der Lutherrezeption im Jahre 1917 nicht nur mit der Instrumentalisierung Luthers zu einem politisch nützlichen Exempel zusammen, sondern auch mit seiner Reduktion auf ein bestimmtes Lebens- und Frömmigkeitsideal, wie es nicht zuletzt den Intentionen der Reich-Gottes-Theologie Albrecht Ritschls (1822-1889) entsprach und schließlich auch Holls Lutherinterpretation bestimmte. Wurde dabei die Verantwortung des Menschen für Familie, Beruf, Staat und Kultur von Luthers Freiheitsverständnis ausgehend im Rahmen der Kantschen Philosophie entwikkelt, so korrespondierte dem ein Gemeinschaftsgedanke,[120] der in zweifacher Hinsicht bedeutsam wurde: Zum einen wurde damit der Einsicht in die mangelnde gesellschaftliche Überzeugungskraft des Rechtfertigungsglaubens Rechnung

114 Vgl. Bornkamm: Luther im Spiegel ..., 41-70; Pressel: AaO, 89 f.

115 Vgl. Pressel: AaO, 18.

116 Pressel: AaO, 93 mit Bezug auf Ernst von Dryander: Deutsche Predigten aus den Jahren vaterländischer Not/ zsgest. von Carl Grüneisen. 2. Aufl. Halle 1924, 34.

117 Pressel: AaO, 94.

118 Vgl. Pressel: AaO, 94.

119 Heinrich Assel: Der andere Aufbruch: die Lutherrenaissance – Ursprünge, Aporien und Wege: Karl Holl, Emanuel Hirsch, Rudolf Hermann (1910-1935). GÖ 1994.

120 Vgl. Albrecht Ritschl: Festrede am 4. Säkulartage der Geburt Martin Luthers 10. November 1883. GÖ 1883, 7; Karl Holl: Luther als Erneuerer des christlichen Gemeinschaftsgedankens. Deutsch-evangelisch 8 (1917), 241-246 ≙ Ders.: Kleine Schriften/ hrsg. von Robert Stupperich. TÜ 1966, 62-66.

getragen, indem das theologisch verbrämte Nationalgefühl, wie es noch das Reformationsjubiläum von 1817 bestimmt hatte, nun in sozialethischer wie ekklesiologischer Perspektive zu einem Nationalgedanken erweitert wurde, der der zwischenzeitlichen Entwicklung zu genügen versuchte.[121] Auf der anderen Seite ließ sich dieser nationalidealistische Ansatz in den Dienst einer zutiefst ideologischen Auseinandersetzung zwischen der sog. »deutschen Wesensart« und den »Ideen des Westens« stilisieren und dann ins Völkische wenden.[122] Damit wurde eine verhängnisvolle Entwicklung eingeleitet, die im theologischen Trend dieser Zeit lag und sich bei Karl Holl gerade im Zusammenhang des Reformationsjubiläums von 1917 verdichtete.[123]

Insgesamt wird in dieser dominierenden Richtung der Lutherrezeption das Reformationsjubiläum zum Anlaß genommen, eine Geschichtstheologie im Sinne einer Kriegstheologie zu entfalten. An die Stelle einer vom Worte Gottes her bestimmten Kirche trat die vom Geist des Patriotismus erfaßte Volksgemeinschaft, die sich ihrer Erwählung sicher zu sein glaubte.[124] Auf Grund dieses Geist- und Offenbarungsverständnisses wurden Geschichte und Heilsgeschehen vermischt und damit eine reformatorische Grundeinsicht verkannt.[125] Entgegen der Selbsteinschätzung derer, die dieses theologische Programm vertraten, ging damit ein eminenter Realitätsverlust insofern einher, als die Sieges- und Durchhalteparolen angesichts des tatsächlichen Kriegsverlaufes nicht nur an Glaubwürdigkeit verloren, sondern auch einer Opfermentalität Vorschub leisteten, die politisch wie theologisch fatal sein sollte. Wenn der massenhafte Tod gar nicht mehr in seiner Realität wahrgenommen, vielmehr zu einem Heilsgeschehen aufgewertet wurde,[126] so wurde damit endgültig das reformatorische Erbe verspielt und nicht zuletzt auch die Chance vertan, in der Konsequenz von Luthers Geschichtsverständnis das zu sagen und zu tun, was in der konkreten historischen Situation notwendig und hilfreich gewesen wäre.

Nun gab es neben dieser dominierenden Linie der nationalidealistischen Lutherrezeption auch noch andere, wenngleich vereinzelte Stimmen, die sich dem Erbe Luthers verpflichtet sahen. Stellvertretend für diese steht eine Erklärung von fünf Berliner Pfarrern, die im Oktober 1917 u.a. in der »Christlichen Welt« veröffent-

121 Vgl. Assel: AaO, 116.
122 Vgl. Pressel: AaO, 144-151.
123 Vgl. Holl: AaO, 66; vgl. Assel: AaO, 115 f.
124 Vgl. Pressel: AaO, 341.
125 Vgl. Pressel: AaO, 342. 344-350.
126 Vgl. Pressel: AaO, 348 f.

licht wurde und heftige Proteste auslöste. Die Unterzeichnenden fühlten sich »im Gedächtnismonat der Reformation« und »in Einverständnis mit vielen evangelischen Männer und Frauen« dazu verpflichtet, zu einem Verständigungsfrieden aufzurufen und um der »Wahrheit« willen der »unheilvollen Herrschaft von Lüge und Phrase« ein Ende zu bereiten.[127] Von der Gegenseite wurde die Erklärung als Verrat gewertet, der die Feinde stärke, wo es doch »nur zweierlei für das deutsche Volk [gebe]: Sieg oder Untergang!«[128] Schließlich habe Luther »gelehrt, das Krieg-samt mit männlichen Augen zu sehen«.[129] Daß die Friedensbemühungen demgegenüber zum Scheitern verurteilt waren, lag aber neben den theologischen und kirchenpolitischen Machtverhältnissen sowie dem einseitigen Eingreifen politischer Zensur auch an der ängstlichen Versicherung der Initiatoren jenes Aufrufs, mit dieser Erklärung keine »Nebengedanken politischer oder konfessioneller Art« zu verbinden.[130] Dadurch wurde einem unpolitischen Verständnis, d. h. einem »Moratorium des Christentums« Vorschub geleistet.[131] Luther selbst wurde auch von dieser Seite nur zum Anlaß der eigenen Positionierung, nicht aber zum Ausgangspunkt einer theologisch fundierten Orts- und Zeitbestimmung genommen. So sehr war der Blick auf den Reformator durch die Rahmenbedingungen des idealistischen Lutherbildes eingeengt, daß dessen Geschichtsverständnis erst durch den Perspektivenwechsel in der Lutherinterpretation Rudolf Hermanns (1887-1962) sowie – diesen Ansatz weiterführend und ihn von Karl Barths (1886-1968) Theologie her auch grundsätzlich erweiternd – bei Hans Joachim Iwand (1899-1960) neu zur Sprache kam.[132]

Doch dazwischen stand – politisch wie theologiegeschichtlich – der Zusammenbruch des Jahres 1918, während die Verfechter eines Siegfriedens unmittelbar nach dem Reformationsjubiläum des Jahres 1917 zunächst noch neuen Auftrieb

127 Erklärung/ Karl Aner ... Christliche Welt 31 (1917), 756; vgl. Besier: AaO, 177 f (57); Mehnert: AaO, 51.

128 Zitiert nach Mehnert: AaO, 54.

129 Ebd.

130 Mehnert: AaO, 52. – Zum gesamten Themenkomplex vgl. Otto Baumgarten: Kirchliche Chronik. Evang. Freiheit 17 (1917), 315-326; Günter Brakelmann: Krieg und Gewissen: Otto Baumgarten als Politiker und Theologe im Ersten Weltkrieg. GÖ 1991, 93-99; Hasko von Bassi: Otto Baumgarten: ein »moderner Theologe« im Kaiserreich und in der Weimarer Republik. F 1988.

131 Johannes Rathje: Die Welt des freien Christentums: ein Beitrag zur deutsch-evangelischen Geistesgeschichte; dargestellt an Leben und Werk von Martin Rade. S 1952, 244.

132 Vgl. Michael Basse: Das theologische Geschichtsverständnis Rudolf Hermanns und Hans Joachim Iwands. KD 42 (1996), 114-135.

erhielten, als mit der russischen Oktoberrevolution Anfang November 1917 und dem Separatfrieden von Brest-Litowsk Anfang März 1918 die Ostfront entlastet wurde und in ihren Augen ein militärischer Gesamterfolg wieder in den Bereich des Möglichen zu rücken schien.[133] Aber selbst im Herbst 1918, als die militärische Niederlage abzusehen war, bemühte sich Otto Dibelius (1880-1967) noch darum, angesichts der sich verschlechternden Stimmung, Siegeszuversicht zu wecken, indem er an die geradezu heilsbringende Verbindung von Christentum und Volkstum erinnerte, wie sie von Luther über Arndt und Bismarck bis in diese welt- und heilsgeschichtlich entscheidende Stunde vermittelt worden sei.[134] Ansätze jeglichen Protests wie z. B. Streiks wurden mit dem Verweis auf Luthers Zweireichelehre verurteilt und als »Verrat an dem Geist von 1914« betrachtet.[135] Damit war auch der Weg von der »Augustlegende« zur »Dolchstoßlegende« eröffnet,[136] die dann die Zeit nach 1918 politisch belasten sollte und auch in theologischer Hinsicht eine Kontinuität heraufbeschwor, die schließlich mit zum 30. Januar 1933 beitrug.

### *IV Ausblick*

Der Vergleich von Luthers Geschichtsverständnis mit dem theologischen Reden von Geschichte im Kontext der Reformationsjubiläen von 1817 und 1917 zeigt, daß die Geschichtsauffassung bei Luther theologisch eingebunden und begründet war. Erst mit der Ablösung des Geschichtsdenkens aus diesem Begründungszusammenhang wird die Relation von Geschichte und Theologie grundsätzlich problematisch. Daraus ergab sich ein Streben nach geschichtstheologischen Universalkonzeptionen, wie sie in den Systementwürfen des Idealismus exemplarisch vorgelegt wurden. Damit verbunden war einerseits ein ausschließlich gegenwartsorientiertes Interesse an Luther selbst sowie andererseits eine heilsgeschichtliche Aufladung konkreter politischer Verhältnisse unter Berufung auf Luther. Die kritische Funktion einer theologisch vom Deus absconditus her begründeten Geschichtsauffassung gegenüber allem Streben, Gottes Willen aus der Geschichte abzuleiten, kam so nicht mehr in den Blick. Auch wenn die

133 Vgl. Mommsen: AaO, 789.

134 Vgl. Otto Dibelius: Gott und die deutsche Zuversicht: drei Predigten in dunkler Zeit. B 1918, zitiert nach Pressel: AaO, 85.

135 Vgl. Gerhard Tolzien: Predigt von 20. November 1918. In: Ders.: Kriegspredigten, im Dom zu Schwerin gehalten. Heft 7. Schwerin 1918, zitiert nach Pressel: AaO, 298. 302.

136 Pressel: AaO, 303.

historische Distanz zur Reformationszeit und zu bestimmten, historisch bedingten Ansichten des Reformators nicht verkannt werden darf, besteht doch der theologische Ertrag von Luthers Geschichtsverständnis darin, den Menschen in seiner konkreten Zeitlichkeit wahrzunehmen und vor einer soteriologischen Überfrachtung geschichtlicher Zeit zu bewahren, indem die simul-Struktur menschlicher Existenz entfaltet wird und die unterschiedlichen Bezüge menschlichen Lebens realisiert werden.[137] Für menschliches Handeln in den Umbrüchen unserer Zeit bedeutet das beides: die Wahrnehmung und Übernahme von Verantwortung in der jeweiligen geschichtlichen Situation sowie die Selbstbegrenzung im Hinblick darauf, die Geschichte zu vollenden.

137 In der Konzentration auf diese »Gleichzeitigkeit« haben Rudolf Hermann und Hans Joachim Iwand Luthers Geschichtsverständnis neu zur Sprache gebracht; vgl. Basse: AaO, bes. 120f. 126f.

# Bernhard von Clairvauxs Meditation zu Psalm 31,2 bei Martin Luther

Franz Posset

Die Rolle, welche die Spiritualität und Theologie des Bernhard von Clairvaux für Luther spielt, ist kein neues Thema mehr. Dennoch scheint es notwendig, Luthers Aufnahme der Bernhardpredigten erneut zu untersuchen angesichts der Tatsache, daß die neue Teilausgabe von Luthers »Dictata super Psalterium« in WA 55 II gerade an diesem Punkt versagt. Im Kommentar zu Ps 31,2 findet sich die Angabe, daß Luther Bernhards Predigt »De duobus discipulis euntibus in Emmaus« gemeint habe, als er auf eine bestimmte Einsicht Bernhards »in einer gewissen Predigt« hingewiesen hat. Diesen Quellenhinweis auf eine pseudobernhardische Predigt kann man sehr wohl bezweifeln, auch wenn man der Meinung zustimmen muß, daß andere Vermutungen ebenfalls fehl am Platz sind.[1]

Um Luthers verschwommenen Hinweis auf Bernhard zu erhellen, sollen zunächst wichtige Texte aus Bernhards Werken vorgelegt werden, in denen er Ps 31,2 zur Sprache bringt. Dieses Unterfangen wird sehr erleichtert durch die neue deutsch-lateinische Ausgabe der Werke Bernhards. Danach wird sich zeigen, welche Predigt von Bernhard am besten zu dem paßt, was Luther in seiner Auslegung von Psalm 31 in den »Dictata super Psalterium« sagt.

## *I Bernhard zu Psalm 31,2*

Aufgrund des Registers in Band 10 scheint Bernhard Psalm 31,2 achtmal zitiert zu haben. Nicht alle, jedoch mehrere Stellen, versprechen, für unser Anliegen etwas herzugeben. In Bernhards Buch »De gratia et libero arbitrio« lesen wir Folgendes über den Menschen nach dem Sündenfall:

BSW  BERNHARD VON CLAIRVAUX: Sämtliche Werke: deutsch-lateinisch/ hrsg. von Gerhard B. Winkler in Verbindung mit Alberich Altermatt ... 10 Bde. Innsbruck 1990-1999.

SBO  Sanctus BERNARDUS: Opera omnia/ hrsg. von Jean Leclerq ... Bd. 1 ff. Romae 1957 ff.

1 WA 55 II, 178, Anm. zu Zeile 72. Dem Herausgeber ist zuzustimmen, daß die Vermutung Walther KÖHLER: Luther und die Kirchengeschichte: nach seinen Schriften, zunächst bis 1521. Erlangen 1900, 305, es handle sich um die Bernhardtexte in ML 182, 244 oder 183, 685, abwegig ist.

»Denn wir können hier nicht völlig ohne Sünde und ohne Elend sein. Daß wir aber von der Sünde und vom Elend nicht überwältigt werden, ist möglich durch die Hilfe der Gnade. Indes sagt die Schrift doch: ›Jeder, der von Gott stammt, tut keine Sünde.‹ (1 Joh 3, 9) Aber das ist von denen gesagt, die vorherbestimmt sind zum Leben: nicht, daß sie überhaupt nicht sündigen, sondern daß die Sünde ihnen nicht angerechnet wird, weil sie entweder durch eine würdige Buße bestraft wird, oder weil sie durch die Liebe zugedeckt wird. Denn ›die Liebe deckt viele Sünden zu‹ (1 Petr 4, 8) und: ›Wohl dem, dessen Frevel vergeben und dessen Sünde bedeckt ist‹ (Ps 31, 1) und: ›Glückselig der Mensch, dem der Herr die Sünde nicht anrechnet‹ (Ps 31, 2).«[3]

Bernhard spricht hier mit Psalm 31 von der Nicht-Anrechnung der Sünde aus Gottes Gnade. Das mag »lutherisch« klingen. Doch diese Stelle trifft nicht genau den Sachverhalt, den Luther aus einer »gewissen Predigt« des Bernhard[2] zitiert. Dies ist nicht weiter verwunderlich, da Luther ja auch sonst nirgendwo auf dieses Buch des Bernhard zu sprechen kommt.[4] Luther bezieht sich ausdrücklich auf eine »Predigt« des Bernhard, nicht auf einen Traktat. Lesen wir weiter, so stoßen wir auf die 22. Predigt über das Hohe Lied, in der Bernhard Psalm 31 zitiert, als er auf das Beispiel von Maria Magdalena verweist:

»Im Duft der Gerechtigkeit aber lief Maria Magdalene, der viele Sünden vergeben wurden, weil sie viel geliebt hat. Wirklich, sie war gerecht und heilig und keine Sünderin mehr, wie es ihr der Pharisäer zum Vorwurf machte. Er wußte wohl nicht, daß Gerechtigkeit oder Heiligkeit eine Gabe Gottes und nicht Menschenwerk ist; nicht nur gerecht, sondern auch glückselig ist der Mensch, dem der Herr die Sünde nicht anrechnet [Ps 31,2].«[5]

Rechtfertigung ist Gabe Gottes und nicht Menschenwerk, sagt Bernard mit der Begründung aus Psalm 31. Diese Passage könnte Luther interessiert haben. »Hier sind Bausteine von Luthers Rechtfertigungslehre«, kommentiert Theo Bell

2 WA 55 II, 178, 72.

3 BSW 1, 215 (IX/29) ≙ SBO 3, 186, 18-26. Die deutsche Bernhardausgabe ist in der Wiedergabe von Ps 31, 2 nicht konsistent. Im Folgenden übersetze ich Ps 31, 2 immer mit: »Wohl dem Menschen, dem der Herr die Sünde nicht anrechnet.« Die lateinische Version von Ps 31, 1 f lautet dort: »Beati quorum remissae sunt iniquitates, et quorum tecta sunt peccata, et: Beatus vir cui non imputavit Dominus peccatum«; SBO 3, 186, 25 f; gelegentlich hat Bernhard auch das Futurum »imputabit«; siehe Sermon 71.3 zum Hohen Lied; SBO 2, 216, 11 f ≙ BSW 6, 447.

4 Es gibt eine Stelle bei Luther, wo er zwar auf den Inhalt des Buches »Über die Gnade und den freien Willen« zu sprechen kommt, wo er jedoch selbst auf einen (Pseudo-Bernhard?) Text über Maria Magdalena verweist; vgl. WA 9, 137, 19-23. In der Predigt zum Hohen Lied 22.9 spricht Bernhard von Maria Magdalena; doch diese Stelle paßt nicht zu dem, was Luther zitiert.

5 Vgl. BSW 5, 319 (IV/9) – zur Übersetzung von Ps 31, 2 vgl. oben Anm. 3 ≙ SBO 1, 135, 18-22.

mit Recht.[6] Bell rätselt, um welche Bernhardpredigt es sich handeln könne. In seiner Dissertation entschied er sich für die 23. Predigt,[7] in welcher Bernhard auf das johanneische Aus-Gott-Geboren-Sein zu sprechen kommt (1 J 5, 18). Wie im Buch »De gratia et libero arbitrio« stellt Bernhard auch hier fest, daß es sich dabei um die ewig Vorherbestimmten handelt:

> »Diese betrachte ich, als hätten sie niemals gesündigt, denn wenn sie auch in dieser Zeit vielleicht als Sünder erscheinen, so zeigen sie sich doch in der Ewigkeit nicht als solche, weil die Liebe des Vaters viele ihrer Sünden zudeckt (1 Ptr 4, 8). So habe ich die glückselig genannt, ›deren Missetaten vergeben und deren Sünden zugedeckt sind‹ [Ps 31, 1], ...«[8]

In seiner deutschen Revision der Dissertation entschied sich Bell für eine weitere Möglichkeit, nämlich für die erste Predigt zum Fest Mariae Verkündigung (Sermo in annuntiatione 1 = Ann 1), nachdem wir uns auf dem Internationalen Bernhard-Kongreß 1990 in Kalamazoo, USA, darüber unterhalten hatten. In meinem Vortrag auf diesem Kongress hatte ich nämlich den Vorschlag gemacht, Bernhards erste Predigt zum Fest Mariae Verkündigung als hauptsächliche Quelle anzusehen.[9] Bell hat meinen Vorschlag insoweit berücksichtigt, als er ihn in seine deutschen Revision von 1993 eingearbeitet hat.[10]

Jedoch scheidet meines Erachtens die von Bell mitberücksichtigte Stelle in der 23. Predigt ebenfalls aus, da sie Luthers Sachverhalt in der ersten Psalmenvorlesung ebenfalls nicht exakt trifft. Daher verbleibt Bernhards Ann 1 als einzig mögliche Quelle. Die betreffende Stelle findet sich zu Beginn der Predigt, in der übrigens Psalm 31, 2 gleich zweimal vorkommt und in der vom dreifachen Zeugnis des Heiligen Geistes die Rede ist.

6 Theo Bell: Divus Bernhardus: Bernhard von Clairvaux in Martin Luthers Schriften. MZ 1993, 65.

7 Theo Bell: Bernhardus dixit: Bernardus van Clairvaux in Martin Luthers Werken. Delft 1989, 61 f.

8 BSW 5, 347 (VI/15) ≙ SBO 1, 149, 7-11. Siehe auch »In Septuagesima Sermo« 1.1, wo 1 J 5, 18 mit der Imputationslehre erklärt wird; SBO 4, 345, 1-6 ≙ BSW 7, 427.

9 Vgl. Franz Posset: Divus Bernhardus: Saint Bernard as spiritual and theological mentor of the reformer Martin Luther. In: Bernardus Magister: papers presented at the nonacentenary celebration of the birth of Saint Bernard of Clairvaux, Kalamazoo, Michigan; sponsored by the Institute of Cistercian Studies, Western Michigan University, 10-13 May 1990/ hrsg. von John R. Sommerfeld. Kalamazoo, 1992, 520 f.

10 Bell: Divus Bernhardus, 66-68.

Bernhards »In annuntiatione dominica sermo 1« beginnt mit den Worten:

»›Damit die Herrlichkeit in unserem Land wohne, sind Barmherzigkeit und Wahrheit einander begegnet, haben Gerechtigkeit und Friede sich geküßt‹ (Ps 84, 10 f.). ›Das ist unsere Herrlichkeit‹, wie der Apostel sagt, ›das Zeugnis unseres Gewissens.‹ (2 Kor 1, 12) Freilich nicht ein solches Zeugnis, wie es jener stolze Pharisäer besaß. Mit verführtem und verführerischem Sinn legte er Zeugnis für sich selbst ab, und sein Zeugnis war nicht wahrhaftig. Wahr ist ein Zeugnis, das der Geist selbst unserem Geist gibt. Dieses Zeugnis ist ferner, wie ich glaube, dreifach. Zuallererst mußt du nämlich glauben, daß du die Vergebung [remissio] deiner Sünden nur durch die Gnade Gottes erlangen kannst.«[11]

Auf diesen ersten Predigtteil bezieht sich Luther, wenn er einleitend in seiner Auslegung von Psalm 31 eine ähnliche Bemerkung zu den »pharisei«[12] macht und weiter unten ausdrücklich auf Bernhard verweist: »Wie Bernhard in einer gewissen Predigt schön meditiert. Dort sagt er: ›Glückselig sind die, den die Sünden nachgelassen sind« [Ps 31, 1].«[13] Der gemeinsame Bezugspunkt ist »remissio« in der Bernhardpredigt und »remissę« aus dem ersten Vers von Psalm 31, den Luther auszulegen im Begriff ist. Luther fährt fort: »Zweitens: ›Glückselig der Mensch, dem der Herr seine Sünde nicht anrechnet.‹«[14] Dieser zweite Punkt, den Luther hier nennt, bezieht sich ebenfalls auf den zweiten – und auch dritten – Punkt in der Bernhardpredigt. Bezugspunkt ist der zweite Vers von Psalm 31. Der folgende Text ist dem oben Zitierten aus der Bernhardpredigt »In annuntiatione dominica« unmittelbar angeschlossen:

»...; zweitens, daß du kein gutes Werk beanspruchen kannst, wenn dir nicht auch das Gott selbst gibt; und schließlich, daß du durch keine Werke das ewige Leben erwerben [promereri] kannst: nur dann erlangst du es, wenn es dir ohne dein Verdienst [gratis] geschenkt wird. ... Gewiß, was geschehen ist, kann nicht ungeschehen werden. Wenn es dir aber Gott selbst nicht anrechnet, wird es sein, als wäre es nicht gewesen. Auch der Prophet bedenkt dies und spricht: ›Glückselig der Mensch, dem der Herr seine Sünde nicht anrechnet‹ [Ps 31,2].«[15]

11 BSW 8, 97 (1). »... ›Gloria nostra haec est‹, ut ait Apostolus, ›testimonium conscientiae nostrae‹ [2 Kor 1, 12] ... Necesse est enim primo omnium credere quod remissionem peccatorum habere non possis, nisi per indulgentiam Dei; ...«; SBO 5, 13, 4-11.

12 WA 55 II, 176, 21.

13 »..., vt pulchre Bernardus in quodam sermone meditatur. Vnde dicit ›Beati, quorum remissę sunt iniquitates‹, ...«; WA 55 II, 178, 72 f.

14 »..., secundo: ›Beatus, cui non imputauit Dominus peccatum‹, ...«; WA 55 II, 179, 73 f.

15 BSW 8, 97 (1) – mit einigen Veränderungen der Übersetzung ≙ SBO 5, 13, 11 - 14, 1.

Bernhards Wort »promereri« taucht wörtlich in Luthers Kommentar zur Stelle Ps 31, 1 f auf, wo Luther feststellt, daß der Anfang von Psalm 31 zwei Dinge lehre: Alle Menschen sind in Sünde, niemand ist gerecht, niemand ist selig. Zweitens; niemand kann Sündenvergebung »erwerben« (promereri). Der Herr allein gibt sie »gratuito«,[16] was Bernhard in seiner Predigt mit »gratis« ausgedrückt hat. Luther fühlt sich in klarer Übereinstimmung mit Bernhard und lobt ihn daher für seine schöne Meditation. Da Luther offensichtlich diesen Bernhardtext nicht vor sich auf dem Schreibtisch liegen hat, sagt er etwas unbestimmt, daß der Text »in einer gewissen Predigt« Bernhards zu finden sei. Da er den Titel der Predigt momentan nicht angeben kann, gibt er deren Inhalt ziemlich genau wieder, damit jeder diese Stelle finden könne, der sie in den Predigten des Bernhard sucht.

Leider haben die Herausgeber der 2000 erschienenen Ausgabe der »Dictata super Psalterium« weder meinen Vorschlag von 1990/92, Bernhards »Sermo in annuntiatione 1« als Quelle zu akzeptieren,[17] noch Bells Überlegungen von 1993 zur Kenntnis genommen. Einen Wink mit dem Zaunpfahl gibt Luther selbst 1516 in seiner Römerbriefvorlesung zu R 8, 16, indem er direkt auf »B. Bernardus ser. 1 de annunciatione Dominica« hinweist[18] und in dem dazugehörenden Scholion aus dieser Predigt Bernhards lang und breit zitiert, weil Bernard dort das Thema glasklar (preclarissime) dargestellt hat.[19] Nirgendwo sonst hat Luther je ein so langes Zitat aus einer Schrift des Bernhard oder eines der Kirchenväter Wort für Wort zitiert. Es hilft natürlich auch nicht, wenn der Herausgeber von WA 56 die Anführungszeichen unkorrekt setzt, so daß der Bernhardtext von Ann 1.1-3 nicht als ein ausführliches Zitat aus einer einzigen Bernhardpredigt erscheint.[20] Wenn man das Bernhardzitat genau vergleicht, hat Luthers Text die Bernhardpredigt folgendermaßen rezipiert, wobei das Bernhardzitat kursiv gedruckt ist:

16 WA 55 II, 178, 66-69.

17 Siehe oben Anm. 9, und auch Franz Posset: Pater Bernhardus: Martin Luther and Bernard of Clairvaux. Kalamazoo 1999, 168 f.

18 WA 56, 79, 15-17. Ein weiterer direkter Wink findet sich in Luthers Vorlesung über H 5, 1; WA 57 III, 169, 13 f: »... sic B. Bernhardus in sermone quodam de Annunciacione, ...«; vgl. Franz Posset: Bernardus Redivivus: the Wirkungsgeschichte of a medieval sermon in the Reformation of the sixteenth century. Cistercian studies quarterly 22 (Shanon 1987), 245 f; ders.: Pater Bernhardus, 172.

19 WA 56, 370, 1-23 (mit Einfügungen Luthers), bes. 369, 28 f. Vgl. Erich Kleineidam: Ursprung und Gegenstand der Theologie bei Bernhard von Clairvaux und Martin Luther. In: Dienst der Vermittlung: Festschrift zum 25-jahrigen Bestehen des philosophisch-theologischen Studiums im Priesterseminar Erfurt/ hrsg. von Wilhelm Ernst; K. Feiereis und Fritz Hoffmann. L 1977, 235 f.

»**Dies ist nun ist das Zeugnis des Geistes** [8, 16]. Daß dieses Zeugnis des Geistes eben selbst das Vertrauen des Herzens auf Gott ist, zeigt St. Bernhard glasklar, der selbst voll solchen Geistes ist, in der ersten Predigt über [Mariae] Verkündigung: ›*Dieses Zeugnis ist ferner, wie ich glaube, dreifach. Zuallererst mußt du nämlich glauben, daß du die Vergebung deiner Sünden nur durch die Gnade Gottes erlangen kannst; zweitens, daß du kein gutes Werk beanspruchen kannst, wenn dir nicht auch das Gott selbst gibt; und schließlich, daß du durch keine Werke das ewige Leben erwerben kannst: nur dann erlangst du es, wenn es gratis geschenkt wird.* [Luther überspringt 21 Zeilen der Bernhardpredigt einschließlich Ps 31, 2 und fährt dann mit dem Zitat aus Ann 1 fort:] *Dies reicht aber keineswegs aus, sondern ist eher als der Anfang und gleichsam als die Grundlage des Glaubens anzusehen. Wenn du also glaubst, daß deine Sünden nur von ihm getilgt werden können,* [Luther überspringt: gegen den allein du gesündigt hast und den keine Sünde trifft], *handelst du richtig; füge aber noch hinzu: d a ß  d u  a u c h  d i e s  g l a u b s t,*‹ nicht daß du das selbst könntest; vielmehr ist es notwendig, daß der Geist dich zum Glauben daran bringt, ›*daß durch ihn selbst dir die Sünden verziehen werden. Das ist das Zeugnis, das der Heilige Geist in unserem Herzen gibt, wenn er sagt: Deine Sünden sind dir vergeben. So glaubt nämlich der Apostel, daß der Mensch durch den Glauben [gratis] gerechtfertigt wird.*‹ Ganz fest mußt du auch von dir glauben, nicht nur von den Erwählten, daß Christus für deine Sünden gestorben ist und Genugtuung getan hat. ›*So ist es auch bezüglich der Verdienste, wenn du glaubst, daß du sie nur durch ihn haben kannst; das genügt eben so lange nicht, bis [dir] der Geist der Wahrheit davon Zeugnis gibt, daß du sie durch ihn hast.*‹ Dazu kommt es, wenn du darauf vertraust, daß die Werke, die du tust, Gott angenehm und willkommen sind, welcher Art sie auch immer sein mögen. Du vertraust aber nur, daß sie angenehm sind, wenn du fühlst, daß du durch sie nichts bist vor Gott, mögen sie auch gut sein und im Gehorsam vollbracht worden sein, da du ja böse Taten sowieso nicht begehst. Und diese Demut und Zerknirschung in den guten Werken bewirkt, daß sie angenehm sind. ›*Auch mit dem ewigen Leben ist es so:*‹ Es genügt nicht zu glauben, daß er es umsonst gibt, sondern: ›*Du mußt das Zeugnis des Geistes haben, daß du durch göttliches Geschenk zum ewigen Leben gelangen wirst.*‹ [Bei Bernhard folgt noch: Denn Gott selbst vergibt Sünden, er selbst gibt die Verdienste, und er selbst gibt gleichfalls den Lohn].« [21]

20 Vgl. WA 56, 369, 28 - 370, 23 mit SBO 5, 13, 9 - 15, 5 (1-3). Eine Gegenüberstellung der lateinischen Texte aus Bernhard und Luther macht eindeutig klar, was genau Luther aus der Bernhardpredigt kopiert hat; vgl. Posset: Divus Bernhardus, 521-523; Bell: Divus Bernhardus, 93 f.

21 WA 56, 369, 26 - 370, 22: »**Ipse enim spiritus testimonium.** [8, 16] Quod testimonium istud sit ipsa_fiducia cordis in Deum, preclarissime ostendit B. Bernardus, plenus eodem spiritu, sermone de annunciatione 1. dicens: ›*Hoc testimonium in tribus consistere puto* [Bernhard hat »credo« statt »puto«]. *Necesse est enim primo omnium credere, quod remissionem peccatorum habere non possis nisi per indulgentiam Dei. Deinde, quod nihil prorsus habere queas boni operis, nisi et hoc dederit ipse. Postremo, quod ęternam vitam nullis potes operibus promereri, nisi gratis* [Bernhard hat hier emphatisch: tibi], *detur et illa.* [Luther überspringt 21 Zeilen der Bernhardpredigt einschließlich Ps 31, 2 und fährt dann mit dem Zitat aus Ann 1 fort:] *Verum hęc* [Bernhard hat noch: »quae nunc diximus«] *non*

Es mag überraschen, daß Luther nach einem so langen Zitat nicht auch den einprägsamen Schlußsatz zitiert, in dem Bernhard seine Gedanken zusammenfaßt. Was auch immer der Grund dafür gewesen sein mag, Luther hat in Bernhards Ann 1 so ziemlich alles gefunden, worauf es ihm als Theologe ankommt:

Zum einen, die Betonung des persönlichen Glaubens an die gnadenhafte Nicht-Anrechnung der Sünden (d. h. das vielgebrauchte »tibi«; ohne die bekannte Formel »pro me« hier wörtlich zu gebrauchen), indem Luther Bernhards »ut et hoc credas« mit Großbuchstaben wiedergibt und Bernhards mehrmalige Hervorhebung des »Zeugnisses« herausstreicht, das der Geist der Wahrheit in unserem Herzen / Gewissen ablegt, unter Anspielung auf 2 K 1, 12 (»testimonium conscientiae nostrae«) und R 8, 16 (»Spiritus testimonium reddit/perhibet spiritui nostro«). Interessant dabei ist, daß Luther Bernhard bis in den altlateinischen Wortlaut seines Bibeltextes hinein folgt, indem er R 8, 16 nicht nach dem Vulgatatext (»reddit«) zitiert, sondern genau nach Bernhards Wortlaut (»perhibet«). Während man bisher in der Forschung Luthers Betonung des »pro me« auf seine Begegnung mit den Schriften von Johannes Tauler (um 1300-1361) zurückführte,[22] meine ich hier zei-

*omnino sufficiunt, Sed magis initium quoddam et velut fundamentum fidei habenda sunt* [Bernhard hat andere Wortstellung: »sunt habenda«]. *Ideo si credis peccata tua non deleri nisi ab eo* [Luther läßt folgenden Bernhardtext aus: »cui soli peccasti, et in quem peccatum non cadit«], *benefacis;* [der folgende Satz ist WA 56 nicht als Bernhardzitat markiert:] ›*Sed adde adhuc: v t e t h o c c r e d a s,*‹ [Hervorhebung bei Luther, dann folgt seine Zwischenbemerkung] non quod possis tu, Sed necesse est, vt spiritus faciat te hoc credere, ›*quia per ipsum peccata tibi donantur. Hoc est testimonium, quod perhibet in corde nostro spiritus sanctus dicens: Dimissa sunt tibi peccata tua. Sic enim arbitratur Apostolus hominem Iustificari* [Luther läßt Bernhards »gratis« hier aus] *per fidem.*‹ [Es folgt Luthers Zwischenbemerkung] assertiue de te ipso etiam, non tantum de electis credere, Quod Christus pro peccatis tuis mortuus sit et satisfecit. ›*Ita de meritis quoque, si credis non posse haberi nisi per ipsum, Non sufficit, donec* [Luther läßt Bernhards »tibi« hier aus; und fährt mit geringfügiger Wortumstellung fort:] *testimonium perhibeat spiritus veritatis, quia habes ea per ipsum.*‹ [Bernhard hat »quod ea habes per illum«. Luther hängt folgende Zwischenbemerkung an] id fit, quando opera, que facis, confidis Deo esse accepta et grata, quęcunque sint illa tandem. Confidis autem ea esse grata, quando sentis te [per] ea opera nihil esse coram Deo, licet bona sint et in obedientia facta, Quia non facis ea, que sunt mala. Et ista humilitas et compunctio in bonis operibus facit ea esse grata. ›*Sic et de vita ęterna*‹ [Luther fügt ein:] non satis est credere, Quod ipse eam gratis donet, Sed, [Er setzt das Zitat mit veränderter Wortfolge fort:] ›*testimonium spiritus habeas necesse est, quod ad eam diuino munere sis peruenturus.*‹«

Bernhard hat noch den dramatischen Schlußsatz: »Ipse enim peccata condonat, ipse donat merita, et praemia nihilominus ipse redonat.«

gen zu können, daß Luthers Betonung eher auf seiner frühen Begegnung mit Bernhards Spiritualität beruht.

Zum zweiten, Luther hat nicht nur sein berühmtes »pro me« bei Bernhard gefunden, sondern auch seine Imputationslehre, welche vom lateinischen Wortlaut von Ps 31, 2 herrührt.[23] Jegliche Ableitung der Imputationslehre aus dem Ockhamismus scheint mir daher fehl zu gehen, wie auch Otto Hermann Pesch zusammenfassend und überzeugend festgestellt hat. Pesch übersah jedoch auch in diesem Punkt Luthers positive Beziehung zu Bernhard,[24] die hier aus Luthers Kompliment der »schönen Meditation« in Bernhards »In annuntiatione dominica sermo 1« wohl mit ziemlicher Sicherheit aufgewiesen worden ist.

22 Vgl. Otto Hermann Pesch: Hinführung zu Luther. MZ 1982, 88 f. Siehe dazu Posset: Pater Bernhardus, 172 f, zu Luthers Bernhardzitat (Ann 1) in der Hebräerbriefvorlesung.

23 Ohne direkte Bezugnahme auf Ps 31, 1 schreibt Bernhard in seiner Eulogie des Rittertums »De laude novae militiae« eine Meditation über das Heilige Grab in Jerusalem und erklärt: »Christi nobis iustitia imputatur.«; SBO 3, 232, 9 f ≙ BSW 1, 307 (XI / 22).

24 Vgl. Pesch: Hinführung zu Luther, 314 f.

# Der Verkauf des Lutherhauses an die Universität Wittenberg 1564

## Die Originalurkunde und die Nachlaßsache Martin Luther d. J.

Von Heiner Lück und Michael Rockmann

### *I Die Urkunde*

**Fundort:** Im Archiv der Lutherhalle Wittenberg wird die Originalurkunde über den Verkauf des Wohnhauses Martin Luthers durch dessen Erben an die Universität Wittenberg vom 27. September 1564 aufbewahrt: Stiftung Luthergedenkstätten in Sachsen-Anhalt, Lutherhalle Wittenberg: URK./857.

**Provenienz:** Die vorliegende Urkunde ist als das für den Käufer, also die Universität, bestimmte Exemplar anzusehen,[1] die wohl das Geschick des Universitätsarchivs geteilt hat. Das läßt sich allerdings nicht belegen, weil die älteren Urkundeninventarien nicht mehr auffindbar sind. Das Universitätsarchiv befand sich zunächst in einem Gewölbe hinter dem Wittenberger Konsistorium in der Ecke zwischen Pfaffengasse und Juristenstraße. Nach 1760 – das heißt nach der Zerstörung des Konsistoriums – gelangte das Universitätsarchiv in den Parterre-

ADB Allgemeine Deutsche Biographie. 56 Bde. Nachdruck der Ausgabe L 1875-1912. 2., unv. Aufl. B 1967-1971.

Abschr. Wittenberg, Stadtarchiv: 20 (Bc 8): Universitaet Wittenberg / Fundationes und Privilegia, / Statuta, Decreta und Observationes, / Recesse und Vertraege / mit dem Creyß Amte, Stadt Rathe und / andern Ober- und Erb-Gerichte / Befreyungs Befehle / und andere / Nachrichten, 205r-206r.

AL Acta Lutherorum; siehe unten Anm. 1.

FGUW Walter Friedensburg: Geschichte der Universität Wittenberg. Halle a. S. 1917.

HRG Handwörterbuch zur deutschen Rechtsgeschichte (HRG)/ hrsg. von Adalbert Erler, Ekkehard Kaufmann und Dieter Werkmüller unter philologischer Mitarb. von Ruth Schmidt-Wiegand. Bd. 1 ff. B 1971 ff.

KHN Paul Gottlieb Kettner: Historische Nachricht von dem Raths-Collegio der Chur-Stadt Wittenberg. Wolffenbüttel 1734

LNB Das Luther-Nachkommenbuch/ hrsg. in Zsarb. mit der Lutheriden-Vereinigung e. V. von Günter Luther. B 1987.

SAW Gottfried Suevus: Academia Wittebergensis ab anno fundationis MDII ... usquè ad annum MDCLV. Wittebergae [1655].

UBUW Urkundenbuch der Universität Wittenberg. Teil 1: (1502-1611)/ bearb. von Walter Friedensburg. Magdeburg 1926.

1 In den »Acta Lutherorum«, einer Sammlung von familiengeschichtlichen Briefen und Dokumenten – Leipzig, Stadtbibliothek, Dauerleihgabe in der Universitätsbibliothek: Rep. III/20a 2°; vgl. WA Br 14, 95 – befindet sich kein Exemplar dieser Verkaufsurkunde.

raum des Schloßkirchenturms, 1803 in dessen ersten Stock. Als Napoleons Besatzung 1813 die Festung Wittenberg zur Verteidigung herrichtete, wurde ein Teil des Archivs auf Elbkähne verladen und kehrte nach abenteuerlichem Transport 1814 zurück. Der zurückgebliebene Bestand wurde zum erheblichen Teil verwüstet oder ein Opfer der Flammen. In einem der beiden Bestände blieb die Verkaufsurkunde erhalten und wurde – wie anzunehmen ist – 1817 mit dem Universitätsarchiv in das Augusteum am Elstertor umgelagert. Bis 1838 wurden dann diese Akten weitgehend nach Halle verbracht, für die Wittenberger Universitätsverwaltung aber die Güterverwaltungsakten und für das 1817 gegründete Evangelische Predigerseminar die Patronatsakten zurückgelassen.[2] In den Besitz der Lutherhalle gelangte die Verkaufsurkunde im Jahre 1915 aus einem Tresor der »Universitätsverwaltung« in der Sparkasse Wittenberg.[3]

**Editionsvorlage:** Der Text ist auf Pergament geschrieben, welches folgende Abmessungen aufweist: An der oberen Kante ist es 47 cm, an der unteren Kante 48 cm lang. In der Mitte beträgt die Länge 46,5 cm. Das Pergamentstück ist an den Außenkanten somit etwas länger als in der Mitte. Die Breite beträgt am linken Rand 31,7 cm und am rechten Rand 32 cm. Die Mitte beläuft sich in vertikaler Richtung auf eine Breite von 31,8 cm. Am unteren Rand der Urkunde sind mit Pergamentstreifen vier Siegel befestigt, die vom Schriftstück frei herunter hängen. Die Siegel sind zu Schutz- und Haltbarkeitszwecken in die üblichen Siegelschalen aus grau-weißem Wachs eingelassen. Das erste Siegel von links unterscheidet sich durch seine Größe und die rote Farbe des Siegelwachses von den drei übrigen. Es handelt sich um das Siegel der Universität Wittenberg. Sein Durchmesser beträgt 4,5 cm und befindet sich in einer Siegelschale mit einem Durchmesser von ca. 7 cm. Die drei anderen Siegel sind kleiner und bestehen aus dunklem Siegelwachs (schwarz/braun). Es sind – von links nach rechts – die Siegel der Söhne Luthers: Johannes, Martin und Paul. Sie zeigen das Wappen der Familie Luther in Gestalt der »Lutherrose«[4] und haben einen Durchmesser von je ca. 2 cm. Die Siegelschalen weisen einen Durchmesser von ca. 3,5 bis ca. 3,7 cm auf.

Die Urkunde ist bislang noch nicht ediert worden. Die Forschung begnügte sich mit der Edition einer Abschrift dieser Urkunde im Stadtarchiv Wittenberg,[5] welche Walter Friedensburg[6] in seinem »Urkundenbuch der Universität Wittenberg« 1926 vorlegte.[7] Die Bedeutung des

2 Zur Bestandsgeschichte des Wittenberger Universitätsarchivs vgl. Friedrich ISRAEL: Das Wittenberger Universitätsarchiv: seine Geschichte und seine Bestände. Halle a. d. S. 1913, 4-17, bes. 15.

3 Die Vf. danken herzlich Herrn Dr. Volkmar Joestel (Wittenberg) für die freundliche Auskunft.

4 Vgl. dazu Helmar JUNGHANS: Martin Luther und Wittenberg. M; B 1996, 113.

5 Die im wesentlichen originalgetreue Abschrift stammt vermutlich aus dem frühen 18. Jh. Mehrere Wörter wurden abgekürzt; einige Zahlenangaben, die in der Originalurkunde in Worten geschrieben sind, erscheinen als Ziffern. Die Orthographie ist der Entstehungszeit der Abschrift angepaßt. Zu den Abweichungen vgl. unten Anm. 7. 9. 11. 14-18. 21-35. 43. 46.

6 Karl Walter Friedensburg, * Hamburg 6. März 1855, † Wernigerode 19. Febr. 1938; Studium der Geschichte in Göttingen und Breslau; 1877 Dr. phil. Göttingen; 1878-1880 Mitarbeit an der Edition der deutschen Reichstagsakten in Göttingen; 1880-1883 Archivdienst Marburg; 1878 Privatdozent Marburg, dann Göttingen; 1889 ao. Prof. Halle-Wittenberg; 1888-1898 Leiter des Preußischen Historischen Instituts in Rom; 1901 Archivdirektor Stettin; 1910 Geheimer Archivrat; 1913-1923 Archivdirektor Magdeburg; vgl. Wolfgang LEESCH: Die deutschen Archivare 1500-1945. Bd. 2: Biographisches Lexikon. M; LO; NY; P 1992, 167 f.

Ankaufs durch die Universität Wittenberg, die Unterschiede im Text des Originals im Verhältnis zur edierten Abschrift, die von Friedensburg weggelassenen Stellen am Schluß des Vertrages sowie die 1565 einsetzenden Ereignisse um das Erbe von Martin Luther d. J. (1531-1565) rechtfertigen zur Genüge eine Edition an dieser Stelle.[8]

Im Namen der heiligen dreyfaltigkeit Amenn. Zuwissen das zwischen der loblichen[9] Vniuersitet zu Wittembergk als keuffern an ei | nem vnnd den hochgelarten vnnd Erbarn Herrn Paulo[10] der Ertzeney Doctori ⌊etc.⌋[11] Vnd Johan[12] vnd Mertenn[13] den

7 UBUW 1, 348 f (324). Friedensburg gibt den Text weder vollständig noch paläographisch getreu wieder.

8 In den folgenden Anmerkungen werden nur die wesentlichen – nicht rein orthographischen – Abweichungen der Abschrift im Stadtarchiv Wittenberg vom Original und die Abweichungen des Textes bei Friedensburg UBUW 1, 348 f (324) von derselben Abschrift, die ihm als Vorlage diente, wiedergegeben.

9 Abschr., 205r: »... Löbl. ...«

10 Paul Luther, * Wittenberg 28. Jan. 1533, † Leipzig 8. März 1593; fünftes Kind / dritter Sohn des Reformators; Nov. 1543 imm. Wittenberg, 29. Juli 1557 Dr. med. Wittenberg; 1557 Prof. der Medizin in Jena, 1558 bis 13. April 1567 Leibarzt des Herzogs Johann Friedrich – des Mittleren – von Sachsen (1529, 1554-1567, 1595) in Weimar und Gotha, anschließend Leibarzt des Kurfürsten Joachim II. von Brandenburg (1505, 1535-1571), nach dessen Tod wurde er am 20. Juli 1571 zum Leibarzt des sächsischen Kurfürsten August (1526, 1553-1586) und am 1. August 1587 von dessen Nachfolger Christian I. (1560, 1586-1591) berufen, der ihn jedoch 1589 entließ, weil Paul Luther einer zum Calvinismus neigenden Politik am Hof in Dresden widersprach. Dieser zog sich als Arzt nach Leipzig zurück und wurde nach Christians I. Tod rehabilitiert. Er hatte am 5. Febr. 1553 in Torgau Anna von Warbeck – * 1532?, † Dresden 15. Mai 1588 –, Tochter des Vizekanzlers Veit von Warbeck (um 1490-1534) geehelicht; vgl. AL, 80r-81r. 98r-99v ≙ David Richter: Genealogia Lutherorum. B; L 1733, 760-765, vgl. außerdem ebd, 417-490; LNB, 1.4 (II.5); J. Franck: Luther, Paul L. ADB 19 (1884), 692-694; Ernst Kroker: Katharina von Bora: Luthers Frau. 12. Aufl. 1972, 267 f.

11 Die Abbreviatur für »etc.«, die auch in der Abschrift vorhanden ist, fehlt UBUW 1, 348.

12 Johannes Luther, * Wittenberg 7. Juni 1526, † Königsberg 27. Okt. 1575; erstes Kind / erster Sohn des Reformators; 8. Juni 1533 imm. Wittenberg, Jurist, 1553/54-1566 Kanzleirat des Herzogs Johann Friedrich des Mittleren in Weimar, ab 1561 in Gotha, wurde auf Antrag am 3. Mai 1566 zur Erledigung von Geschäften in das Herzogtum Preußen beurlaubt, ohne zu dem im selben Jahr geächteten und seit 13. April 1567 gefangenen Herzog zurückzukehren; er heiratete 1553 Elisabeth Cruciger († 1558) – Witwe des Eisleber Pfarrers und Schulrektors Andreas Kegel († 5. August 1550), Tochter des Theologen Caspar Cruciger d. Ä. (1504-1548) und der Liederdichterin Elisabeth geb. von Meseritz († 1535) – (und 1563 in Königsberg die Witwe Elisabeth von Creytzen?); vgl. AL, 32r-33r ≙ David Richter: AaO, 331 f; [Christian] Krollmann: Luther, Johannes. Altpreußische Biographie/ hrsg. im Auftrage der Historischen Kommission für Ost- und Westpreußische Landesforschung. Bd. 1: Abegg-Malten/ hrsg. von Christian Krollmann. Königsberg (Pr) 1941, 305; LNB, 1.1 (II.1).

13 Martin Luther d. J., * Wittenberg 7. November 1531, † Wachsdorf 2. März 1565; viertes Kind

Luthern gebruedernn als verckeuffernn | des Anndernn teils heut Dato ein Erblicher[14] bestendiger ewiger vnnd vnwiderruffliger Kauff abgeredet vnd auffgerichtet. Auch mit[15] aller seits vorgehabtem[16] | Radte[17], guttem wissen vnnd willen gentzlichen abgeredt volzogen vnd beschlossen worden ist wie volget, Nemlichen vnd also Das wir[18] obbemel | te Bruedere die Luther vor vnns vnnsere Erbenn vnnd Erbnemenn auch in gnugsamer volmacht Vnnser Schwester Margaretenn[19] des Ehrnnuestenn | Georg vonn Kunheim[20] Ehelichenn hausfrawenn obgedachter Vniuersitet vnnd alle derselbenn nachkommen. Das Closter oder wonung alhir zu Wit= | temberg nechst am Elsterthor gelegen, Inmassen vns dasselbe von dem Ehrwirdigen vnd hochgelerten vnserm Vatternn dem Herrn Doctore Martino Lu= | thero seliger vnnd Christliger gedechtnus ererbet Als ein freyhauß mit allen desselbigenn gerechtickeit, vnd wie es itzo in seinem Reumen vnnd gezirck be= | grieffenn sampt allem deme was darinnen erdt, wide vnd nagelfest[21] ist, nichts

/ zweiter Sohn des Reformators; Nov. 1543 imm. Wittenberg, Student der Theologie; bewirtschaftete das Luthergut Wachsdorf (südl. von Wittenberg zwischen Eutzsch und Dabrun); verehelichte sich am 2. Sept. 1560 mit Anna Heylinger, Tochter des Wittenberger Bürgermeisters Thomas Heylinger (siehe unten Anm. 71); sie heiratete in zweiter Ehe am 22. Mai 1570 Johannes Schulz, Student aus Pirna; vgl. LNB, 1.4 (II.4).

14 Abschr., 205r: »... ehelicher ...«; UBUW 1, 348, 5: »... ehrlicher ...«

15 So auch in Abschr.; UBUW 1, 348, 6 jedoch: »... und mit ...«

16 Abschr., 205r: »... vorgehaltenen ...«

17 Abschr., 205r: »... Rathe ...«; UBUW 1, 348, 7: »... rathen ...«

18 Abschr., 205r: »... worden ist. Nemlichen und also, Daß wir ...«

19 Margarete Luther, * Wittenberg 17. Dez. 1534, † Mühlhausen (Gwardejskoje)/ Preußisch Eylau 1570; heiratete in Wittenberg am 5. Aug. 1555 Georg von Kunheim; vgl. LNB, 1.11 (II.6); Martin Treu: Katharina von Bora. 2. Aufl. Wittenberg 1996, 85.

20 Georg von Kunheim auf Knauten und Mühlhausen, * Wehlau (Snamensk) 1532, † 18. Okt. 1611, Amtshauptmann und Landrat über Bartenstein (Bartoszyce) im Herzogtum Preußen; vgl. LNB, 1.11 (II.6) und Johannes Guttzeit: Knauten. Handbuch der historischen Stätten. Ost- und Westpreußen/ hrsg. von Erich Weise. Neudruck der Ausgabe S 1966. S 1981, 100; ders.: Mühlhausen (Gwardejskoje). Ebd, 150.

21 Abschr., 205r: »... darinnen erdt, niedt und nagelfeste ...«; UBUW 1, 348, 18: »... darinnen und niet- und nagelfeste ...« Der Hersteller der Abschrift machte aus »wide« »niedt«. UBUW 1, 348, 18 liest an Stelle des im Original und in der Abschrift eindeutigen »erdt« ein »und«. Dabei waren Wendungen mit »wide« und »erd« durchaus in der deutschen Rechtssprache üblich; vgl. dazu nur Eduard Graf; Mathias Dietherr: Deutsche Rechtssprichwörter. 2. Ausgabe. Neudruck der Ausgabe Nördlingen 1869. Aalen 1975, 64: »Kommt das Korn an die Wied [Weidenrute, in der Bedeutung: zu Garben gebunden] und das Heu ans Seil, so ist es fahrende Habe.«; 65: »Was erd- und nagelfest ist, bleibt bei der Wehre [den zu veräußernden Sachen].« Wir danken herzlich Herrn Dr. Frank-Michael Kaufmann (Leipzig) für den Hinweis.

dauon ausgenummen gantz vnnbeschweret, vnuorsatzt vnnd vnnuerpfendet | vmb Drey Tausent vnd Siebenhundert gulden Churfurstlicher Sechssischer[22] Landwerunng Je einen gulden zu 21 silbergr.[23] gerechnet Erblichen ver= | ckaufft habenn vnnd verckauffen inen hiemit vmb[24] bemelte summe solche behaussunge krafft dieses briefes wie solches zu Recht am bestendigsten geschehen kan | oder mag. Vnd haben wir die Vniuersitet solche Summe der 3700 gulden zubezalenn gewilliget vnd angenommen wie volgt. Nemlich | das wir 1700 gulden als baldt angegeben welche auch wie[25] bemelte Bruder die Luther also bar uber von der Vniuersitet zugezalt empffangen haben. Sa | gen sie derwegen solcher erlegten 1700 gulden hiemit Quidt ledig vnd loß. Die ubrigen zwey tausent[26] gulden aber wollen vnd sollen[27] wir der[28] Vniuer | sitet auch erlegen Nemlichen ein tausent[29] gulden vonn Dato noch ausgannge dreier iaren wen man schreiben wurdt 1567. Vnd das letzte tausent[30] vonn | Dato uber acht[31] Jarenn wenn man schreibenn wirdt 1572 Am tage Michaelis, Inen vnd yhren erben bezalen Auch mitler weile solche zwei tausennt[32] | guldenn Inen geburlichenn als das hundert mit funffenn verzinsten. Fur welche summe mitler zeit den Luthern berurte behausung zu einem wil | ligen unterpfanndt hafftenn vnd stehen sol. Dokegen sollen vnd wollen wir die Luther gebruedere vor uns vnnsere Erbenn vnnd Erbnehmen | die Vniuersitet vnnd derselben nachkommen solch verckaufft Haus mit alles gerechtigkeit wie obstehet so offt als es Inen von nöten geweren wie geweres | recht vnnd gewonnheit ist. Wir haben auch als baldt der Vniuersitet alle brieffliche vrckundt[33] zugestalt, vnnd solch Haus wircklichen vnnd | gentzlichen ane einigen vorbehalt abgetretten vnnd eingerumbt Dasselbe sie ihres gefallens vnnd zu gemeiner Vniuersitet nutz vnnd bestem besitzenn, gebrauchen | domit thun handlen vnd schaffen mogen. Daran wir die Luther noch vnnsere Erben vnnd Erbnemen sie zu keinen Zeiten hindern oder einigen eintragk, | durch was schein

22 Abschr., 205r: »... Churfürstl. Sächß. ...«; UBUW 1, 348, 20: »... churf. Sächs. ...«
23 Abschr., 205r: »... Silbergroschen ...«
24 Abschr., 205r: »... hiermit nun ...«; UBUW 1, 348, 21 f: »... hiermit um ...«
25 Abschr., 205v: »... auch wir bemelte ...«
26 Abschr., 205v: »... 2000 ...«
27 Abschr., 205v: »... sollen und wollen ...«
28 Abschr., 205v: »... die ...«
29 Abschr., 205v: »... 1000 ...«
30 Abschr., 205v: »... 1000 ...«
31 So auch Abschr., 205v; UBUW 1, 349, 5:»... 8 ...«
32 Abschr., 205v: »... 2000 ...«
33 Abschr., 205v: »... Urkunden ...«

mittel oder weg solches geschehen konde oder mögt thun sollen oder wollen wie wir vns den aller vnnser habenden gerechtickeit wissentlich | vortziehen vnnd begeben haben.[34] Vnnd seind bey solchem kauff gewesen vonn wegen der Vniuersitet D. Caspar Peucer[35] Vicerector | D. Georgius Maior.[36] Georgius Cracouius.[37] Joachim von Beust.[38] Johannes Schneidewein[39] alle drey der Rechten

34 Hier endet der von Friedensburg herausgegebene Text UBUW 1, 349.

35 Abschr., 205v: »... Caspar Pencker ...« Caspar Peucer, * Bautzen 6. Jan. 1525, † Dessau 25. Sept. 1602; imm. in Wittenberg am 26. März 1543, studierte Medizin, Naturwissenschaften und Theologie; 2. Juni 1550 heiratete er Melanchthons Tochter Magdalena – * 19. Juli 1531, † 12. Sept. 1575 –; 1553 Prof. für höhere Mathematik, 30. Jan. 1560 Dr. med., 1560-1574 Prof. der Medizin; SS 1560, WS 1562/63 Rektor der Leucorea, 1570 Leibarzt des Kurfürsten August; als »Philippist« 1574 bis 1586 inhaftiert, danach Leibarzt des Fürsten Johann Georg I. von Anhalt (1567, 1586-1618); DBE 7 (1998), 629; Uwe NEDDERMEYER: Kaspar Peucer (1525-1602): Melanchthons Universalgeschichtsschreibung. In: MELANCHTHON IN SEINEN SCHÜLERN/ hrsg. von Heinz Scheible. Wiesbaden 1997, 69-101; Otto BEUTTENMÜLLER: Nachfahren Philipp Melanchthons: eine genealogische Sammlung/ erg. und bearb. von Peter Bahn. Ubstadt-Weiher 1997, 12 (IV.4); zum »Philippismus« in Kursachsen vgl. auch Helmar JUNGHANS: Kryptocalvinisten. TRE 20 (1990), 125-127.

36 Georg Major, auch Maier, * Nürnberg 25. April 1502, † Wittenberg 28. Nov. 1574; studierte seit 1521 in Wittenberg, Okt. 1523 Mag. artium; Hauslehrer, 1529-1537 Rektor Gymnasium Magdeburg; 1537 Wochentagsprediger an der Wittenberger Schloßkirche; 18. Dez. 1544 Dr. theol.; 1545-1574 – mit Unterbrechung 1547/48 und 1551/52 – Prof. der Theologie in Wittenberg; WS 1540/41, WS 1544/45, SS 1561 und SS 1567 Rektor der Leucorea, 1558-1574 Dekan der Theol. Fakultät; Heinz SCHEIBLE: Major, Georg (1502-1574). TRE 21 (1991), 725-730; Timothy J. WENGERT: Georg Major (1502-1574): defender of Wittenberg's faith and Melanchthonian exegete. In: Melanchthon in seinen Schülern, 129-156; DBE 6 (1997), 575 f.

37 Georg Cracov, * Stettin 7. Nov. 1525, † Leipzig 16./17. März 1575; Studium in Rostock und ab 1542 in Wittenberg; lehrte seit 1547 Mathematik und Griechisch in Greifswald, seit 1549 in Wittenberg; heiratete am 17. Juni 1549 Johannes Bugenhagens Tochter Sarah († 17. Dez. 1563) – Witwe des Mag. Gallus Marcellus (1521-1547) –; 7. Aug. 1554 Dr. iur. utr., 1555-1565 Professor für den Codex Justinianus, WS 1559/60 Rektor der Leucorea; seit 1557 kursächsischer Rat, 1565-1574 Kanzler des Kurfürsten August von Sachsen; 1574 als »Philippist« verhaftet; wahrscheinlich Selbstmord in Gefangenschaft; DBE 2 (1995), 387.

38 Joachim von Beust, * Möckern b. Magdeburg 19. April 1522 † Planitz b. Zwickau 4. Febr. 1597; Studium der Rechte in Leipzig und Bologna; 1548 Dr. iur. utr. in Siena; lehrte 1550-1580 als Prof. für Digesten an der Wittenberger Juristenfakultät, WS 1555/56, WS 1569/70, SS 1578 Rektor der Leucorea; seit 1553 kursächsischer Rat, 1580-1593 Assessor am Konsistorium in Dresden; Mitbegründer des sächsischen protestantischen Eherechts; DBE 1 (1995), 502; zur Bedeutung von Beust für das Eherecht vgl. auch Heiner LÜCK: Zur Grundlegung des evangelischen Eherechts in Wittenberg. In: KATHARINA VON BORA: die Lutherin; Aufsätze anläßlich ihres 500. Geburtstages/ hrsg. von Martin Treu. Wittenberg 1999, 170-172.

39 Johannes Schneidewin (auch Schneidewein), * Stolberg 20. Dez. 1519, † Zerbst 3./4. Dez. 1568; imm. am 16. Okt. 1529 in Wittenberg, wohnte zehn Jahre in Luthers Haus, Studium

Doctornn. D Vitus | Winsheim Senior[40] M. Sebastianus Theodoricus.[41] vnnd M. Caspar Cruciger[42]. Vnnd haben auch wir alle obgenannte drey Brueder die Lu | ther als verkeuffer eigener personn solchen kauff gewilliget vnnd geschlossenn. Vrckundtlich ist diese kauff vorschreibunge zwifach auffs papyr gebracht wor | den vnnd die eine vnns denn Luthernn als verckeuffern vnd die annder der Vniuersitet zu Wittemberg als keuffern vnnter beider theil petschafftn vnnd | Insiegel zugestalt worden. Geschehen zu Wittemberg Mittwoch nach Matthei Apostoli, welcher war der 27 tag des Monats[43] Septembris Anno Tausent | Funffhundert Vier und sechtzigk.

Caspar Peucerus D. Vice Rector<br>
Georgius Maior D.<br>
Georgius Cracouius

Vitus Winsemius Senior D.

Johann Luther

Martinus Lutherus<br>
manu p⌊ro⌋p⌊ria⌋ scripsit

Paulus Luther d<br>
manu propria. S⌊crip⌋S⌊it⌋.

der Rechte in Wittenberg; heiratete am 27. Juli 1539 die Tochter Anna des Goldschmiedes und Verlegers Christian Döring († Dez. 1533), 1544 als Lizentiat der Rechte Kanzler des Grafen Günther XL. von Schwarzburg-Blankenburg (1499, 1525-1552); 21. Febr. 1551 Dr. iur. utr.; 1549-1568 Prof. für Institutionen an der Wittenberger Juristenfakultät, WS 1561/62 Rektor der Leucorea; vgl. Lück: Zur Grundlegung ..., 168 f; WA Br 8, 453 (3344).

40 Vitus (Veit) Oertel aus Windsheim d. Ä., * Windsheim b. Nürnberg 1. Aug. 1501, † Wittenberg 3. Jan. 1570; seit 1523 Student in Wittenberg (bes. bei Philipp Melanchthon), 30. April 1528 Mag. art.; 1529-1541 Prof. der Rhetorik, 1541-1570 Prof. des Griechischen; 4. Febr. 1550 Dr. med. und 31. Dez. 1550 Aufnahme in die Med. Fakultät, jedoch ohne dort Vorlesungen zu halten, SS 1540, SS 1551, SS 1566 Rektor der Leucorea; FGUW, 220, 279 f; SAW, Sss [4]$^{v}$ f.

41 Sebastian Theodericus (Dietrich) aus Windsheim (1521-1574); 4. Sept. 1544 Mag. art. in Wittenberg, 1550-1560 Prof. der Niederen Mathematik; 19. Juni 1571 Dr. med., 1571-1574 Prof. an der Med. Fakultät, SS 1554, SS 1572 Rektor der Leucorea; FGUW, 275. 277. 280. 303 f.

42 Caspar Cruciger d. J., * Wittenberg 19. März 1525, † Kassel 16. April 1597; 27. Febr. 1556 Mag. phil. in Wittenberg, 1557-1561 Professor der Rhetorik, 16. Mai 1561 Lic. theol., 1561 übernahm er als Prof. an der Phil. Fakultät Melanchthons theologische Vorlesungen, 14. Dez. 1569 Aufnahme in die Theol. Fakultät, 11. Mai 1570 Dr. theol.; im »Philippisten«-Streit Juni 1574 Verhaftung und 1576 Ausweisung aus Kursachsen; Pfarrer in Dillenburg, danach in Kassel, wo er Konstorialpräsident wurde; vgl. DBE 2 (1995), 405.

43 Abschr., 206$^{r}$: »... war der 27. Monaths ...«

## *II Vorgeschichte und Durchführung des Verkaufs*

Im Zusammenhang mit der Veräußerung des Lutherschen Wohnhauses geschahen Ereignisse, die bisher von der Forschung kaum beachtet worden sind.[44] Sie betreffen Forderungen sowohl gegen den Anteil Martin Luthers d. J. am Haus zu dessen Lebzeiten als auch gegen dessen Nachlaß.

Das »Schwarze Kloster«[45] hatte zwar schon Kurfürst Friedrich III., »der Weise«, (1463, 1486-1525) Martin Luther d. Ä. überlassen,[46] aber erst am 4. Februar 1532 hat es Kurfürst Johann der Beständige (1486, 1525-1532) mitsamt Garten und Hof Martin Luther, »Katharina seinem ehlichen Weib, und ihrer beder Leibserben, Sohnen und Tochtern, ... zu einem rechten freien Erb vorschrieben«.[47] Luther bewohnte es mit seiner Familie bis zu seinem Tode am 18. Februar 1546. Danach fiel das Anwesen seiner Witwe Katharina Luther[48] und seinen Kindern zu.[49] Nach-

44 Vgl. die Darstellung FGUW, 331 f; UBUW 1, 348-350 (324 f), bes. 350, Anm. 1 (325).

45 Zur Baugeschichte vgl. Die Denkmale der Lutherstadt Wittenberg/ bearb. von Fritz Bellmann, Marie-Luise Harksen und Roland Werner. Mit Beiträgen von Peter Findeisen, Hans Gringmuth-Dallmer, Sibylle Harksen und Erhard Voigt. Weimar 1979, 41-46.

46 Die Abschrift des Kaufvertrages wird auf Blatt 205r unten noch durch folgende Anmerkungen ergänzt: »a[nn]o 1536. hat H. Dr. Luther obige Behausung und Closter am Elsterende bereits beseßen wie das daselbst in seiner Stube gemachte Testament des Probsts Zu Kembergk Barthol. Bernhardi besaget, dabey Lutherus Zeuge gewesen ...«; »a[nn]o 1525. hat Lutherus bereits einen Raum vom Aug: Closter verkaufft ...«

Nachweisbar ist, daß Luther am 2. Dezember 1525 seine »gerechtigkeydt« und die des Augustinerkloster an einem Haus in Wittenberg an Andreas Krapp († 1. Mai 1528) übergeben ließ; WA Br 12, 410 (4319). Am selben Tag erteilte der Rat der Stadt Wittenberg den ehemaligen Augustinereremiten Eberhard Brisger († 1545) und Bruno Brauer († 1552) die Wohn- und Betätigungsrechte für den »Raum gedachts Closters«, den sie auf Luthers Fürbitte hin als Geschenk des Kurfürsten Johann erhalten – also nicht aus Luthers Besitz gekauft – und aufgeteilt hatten; WA 12, 414 f (4319, Beilage).

47 WA 6, 257 f (1902), Kurfürst Johann Friedrich an Luther am 4. Februar 1532 aus Torgau.

48 Katharina Luther geb. von Bora, * in Lippendorf – südlich von Leipzig – oder auf dem Rittergut Hirschfeld – östlich von Nossen – 29. Jan. 1499, † Torgau 20. Dez. 1552; nach Aufenthalten in den Klöstern Brehna 1505-1509 und Marienthron b. Nimbschen – Beginn des Noviziats 1514 – 1515 Weihe zur Nonne; 6./7. April 1523 Flucht über Torgau nach Wittenberg; 13. Juni 1525 Hochzeit mit Martin Luther im Schwarzen Kloster; nach Luthers Tod 1546 Flucht nach Dessau und Magdeburg; Rückkehr nach Wittenberg und 1547 abermalige Flucht nach Magdeburg und Braunschweig und Rückehr nach Wittenberg; 1548-1550 Prozeß vor Leipziger Amtmann gegen einen Nachbarn des Katharina gehörenden Gutes Zölsdorf bei Neukiritzsch; vgl. Treu: AaO. Zur Lokalisierung und Geschichte der untergegangenen Orte Lippendorf und Zölsdorf vgl. Detlef Bergholtz: Die Heimat der Katharina Luther: Lippendorf und Zölsdorf. Beucha 1999.

dem Katharina am 20. Dezember 1552 gestorben war, folgte am 5. April 1554 die Erbteilung unter den Kindern in bezug auf das Haus.[50] In deren Ergebnis bezog Martin Luther d. J. das Erdgeschoß. Das erste und zweite Obergeschoß war offenbar an Studenten vermietet. Der eindrucksvolle Bericht, welchen der Hauslehrer der beiden jungen Herzöge Ernst Ludwig[51] und Barnim X.[52] von Pommern über ihr Quartier im »Schwarzen Kloster« als Mieter des Martin Luther d. J. seit 1563 hinterließ, offenbart die Zustände im Haus und die unübersehbaren Schwächen der Persönlichkeit des Hausherrn. Darin wird nicht nur der Drang Martin Luthers d. J. nach Völlerei und zügellosem Lebenswandel mitgeteilt, sondern auch auf die armseligen Verhältnisse desselben hingewiesen.[53] Dem Berichterstatter war allerdings wohl kaum gegenwärtig, daß Martin Luther d. J. große finanzielle Belastungen daraus entstanden, das 1546 im Schmalkaldischen Krieg und 1550/51 während der Belagerung von Magdeburg von Landsknechten geplünderte Gut Wachsdorf wieder in Gang zu bringen.[54]

Der Verkauf von Luthers Grundbesitz erfolgte in Raten. Am 10. Februar 1557 verkauften die Erben an Erhard Doß für 300 Tlr. eine »bude« mit Grundstück, das sich an das ursprüngliche Klostergelände anschloß und das die Augustinereremiten erworben hatten. Luther hatte es am 29. Juni 1541 für 430 fl. von Bruno Brauer gekauft, dem es 1525 geschenkt worden war.[55]

49 Zu den rechtlichen Problemen vgl. Pauline PUPPEL unter Mitw. von Stephan Buchholz: Zur Rechtsstellung der Katharina von Bora. In: Katharina von Bora: die Lutherin, 33-51.

50 AL, $17^r$-$19^r$ ≙ David Richter: AaO, 398-402, Erbvertrag vom 5. April 1554, unterschrieben und gesiegelt von Johannes Schneidewin, Philipp Melanchthon, Jakob Luther († 1570) und Ambrosius Reuter (* Ammendorf westl. Nürnberg 14. Okt. 1497, † 11. Juli 1564), der in Wittenberg Ratsherr, Stadtkämmerer, Bürgermeister und schließlich Universitätsnotar war (WA Br 3, 70f, Anm. 5 [614]); Treu: AaO, 82f.

51 Herzog Ernst Ludwig von Pommern, * 1. Nov. 1545, † 17. Juni 1592, heiratete am 20. Okt. 1577 Herzogin Sophia Hedwig (* 1. Dez. 1561, † 30. Jan. 1631), Tochter des Herzogs Julius von Braunschweig-Wolfenbüttel (1528, 1568-1589); vgl. STAMMTAFELN FÜRSTEN VON POMMERN, Taf. 5. Handbuch der historischen Stätten Deutschlands. Bd. 12: Mecklenburg, Pommern/ hrsg. von Helge bei der Wieden und Roderich Schmidt. S 1996, 338.

52 Barnim X. von Stettin, * 15. Febr. 1549, † 1. Sept. 1603; verheiratet mit Anna Maria (* 3. Nov. 1567, † 14. Nov. 1618), Tochter des Markgrafen und Kurfürsten Johann Georg von Brandenburg (1525, 1571-1598); vgl. Stammtafeln Fürsten von Pommern, 338.

53 Vgl. dazu Treu: AaO, 83 f.

54 Vgl. Helmar JUNGHANS: Katharina Luther im Licht und im Schatten der Reformation. HCh 24 (2000), 49 f.

55 WA Br 9, 576 (3699, Beilage II), Kaufvertrag zwischen Luther und Bruno Brauer vom 29. Juni 1541; AL, $56^r$ f, Kaufvertrag zwischen Erhard Doß und Luthers Erben vom 10. Febr. 1557

Die Veräußerer des Lutherhauses waren ausweislich der Urkunde vom 27. September 1564 die Brüder Paul Luther, Johannes Luther und Martin Luther d. J., die zugleich in Vollmacht ihrer Schwester Margarete, Ehefrau des Georg von Kunheim, handelten. Von der Kaufsumme zahlte die Hochschule 1.700 fl.[56] bar. Die übrigen 2.000 fl. sollten in zwei gleichen Raten 1567 und 1572 zzgl. Zinsen in Höhe von 5 % beglichen werden. Für diese Restforderung räumte die Universität den Geschwistern Luther ein Unterpfandrecht an ihrem Elternhaus ein.

Martin Luther d. J. hatte sich bereits zu seinen Lebzeiten erheblich verschuldet. Sein Hauptgläubiger war Christoph Schramm d. J.,[57] dessen Forderungen ursprünglich 1.800 fl. umfaßten.[58] Noch bevor die Geschwister Luther 1564 ihr Elternhaus der Universität übereigneten, belief sich die Restschuld von Martin Luther d. J. bei Schramm d. J. auf 541 fl. Einschließlich Zinsen und Unkosten war sie aber bereits wieder auf 700 fl. angewachsen. Für diese Summe verpfändete Martin Luther d. J. Christoph Schramm d. J. seinen Anteil am »Kloster«. Dem Gläubiger bewilligten daraufhin auf kurfürstliche Anordnung Schösser und Rat die Hilfe[59] in

unterschrieben und gesiegelt von Johannes Luther, Martin Luther d. J., Paul Luther und Georg von Kunheim. Erhard Doß war Buchbinder und verstarb 1566, seine Erben verkauften das Grundstück 1569 für 875 fl. an die Universität; vgl. WA Br 12, 412 (4319, Beilage); oben Anm. 46.

56 Im Vergleich dazu kosteten in Leipzig um 1575 1 Dresdner Scheffel (140-160 l) Weizen 1 fl. 15 Gr., 1 Pfund Rindfleisch 8 Pf., 1 Pfund Butter 2 Gr., 1 Kanne (1,2-1,4 l) Bier 5 Pf. Der Sommer-Tagelohn eines Dreschers betrug 1 Gr. 4 Pf., der eines Zimmermanns 3 Gr. 6 Pf. Es galt 1 Taler = 24 Gr. = 288 Pf.; 1 fl. = 21 Gr. = 252 Pf.; Heiner LÜCK: Die Spruchtätigkeit der Wittenberger Juristenfakultät: Organisation, Verfahren, Ausstrahlung. Weimar; Köln; W 1998, 165, Anm. 398.

57 Der Verleger Christoph Schramm d. J., † um 1579, SS 1538 imm. Wittenberg; war seinem am 10./11. Mai 1549 zu Leipzig verstorbenen Vater Christoph Schramm d. Ä. als Papierhändler, Sortimentsbuchhändler und Verleger in dem 1533 mit Bartholomaeus Vogel (* Wolkenstein 1504, † 13. April 1569) und Moritz Goltze (* Belzig um 1495, † Frankfurt am Main-Mitte März 1548) gebildeten Verlagskonsortium nachgefolgt und einer der sieben wohlhabenden Wittenberger, die sich 1556 zusammenschlossen, um den Bau des alten Jungfernröhrwassers zu finanzieren; seit 1561 Ratsherr in Wittenberg, 1579 wurde er dort Stadtrichter; KHN, 87 (18); WA DB 8, LI f, Anm. 28-30; Josef BENZING: Die deutschen Verleger des 16. und 17. Jahrhunderts: eine Neubearbeitung. Archiv für Geschichte des Buchwesens 18 (1977), 1262. 1287. 1145 f; Burkhart RICHTER: Wittenberger Röhrwasser: ein technisches Denkmal aus dem 16. Jahrhundert. In: 700 JAHRE WITTENBERG: Stadt, Universität, Reformation/ im Auftrag der Lutherstadt Wittenberg hrsg. von Stefan Oehmig. Weimar 1995, 462.

58 Auf welcher Grundlage diese Forderung beruhte, geht aus dem vorliegenden Aktenstück nicht hervor.

59 Bei der Hilfe handelte es sich um die Vollstreckung einer Forderung durch Pfändung; vgl.

seinen Klosteranteil. An dem nachfolgend anberaumten Anhörungstermin konnten jedoch Martin Luther d. J. und die Seinen durch Bitten die Einstellung der Hilfe erreichen.[60]

Vielleicht sah Martin Luther d. J. in dem Kaufbegehren des Kurfürsten bzw. der Universität eine Chance, seine Schulden zu tilgen. Denn die Initiative zum Erwerb des »schwarzen Klosters« durch die Universität scheint offenbar vom Kurfürsten ausgegangen zu sein. Johann August Christian Grohmann (1769-1847)[61] berichtet in seinen Annalen, daß Kurfürst August (1526, 1553-1586) nach Luthers Tode »... besonders sein Augenmerk auf dieses Gebäude« richtete.[62] Da Luther schon 1546 verstorben war und August erst 1553 Kurfürst wurde, ist diese Mitteilung Grohmanns wohl nur in einem sehr weiten Sinne zutreffend. Auf jeden Fall scheint der Erwerb des Lutherhauses aber mit der Stiftung von 27 Stipendien in einem Zusammenhang zu stehen.[63] Als der Kurfürst in Dresden unter dem 20. April 1564 – also fünf Monate vor dem Kaufvertrag vom 27. September 1564 – die Stipendienordnung erließ, teilte er bereits seine Absicht mit: »... Und do die oeconomia oder gemeine tisch anders und besser bestellet wirdt (darzu wir dan gnedicklich bedacht seind das Augustinerkloster zu erkaufen und zur wohnung diser stipendiaten, ihres inspectoris und des oeconomi zu verordenen) ...«[64] Daraus läßt sich schließen, daß der Verkauf bzw. Kauf des Lutherhauses spätestens seit Ende April 1564 absehbar war. In Verwirklichung der im Kaufvertrag getroffenen Vereinbarungen wies der Kurfürst im September 1564 die Rentkammer an, der Universität 3000 fl. zur Verfügung zu stellen.[65] Auf dieser Grundlage erhielt

Sachsenspiegel Landrecht 1, 70; Melchior KLING: Das Gantze Sechsisch Landrecht mit Text vnd Gloss. L 1572, 67ᵛ-69ʳ (Von Execution, hülffe, vnd volstreckung der Vrtheil) sowie dazu allgemein – zur Hilfe selbst jedoch unergiebig – St[efan] Chr. Saar: Zwangsvollstrekkung. HRG 5 (1998), 1822-1828.

60 Vgl. unten Seite 97 (1 f).

61 Johann Christian August Grohmann, * Großkorbetha b. Weißenfels 7. Aug. 1769, † Dresden 3. Juli 1847; seit 1786 Studium der Theologie und Philosophie in Leipzig; 1790 Dr. phil. Leipzig; 1792 Habilitation Wittenberg; 1798 ao. Prof., 1803 o. Prof. der Logik und Metaphysik Wittenberg; 1810-1833 Prof. am Hamburger Akademischen Gymnasium; vgl. DBE 4 (1996), 182.

62 Johann Christian August GROHMANN: Annalen der Universität zu Wittenberg. Teil 1. Neudruck der Ausgabe Meißen 1801. Osnabrück 1969, 73.

63 Ebd, 73-79.

64 UBUW 1, 347 (322).

65 Wittenberg, Stadtarchiv: 20 (Bc 8): Universitaet Wittenberg ..., 208ʳ f. Diese Abschrift ist nicht exakt datiert: »Geschehen und geben zu Dreßden den etc etc Septembris ...«

die Universität das Geld in drei Raten zu 1000 fl.[66] In diesem Schreiben wird deutlich ausgeführt, daß das Luthersche Haus zur Unterbringung der Stipendiaten vorgesehen war.[67] Daraus geht ferner hervor, daß die Erben Luthers ihr Interesse am Verkauf des Hauses offenbar seit längerem signalisiert hatten.[68] Von seinem Anteil am Kaufpreis hatte Martin Luther d. J. jedoch nicht mehr viel, denn ein knappes halbes Jahr nach dem Verkauf starb er, nicht einmal 34 Jahre alt, auf seinem Gut in Wachsdorf.

### *III Die Nachlaßgläubiger Martin Luthers d. J. und deren Befriedigung*

Als Martin Luther d. J. am 2. März 1565 kinderlos verstorben war, entspann sich ein Rechtsstreit zwischen seinen Gläubigern um den Anteil des Erblassers an der ausstehenden Restkaufpreissumme.[69] Nach seinem Ableben meldeten sich vor dem Wittenberger Rat insgesamt elf Personen, die sich als seine Gläubiger ausgaben[70]: Thomas Heylinger,[71] Bürgermeister von Wittenberg, in Vormundschaft sei-

66 Ebd, 208$^{v}$: »Daran 1000 fl. – an Hauptsummen zu Befriedigung Martin Luthers seel. Gläubigere abgeleget worden im Leipziger Ostermarckt, als den 25. April a⌊nn⌋o 1567«; »Daran abermals 1000 fl. – erleget, welche Zue Bezahlung des hinterstelligen Kauffgeldes bey den Luthern gekommen, im Leipzigischen Ostermarckt a⌊nn⌋o 68.«; »Über das 1000 fl. – und also das dritte ist an die Schulfforten verwiesen, dadurch die Universitaet die 1000 fl. – Hauptsummen der Schul-Pforten vergnüget, und ihre Haupt-Verschreibung dardurch ausgewechßelt hat den 20. April a⌊nn⌋o 70.«

67 Ebd, 208$^{r}$: »... Nachdem wir in diesem lauffenden Vier und Sechzigsten Jahre etzliche Stipendia zu Unterhaltung armer Studiosorum zu Wittenbergk aus Unser Renth Cammer gnediglich verordnet, Vnnd hierüber bewilligt, daß ein gelegen Hauß zu Anrichtung eines sonderlichen Collegii solcher vnnser Vniversitaet Zue gueth erkaufft werden solle, Darinnen solche Stipendiaten ihr Wohnung haben und mit anderer Nothdurfft versehen werden möchten ...«

68 Ebd, 208$^{r}$: »... Herrn Dr. Martini Luthers seeliger Gedächtnüß Behausunge, welche denen Erben ane das feil gewesen, vor tüchtigk ermessen ...«

69 Das von diesem Rechtsstreit erhaltene Aktenfaszikel befindet sich im Eigentum der Stiftung Luthergedenkstätten in Sachsen-Anhalt und wird unter dem Titel »Familienpapiere der Erben Luthers« in Wittenberg im Lutherhaus verwahrt (Signatur: II 4 / 1291 [1-13]). Die Bezeichnung der Akte wird deren Inhalt aber nicht gerecht. Die Akte enthält fast ausschließlich die Auseinandersetzungen der Nachlaßgläubiger Martin Luthers d. J.

70 Sie unten Seite 100 (14).

71 Thomas Heylinger († 27. April 1571), 13. Juni 1529 imm. Wittenberg, um 1536 Protonotar des Wittenberger Hofgerichts; 1544/45 Mitglied des regierenden Rates, 1549-1571 Bürgermeister; vgl. Lück: Die Spruchtätigkeit ..., 12; WA Br 12, 422, Anm. 2 (4322); Die Denkmale der Lutherstadt Wittenberg: AaO, 75; SAW, Rrr [4]$^{v}$ (33); KHN, 37 (42).

ner Tochter Anna, der Witwe des Schuldners; ferner der bereits erwähnte Christoph Schramm d. J. und neben diesen Veit Creutziger, der Apotheker Caspar Pfreundt,[72] Georg Gerhard, Stecher genannt,[73] Wilhelm Langguth,[74] Leonhart Carl, Schneider genannt,[75] Greger (der) Barbierer, Gregorius Bauer, Luthers Schwager Georg von Kunheim und Urban Mulmann.[76]

Christoph Schramm d. J. sah seine Forderungen schon durch die Veräußerung des Klostergebäudes in Gefahr. Er wandte sich deshalb an den Kurfürsten August, Herzog zu Sachsen. Schramm d. J. bat diesen, ihm – statt der bewilligten Hilfe – Martin Luthers d. J. Anteil an der Restsumme aus dem Klosterkauf anzuweisen.[77]

72 Caspar Pfreundt, * Saalfeld 1517, † Wittenberg 16. Juni 1574; heiratete wahrscheinlich Anfang Dez. 1550 Lucas Cranachs d. Ä. Tochter Anna (1527? - 30. Juni 1577), Apotheker, seit 1551 Ratsherr, ab 1568 Bürgermeister in Wittenberg, beteiligte sich 1556 an der Finanzierung des Röhrwassers – siehe oben Anm. 57 –; vgl. WA Br 2, 306, Anm. 2 (400); KHN, 45 f (50); Wolfgang BÖHMER: Die überregionale Bedeutung der medizinischen Fakultät der Universität Wittenberg. In: 700 Jahre Wittenberg, 227; Burkhart Richter: AaO, 462.

73 Die verschiedenen Urkunden nennen ihn meist nur Georg Stecher, 1550 Ratsherr in Wittenberg. Sein eigentlicher Name ergibt sich aus seiner Unterschrift unten Seite 99 f (13); vgl. KHN, 116 (125).

74 Wilhelm Langguth, * Erfurt, † vor 1573; Bürger und Seidenhändler zu Leipzig, verheiratet mit Ursula, Witwe des Marx Buchner; vgl. Gerhard FISCHER: Aus zwei Jahrhunderten Leipziger Handelsgeschichte 1470-1650: die kaufmännische Einwanderung und ihre Auswirkungen. L 1929, 262.

75 Die verschiedenen Urkunden nennen ihn meist nur Leonhart Schneider, im Hinblick auf die von ihm ausgeübte Berufstätigkeit. Sein eigentlicher Name ergibt sich aus seiner Unterschrift; siehe unten Seite 99 f (13). 1550 war er Ratsherr in Wittenberg; KHN, 116 (125).

76 Urbanus Muhlmann, † 18. Jan. 1580, 1563-1578 Rats- und Bauherr in Wittenberg; SAW, Dddd $1^v$ (244); KHN, 117 (136).

77 Dies geht unten Seite 99 Nr. 10 hervor: Am 19. Oktober 1565 wandte sich Martin Luthers d. J. Gläubiger Christoph Schramm d. J. von Wittenberg aus schriftlich an Kurfürst August. Mit dem Schreiben reagierte Schramm d. J. auf eine Nachfrage der kursächsischen Regierung, ihr die ihm bekannten Erben und Gläubiger des verstorbenen Martin Luther d. J. zu benennen. Das Auskunftsverlangen und Schramms d. J. Mitteilung gehörten zu einem Vollstreckungsverfahren, das Schramm d. J. zur Befriedigung seiner Forderung gegen den verstorbenen Martin Luther d. J. angestrengt hatte. Der Sohn des Reformators schuldete nach den Angaben seines Gläubigers diesem 686 fl. zzgl. Zinsen. Zur Schuldtilgung bewilligte der Kurfürst Schramm d. J. die Hilfe in Martin Luthers d. J. Anteil am Wittenberger ehemaligen Kloster. Weil das Gebäude inzwischen von den Lutherschen Erben veräußert worden war, hatte Schramm d. J. den Kurfürsten ersatzweise gebeten, ihm Martin Luthers d. J. Anteil an der Kaufsumme anzuweisen. Daraufhin sah sich die kurfürstliche Regierung jedoch veranlaßt, in der Nachlaßsache Luther d. J. eine endgültige Lösung herbeizuführen. Alle Erben und Gläubiger Martin Luthers d. J. sollten ausfindig gemacht und miteinander verglichen werden. Der Gläubiger Christoph Schramm d. J. kam dem Ersu-

Die infolge dieser Bitte eingeschaltete kurfürstliche Regierung sah sich jedoch veranlaßt, eine abschließende Regelung der Nachlaßsache Martin Luther d. J. herbeizuführen. Die kursächsischen verordneten Räte in Dresden wiesen am 2. November 1565 Rektor, Magister und Doktoren der Universität Wittenberg an zu klären, ob die Geschwister des verstorbenen, kinderlosen Martin Luther d. J. dessen Erbe antreten wollten. In diesem Falle hätten die Gläubiger ihre Forderungen auch gegen jene richten können. Die Universität sollte den Geschwistern Luther und den Gläubigern von deren verstorbenem Bruder Verhandlungstermine anberaumen. Jeder Teil sollte zu seinem Recht kommen können. Die Zuständigkeit der Universität als Vermittler in dieser Frage ergab sich nach Meinung der kursächsischen Räte zum einen daraus, daß das in Frage stehende belastete Gebäude nunmehr der »Botmäßigkeit« der Universität unterstand. Zum anderen war der angehende Theologe Martin Luther d. J. Angehöriger der Universität gewesen.[78] Die Geschwister Luther verzichteten auf Anfrage der Universität auf die Erbschaft ihres verstorbenen Bruders.[79] Die Universität lud anschließend die Gläubiger dreimal vor. Die Prüfung der von ihnen geltend gemachten Forderungen ergab, daß diese die Höhe des Nachlasses von Martin Luther d. J. überstiegen. Nach mühsamen Verhandlungen konnte die Universität die Gläubiger in Wittenberg am 6. April 1566 wie folgt vergleichen[80]:

chen um Mitwirkung bei der Aufklärung dadurch nach, daß er in dem Schreiben vom 19. Oktober 1565 die Geschwister seines Schuldners benannte (Dr. Paul Luther, fürstlich sächsischer Hofarzt, Johannes Luther, fürstlich sächsischer Rat, beide in Weimar, und eine Schwester, Ehefrau des Georg von Kunheim in Preußen) und den einzigen ihm bekannten weiteren Gläubiger Martin Luthers d. J. angab (Thomas Heylinger, Bürgermeister in Wittenberg, namens seiner Tochter Anna, der Witwe des Schuldners).

78 Siehe unten Seite 98 (4).

79 Siehe unten Seite 99 (7), nur aus einem Deckblatt bestehend. Die eigentliche Verzichtserklärung enthält das behandelte Aktenstück nicht. Im Zusammenhang mit dem Erbverzicht steht möglicherweise auch Nr. 9. Bei diesem handelt es sich um eine Quittung, die in Weimar am 26. November 1565 ausgestellt wurde. Der ungenannte Bote übergab Briefe der Wittenberger Universität an die Brüder Johannes Luther und Dr. Paul Luther in Weimar. Die Brüder konnten wegen anderer Verpflichtungen nicht sofort antworten und versprachen, sich später schriftlich zu äußern.

80 Siehe unten Seite 98 (6). Im Zusammenhang mit den anstehenden Vergleichsverhandlungen wandte sich am 6. März 1566 auch der Theologe Caspar Cruciger d. J. an die Universität, vgl. unten Seite 98 (5): Cruciger handelte annehmbar als Vormund für seinen Neffen Johannes Kegel und seine Nichte Catharina Luther, der Kinder erster und zweiter Ehe der verstorbenen Elisabeth Luther geb. Cruciger, Crucigers Schwester; siehe oben Anm. 12. Cruciger verfolgte das Ziel, den Anteil der Kinder in Höhe von 200 fl. an dem noch von der Universität zu begleichenden Rest der Klosterkaufsumme vor den im Wege des Kummers

1. Bürgermeister Thomas Heylinger handelte für seine Tochter Anna, die Witwe des verstorbenen Martin Luther d. J. Er glaubte, wegen deren Gerade[81] und des in die Ehe eingebrachten Heiratsgutes als erster ein Zugriffsrecht auf den Nachlaß zu haben, und zwar in Höhe von 500 fl. Christoph Schramm d. J. aber nahm für sich die Priorität in Höhe von 700 fl. in Anspruch. Er begründete dies damit, daß er noch zu Lebzeiten des Schuldners seine Forderungen vor den kurfürstlichen Kommissaren bewiesen und einen Exekutionsbrief erhalten hatte. Man einigte sich dergestalt, daß zunächst Bürgermeister Heylinger 300 fl., Christoph Schramm d. J. aber 400 fl. erhalten sollte.

2. Veit Creutziger[82] klagte ursprünglich auf 100 fl. und gab sich nunmehr mit 80 fl. zufrieden. Er hatte bereits zwei vergoldete Becher als Unterpfand erhalten. Diese sollten gewogen, ihr Wert geschätzt und mit der Forderung von 80 fl. aufgerechnet werden.

3. Georg Gerhard, Stecher genannt, konnte seine Außenstände in Höhe von 93 fl. durch versiegelte Schreiben Martin Luthers d. J. glaubhaft machen. Im Zwei-

– vgl. unten Anm. 89 – oder anderweitig durchzusetzenden Ansprüchen der Erben bzw. Gläubiger Martin Luthers d. J. oder Georg von Kunheims zu schützen. Zu diesem Zweck bat er schon bei den Magnifici Mag. Henricus Moller (* 12. April 1530, † 26. Nov. 1589, 1560-1574 Prof. für Hebräisch und Bibelauslegung, SS 1565 Prorektor, SS 1573 Rektor der Leucorea) und Dr. Michael Teuber – siehe unten Anm. 99 – um Arrest, das heißt Festhalten einer Person oder Sache (Beschlagnahme) zur Befriedung oder Sicherung einer Forderung, und hat diese erhalten. Die Ansprüche des Neffen und der Nichte Crucigers gründen sich auf eine zweifach ausgefertigte, eigenhändig geänderte und versiegelte »Verordnung« vom 3. Oktober 1564 ihres Stiefvaters bzw. Vaters, des Fürstl. Sächsischen Rats Johannes Luthers, Crucigers Schwager. In dieser verschrieb er mit Bewilligung seiner Brüder Dr. med. Paul Luther und Martin Luther d. J. 200 fl. einschließlich auflaufender Zinsen der ihm an der Klosterkaufsumme zustehenden 1.000 fl. den Kindern seiner verstorbenen Ehefrau als deren mütterliches Erbteil. Eine Auszahlung der Summe durch die Universität war noch nicht erfolgt. Auf dem vergangenen Leipziger Michaelismarkt (1565) räumten die Universität und die Gebrüder Luther aber den Kindern die Possession an der besagten Summe ein und ließen Cruciger bereits 10 fl. Zinsen durch den Universitätsverwalter Mag. Johannes Knorre – siehe unten Anm. 101 – aushändigen. Johannes Luther übertrug sein Recht an den 200 fl. zwar noch nicht ausdrücklich auf die Kinder. Cruciger besaß aber ein Exemplar der genannten »Verordnung« vom 3. Oktober 1564 und wartete täglich auf die Erklärung seines Schwagers.

81 Teil des Erbes, welches nur an weibliche Nachkommen / Verwandte vererbt werden konnte; vgl. Kling: AaO, 136$^{v}$-137$^{v}$ (Von Gerade), sowie W[ilfrid] BUNGENSTOCK: Gerade. HRG 1 (1971), 1527-1530.

82 Möglicherweise Veit Kreutzer, † 1578, von 1538 bis 1563 als Drucker in Wittenberg nachgewiesen; Josef BENZING: Die Buchdrucker des 16. und 17. Jahrhunderts im deutschen Sprachgebiet. 2., verb. und erg. Aufl. Wiesbaden 1982, 501 (19).

fel sollten ihm 100 fl. und zwei ihm unterverpfändete Becher zustehen. Letztere sollten ebenfalls noch geschätzt und der ermittelte Wert angerechnet werden. Wenn Stecher mit diesem Ergebnis nicht einverstanden wäre, sollte er sein Recht »Liquidiren vnd außfuren«.

4. Mag. Matthäus Plochinger[83] forderte 18 fl. Kostgeld. Ihm wurden 7 fl. zugewiesen.

5. Wilhelm Langguth, vertreten durch Mag. Zacharias Starck,[84] verlangte 50 Tlr., die man ihm aber – wohl mangels Nachweises – als Forderung nicht anerkennen wollte. Weitere Forderungen in Höhe von 30 Tlr. konnten dagegen mit Brief und Siegel bewiesen werden. Sie wurden in Höhe von 16 fl. zugelassen.

6. Urban Mulmann klagte auf 5 Tlr. und erhielt 1 ½ Tlr.

7. Greger Barbierer forderte 22 fl., konnte die Forderung aber nicht beweisen. Er schien sich damit abzufinden, berief sich dann aber auf »Lebendigen beweiß«.[85] Aufgrund dessen wies man ihm 6 fl. zu.

8. Leonhart Carl, Schneider genannt, gab 25 Tlr. Außenstände an. Ihm wurden im Zweifel[86] 10 fl. zugesagt.

9. Caspar Pfreundt, der Apotheker, verlangte 12 fl. 7 gr. für noch unbezahlte Arzneimittel. Er mußte sich mit 8 fl. zufrieden geben.

10. Der abwesende Gregorius Bauer, für den seine Frau sprach, forderte 79 Tlr. und legte zum Beweis Verschreibungen und Siegel vor, die von den anderen Gläubigern bezweifelt wurden. Man wies ihm 40 fl. zu.

11. Darüber hinaus meldeten sich auch Georg von Kunheim mit einer Forderung in Höhe von 70 fl. und Michael Meyenbergk[87] mit einer Forderung über 75 fl. Die übrigen Gläubiger hofften aber, daß beide darauf verzichteten.

83 Matthäus Plochinger, † 1581; 1526 imm. in Wittenberg; 4. Sept. 1544 Mag. phil., 1547-1560 Lektor für Grammatik, 1560-1565 Prof. der Niederen Mathematik, 1565-1571 Prof. der hebräischen Sprache in Wittenberg, WS 1557/58 Rektor der Leucorea; 1571-1581 Propst zu Kemberg; FGUW, 279. 281 f; UBUW 1, 510, Anm. 2 (433).

84 Zacharias Starck, 29. Dez. 1563 imm. Wittenberg, Jurist, 1572 Dr. iur. utr. Wittenberg ; vgl. die Nachweise bei Fischer: AaO, 399 u. a.

85 Gemeint ist wohl der »leibliche Beweis«, das heißt der nachdrückliche Hinweis auf das sichtbare Vorliegen einer bestimmten Situation (auch »Augenscheinsbeweis«).

86 Möglicherweise für den Fall, daß Schneider seine Forderung nicht zweifelsfrei beweisen kann.

87 Michael Aeneas Leyser, gen. Meienburg, * nach 1531, † 1594/95 oder 1603 – Sohn des Bürgermeisters Michael Meienburg († 1555) von Nordhausen, der mit Philipp Melanchthon im regen Briefverkehr stand und um dessen studierende Söhne sich Melanchthon kümmerte –, 15. April 1551 imm. in Wittenberg, wendete sich dem Jurastudium zu, heiratete nach dem 13. Sept. 1558 Melanchthons Enkelin Katharina Sabinus (* 1539, † Wittenberg 25. April

12. Den eventuell verbleibenden Rest des Nachlasses wollten die Witwe des Verstorbenen und Christoph Schramm d. J. zu gleichen Teilen unter sich aufteilen.

Die Witwe Anna Luther geb. Heylinger verpflichtete sich zur Offenlegung des Nachlaßumfanges und zur Einbringung der Nachlaßwerte in die Teilung. Zum Nachlaß gehörten 1000 fl. zzgl. Zinsen, die aus dem Verkauf des »Klosters« herrührten. Martin Luther d. J. standen sie nach einem im Beisein der kurfürstlichen Regierung geschlossenen Vertrag zu. Das Geld befand sich noch in der kurfürstlichen Rentkammer.

Gleichwohl ereigneten sich wegen des Inhalts eines Inventars weitere Streitigkeiten zwischen Bürgermeister Thomas Heylinger und Christoph Schramm d. J. Man verglich sich schließlich. Christoph Schramm d. J. sollten von den genannten 1000 fl. 500 fl. zukommen. Im Gegenzug trat Schramm d. J. alle seine weiteren Ansprüche an die Witwe ab.

Die Gläubiger ersuchten daraufhin die Universität, den Vergleich dem Kurfürsten zu übersenden und ihn zu bitten, die noch in der kurfürstlichen Rentkammer verwalteten 1000 fl. nebst Zinsen dem Amt in Wittenberg zu überstellen und den Gläubigern gegen Quittung anteilig in der im Vergleich festgesetzten Höhe auszuzahlen.[88] Die kurfürstliche Rentkammer prüfte daraufhin zunächst, ob der Auszahlung des Betrages eine Kummerklage[89] entgegenstand. Da dies nicht der Fall war,[90] stand der Befriedigung der Gläubiger nichts mehr im Wege.

Am 29. April 1567 quittierten die Nachlaßgläubiger den Erhalt der Geldbeträge.[91] Christoph Schramms d. J. Anteil in Höhe von 500 fl. erhielt der kurfürstliche Leibarzt Dr. Johannes Hermann.[92] Christoph Schramm d. J. hatte ihn an Bürger-

1562), 1564 Amtsschösser in Wittenberg, 1569 in Roßla im Harz, 1578 in Schleidnitz [?] b. Leipzig; vgl. Beuttenmüller: AaO, 13 (V.2).

88 Der Bitte kam die Universität nach. Nr. 3 – siehe unten Seite 98 – enthält den undatierten Entwurf für das diesbezügliche Schreiben an den Kurfürsten.

89 Klage, die auf das Festhalten einer Person oder Sache zur Befriedigung oder Sicherung einer Forderung gerichtet ist; vgl. dazu G[erhard] BUCHDA: Kummer. HRG 2 (1978), 1257-1263. »Kummer« ist die deutsche Bezeichnung für »Arrest«; vgl. oben Anm. 80.

90 Siehe unten Seite 99 (11), Schreiben des Wolf Heidenreich vom 7. Februar 1566.

91 Siehe unten Seite 99 f (13). Die Auszahlung fand im »Collegium Jurisconsultorum« in der Unterstube statt; vgl. dazu Lück: Die Spruchtätigkeit ..., 133.

92 Johannes Hermann, * Nördlingen 1527, 27. April 1545 imm. Wittenberg, 20. Aug. 1549 Mag. phil. in Wittenberg, 10. April 1554 Dr. med. in Bologna; 10. Nov. 1554 Aufnahme in die Med. Fakultät Wittenberg, seit 1560 Lehrtätigkeit an der Med. Fakultät in Wittenberg, 1564 als Professor; SS 1562 Rektor der Leucorea; 1565 kurfürstl. Rat; er heiratete die Tochter Agnes († 28. Oktober 1563) des Prof. für Medizin Melchior Fendt (1486-1564), danach eine Tochter Lucas Cranachs d. J.; FGUW, 274. 277.

meister Lucas Cranach d. J. (1515-1586)[93] abgetreten.[94] Cranach wiederum hatte den Anteil auf Dr. Hermann, seinen Schwiegersohn, übertragen. Anna Luther geb. Heylinger, die Witwe des Schuldners, hatte nach den konkreten Absprachen zwischen ihrem Vater und Christoph Schramm d. J. schon 100 fl. vorweg erhalten und bekam nun noch einmal 251 fl. 6 gr. ausgezahlt. Die übrigen Gläubiger bekamen die im Vergleich festgesetzten Geldbeträge.

Damit war die Martin Luther d. J. gehörende Restsumme aus dem Verkauf des Wittenberger Klostergebäudes in Höhe von 1.000 fl. zzgl. der aufgelaufenen Zinsen von 100 fl. restlos unter seine Nachlaßgläubiger aufgeteilt worden. Abschließend verpfändeten sämtliche Gläubiger der Universität ihr bewegliches und unbewegliches Vermögen, jeder in der Höhe des ihm nach diesem Vergleich zustehenden Nachlaßanteils. Dies geschah zur Absicherung der Universität für den Fall des späteren Erscheinens von Gläubigern mit vorrangigen Rechten.[95]

Für die Universität brachte die Nachlaßsache Martin Luther d. J. den Vorteil, daß nicht erst 1572, sondern schon 1567/68 die letzte Kaufpreisrate von 1.000 fl. an die noch lebenden Geschwister Luther ausgezahlt werden konnte. Die Geldsumme erhielt der Rektor Georg Major am 17. Oktober 1567.[96] Den Empfang des Geldes quittierten die Erben des Reformators am 27. Mai 1568.[97]

93 Lucas Cranach d. J., * Wittenberg 4. Okt. 1515, † Weimar 25. Jan. 1586; Maler, Graphiker; seit 1549 Ratsherr, ab 1555 Stadkämmerer und seit 1565 Bürgermeister von Wittenberg, verheiratet in erster Ehe mit Barbara, Tochter des sächsischen Kanzlers Dr. Gregor Brück (1485 - 12. Dez. 1557), verheiratet in zweiter Ehe mit Magdalena, Tochter des sächsischen Leibarztes Prof. Dr. Augustin Schurff (1495-1548, 1521-1548 Prof. für Medizin in Wittenberg). Er gehörte zu den sieben wohlhabenden Bürgern, die 1556 das Alte Jungfernröhrwasser finanzierten – vgl. oben Anm. 57 –, dessen Brunnen noch heute in dem Cranachhof fließt; vgl. Theo Ludwig GIRSHAUSEN: Cranach, 3) Lucas d. J. Neue Deutsche Biographie/ hrsg. von der Historischen Kommission bei der Bayerischen Akademie der Wissenschaften. Bd. 3: Bürklein-Ditmar. Neudruck der Ausgabe B 1957. B 1971, 398-400.

94 Christoph Schramm d. J. schuldete Cranach noch den Restkaufpreis des Wohnhauses, das er von Cranach erworben hatte.

95 Quittung und Verpfändungserklärung unterschrieben und siegelten die Gläubiger im Beisein des Universitätsnotars Philipp Melanchthon d. J. – * Wittenberg 21. Febr. 1525, † Wittenberg 2. Okt. 1605, SS 1537 imm. Wittenberg, 1564 (wohl in Nachfolge von Ambrosius Reuter) zum Universitätsnotar berufen, erhielt er 1596 einen Substituten zur Unterstützung –, und der hinzu gebetenen, nicht näher bezeichneten Zeugen. Die quittierende Urkunde schließt mit einem besiegelten Vermerk von Bürgermeister und Rat der Stadt Wittenberg. Darin bewilligten diese die in der Quittung enthaltene Verpfändung der Gläubigergüter an die Universität und sagten die gegebenenfalls nötige Hilfe zu. Zu Philipp Melanchthon d. J. vgl. Beuttenmüller: AaO, 12 (IV.2); UBUW 1, 606 (496).

96 Siehe unten Seite 100 (15).

97 Siehe unten Seite 100 (16): In Wittenberg quittierten am 27. Mai 1568 die Brüder Dr. med.

*Regesten des Aktenstücks »Familienpapiere der Erben Luthers«*[98]

1 und 2 [um 1565]

**Aufstellungen der Gläubiger Martin Luthers d. J.**

Die Dokumente enthalten Aufstellungen über die Personen, die ihrer Aussage nach als frühere Gläubiger Martin Luthers d. J. Forderungen gegen dessen Nachlaß zu richten hatten, in welcher Höhe diese Forderungen bestanden und auf welcher Grundlage sie beruhten. Schriftstück 1 verfaßte Dr. Michael Teuber,[99] Schriftstück 2 verschweigt dagegen seinen Schreiber.

Paul Luther, kurbrandenburgischer Leibarzt, und Johannes Luther sowie der Anwalt Conrad Rühel – siehe unten Anm. 102 – für Georg von Kunheim, den Schwager der Brüder Luther, von der Universität endgültig befriedigt worden zu sein. Von der noch ausstehenden Restkaufpreissumme in Höhe von 1.000 fl. erhielten die Brüder nun bar von der Universität 855 fl. und 50 fl. Jahreszins. Die restlichen 145 fl. hatte Conrad Rühel für Georg von Kunheim schon bekommen (vgl. unten Seite 100 [15]). Die von den Lutherbrüdern empfangene Summe beinhaltete auch die 100 fl., die der Theologe Mag. Caspar Cruciger d. J. für die Kinder seiner Schwester bekommen sollte (vgl. unten Seite 98 [5]). Wegen der noch ausstehenden Zinsen baten die Brüder Luther die Universität, sich mit Georg von Kunheim zu vergleichen. Den Rechtsakt bezeugten der Rektor der Universität, Dr. Caspar Peucer, die Doctores Georg Major, Paul Crell (* 5. Febr. 1531, † 24. Mai 1579, Theologieprofessor), Veit Oertel (Windsheim) d. J. (* 1521, † 13. Nov. 1608, 12. Juni 1540 imm. in Wittenberg, 27. Juli 1556 Dr. iur. utr. Padua, April 1560-1581 Prof. der Digesten in Wittenberg, WS 1574/75, WS 1580/81 Rektor der Leucorea; Rat des Kurfürsten August von Sachsen, 1587 Dekan der Hauptkirche in Hamburg), Johannes Poso (15. Mai 1545 imm. in Wittenberg, 6. Dez. 1555 Dr. iur. utr. Bologna, 1565-1569 Prof. des Codex Justinianus und 1569-1571 Prof. des Kirchenrechts in Wittenberg, WS 1567/68 Rektor der Leucorea, seit WS 1571/72 in Jena), Abraham Werner (1519/20-1589, April 1544 imm. in Wittenberg, 28. Juni 1552 Mag. phil., Stadtphysikus von Wittenberg, 1565-1575 2. Prof. für Medizin), die Magister Matthäus Plochinger, Eusebius Menius (* 19. Jan. 1527, 7. April 1542 imm. in Wittenberg, 19. Febr. 1549 Mag. phil., 1560-1578 Lektor der Grammatik, WS 1566/67 Rektor der Leucorea; heiratete am 27. Juni 1553 Melanchthons Enkelin Anna Sabinus, * 1537; Beuttenmüller: AaO, 13 [V.1]), Heinrich Moller, Caspar Cruciger d. J., der Notar Philipp Melanchthon d. J., der Verwalter Mag. Johannes Knorre und Conrad Rühel, der Anwalt Georg von Kunheims.

Abbildung der Siegel und Unterschriften auf der Quittung bei Treu: AaO, 83. Allerdings ist hier (wie auch auf 84) das Jahr fehlerhaft wiedergegeben. Das Datum muß richtig lauten: 27. Mai 1568. Der Fehler ist unkritisch übernommen worden von Inge Mager: Katharina von Bora, die Lutherin – als Witwe. In: Mönchshure und Morgenstern: »Katharina von Bora, die Lutherin« – im Urteil der Zeit, als Nonne, eine Frau von Adel, als Ehefrau und Mutter, eine Wirtschafterin und Saumärkterin, als Witwe/ hrsg. vom Evang. Predigerseminar Lutherstadt Wittenberg. Wittenberg 1999, 133, Anm. 42.

98 Vgl. oben Anm. 69.

99 Michael Teuber, * Eisleben 15. Aug. 1524, † Wittenberg 15. Sept. 1586; Studium der Rechte

3 Wittenberg, [1566]

**Universität Wittenberg an Kurfürst August von Sachsen**

Mit diesem über den Rektor zu leitenden und von den Gläubigern selbst abzusendenden Schreiben (hier: dessen undatiertem Entwurf) an den Kurfürsten August von Sachsen kam die Universität dem Ersuchen der Gläubiger nach, den Vergleich zwischen den Gläubigern dem Kurfürsten zu übersenden und ihn zu bitten, die noch in der kurfürstlichen Kammer verwalteten, Martin Luther d. J. aufgrund eines früheren Vertrages zustehenden 1000 fl. nebst Zinsen dem Amt in Wittenberg zu überstellen und den Gläubigern gegen Quittung anteilig in der im Vergleich ausgewiesenen Höhe auszuzahlen.

4 Dresden, 2. November 1565

**Die kursächsischen Räte an Rektor, Magister und Doktoren der Universität Wittenberg**

Die kursächsischen verordneten Räte in Dresden weisen Rektor, Magister und Doktoren der Universität Wittenberg an zu klären, ob die Geschwister des verstorbenen, kinderlosen Martin Luther d. J. dessen Erbe antreten wollen.

5 Wittenberg, 6. März 1566

**Caspar Cruciger d. J. an die Universität Wittenberg**

Der Theologe Caspar Cruciger d. J. hält die Leitung der Universität an, die Rechte seines Neffen Johannes Kegel[100] und seiner Nichte Catharina Luther am Nachlaß Martin Luthers d. J. zu wahren.

6 Wittenberg, 4. April 1566

**Vergleich der Gläubiger von Martin Luther d. J.**

Rektor, Magister und Doktoren der Universität Wittenberg beurkunden den durch sie herbeigeführten Vergleich der Gläubiger des verstorbenen Martin Luther d. J.

in Wittenberg und Ingolstadt; 13. Jan. 1550 Dr. iur. utr. Wittenberg und 1550-1554? Prof. für Codex Justinianus, Kanzler des Bischofs von Camin und Syndicus der Stadt Stettin, ab 1565 wieder in Wittenberg, WS 1565/66, SS 1583 Rektor der Leucorea; vgl. Lück: Die Spruchtätigkeit ..., 8.

100 Möglicherweise Hans Kegel; 1571 und 1573 als Kannengießer in Wittenberg erwähnt; vgl. Die Denkmale der Lutherstadt Wittenberg, 108 f.

7 [1565/66]

**Verzichtserklärung der Geschwister von Martin Luther d. J.**

Das Dokument besteht nur aus dem Deckblatt und enthielt wohl hauptsächlich die Erklärung der Geschwister Martin Luthers d. J., auf dessen Erbe zu verzichten.

8 12. Oktober [1565]

**Quittung**

Ein ungenannter Empfänger quittiert, vom Boten Jorge Mor etwas empfangen zu haben. Der Gegenstand der Sendung und die näheren Zusammenhänge bleiben unklar.

9 Weimar, 26. November 1565

**Quittung**

Der ungenannte Bote übergab Briefe der Wittenberger Universität an die Brüder Johannes Luther und Dr. Paul Luther in Weimar.

10 Wittenberg, 19. Oktober 1565

**Christoph Schramm an Kurfürst August von Sachsen**

Schramm d. J. reagiert auf eine Nachfrage der kursächsischen Regierung, ihr die ihm bekannten Erben und Gläubiger des verstorbenen Martin Luther d. J. zu benennen.

11 Dresden, 7. Februar 1566

**Antwort des Wolf Heidenreich**

Wolf Heidenreich, wohl Beamter in der kursächsischen Rentkammer, antwortet auf die Anfrage eines ungenannten Adressaten und teilt mit, daß auf die in der kurfürstlichen Rentkammer befindliche und verzinste, Martin Luther d. J. zustehende Restsumme aus dem Verkauf des Wittenberger Klostergebäudes seines Wissens keiner Kummerklage stattgegeben worden sei.

12 und 13 Wittenberg, 29. April 1567

**Quittungen**

Mit Nr. 13 quittierten die Nachlaßgläubiger Martin Luthers d. J. im Collegium Jurisconsultorum in der Unterstube den Barerhalt der Geldbeträge, die ihnen nach dem von der Universität Wittenberg herbeigeführten Vergleich (siehe oben Nr. 6) zustanden. Nr. 13 und Nr. 12 stimmen in ihrem Sinn völlig und in ihrem Wortlaut bis auf wenige Einzelheiten überein. Bei Nr. 12 handelt es sich um das von Prof.

Dr. Michael Teuber verfaßte Konzept für Nr. 13. Letzteres ist als die unterschriebene, gesiegelte und bestätigte Reinschrift die rechtlich maßgebliche Urkunde.

14 [um 1565]

**Liste des Rates der Stadt Wittenberg**

Eine vom Rat der Stadt Wittenberg zusammengestellte Liste all jener Personen, die vorgaben, Gläubiger des verstorbenen Martin Luthers d. J. zu sein und deshalb vor dem Rat klagten.

15 17. Oktober 1567

**Quittung**

Dr. Georg Major, Rektor der Universität Wittenberg, quittiert, von dem Verwalter Mag. Johann Knorre[101] 1.000 fl. kurfürstlichen Gnadengeldes zum Kauf des ehemaligen Hauses des Reformators Dr. Martin Luther empfangen zu haben.

16 Wittenberg, 27. Mai 1568

**Quittung**

Die Brüder Dr. med. Paul Luther, kurbrandenburgischer Leibarzt, und Johannes Luther sowie der Anwalt Conrad Rühel[102] für Georg von Kunheim, den Schwager der Brüder Luther, quittieren, von der Universität endgültig befriedigt worden zu sein.

101 Johann Knorre, erwarb am 19. Febr. 1549 den Mag. phil., wurde am 18. Okt. 1553 in die Phil. Fakultät aufgenommen, WS 1560/61 Rektor der Leucorea; als Universitätsverwalter – questor – genannt zwischen 1565 und 1587 UBUW 1, 350, Anm. 1 (325); 540 (439).

102 Conrad Rühel (auch Rhuel), * Nauheim b. Gießen 1528, † 1579; Verleger und Papierhersteller; seit 1559 Ratsherr, ab 1565 Stadtkämmerer und seit 1574 Bürgermeister in Wittenberg. Er heiratete Elisabeth († 7. Dez. 1572), Tochter des Moritz Goltze, und gehörte zu den sieben Bürgern, die 1556 das Röhrwasser finanzierten – vgl. oben Anm. 57 –; vgl. KHN, 47 (52); Benzing: Die deutschen Verleger ..., 1249; WA DB 8, LXII (75); Junghans: Martin Luther und Wittenberg, 137 f. 220; Die Denkmale der Lutherstadt Wittenberg, 119; Konrad von Rabenau: Wittenberger Einbandkunst im 16. Jahrhundert: vier Beobachtungen. In: 700 Jahre Wittenberg, 378, Anm. 46. Vgl. dazu auch die Tafel am Haus Collegienstraße 62a in Wittenberg mit dem Text: »Conrad Rühel 1528-1579 Verleger und Buchhändler Stadtkämmerer und Bürgermeister«.

# Christ's Descent into Hell as Christological Locus in the Era of the »Formula of Concord«

## Luther's »Torgau Sermon« Revisited

By Robert Kolb

In his thorough review of the historical background and theology of article IX of the »Formula of Concord«, on Christ's descent into hell, Gunther Wenz states that this article functions as a supplement or appendix to article VIII, on the person of Christ.[1] This judgment echoes that penned into a manuscript of the »Torgau Book« in 1576.[2] Wenz goes on to repeat the judgment of previous scholars that several relatively minor controversies over the subject within Lutheran ministeria – above all, that around 1550 in Hamburg – induced the authors of the »Formula of Concord« to insert a discussion of the Descensus ad infernum into their work at a rather late stage of the document's development, in the composition of the »Torgau Book« in June 1576. However, these controversies focused on the significance of Christ's descent into hell for the atonement of sinners. If the primary concern of the Formulators in this article had rested on soteriological grounds, positioning it following article III, on the justification of the sinner before God, would have made more sense than connecting it with the discussion of the person of Christ and the relationship between his two natures. For, as Wenz notes, the »Formula of Concord« did not attempt to set forth the significance of the Descensus for deliverance of sinners from sin but instead counseled avoidance of speculation regarding this topic and restated a simple confession of the Formula's doctrine of the person of Christ.

BC THE BOOK OF CONCORD: the confessions of the Evangelical Lutheran Church/ ed. by Robert Kolb and Timothy J. Wengert; transl. by Charles Arand; Eric Gritsch; Robert Kolb; William Russel; James Schaaf; Jane Strohl; Timothy J. Wengert. MP 2000.
Ep Epitome articulorum
FC Formula concordiae
SD Solida declaratio

1 Gunther WENZ: Theologie der Bekenntnisschriften der evangelisch-lutherischen Kirche. Vol. 2. B; NY 1997, 714. This understanding of article IX was found in early seventeenth century commentaries on the »Formula of Concord«, e.g. in that by Petrus PISCATOR (1571-1611): Commentarius in Formulam concordiae ... Jena 1610, 375 f.

2 Inge MAGER: Die Konkordienformel im Fürstentum Braunschweig-Wolfenbüttel: Entstehungsbeitrag – Rezeption – Geltung. GÖ 1993, 277; the manuscript she cites is Cod. Guelf. 110 Helmst., 380v.

By far the briefest of the twelve articles of the »Formula of Concord«, article IX handed over its treatment of the subject completely to Luther. The reformer's rejection of speculation regarding Christ's descent into hell provided an echo of the Concordianists' rejection of speculation in regard to Christology in article VIII, where it was admonished that conjecture beyond the biblical text be avoided regarding Christ's sitting at the right hand of almighty power and majesty.[3] Article IX then commended Luther's sermon »held at Torgau in the castle 1533 on Christ's descent into hell« for the adjudication of all questions in regard to this teaching. Four principles were to guide all discussion of the Descensus:

1. Christ's burial must be differentiated from his descent into hell;
2. his entire person, God and human creature, went to hell;
3. this descent took place after his burial;
4. in the descent into hell it becomes clear that he conquered the devil, destroyed hell's power, and deprived the devil of all his power.[4]

This treatment of the topic reproduces the principles of the Mansfeld ministerium's rebuttal of the Heidelberg Catechism's treament of Christ's descent into hell, which that ministerium formulated a decade before the composition of the »Formula of Concord«.

*I Controversies over Christ's Descent into Hell within Lutheran Ministeria*

There are indeed good reasons to read article IX in terms of the intra-Lutheran disputes over the topic. The occasion for the article, according to Jakob Andreae's (1528-1590) »A Summary Epitome ...«, was controversy among »certain theologians committed to the Augsburg Confession«;[5] the full committee mentioned that »ancient teachers of the church as well as ours« had explained this article »in different ways«.[6] Traditionally these comments have been explained with reference to three controversies in the quarter century before the »Formula of Concord« was composed. The first of these had taken place in Hamburg, between Johann Aepinus and a small group of opponents within the ministerium of the city in the decade following the onset of the dispute in 1544. The second occurred in 1554 when a Pomeranian pastor, Jacob Tiele, raised questions similar to those discussed in Hamburg. A decade later a deacon in Augsburg, Johannes Matsperger, had fallen

3 FC, SD VIII, 96 (BSLK, 1048, 37 - 1049, 13 - BC, 634).
4 Wenz: AaO 2, 712-714; cf. FC, SD IX,1-3 (BSLK, 1049, 17 - 1053, 21 ≙ BC, 634 f).
5 FC, Ep IX, 1 (BSLK, 812, 38 f ≙ BC, 635).
6 FC, SD IX, 1 (BSLK, 1049, 20; 1052, 1-3 ≙ BC, 634).

into conflict with Andreae's colleagues in Württemberg over the position of Johannes Brenz and Andreae himself, opposing their interpretation of Christ's descent into hell as simply his suffering God's wrath while on earth.[7] The involvement of Andreae's ministerium in the last of these disputes certainly does provide a basis for the judgment that this controversy lay behind the decision to include Christ's descent into hell among the topics treated in the »Formula of Concord« so late in the process of its development; Martin Chemnitz's involvement in the doctrinal discussions of the Lower Saxon ministeria over the years might point to his interest in the topic although the Hamburg dispute had been settled before he came to Braunschweig at the end of 1554.[8]

Furthermore, Luther's »Torgau sermon« had been used in its published form to summarize the reformer's convictions regarding the topic of the descent into hell at least since Melanchthon and Bugenhagen cited it in 1550 when they offered a formal opinion in the controversy over the doctrine in Hamburg.[9] There the two Wittenberg professors emphasized that whatever other explanations for the pains of hell which Christ suffered, for instance, as he felt the fury of God's wrath on the cross – »sorrows beyond human understanding« –, the descent into hell was to be understood as »the Son of God conquer[ing] the sorrows of hell«.[10] The Wittenberg theologians had not always agreed on the interpretation of this article of the Creed. In 1531 Melanchthon had written to Georg Spalatin (1484-1545) that he could not explain 1 P 3, 18 but that Bugenhagen was arguing »vehemently« that it referred to the Gentiles to whom the apostles preached the Gospel after Christ's resurrection. Melanchthon added: »He has almost persuaded Luther of this opinion.« Luther apparently saw the letter before it was sent and wrote in the margin (according to another note on the manuscript »with his own hand«): »This is not true.«[11] However, in 1550 the two remaining members of the Leucorea trio believed

7 On these controversies, see David G. TRUEMPER: The descensus ad inferos from Luther to the Formula of Concord. Chicago 1974, 218-291 (Chicago, The Lutheran School of Theology at Chicago, S.T.D. thesis); Erich VOGELSANG: Weltbild und Kreuztheologie in den Höllenfahrtsstreitigkeiten der Reformationszeit. ARG 28 (1941), 107-123; F[ranz] H[ermann] R[einhold] Frank: Die Theologie der Concordienformel historisch-dogmatisch entwickelt und beleuchtet. Bd. 3. Erlangen 1863, 397-423.

8 However, it must be conceded, neither of these cases provides an explanation why the topic surfaced for the first time in 1576.

9 CR 7, 666-668 (4800) ≙ MBW 6, 97 (5911), a memorandum addressed by Melanchthon and Bugenhagen to the Hamburg senate, September 1550.

10 CR 7, 667 (4800).

11 CR 2, 490, (971) ≙ MBW 2, 26 (1138), Melanchthon to Spalatin, March 20, 1531.

that the three of them had been of one mind in viewing Christ's descent into hell as a part of his victory over Satan and death, and they referred to Luther's so-called »Torgauer Predigt« as proof.

This interpretation was reflected in the discussion of the descent into hell in Nikolaus Selnecker's (1530-1592) treatment of the Apostles Creed, a part of his »Paedagogia Christiana«, first published in 1565. Selnecker also drew the discussion of the descent into the doctrine of the person of Christ as well as of his work. He inserted into his commentary on the Creed, between »and was buried« and »descended into hell« a section »on the doctrine of the communication of attributes«, some thirty-five octavo pages in length.[12] In the following chapter, on the Descensus, he reviewed various interpretations of 1 P 3, 19, there addressing the question of how Christ descended into the »lower regions«. Selnecker explicitly posed the possibility, since Christ's body lay in the grave, that only his spirit had gone to preach to the devils and their captives in hell. He rejected this position with a reference to Augustine's view that the whole Christ descended into the demonic realm.[13] Selnecker did not mention any who held contrary positions, however; his work is free from polemic.

### *II The Descent into Hell as a Controverted Issue between Calvinists and Lutherans*

That was not the case with a contemporary confessional document, however. Not only from Selnecker's instructional material but also from the anti-Calvinist polemic of the theologians of Mansfeld county it becomes clear that the occasion for adding a treatment of the locus on the descent into hell to the »Formula of Concord« and for placing that locus as an appendix to its article on Christology arose not only out of contention among Lutheran theologians. A decade before the composition of the »Torgau Book«, the ministerium of the county of Mansfeld had publicly rejected the interpretation of the Descensus in the Heidelberg Catechism, placing on the agenda of argument between Reformed and Lutheran theologians the proper definition of this teaching. The Mansfeld ministerium used Luther's »Torgau sermon« as one part of an extensive critique of the Catechism's answer to

12 Nikolaus SELNECKER: Paedagogia Christiana: continens capita et locos doctrinae Christianae, forma & serie catechetica uerè / perspicuè explicata ... Frankfurt/Main 1567, 570; VD16 19, 59f (S 5623; vgl. S 5622-5629).

13 Selnecker: Paedagogia Christiana, 573: »Totus filius fuit apud Patrem, totus in utero uiriginis, totus in coela, totus in terra, totus in cruce, & totus in inferno.«

the question »Why are the words, ›descended into hell‹ added [in the Creed]?« In view of the fact that article VIII of the »Formula of Concord« deals with »Calvinist« as well as »Crypto-Calvinist« views of the person and natures of Christ, it is probable that Andreae, Martin Chemnitz (1522-1586), and their colleagues at Torgau in May and June 1576 were reaffirming the Mansfeld rejection of the Heidelberg definition of the Descensus, for the Formula's statement focused on the significance of the doctrine for a proper understanding of Christology.

It is indeed true that most of the argument of article VIII was aimed against the electoral Saxon theologians, designated »Crypto-Calvinists« by their opponents even though they were actually working out implications of Melanchthon's theology – albeit along lines closer to Calvin and his Heidelberg followers than to some other Lutherans, such as Chemnitz or Tilemann Hesshus (1527-1588).[14] But these electoral Saxon »crypto-Philippists« had avoided the subject of the descent into hell in their primary public statements of the early 1570s; the topic had not become a critical issue in the disputes between the Wittenberg faculty of the time and its opponents.[15] Nevertheless, although the crypto-Philippists were the primary

14 The variety of formulations of sacramental and christological doctrine that sprang from those who believed they were faithfully extending the teaching of their common preceptor, Philipp Melanchthon, is presented by Irene Dingel: Concordia controversa: die öffentlichen Diskussionen um das lutherische Konkordienwerk am Ende des 16. Jahrhunderts. GÜ 1996. The issue of the soteriological significance of Christ's descent into hell cuts across the usual »party lines« of the period; Melanchthon, his Philippist disciples, as well as Gnesio-Lutheran students of his like Chemnitz, interpreted it as part of Christ's triumph; Johannes Brenz (1499-1570) and Andreae shared a position similar to that of their Calvinist opponents in viewing it as a part of his suffering; see Truemper: AaO, 152-217.

15 Perhaps the most important statement of the Crypto-Philippist position of the Wittenberg faculty was issued in Von der person vnd Menschwerdung vnsers HERRN Jhesu Christi/ Der waren Christlichen Kirchen Grundfest/ ... , Wittenberg 1571; VD16 22, 317f [W 3768-3771]. It seldom mentioned the descent into hell, and when it did, did so in a way that avoided the points of controversy identified by the Mansfeld theologians in their critique of the Heidelberg Catechism. On the Grundfest and the role it played in shaping the agenda of the »Formula of Concord«, see Robert Kolb: Altering the agenda, shifting the strategy: the Grundfest of 1571 as Philippist program for Lutheran Concord. SCJ 29 (1999): 405-426. The Wittenberg Catechism, published earlier the same year, did pose the question, «How do you understand the article regarding Christ's descent into hell?« The answer emphasized that the descent is to be understood »simply and without allegory«, as the destruction of the tyranny of the devil and hell and the liberation of believers. The Catechism avoided any discussion of the mode of presence of Christ in hell or when his victory was accomplished: Catechesis continens explicationem simplicem et breuem, Decalogi ... [Wittenberg 1571], 75 f: »Quomodo intelligis articulum de Descensu Christi ad inferos? Simpliciter &

opponents envisioned in the Formula's discussion of the Lord's Supper, the »Sacramentarians who had presented their own confession at Augsburg« (the Zwinglians – and by extension the adherents of the »Consensus Tigurinus« of 1549 from Geneva and their followers) came under the Formula's scrutiny along with »those who had tried to hide under the cover of the »Augsburg Confession«. In beginning its treatment of Christology the »Solid Declaration« noted that the dispute over this issue had come from other Sacramentarians into the churches of the »Augsburg Confession«. In the Epitome Andreae attributed the necessity of the Christological discussion to dispute between »the pure theologians of the Augsburg Confession and the Calvinists«, noting at the same time that certain others had followed in their error.[16] On the basis of the evidence presented below, the Calvinist theologians in Heidelberg indeed seem to have provided the primary occasion for the ninth article's concern.

### *III The Mansfeld Confutation of 1565*

That Christ's descent into hell had implications for the debate over the person of Christ between Lutherans and Calvinists in the minds of the contemporaries of the Concordianists is to be seen in the »Book of confutation« published in 1565 by the ministerium of Mansfeld. Confuting error had formed a significant part of the public confession of the Lutheran churches from 1530 on, but a new genre of published confession, the »Book of confutation,« was devised in 1559 by the ducal Saxon government of Johann Friedrich the Middler (1529, 1554-1567, 1595).[17] Based

sine allegoria intelligendus est hic articulus, sicut Paulus ad Ephes. 4 interpretatur, Descendit ad inferiores partes terrae. Fatemur autem hoc articulo, destructam esse tyrannidem Diaboli & inferorum, hoc est, liberatos omnes, qui credunt in Christum, a potentia Diaboli & inferis, vt Oseae 13. Ero pestis tua inferne, Et hanc victoriam certo modo Filius Dei Diabolis ostendit. Nec dubium est Diabolos sensisse suam potentiam ab hoc victore fractam esse, Et vere caput serpentis a semine mulieris sed contritum esse. Et igitur simplicissima sententia: Quod Christus ostendit suam victoriam Diabolis & eos terruerit. Sed quomodo hoc sit factum, non scrutimur ...«

16 FC, SD, VII, 1; VIII, 1; FC Ep, VIII, 1 (BSLK, 971, 7 - 972, 13; 1017, 3-7; 804, 3-10 ≙ BC, 592. 616. 508 f).

17 DES DURCHLEUCHTIGEN ... HERRN JOHANS FRIDERICHEN DES MITTLERN ... IN GOTTES WORT/ PROPHETISCHER VND APOSTOLISCHER SCHRIFFT/ GEGRŮNDETE CONFUTATIONES/ WIDERLEGUNGEN VND VERDAMMUNG ETLICHER ... CORRUPTELEN/ SECTEN VND IRRTHUMEN ... [Jena: Thomas Rebart, 1559]; ILLVSTRISSIMI PRINCIPIS ... IOHANNIS FRIDERICI SECVNDI ... SUMPTA CONFUTATIO & CONDEMNATIO PRAECIPUARUM CORRUPTELARUM, SECTARUM, & ERRORUM ...; Jena 1559; VD16 17, 695 f (S 1096).

on the ancient Christian practice of condemning false teaching,[18] the »confutation« of specific false teachings and false teachers now became a form for confession, a representation of the official position of a church. Only months following the appearance of the Saxon Confutation, the ministerium of Mansfeld had composed a similar work, examining the errors of eleven foci of false teaching, including the Jesuits, Anabaptists, Michael Servetus' († 1553) followers, the Schwenckfelder, the Zwinglians, and six heresies that had arisen within the Lutheran churches.[19]

Five years later, the Mansfeld theologians drafted a second confutation, which addressed six problems within the Evangelical churches, including the errors of the Heidelberg Catechism, recent Wittenberg publications by Paul Eber (1511-1569) and Georg Major (1502-1574), synergism, antinomianism, and disparate views of the ascension of Christ. The first two theologians who subscribed this confession were the county's ecclesiastical superintendent, Hieronymus Menzel (1517-1590), and Cyriakus Spangenberg (1528-1604). More than one hundred other clergymen also signed the Confession. It is indeed possible that Menzel and Spangenberg had composed the text.

The Mansfeld theologians included a treatment of Christ's descent into hell as a part of their critique of the recently issued Heidelberg Catechism. The issues challenging Lutheran theology in that Catechism had been discussed in April 1564 at the colloquy held at Maulbronn, where representatives of the Palatine theology had engaged the Württemberg ministerium's leading thinkers, above all their spokesman, Jakob Andreae.[20] The definition of Christ's presence in the Lord's Supper and related Christological questions were among the public issues which the Mansfeld ministerium felt compelled to address. In regard to the Descensus its confession treated the four topics which would later be incorporated into the summary position of the »Formula of Concord«:

1. that Christ's burial and descent into hell must be distinguished;
2. that the entire person, God and human creature, descended to hell;
3. that the descent took place following his burial; and

18 Hans Werner GENSICHEN: Damnamus: die Verwerfung von Irrlehre bei Luther und im Luthertum des 16. Jahrhunderts. B 1955, 11-28, on the ancient church.

19 BEKENDTNIS DER PREDIGER IN DER GRAFFSCHAFFT MANSFELT/ VNTER DEN JUNGEN HERREN GESESSEN. WIDER ALLE SECTEN/ ROTTEN/ VND FALSCHE LEREN/ WIDER GOTTES WORT/ DIE REINE LERE LUTHERS SELIGEN/ VND DER AUGSPURGISCHEN CONFESSION/ AN ETLICHEN ŎRTEN EINGESCHLICHEN/ MIT NOTWENDIGEN WIDERLEGUNGE DERSELBIGEN. Eisleben 1560, dated August 20, 1559, 1. ed., 1559; VD16 2, 228 [B 1519 f].

20 Ernst BIZER: Studien zur Geschichte des Abendmahlsstreits im 16. Jahrhundert. GÜ 1940, 300-362.

4. that Christ thereby conquered the devil, taking away his power, and destroyed hell's might.[21]

Like Melanchthon and Bugenhagen in 1550, the Mansfelder used citations from Luther's homiletical treatment of the subject to oppose a false understanding of Christ's descent into hell. They did so, however, with only incidental and secondary reference to the soteriological concerns which had stood at the center of the Hamburg controversy fifteen years earlier. They were countering the errors regarding the relationship of Christ's two natures which they believed inherent in the Heidelberg Catechism's presentation of the subject.

The second Mansfeld confutation began its chapter »on the errors of the Palatine Catechism« with the affirmation that God had sent Luther to Germany and the entire world as his special prophet to give correct and beneficial instruction on all the articles of faith. Following the example of the ancient church, Luther had drawn together material on all doctrinal topics into a brief catechism for the instruction of the young and simple people. This simple form of instruction had presented the fundamental principles which all Christians must know in a form most appropriate for children and common people. But the Palatine theologians had introduced a new, peculiar form of the catechism. The Mansfeld theologians were convinced that Satan, with his unsurpassed ability to deceive and his bitter hatred of revealed truth, stood behind the Heidelberg project. They began with a methodological concern, heavily freighted with theological consequences: the Palatine Catechism changed the order of instruction as Luther had set it forth, for its authors presupposed that the content of the faith – the Creed – should be taught before the decalog's prescriptions for the Christian life. This change of order reflects the Heidelbergers' rejection of Luther's law / gospel understanding of the catechism and his desire to employ the ten commandments in their theological use, for the accusation and condemnation of sinners, before the learners received the gospel in the Creed. The Mansfeld confession rejected this challenge to the reformer's authority.[22]

21 CONFESSIO DE SENTENTIA MINISTRORUM VERBI IN COMITATU MANSFELDENSI, DE DOGMATIS QUORUNDAM PROXIMO TRIENNIO PUBLICE EDITIS. Eisleben 1565; VD16 4, 558 (C 4823). The confession was composed in 1564.

22 On the conflicts between the Heidelberg theologians and Lutherans over the authority of Luther, see Irene DINGEL: Ablehnung und Aneignung: die Bewertung der Autorität Martin Luthers in den Auseinandersetzungen um die Konkordienformel. ZKG 105 (1994) 35-57, and idem: Concordia controversa, 610-616.

In addition, the new catechism introduced errors on a number of teachings, but above all it »insidiously crept in and defended the most pernicious error of the Sacramentarians, denying the true, bodily presence of Christ in the Supper«.[23] In spite of the fact that these errors could be refuted and repudiated by turning to Luther's writings, the »Augsburg Confession«, the »booklet sent to the church in France«,[24] the works of Hesshus against the Sacramentarians,[25] Brenz's against Heinrich Bullinger (1504-1575),[26] and Christoph Irenaeus' (1522-1595) commentary on the Apostles Creed,[27] as well as others, the Mansfeld pastors wished to offer their own brief confession and confutation.[28] The first of the catechism's positions which their »Confessio de sententia ministrorum verbi ...« refuted was its definition of Christ's descent into hell as his horrible sufferings of soul, his torture and terrors into which he was submerged before and during his crucifixion.

23 Confessio de sententia ministrorum verbi ..., $47^{r-v}$: »... sed etiam perniciosissimum illum Sacramentariorum errorem, negantem veram Christi in Coena, & corporalem praesentiam, insidiosè immiscet & immunit.«

24 It is unclear to what »in libello ad Ecclesiam in Gallia misso« might refer; no publication fitting this description can be definitively identified. Particularly the church in Württemberg had had contacts with the French church in the years preceding the composition of the Mansfield confession; see Hans Christian BRANDY: Die späte Christologie des Johannes Brenz. TÜ 1991, 24-28, but no work of its theologians matches this description. Melanchthon's »Consilium ad Gallos« of 1534 comes to mind, particularly since this work follows the »Augsburg Confession« in this list. However, the treatment of the mass in the »Consilium ad Gallos« does not address questions at issue here; see CR 2, 751-775 (1205) ≙ MBW 2, 145 f (1467).

25 Tilemann HESSHUS: Bekandtnuß vom heyligen Nachtmal des Herrn Jesu Christi ... Nürnberg 1560; VD16 9, 68 (H 3001); IDEM: Das Jesu Christi warer Leib vnd Blut/ im heiligen Abendmal gegenwertig sey/ wider den Rottengeist zu Bremen/ Doc. Albert Hardenberg ... Magdeburg 1560; VD16 9, 71 (H 3026); IDEM: De praesentia corporis christi in coena domini. Jena 1560; VD16 9, 80 (H 3102); IDEM: Responsio ... ad praeivdicivm Philippi Melanthonis, de controversia coenae domini. s. l. 1560; VD16 9, 83 (H 3130).

26 Johann BRENZ: De maiestate domini nostri Iesv Christi ad dextram dei patris, et de vera praesentia corporis & sanguinis eius in coena. In hoc scripto respondetur Petro Martyri, & Henrico Bullingero, Cingliani dogmatis de Coena Dominica propugnatoribus. Frankfurt/M. 1562; VD16 3, 302 (B7783); IDEM: De personali unione duarum naturarum in christo et ascensu Christi in coelum ... item Ioannis Brentii Sententia de libello Henrici Bullingeri ... Frankfurt/M. 1563; VD16 3, 309 (B 7841); IDEM: Sententia, de libello D: Henrici Bullingeri ... TÜ 1561; VD 16 3, 314 (B 7868).

27 Christoph IRENAEUS: Symbolvm apostolicvm: das ist, die Artickel unsers Christlichen Glaubens/ ausgelegt ... Eisleben 1562; VD16 10, 7 (I 301).

28 Confessio de sententia ministrorum verbi ..., $48^{r-v}$.

The Mansfeld theologians reprinted the Catechism's »Question 44: Why are the words, ›descended into hell‹ added?« The Heidelbergers' answer, »So that in my greatest sorrows and most severe temptations I may be sustained with the consolation that my Lord Jesus Christ freed me from the distress and sorrows of hell through his unspeakable distress, sufferings, and terrors of soul, into which he was plunged already before but especially while hanging on the cross.«[29] This demonstrated to the Mansfelder that the »Sacramentarians« were determined not to concede the true presence of the entire person of Christ, in both natures, in more than one place – the grave and hell – after his death. The »Confessio de sententia ministrorum verbi ...« drew the parallel with the »Sacramentarian« belief that after Christ's death and ascension to the right hand of God in heaven he could not reveal himself visibly on earth or be present bodily or truly. The Mansfeld theologians challenged the opponents' hermeneutical procedure. »They nervously mustered interpretations of every kind, transforming very clear and simple statements of scripture into allegories, metaphors, and other similar figures of speech«[30] in order to defend their opinions by referring them to the spiritual Christ. This desire to deny the true, bodily presence of Christ, which is presented and consumed in the Supper, led the Heidelberg theologians to deny that Christ actually descended into hell in his own person, the Mansfelder charged.

The Mansfeld document enumerated three fundamental errors in the Palatine doctrine of Christ's Descensus. First, this doctrine denied the confession of the catholic church of Christ that Christ not only suffered horrible sorrows and tortures of soul in the Garden of Gethsemane and on the cross, but that he also died and truly descended into hell, not just in effect, but in his person, and that he conquered hell, overpowered Satan and death, rose on the third day after he had left hell and death behind, and bestowed his victory on the whole church. Secondly, according to the Mansfeld Confession, the Heidelberg Catechism's position called into doubt whether hell is truly a specific place in which the impious and damned suffer

29 Die Bekenntnisschriften der Reformierten Kirche/ hrsg. von Ernst Friedrich Karl Müller. Leipzig 1903, 694. The Mansfeld confession cited the Latin text: »Vt in summis doloribus & grauißimis tentationibus, me consolatione hac sustentem, quod Dominus meus Iesus Christus, inerrabilibus animi sui angustiis, cruciatibus & terroribus, in quos cum antea, tum maxime in cruce pendens fuerat demersus, me ab angustijs & cruciatibus inferni liberauerit.«

30 Confessio de sententia ministrorum verbi ..., 49r: »Hic omnis generis interpretationes anxiè corradunt, in allegorias, metaphoras, atque alias eiusdem generis figuras, apertissima & simplicissima scripturae dicta conuertunt ...«

eternal punishment with the devils and evil spirits, thus rendering null and void the warnings concerning future punishment of the impious which Christ, the prophets, and the apostles had issued. Third, the Palatine teaching inclined toward the »absurd opinion« that the words »descended into hell« could refer simply to Christ's burial.[31] Behind all these objections clearly stood the denial of the ability of the divine and human nature to share the characteristic of presence in varying modes. Although the Mansfeld document does not use the term »communication of attributes«, its authors believed that the Heidelberg Catechism's definition of the descent into hell reflected and was shaped by the presupposition that the human nature of Christ, and thus his body and blood, could not be sacramentally present in the Lord's Supper. For its drafters could not believe that Christ's divine nature shared the ability to be present with the human nature in any other way than the single mode of human presence.

The Mansfeld theologians attempted to analyze why the authors of the Catechism had »fallen prey to Satan's beguiling« on this point. Instead of simply addressing the sacramental issues on the surface, the Mansfeld theologians examined the philosophical framework underlying the dispute. They found that their opponents' teaching rested upon the presupposition of their physics: Christ was dead and could not set foot outside his grave because the »penetration of dimensions« (penetratio dimensionum) by the human nature is impossible.[32] The rules of physics governing human bodies would not permit Christ's descent into hell. Against this argument the Mansfelder asserted that the Creed presents infallible axioms which are based upon the whole of Scripture and are to be held in their clear and simple sense. When the Creed states that Christ descended into hell after he died and was buried, then it must be believed that this refers in each case to the entire person of Christ and dare not be twisted to a matter of what Christ effected or merited. Secondly, the consensus of Scripture confirms that Christ truly and really descended into hell. The Confession cited three passages: Ps 16, 10, »For you do not give me up to hell, nor let your holy one see corruption;« Hos 13, 14, »I will be your death, o Death; hell, I will be your destruction;« and E 4, 9 f, »When it says, ›he ascended‹, what does it mean but that he had also descended into the lower parts of the earth? He who descended is the same one who

31 »Confessio de sententia ministrorum verbi ..., $49^v$-$50^r$.

32 Although this phrase is not to be found in Aristotle's discussion of dimension (Physica 4, 4 f) nor in Philipp MELANCHTHON: Initia doctrinae physicae. Vuitebergae 1549 (VD16 13, 412 [M 3469] ≙ CR 13, 365-367), the principle may easily be deduced from the Stagarite's argument.

ascended far above all the heavens, so that he might fill all things.« The Mansfeld argument rested particularly upon the last passage. To deny that Christ descended into hell in his whole person would lead to the conclusion that he had ascended and filled the heavens only in his spirit, in effect but not really.[33]

The Mansfeld theologians turned to a linguistic argument advanced by their opponents: the word »Scheol« in Hebrew refers to the grave. The Mansfeld rejoinder: faith and the analogy of faith determine teaching, not knowledge of the meaning of words in and of itself. Conceding that the word sometimes does denote the grave, the Mansfelder argued that »Scheol« also refers to hell, where the impious and damned receive eternal punishment. The Confession cited Nu 16, 30-34; Dt 32, 22; Job 10, 21; 38, 17; Ps 21, 9; 49, 14; 55, 15; 63, 9; 68, 2; Prv 15, 11; Is 5, 14; Mt 18, 9; 25, 30.41; Mc 9, 43; L 16, 23; E 4, 9; Ph 2, 10; 1 P 3, 19; 2 P 3, 7; Ap 9, 2; 19, 20.[34] In each case the Mansfeld confession asserted that the Hebrew and Greek words under discussion referred to hell itself, whatever other usage they might have in other passages.

The »Confessio de sententia ministrorum verbi ...« then returned to Luther and appealed to the reformer to make two points: that believers remain faithful to the Creed as the analogy of faith, and that they believe that Christ descended into hell with his entire person. The Mansfelder recommended following the reformer's principle in his »Torgau sermon«, the document to which the »Formula of Concord« would also appeal. The first citation from that sermon in the Mansfeld document insisted that believers should stand fast on the Creed and believe that Christ descended into hell while his body lay in the grave. Luther had rejected rational speculation over this doctrine. Many questions would not be answered, such as what really happened in the Garden of Gethsemane when Christ sweat drops of blood. Luther expressed his wish simply to remain with the Creed into which he had been baptized.[35] To that citation the »Confessio de sententia ministrorum verbi ...« added words from Luther's letter of 1532 to Duke Albrecht of Prussia, which also affirmed that believers should remain faithful to the witness, faith and teaching of the entire Christian church over fifteen hundred years.[36]

33 Confessio de sententia ministrorum verbi ..., 50$^{r}$-51$^{r}$.

34 Confessio de sententia ministrorum verbi ..., 51$^{r}$-52$^{r}$.

35 Confessio de sententia ministrorum verbi ..., 52$^{r-v}$; citation in WA 37, 55, 10-16. This quotation comes from the second part of the booklet, not from the third part, which deals directly with Christ's descent into hell and resurrection. The »Torgau Book« cited the third part from the Jena edition's reproduction of the original printing; WA 37, 62, 30 - 67, 2; cf. BSLK, 1049-1052 ≙ Sources and contexts of the Book of Concord/ ed. by Robert Kolb and James A. Nestingen. MP 2001, 246-255.

Following this citation, the Mansfeld theologians turned to a longer quotation from the alternate printed version of the sermon on the descent into hell contained in the sermon ascribed to Torgau, that found in the Jena »Hauspostille«.[37] Although the citation is not as long as that from the »Torgau« rendition which Andreae originally had planned to include in the »Torgau Book«,[38] it contained its core. The citation began with the axiom that the five senses and human reason could not

36 Confessio de sententia ministrorum verbi ..., 51$^v$; citation in WA 30 III, 552, 12-15.

37 EA$^1$ 3, 279 f. 280 f. 284 f. Although the sermon to which the Formulators referred is easily identified, its composition and dating were at one time the source of some perplexity among scholars. It formed the third part of »Von Jesu Christo eine Predigt D. M. Luthers, zu Hofe zu Torgau gepredigt. Wittemberg 1533, published in two editions; VD16 12, 511 (L 7270-7271), and is a polished version of the sermon found in the notes of Georg Rörer (1492-1557) from March 31, 1532; WA 36, 159-164. The text of the sermon as published in 1533 is edited in WA 37, 62-72; its text in the Jena »Hauspostille« is found in EA$^1$ 3, 279-296. The title of the collection of three sermons published together as a catechetical commentary on the second article of the Creed, on »Jesus Christ,« declared that the contents had been preached in Torgau, and the heading of the third sermon in the series announced that it had been preached on Easter. The WA editors of this short volume performed some sleight of hand in trying to find a place for the sermon in Luther's calendar for 1533, the year in which the sermon was published, at Torgau around Easter; Luther's schedule at that time makes it difficult to construct a credible chronology. All three sermons in the collection were falsely attributed to April 16 and 17, 1533; see WA 37, XXI. Erich Vogelsang (1904-1944) solved that problem by demonstrating that while the first two sermons in the publication may have been preached in Torgau (probably in February or July 1532), the one entitled »the third sermon on Easter Day«, was in fact preached in Wittenberg, on Easter 1532; see Erich VOGELSANG: Luthers Torgauer Predigt von Jesu Christo vom Jahre 1532. LuJ 13 (1931), 114-130; cf. Truemper: AaO, 95-111.

The entire work was republished by the Leipzig professor Bernhard Ziegler in 1551: [Martin LUTHER]: Zwo Predigten des Ehrwirdigen herren Doctoris Martini Lutheri. Die Erste von Jhesu Christo/ darin der heubtartickel vnsers heilige⌊n⌋ Christlichen glaubens ... erkleret wird. L 1551; VD16 12, 511 (L 7272). The marginal notations and Ziegler's involvement in the dispute with Andreas Osiander (1498-1552) at the time suggest that the occasion for this publication was the Osiandrian controversy and not that over the descent into hell in Hamburg, even though the latter controversy had not been fully resolved at the time and was still of interest to Ziegler's electoral Saxon colleagues, including Melanchthon.

The third sermon, on the descent into hell and the resurrection, was incorporated with very little editorial revision into the Jena »Hauspostille«. The parallels between Georg Rörer's notes on the sermon as preached in 1532 and the two printed versions, that of the booklet published in 1533 (reproduced in the Ziegler edition) and that of the »Hauspostille«, demonstrate beyond any doubt that the former served as the basis for both of the latter (although preparation for printing required editorial emendations); see below page 122 f.

38 BSLK, 1049-1052 ≙ Sources and contexts of The Book of Concord, 246-255.

fathom how Christ descended to hell while he lay in the grave. According to the »Hauspostille« version of the sermon, Luther conceded that there are two possible interpretations of this article of faith: the first claims that it refers to Christ's sacrifice on the cross, to his heart's love and fire, expressed in prayer and supplication, with anguished cry and tears. The reformer preferred the simple meaning, grasped through child-like words and pictures; that is the best and most certain interpretation, understood in the light of Ps 16, 10 and E 4, 9 f. How the descent took place, Luther insisted, could not be grasped or explained. »I believe in Jesus Christ« means that »I believe in the whole man, that he is truly God and truly human creature, with body and soul, undivided, descended into hell and broke hell. The entire person, that is, Jesus Christ, truly God's Son and truly human creature born of Mary, did it. This very God and human creature descended into hell in one person, but he did not remain there. His soul was not left in hell, as Psalm 16 says of him. But where the soul is, there the body belongs as well, according to the language of Scripture, which calls the entire human creature ›soul‹.«[39] With this citation the Mansfeld ministerium rested its case against the Heidelberg Catechism. Luther's affirmation that Christ had descended to hell in his entire person, God and human creature, sufficed to repudiate the Heidelberg Catechism on this point. In so doing it repudiated an attempt to repudiate the Lutheran understanding of the ability of the whole Christ to be present, body and soul, human and divine nature, in more than one place at one time.

The Mansfeld theologians continued with an extensive assessment of the biblical term »hell« [infernum], offering many examples of each of the four definitions exhibited in the usage of Scripture:

1. »Hell« designates sin itself, which accuses Christians in their consciences and causes them to fear.

2. »Hell« can also refer to the sorrows of the dying.

3. »Hell« may indicate the fear and sorrow of souls of the impious after separation from the body.

4. Finally, »hell« signifies »the real, eternal, and terrible hell, into which the impious are cast, soul and body, after the last judgment.«[40]

»Together with the catholic church of Christ« the Mansfeld theologians confessed their belief that Christ not only suffered hell in the first and second senses but that he also went to hell in the fourth sense as Jesus Christ, Son of God

39 Confessio de sententia ministrorum verbi ..., $54^r$; see below page 122.

40 Confessio de sententia ministrorum verbi ..., $54^v$-$58^b$.

and Son of Man, and destroyed its defenses, broke down its doors and gates, shattered its powers, so that he could bestow upon and communicate to his whole church this victory which he had won.[41]

The Mansfeld treatment of Christ's descent into hell demonstrates that this teaching had gained Christological significance within the theological discussion of the 1560s and 1570s. Thus, it casts doubt on Vogelsang's judgment that the ninth article of the »Formula of Concord« was »unquestionably directed entirely against Aepinus«.[42] Although it is likely that Andreae, Chemnitz, and their colleagues were unable to forget the disputes in Hamburg, Pomerania, and Augsburg as they inserted article IX into the »Torgau Book«, the placement of its discussion of the descent into hell following its Christological article indicates that the Torgau committee was moved to follow the pattern of the Mansfeld Confession of 1565 in bolstering in one more small way its understanding of the communication of attributes between the two natures within Christ's person even as that document had countered the ideas advanced regarding Christ's descent into hell in the Heidelberg Catechism.

## *IV Luther's »Torgau Sermon«*

The Mansfeld theologians had found it natural to appeal to Luther's authority for support in their argument, and the Concordianists did the same, turning to the same source, the »Torgau sermon«, albeit in a different printed version, to secure their position with Luther's words. The Mansfelder use of Luther's Easter sermon of 1532 in the form it found in the Jena »Hauspostille« therefore compels us to recast the judgment that the »Formula of Concord« »decided against Luther and for Melanchthon« because it taught that Christ's descent into hell expressed and completed Christ's victory over the devil and hell.[43] It is indeed true that Luther

41 Confessio de sententia ministrorum verbi ..., 58ᵛ.

42 Vogelsang: Weltbild und Kreuztheologie ..., 126.

43 Paul ALTHAUS: Niedergefahren zur Hölle. Zeitschrift für systematische Theologie 19 (1942), 383, as cited in Wenz: AaO 2, 714, Anm. 165. The argument that the 1532 sermon does not truly represent Luther's view of the Descent because it was edited by a »Melanchthonian« hand is a twentieth century attempt to impose uniformity on Luther's expression of his own thought, an impossible and inappropriate effort. It presupposes that Luther permitted the printing of ideas to which he objected under his name, in Wittenberg, and never got around to clarifying his position in the remaining thirteen years of his life. A more sober assessment of the reliability of works edited by Luther's students than that in some earlier twentieth century evaluations of such works is found in Bernhard KLAUS: Die Lutherüberlieferung Veit Dietrichs und ihre Problematik ZBKG 53 (1988), 33-47.

often accented Christ's emotional sufferings as the suffering of hell,[44] an interpretation of the Descensus which the Mansfeld theologians likewise acknowledged as one of the biblical meanings of the concept. However, their purpose in citing the text was to affirm that the whole person of Christ, both natures, did descend into hell while Christ was also buried, thus demonstrating that the whole Christ, God and human creature, could be present in different modes after his ascension as well. However offensive to theories of physics and principles of philosophy that conclusion might be, it conformed to the confession of the ancient church and to biblical teaching regarding the person of Christ. This point, cited from Andreas Poach's (1515-1585) edition of the sermon, based upon Georg Rörer's (1492-1557) notes, in the »Hauspostille«, does indeed expand slightly what is explicitly recorded in Rörer's notes recorded during the preaching of the 1532 Easter sermon, but the Mansfeld ministerium, many of whom had studied with Luther, believed that it faithfully reproduced their mentor's teaching on the person of Christ.[45]

The preparation of the sermon for publication, in 1533, took place two years after Ulrich Zwingli's (1484-1531) death and possibly reflects Luther's concern over the Christological issue that had grown out of their dispute five years earlier. The sermon certainly repeats his position in that dispute, expressed, for example, in his »Vom Abendmahl Christi. Bekenntnis« of 1528.[46] It is not impossible that Rörer himself had edited or helped edit the 1533 printing of the sermon. Rörer bequeathed much of his manuscript material to Poach – at the time he prepared the »Hauspostille« pastor in Erfurt –, who apparently used Rörer's notes but probably also consulted the 1533 published version of the sermon. The two published versions of Rörer's notes expand and emphasize but do not substantially alter Luther's fundamental concern in the original notes, that the simple faith in the descent of Jesus Christ, true God and true man, into hell be believed without speculating about how it happened. Luther's recorded comment on Ps 16, 10, »da gehort der leib auch zw«, confirmed the point Rörer noted with his note: »Credo an Christum, an den gantzen man, leib, seel, qui descendit ad inferos, dic: Iesus Christus,

44 See Truemper's extensive discussion of Luther's view; aaO, 91-151.

45 Cf. Vogelsang: Luthers Torgauer Predigt ..., 122: »Man kann nun in diesen Sätzen einen starken Ausdruck der seit dem Abendmahlsstreit ausgebildeten Christologie Luthers finden, der gegen Zwinglis ›Allöosis‹ die Einheit der beiden Naturen Christi betont (communicatio idiomatum).« Cf. also the general comment of Georg Buchwald (1859-1947) in his introduction to the postils, »Poach hat das Bestreben, auf Grund der Nachschriften Rörers möglichst genau Luthers Predigt wiederzugeben«; WA 52, XI.

46 WA 26, 315, 1 - 349, 34 ≙ LW 37, 204-236.

filius dei, qui? qui est verus dei filius et verus homo ex virgine ec. der hats gethan.« This is the basis of the specific interpretation in both published versions that »[der] gantze{n} Mann ... wahrhaftiger Gott und wahrhafter Mensch mit Leib und Seele, ungetheilet, zur Hölle hinunter gefahren ist«. This Christological consideration, like Luther's concern in the entire sermon to assure his listeners that Christ had overcome all their enemies, even the devil, death, and hell, corresponds to the teaching of the reformer in the 1520s and 1530s.

Although the Mansfeld confutation did not claim a special authority for Luther's words, as did some of contemporary Lutheran theologians, including the document's signer Cyriacus Spangenberg,[47] it is clear that Luther's opinion was considered to be an affirmation and explanation of the true biblical teaching on the descent into hell and the person of Christ. The Concordianists, too, did not claim a special authority for what Luther had written, but with their appeal to the »Torgau sermon« they commended his words as the formulation of the authoritative approach to the doctrine of the descent into hell. Luther functioned for both as a teacher of the faith, whose words were to be heeded as an expression of God's teaching for his people.

The Mansfeld critique of the Heidelberg Catechism's doctrine regarding Christ's descent into hell forms a vital part of the historical setting for the ninth article of the »Formula of Concord«. That locus was not added incidentally to the »Formula of Concord« in order to settle controversies which had essentially burned themselves out a decade and more before the composition of the »Torgau Book«. The Descensus ad infernum took its place among the issues addressed there primarily because of its Christological significance, specifically because it provided one more way to affirm the unity of the divine and human natures in the one person of Christ. The interpretation of Luther's comments on the descent into hell according to his Christological position enunciated in his conflict with Zwingli made his words in the »Torgau sermon« of 1533, as edited for the »Hauspostille«, an effective affirmation of the position that the Mansfeld ministerium defended against the Heidelberg Catechism and also of the Christological teaching of the »Formula of Concord«. As had been the case in the Mansfeld Confutation, his heirs gathered at Torgau in 1576 turned to Martin Luther to provide the formulation for the proper confession of the biblical faith for their generation of his followers.

47 Robert KOLB: Martin Luther as prophet, teacher, and hero: images of the Reformer; 1520-1620. Grand Rapids 1999, 46-62.

| Rörer's notes on the sermon as preached, March 31, 1532; WA 36, 160, 22-26. | Published version of 1533; WA 37, 65, 1-15. | The Hauspostille version of the sermon, EA[1] 3, 284 f.22-26. |
| --- | --- | --- |
| Ideo hallt dich an deinen glauben, quae dicit: Credo an Christum, an den gantzen man, leib, seel, qui descendit ad inferos corpere et anima et destruxit inferos, dic: Iesus Christus, filius dei, qui? qui est verus dei filius et verus homo ex virgine ec. der hats gethan. | Wir aber sollen solch unnoͤtige frage lassen faren und schlecht einfeltiglich unser hertz und gedancken an die wort des Glaubens hefften und binden, Welcher sagt: Ich gleube an den HERREN Christum, Gottes Son, gestorben, begraben und zur Helle gefaren, Das ist: an die gantze person, Gott und mensch, mit leib und seele ungeteilet von der Jungfrawn geboren, gelidden, gestorben und begraben ist, Also sol ichs hie auch nicht teilen, sondern gleuben und sagen,das der selbige Christus, Gott und mensch jnn einer person zur Helle gefaren, aber nicht darinne blieben ist. | Darum halt dich an deinen Kinderglauben, der also lautet: »Ich glaube an Jesum Christum, Gottes einigen Sohn, unsern Herrn, empfangen von dem heiligen Geist, geboren aus der Jungfrauen Maria«; das ist: Ich glaube an den gantzen Mann, daß er wahrhaftiger Gott und wahrhaftiger Mensch mit Leib und Seele, ungetheilet, zur Hölle hinunter gefahren ist, und die Hölle zerbrochen hat. Die gantze Person, das ist Jesus Christus, wahrhaftiger Gottes Sohn und wahrhaftiger Mensch aus Marien geboren, , der hat's gethan. Derselbige Gott und Mensch, in einer Person, ist zur Hölle gefahren, aber nicht darinne blieben. |
| Ipsius anima non deserta est in infernis, da gehort der leib auch zw. | Wie der sechzehende Psalm von jm sagt: »Du wirst meine seele nicht jnn der Helle lassen noch zugeben, das dein Heiliger die verwesung sehe«, »Seele« aber heisset er nach der Schrifft sprache nicht wie wir ein abgesondert wesen vom leibe, sondern den gantzen menschen, wie er sich nennet den Heiligen Gottes. | Seine Seele ist in der Hölle nicht gelassen, wie der 16. Psalm von ihm sagt. Wo aber die Seele ist, da gehoͤret auch der leib zu, nach der Schriftsprache, welche den gantzen Menschen heißet Seele. |
| Dic: quomodo zugangen ist, nescio, ... | Wie aber solchs moͤge zu gangen sein, das der mensch da im grabe ligt und doch zur Helle feret, das sollen und muͤssen wir wol unergrundet und unverstanden lassen ... | Wie es aber zugangen ist, daß der Mensch da im Grabe gelegen, und doch zur Hölle gefahren ist, da sprich: Das weiß ich nicht, werde es auch nicht erdencken noch ausreden können. ... |

# Japanische Lutherbibliographie 1986-2000

*Reinhard Slenczka gewidmet*

Unter Mitarbeit von Pastor M. Theol. Fumio Toshino, Utsu'nomiya (Japan) herausgegeben von Professor Dr. Isao Kuramatsu, Sendai (Japan).

SAMMELSCHRIFTEN

01 **Rutâ Kenkyû = Luther studies**. Bd. 1/ Redaktion: Nihon Rûteru Shingaku Daigaku Rutâ Kenkyûjo (Institute of Luther Studies of Japan Lutheran Theological College/Seminary) Tokyo: Seibunsha, 1985. 242 S. – Siehe Nr. 28. 34. 98. 146. 156.

02 **Rutâ Kenkyû = Luther studies**. Bd. 2 [in Honor of Chitose Kishi & Kazoh Kitamori]/ Redaktion: Nihon Rûteru Shingaku Daigaku Rutâ Kenkyûjo (Institute of Luther Studies of Japan Lutheran Theological College/Seminary). Tokyo: Seibunsha, 1986. 284 S. – Siehe Nr. 22. 39. 41. 45. 91. 99. 101. 116f. 123. 147. 149. 158.

03 **Rutâ Kenkyû = Luther studies**. Bd. 3/ Redaktion: Nihon Rûteru Shingaku Daigaku Rutâ Kenkyûjo (Institute of Luther Studies of Japan Lutheran Theological College/Seminary). Tokyo: Seibunsha, 1987. 134 S. – Siehe Nr. 25. 29. 79. 135.

04 **Rutâ Kenkû = Luther studies**. Bd. 4/ Redaktion: Nihon Rûteru Shingaku Daigaku Rutâ Kenkyû jo (Institute of Luther Studies of Japan Lutheran Theological College/Seminary). Tokyo: Seibunsha 1988. 226 S. – Siehe Nr. 27. 30. 32. 42. 55. 73. 92. 148.

05 **Rutâ Kenkyû = Luther studies**. Bd. 5 [In memoriam Dr. Chitose Kishi (1898-1989)]/ Redaktion: Nihon Rûteru Shingaku Daigaku Rutâ Kenkyû jo (Institute of Luther Studies of Japan Lutheran Theological College/Seminary). Tokyo: Seibunsha, 1989/90 [erschienen 1992], 226 S. – Siehe Nr. 2. 31. 38. 62. 78. 84. 159. 168 f.

06 **Rutâ Kenkyû = Luther studies**. Bd. 6/ Redaktion: Nihon Rûteru Shingaku Daigaku Rutâ Kenkû jo (Instltute of Luther Studies of Japan Lutheran Theological College/Seminary and The Japan Society of Luther Studies). Tokyo: Seibunsha 1991/92 [erschienen 1992]. 147 S. – Siehe Nr. 26. 46. 48. 126.

07 **Rutâ to Shûkyôkaikaku** (Luther und Reformation [Jahrbuch der Japanischen Gesellschaft für Lutherforschung ⟨mit dt. oder engl. Zusammenfassung⟩]. **Nr. 1**. Kyoto: Die Japanischen Gesellschaft für Lutherforschung, 1994/95 [erschienen1996]. 155 S. – Siehe Nr. 3. 71. 115.

08 **Rutâ to Shûkyôkaikaku** (Luther und Reformation ⟨mit dt. oder engl. Zusammenfassung⟩). **Nr. 2**. Tokyo: Die Japanische Gesellschat für Lutherforschung, 1996/99 [erschienen 2000]. 136 S. – Siehe Nr. 63. 72. 129. 157.

09 Kuramatsu, Isao: **Rutâ to Baruto** (Luther und K. Barth). Tokyo: Yorudansha, 1988. 227 S. – Siehe Nr. 20 f. 67 f. 152. 160.

010 Kuramatsu, Isao: **Rutâ-shingaku no Sai-kentô** (Die erneute Untersuchung der Theologie Luthers). Ageo: Seigakuin Daigaku Shuppanbu, 1998. 251 S. – Siehe Nr. 23. 40. 50 f. 69 f. 106 f.

011 **Shûkyôkaikaku to sono Sekaishiteki Eikyô** (Die Reformation und ihre weltgeschichtliche Einwirkung). [Festschrift für Präsident und Prof. Dr. Isao Kuramatsu anlälich seines 70. Geburtstags]. Mit Dedikation vom Hrsg. Kurze Lebensgeschichte und Arbeitliste von Isao Kuramatsu/ hrsg. von Kiyoshi Tsuchido; Katsuhiko Kondoh. Tokyo: Kyô Bun Kwan, 1998. 351, 8 S. – Siehe Nr. 52. 54. 80. 83. 141. 144. 153.

# A QUELLEN

## 1 Quellenkunde

1 Matsuura, Jun: **Shûdôinshi, Toshokanshi soshite Seihonshi: Rutâ saishoki-Shiryô Tansaku** (Geschichte der Klosterbibliothek und des Buchbindens: Quellenuntersuchung der Frühschriften Luthers ). Doitsu Bungaku 78 (Tokyo 1987), 19-30.

2 Matsuura, Jun: **Rutâ saishoki Shiryôkenkyû:** Genkyô to Kadai (Studie über die frühesten Quellen aus Lutheres Hand). In: 05, 181-209.

3 Matsuura, Jun: **Luthers Notizen zu Occam (um 1510/11):** eine vorläufige Edition. In: 07, 86-145.

## 2 Wissenschaftliche Ausgaben und Übersetzungen der Werke Luthers sowie der biographischen Quellen

4 [Luther, Martin]: **Rutâ Chosakushû = Luthers Werke**/ Redaktion: Nihon Rûteru Shingaku Daigaku Rutâ Kenkyûjo (Japan. Luth. Theol. Hochschule, Luther-Forschungsinstitut). Abt. 2, Bd. 10: **Sei-Pauro no Korintobito eno dai 1 no Tegami, dai 15-shô** (*Das 15. Kapitel der 1. Epistel S.Pauli an die Korinther, 1532/33*)/ übers. von Yoshikazu Tokuzen. Tokyo: Seibunsha, 1988, 3-181.

5 [Luther, Martin]: **Rutâ Chosakushû = Luthers Werke**/ Redaktion: Nihon Rûteru Shingaku Daigaku Rutâ Kenkyûjo (Japan. Luth. Theol. Hochschule, Luther-Forschungsinstitut). Abt. 2, Bd. 10: **Marutin Rutâ Hakase niyoru Shito-sei Pauro no Heburubito eno Tegami Kôkai** (*Vorlesung über den Hebräerbrief, 1517/18*)/ übers. von Chitose Kishi. Tokyo: Seibunsha, 1988, 183-398.

6 [Luther, Martin]: **Rutâ Chosakushû = Luthers Werke**/ Redaktion: Nihon Rûteru Shingaku Daigaku Rutâ Kenkyûjo (Japan. Luth. Theol. Hochschule, Luther-Forschungsinstitut). Abt. 2, Bd. 8: **Rômasho Kôgi**: 1515/1516 = **Divi Pauli apostoli ad Romanos epistola** (*Vorlesung über den Römerbrief* [WA 56, 3-267])/ übers. von Yoshikazu Tokuzen. Tokyo: Seibunsha, 1992. 14, 412, 19 S.

## 3 Volkstümliche Ausgaben und Übersetzungen der Werke Luthers sowie der biographischen Quellen

### b) Einzelschriften und Teile von ihnen

7 [Luther, Martin]: Marutin Rutâ: **Nagusame to Hagemashi no Kotoba: 1-nichi 1 shô** (Die Trost- und Ermutigungswörter: ein Kapitel jeden Tag aus dem Lutherwerk)/ übertr. und hrsg. von Ikuko Yukawa unter Leitung von Yoshikazu Tokuzen. Tokyo: Kyô Bun Kwan, 1998. 386 S.

## 4 Ausstellungen, Bilder, Bildbiographien, Denkmäler, Lutherstätten

8 **Aratana Shinkô ni ikiru:** Ren'nyo - Rutâ - Minshû (Leben zum neuen Glauben: Ren'nyo [1415-1499] – Luther – Volk)/ Luthers Umwelt unter Leitung von Yoshikazu Tokuzen [Eine speziell geplante Ausstellung »Der Geist des Ostens und des Westens« im Jahre 1998]. Okazaki: Okazaki Kunstmuseum, 1998. 142 S. Ill.

9 Morita, Yasukazu: **Rutâ no Kubihiki-neko:** Mokuhanga de yomu Shûkyô kaikaku (Die lutherische Strebkatz: die Reformation in den Holzschnitten). Tokyo: Yamakawa Shuppansha, 1993. 260, 24 S.: Ill.

10 [Warunke, Martin]: Varunke, Marutin: **Kurânaha 'Rutâ':** Imêji no Mosaku (Lukas Cranachs »Luther«: Entwurf für ein Image ⟨japan.⟩)/ übers. von Yukiko Okabe. Tokyo: Sangensha, 1993. 128 S. Ill.

[Luther, Martin]: **Rutâ Chosakushû = Luthers Werke**/ Redaktion: Nihon Rûteru Shingaku Daigaku Rutâ Kenkyûjo (Japan. Luth. Theol. Hochschule, Luther-Forschungsinstitut). Abt. 2, Bd. 8: **Rômasho Kôgi = Divi Pauli apostoli ad Romanos epistola**: 1515/1516 (*Vorlesung über den Römerbrief* [WA 56, 3-267])/ übers. von Yoshikazu Tokuzen. Tokyo: Seibunsha, 1992, Titelblatt; vgl. oben Nr. 6.

# B DARSTELLUNGEN

## 1 Biographische Darstellungen

### a) Das gesamte Leben Luthers

11 Matsuura, Jun: **Jûjika to Bara**: Shirarezaru Rutâ (Kreuz und Rose: der unbekannt gebliebene Luther). Tokyo: Iwanami Shoten, 1994. IX, 248, 9 S.: Ill. (Siriizu Seishinsi Hakkutsa [Ausgrabung der Geistesgeschichte])

12 Miura, Yoshikazu: **Marutin Rutâ no Ningenzô**: hitotsu no Oboegaki (Das Menschenbild von Martin Luther: ein Memorandum). Kyûshû Jogakuin 12 (Fukuoka 1987), 37-53.

### b) Einzelne Lebensphasen und Lebensdaten

13 Matsuura, Jun: **Luther als Dozent an der Erfurter Universität**: auf den Spuren seiner Anfänge. Erfurter Universitätsvorlesungen 1991 (Erfurt 1992), 47-67.

14 Matsuura, Jun: **Zu Luthers Anfängen in Erfurt**: neue Quellen und Erkenntnisse. In: Gengo – Bungaku – Komyu'nikêshon [Festschrift für Eijiroh lwasaki anläßlich seines 75. Geburtstags]/ hrsg. von Tôzoh Hayakawa ... Tokyo: Dôgakusha, 1997, 337-390.

### c) Familie

15 Tokuzen, Yoshikazu: **Rutâ no Kazoku** (Luthers Familie). In: Kazoku wo tsukuru (Familienbildung)/ hrsg. von Lutheran College und Theological Seminary. Tokyo: Lutheran College and Theological Seminary, 1999, 161-189 .

### d) Volkstümliche Darstellungen seines Lebens und Werkes, Schulbücher, Lexikonartikel

16 Kuramatsu, Isao : **Shûkyô towa Nanika? Shinkô towa Nanika?**: Rutâ no ichizuna Sônen ga Seiô no Shûkyô-chizu wo somewaketa (Was ist Religion? Was ist Glaube?: die durch den schlechthinnigen Glauben Luthers geschriebene Religionskarte Europas). CI monthly 447 (Tokyo 1988), 48-54.

17 **Rutâ to Shûkyôkaikaku-jiten** (Lexikon für Luther und Reformation)/ Redaktion: Japan. Luth. Theol. Hochschule, Luther-Forschungsinstitut Tokyo: Kyô Bun Kwan, 1995. 336 S. Ill.

18 Tokuzen, Yoshikazu: **Rutâ no Shôgai ni okeru Sei to Shi** (Leben und Tod in Luthers Leben )/ In: Shi to Shinkô (Der Tod und Glaube)/ hrsg. von Lutheran College und Theological Seminar. Tokyo: Lutheran College and Theological Seminary, 1997,141-165.

19 Utsumi, Sueaki: **Kirisutosha no Jiyû to Ai**: Rutâ »Kirisutosha no Jiyû« wo yomu (Die Freiheit und Liebe von Christen: aus Luthers »Von der Freiheit eines Christenmenschen«). Tokyo: Seibunsha, 1989. 127 S.

## 2 Luthers Theologie und einzelne Seiten seines reformatorischen Wirkens

### a) Gesamtdarstellungen seiner Theologie

20 Kuramatsu, Isao: **Rutâ no Mondai** (Die Sache Luthers). (1986). In : 09,32-49.

21 Kuramatsu, Isao: **Rutâ to Doitsu no Shûkyôkaikaku** (Luther und Reformation in Deutschland). (1987). In: 09, 10-31 .

### b) Gott, Schöpfung, Mensch

22 Ishii, Masami: **Rutâ ni okeru Shiren no Mondai** (Die Anfechtung bei Luther). In: 02, 143-150.

23 Kuramatsu, Isao: **Rutâ ni okeru Zokusei no kôryû ni tsuite** (Über die communicatio idiomatum bei Luther). (1974). In: 010, 77-112.

24 Takao, Satoshi: **Marutin Rutâ no Ningenron** (Teil 1): Shin-kan tono Kanren ni okeru (Martin Luthers Anthropologie I: in Verbindung mit seinem Gottesbild). [Forschungsberichte]. Matsuyama Shino'nome Junior College 22 (Matsuyama 1991), 23-28.

25 Tokuzen, Yoshikazu: **Rutâ no »Fukkatsu no Sekkyô«**: Dai 1 Korinto dai 15-shô no Renzokusekkyô kara (Luthers Predigten von der Auferstehung). In: 03, 5-28.

#### d) Christus

26 Mine, Hisashi: **Rutâ no Kirisuto- shôgen:** Josetsu (Das Christuszeugnis Luthers: eine Einführung [durch die beiden Galaterbriefvorlesungen]). In: 06, 64-91.

#### d) Kirche, Kirchenrecht, Bekenntnisse

27 Ishii, Masami: **Kyôkai no Rikai ni tsuite:** Rutâ to Karuvan = **Luther and Calvin in their understanding of the Church.** In: 04, 129- 153.

28 Miura, Ken: **Rutâ ni okeru Hamonrikai:** sono Jissai to Hôseika no nakade (Luthers Bannverständnis: deren Praxis und Konsolidierung in den Kirchenordnungen in Sachsen) In: 01, 39-96

29 Miura, Ken: **Hamburuku Shûkyôkaikaku Kenkyû:** Kyôkai-kitei 1529-nen izen (Studien über die Reformationsgeschichte in Hamburg: vor der »Kirchenordnung« von 1529). In: 03, 73-111.

30 Miura, Ken: **Kyôkai Kitei ni miru Katorikku to Rutâ-ha Ryôhôkyôkai = Roman Catholic church and the Lutheran territorial church in their Church Orders.** In: 04, 95-127.

31 Miura, Ken: **Shoki-ryôhôkyôkaihô no Tenkai to sono nakani arawareta Kyôshokuzô:** 16-seiki Zakusen-kyôkaihô wo megutte (Das Pfarrerbild in den ersten Jahren der lutherischen Reformation anhand der frühen Kirchenordnung in Sachsen). In: 05, 17-54.

32 [Peters, Albrecht] Aruburehito Pêtâsu: **Shinkô-kokuhaku to Shinjô** (Bekennen und Bekenntnis ⟨japan.⟩)/ übers. von Eguchi Saiki. In: 04, 25-38.

33 Suzuki, Hiroshi: **»tadasii Sensô« to »Hô ni shitagatte tatakau«**: »Itchishinjôsho« CA 16-jô to »Benshô« 16-jô no »iure« no Yakugo no Mondai (Problem der japanischen Übersetzung von »rechte Krieg (iure)« in CA 16 und AP 16). Diakonia 20 (Tokyo 1986), 45-58.

34 Tomimoto, Kensuke: **»Shuvâbaha-jôkô« wo megutte**: sono Shûkyôkaikakushi ni okeru Ichi ni tsuite no Ichikôsatsu = **Concerning the Schwabach articles**: a little study on its place in the history of Reformation). In: 01, 11-38.

#### e) Sakramente, Beichte, Ehe

35 Inoue, Ryôsaku: **Kôki-Rutâ no Seisanron Kenkyû = A Study of Luther's doctrine of the eucharist**: concerning the problem of the real presence. Shingaku 61 (Tokyo 1999), 131-157.

36 Yamamoto, Naoko: **Shoki Rutâ no Seisanron**: Rutâ no Seisanron-jôsetsu (Die Abendmahlslehre Luthers in seiner ersten Zeit: Einführung in Luthers Abendmahlslehre). Tojô 18 (Tokyo 1989), 53-73.

37 Yamamoto. Naoko: **Rutâ Seisanron no Tenkai:** 1520-nen kara 23-nen made (Entwicklung der Abendmahlslehre Luthers von 1520 bis 1523). Tojô 21 (Tokyo 1992), 33-55.

#### f) Amt, Seelsorge, Diakonie, Gemeinde, allgemeines Priestertum

38 Eguchi, Saiki: **Rutâ Kyôshokuron no kokoromi:** Demokurashî to shijôteki Sekai no nakade (Der Ort des Pfarrers in der Demokratie und der Marktwelt). In: 05, 55-78.

39 Hägglund, Bengt: **Das Amt eines Christen:** Grundfragen in Luthers Auslegung der Bergpredigt. In: 02, 1-17.

40 Kuramatsu, Isao: **Rutâ ni okeru Kakko-kyôkai no Jiritsu to Chôrôsei** (Selbstverwaltung der Kirchengemeinde und Presbyterium bei Luther). (1989). In: 010, 117-131.

41 Miura, Ken: **Doitsu Ryôhô-kyôkai ni okeru Kantokusei no Kigen to sono Tenkai** (Der Anfang und die Entwicklung des Bischofsamtes in den deutschen Landeskirchen). In: 02, 213-231.

42 Tokuzen, Yoshikazu: **Têze:** Rutâ no Kyôkai-kan = **Theses**: Luther's conception of the church. In: 04, 39-56.

43 Yamabe, Ken: **Kirisutokyô ni okeru Saishi to Shisai**: M. Rutâ no Ban'nin-saishi wo megutte (Das Priestertum aller Gläubigen bei M. Luther). Acta humanistica et scientifica: humanities series 19 (Kyoto 1992), 260-314.

#### g) Gnade, Glaube, Rechtfertigung, Werke

44 Imai, Susumu: **Rutâ ni okeru »Taiken« no Mondai** (Das Problem der Erfahrung bei Luther). Kirisutokyôgaku Kenkyû = Journal of Christian studies 10 (Kyoto 1988), 1-14.

45 Ingu, Tôru: **Onchô to Jiyûishi tono Itchi ni tsuite:** »Doreiishi-ron« Kenkyû (De concordia gratiae Dei cum libero arbitrio: Forschung zu »De servo arbitrio«). In: 02, 9-34.

46 Ishii, Masami: **Rutâ Sekkyo ni okeru Rippô to Fukuin** (Gesetz und Evangelium in den Predigten Luthers). In: 06, 34-63.

47 Ishii, Masami: **Rutâ no Shinkô no karejishin ni yoru Yôyaku:** »Shinkô-kokuhaku« to »Shumarukaruden-jôkô« wo megutte = **Luther's faith according to Luther**: concerning »Confession« and »Schmalcald articles«. Diakonia 30 (Tokyo 1996), 1-24.

48 Kibe, Hisashi: **»Doreiishi ron« ni okeru Ningen**

**no Jiyû to Kyôdô** (Freiheit und Zusammenarbeit in »De servo arbitrio«). In: 06, 92-121.

49 Kuramatsu, Isao: **Rechtfertigung und Weltverantwortung nach der Zwei-Reiche-Lehre Luthers**: ihre Bedeutung für die Kirche in Japan. In: Rechtfertigung und Weltverantwortung: internationale Konsultation, Neuendettelsau, 9.-12. September 1991; Bericht und Referate/ hrsg. von Wolfhart Schlichting. Neuendettelsau: Freimund, 1993, 283-291.

50 Kuramatsu, Isao: **Rutâ no Jûjika no Shingaku ni tsuite no Ichikôsatsu:** tokuni Luther-shingaku no Honshitsu Kôzô tono kanren ni oite (Die allein durch den Christus-Glauben erleuchtete lex dei: ein Aspekt der theologia crucis Luthers). In: 010, 12-31.

51 Kuramatsu, Isao: **Rutâ to Karuvan no Gi'ninron:** Rutâ kara no lchikôsatsu (Rechtfertigungslehre bei Luther und Calvin: ein Aspekt von Luthers Seite). In: 010, 56-76.

52 Mizugaki, Wataru: **Purotesutanto-shisô no Mondai toshiteno »Shinkô to Chie«:** hitotsu no Mondaiteiki (Eine Bemerkung: Glaube und Weisheit im Protestantismus ). In: 011, 153-170.

53 Nagita, Kaoru: **Shinpishugi to Shinkô**: Pauro to Rutâ (Mystik und Glaube: Paulus und Luther). The Bulletin of the Okayama University of Science: human sciences 23 B (Okayama 1987 [erschienen 1988]), 81-101.

54 [Schwarzwäller, Klaus] Kurausu Shuvarutsuverâ: **Rutâ ni okeru Gi'nin to Seika** (Rechtfertigung und Heiligung bei Luther ⟨japan.⟩)/ übers. von Kei Saeki; Shiroh Satoh. In: 011, 12-45.

55 Suzuki, Hiroshi: **Gi'nin-ron no Zentei toshiteno Genzai-ron:** Shûkyô-kaikaku no Zentei toshiteno Augusutinusuteki Ningenron = **Original sin as the presupposition of the doctrine of justification**: Augustinian anthropology as the context of the Reformation). In: 04, 175-193.

56 Takehara, Sôichi: **Rutâ ni okeru Yobikake no Mondai** (Das Problem des Anrufs bei Luther [in der Auslegung von Ps 4, 2]). St. Paul's review of arts & sciences, arts and letters 55 (Tokyo 1996), 1-24.

57 Takehara, Sôichi: **Rutâ no Shihenkaishaku ni okeru Katarite no Mondai** (Vom Sprecher der Psalmen in deren Auslegung Luthers). Kirisutokyôgaku Kenkyû = Journal of Christian studies 17 (Kyoto 1997), 25-51.

58 Takehara, Sôichi: **Rutâ no Shihenkaishaku ni okeru Shinkôrikai** (Die Bedeutung des Glaubens in der Psalmenauslegung Luthers: zu Ps 4, 7a »lumen vultus tui«). Kirisutokyô Gaku Kenkyû = Christian studies 39 (Tokyo 1997), 105-130.

59 Takehara, Sôichi: **Rutâ no Shihenkaishaku ni okeru Kuiaratame to Mokusô**: Dai 4-hen no »kuiaratame-nasai« (Ps 4, 5a) to »chinmokushinasai« (Ps 4, 5c) no Kaishaku wo megutte (Buße und Schweigen in der Psalmenauslegung Luthers: zu Ps 4, 5 »compungimini (Ps 4, 5a) und »tacete« (Ps 4, 5c). Kirisutokyô Gaku Kenkyû= Christian studies 18 (Kyoto 1998), 133-151.

**h) Sozialethik, politische Ethik, Geschichte**

60 Eguchi, Saiki: **Dofurou no Taiporogî ni tsuite**: Rutâ no »Ni-ôkoku-ron« Saikô = **Typology proposed by U. Duchrow-reconsidering Luther's »Zwei-Reiche-Lehre«**. Diakonia 33 (Tokyo 1999), 1-11.

61 Horie, Hirofumi: **Marutin Rutâ ni yoru Teikôkenshisô no Tenkai = The development of Martin Luther's active resistance theory**. Senshû Keizaigaku Ronshû 25 (Tokyo 1991) Nr. 2, 71-88.

62 Ishii, Masami: **Rutâ to mazushii Hitobito = Luther and the poor people**. In: 05, 117-142.

63 Kibe, Takashi: **»Gakko-sekkyô« ni okeru Kyôiku to Heiwa no Renkan**: Hôritsuka-ikusei to konoyo no Heiwa (Erziehung und Frieden in der Schulpredigt von 1530: die Bildung der Juristen und der weltliche Frieden). In: 08, 72-89

64 Kibe, Takashi: **Rutâ Seiji-shisô ni okeru Seiji to Syûkyôrinri no Renkan**: Toreruchi=Ariga Têze no Hihan (Die Beziehung zwischen Politik und Religionsethik im politischen Denken Luthers: Beurteilung zur These »Troeltsch-Ariga«). Kirisutokyô Ronshû / Kirisutokyô Gakkai 42 (Tokyo 1999), 71-85.

65 Kibe, Takashi: **Rutâ no Seiji-shisô:** sono Seisei to Kôzô (Werden und Struktur des politischen Denkens von Luther ). Tokyo: Waseda Daigaku Shuppanbu, 2000. vi, 245, 6 S.

66 Koyama, Hidetaka: **Tsumi-gai'nen ni miru Kokkakan no Sôi**: Rutâ to Myuntsuâ (Der Unterschied in der Staatsauffassung in bezug auf den Sündenbegriff bei Luther und Müntzer). The annual of the Institute of Economic Research 22 (Tokyo 1991) Nr. 1, 1-20.

67 Kuramatsu, Isao: **Rutâ ni okeru Kirisutokyôrinri no Konpon-mondai** (Grundstruktur der christlichen Ethik bei Luther). (1985). In: 09, 50-68.

68 Kuramatsu, Isao: **Rutâ ni okeru Kirisutokyô to Bunmei**: Kami no Shihai ni tsukaeru Ningen no Shihai ni tsuite (Christentum und Zivilisation bei Luther: Regierung des Menschen im Dienst der Regierung Gottes). (1987). In: 09, 69-87

69 Kuramatsu, Isao: **Rutâ ni okeru Kirisutokyô-**

**riarizumu**: Shûkyô to Seiji no Ichigenron, Genrishugi Hihan ni furete (Der christliche Realismus bei Luther: Luthers Kritik am Monismus und Radikalismus). (1996). In: 10, 157-177.

70 Kuramatsu, Isao: **Rutâ no Jinkenron ni miru Fukuin to Bunka no Shingaku** (Evangelium und Kultur im Luthers Denken über die Menschenrechte). (1997). In: 10, 178-199.

71 Kusumoto, Shinzô: **Rutâ ni okeru formes oyobi concupiscentia no Gai'nen ni tsuite** (»Fomes« und »concupiscentia« bei Luther). In: 07, 70-85.

72 Nagata, Ryôichi: **Shûkyôkaikakuki ni okeru Toshi-min no Kyôhasentaku**: Eafuruto-shi Seikentantôsha Kaisô no Jirei (Die Konfession der Ratsherren zu Erfurt im Reformationszeitalter). In: 08, 37-57.

73 [Peters, Albrecht]: Aruburehito Pêtâsu: **Kon'nichi Kirisutosha de arukoto:** Rutâ ni manabu (Christsein heute im Sinne Martin Luthers ⟨japan.⟩)/ übers. von Saiki Eguchi. In: 04, 5-24

74 Saotome, Reiko: **Rutâ ni okeru Obrigkeit no Rikai**: civitas oyobi regnum Gai'nen (Zu Luthers Verständnis der Obrigkeit: die Begriffe »civitas« und »regnum«). Bulletin of Osaka College of Physical Education 17 (Osaka 1986) Nr. 1, 173-186.

75 Saotome, Reiko: **Rutâ ni okeru »labor«-gai'nen no Rikai**: » Shihen 90-pen Kôkai ni okeru (Zum Verständnis des »labor«-Begriffes bei Martin Luther: in der Enarratio Psalmi XC). Bulletin of Osaka College of Physical Education 18 (Osaka 1987), 217-231.

76 Shiina, Shigeaki: **Rutâ no »Berûfu«-gai'nen to »Sukui no Kakushô«**: Uêbâ Têze no Sai-kentô no tameni (Beruf und Heilsgewißheit bei Luther: zur Kritik an Webers Thesen). Shisô 828 (Tokyo Juni 1993), 37-60; 830 (Aug. 1993), 109-134.

77 Tanamura, Shigeaki: **Kami no Shômei toshite no sezokuteki-Shokugyôkan no Keisei:** tokuni J. Taurâ to M. Rutâ no Kankei wo megutte (The formation of the notion of secular works as the calling of God [ruff, beruff]: focusing on the relationship between J. Tauler and M.Luther). Shingaku 55 (Tokyo 1993), 171-200.

78 Tokuzen, Yoshikazu: **Rutâ ni okeru Shûmatsuron no Ittan**: Matai 24-shô 15-28 ni tsuite no futatsu no Sekkyô kara (Ein Aspekt der Eschatologie bei Luther anhand seiner beiden Predigten über Mt 24, 15-28). In: 05, 99-116.

### i) Gottes Wort, Bibel, Predigt, Sprache

79 Eguchi, Saiki: **Hajime ni Kotoba ga atta:** Rutâ no Rogosu-ron (Am Anfang war das Wort: Luthers Lehre über Logos). In: 03. 29-50.

80 [Hägglund, Bengt] Benkuto Hegurunto: **Seisho no Meiryôsei**: Shûkyô-kaikaku no wasurerareta konponteki Oshie to sono Kangae no Kôdai eno Eikyô (Om »Skriftens klarhet« – reformations bortglömda grundprincip ⟨japan.⟩)/ übers. von Sôichi Takehara. In: 011, 46-62.

81 Kadotani, Yoshio: **Luther-yaku Shin'yaku-Seisho ni oite Fukusû no Kisûshi to tomoni mochiirareteiru Meishi no Gokei ni tsuite:** »Shin'yaku-Seisho eno Yogen« ni motozuite (Die Wortform des Substantivs, die pluralistisch mit Grundzahl in Luthers Neuem Testament verwendet ist). Kyôyô Ronshû = General studies essays 88: Keiô Gijuku Daigaku Hôgaku Kenkyû Kai = Keiô Gijuku University law studies (Tokyo 1988), 30-58.

82 Kusumoto, Shinzoh: **Rutâ Rômasho Kôgi dai 7-shô no Kenkyû** (Über Luthers Römerbriefvorlesung vom Kap. 7). Teil 1. Beritasu = Veritas 12 (Kyoto 1993), 139-146.

83 [Sondermann, F. E.] F. E. Zondâman: **Das Wort sie sollen lassen stehn**: Amon ni yoru Rutâyaku Seisho Kaitei no Kokoromi ni tsuite (Über den Versuch zur Revision der Luther-Bibel von Amon ⟨japan.⟩)/ übers. von Junshiroh Kawabata. In: 011, 63-97.

84 Takehara, Sôichi: **Mokusô to Katari**: Rutâ no Meditatio ni tsuite (Meditation und Sprechen: meditatio bei Luther). In: 05, 161-180.

85 Takehara, Sôichi: **Shûkyô ni okeru Kotoba to Ongaku**: Rutâ no Shihen-kaishaku wo tôshite (Wort und Musik in der Religion in Luthers Psalmenauslegung). In: Kotoba to Keiken (Erfahrung und Wort)/ hrsg von Tetsuroh Kaji. Tokyo: Taimeidô, 1995, 186-206.

86 Tokuzen, Yoshikazu: **Kotoba no Dekigoto toshite no Rutâ** (Reformator Luther als Wortereignis). In: Fukuin to Nihongo (Evangelium und die japanische Sprache)/ hrsg. von Luthern College and Theological Seminary. Tokyo: Kirisutokyô Shichôkaku Center (AVACO), 1996, 28-55.

### k) Gottesdienst, Gebet, Kirchenlied, Musik

87 Hashimoto, Akio: **Rutâ no Reihai-ron no gendaiteki Igi** (Gegenwärtige Bedeutung der Gottesdienstlehre Luthers). Fukuin Shingaku (Evangelical theology) 24 [Sonderausgabe über Gottesdienstlehre] (1993), 25-53.

88 Isoyama, Tadashi: **Martin Luthers Musikbegriff**: die Befreiung der Musik von der trivialistischen Musikanschauung. Aesthetics 2 (Tokyo 1986), 101-110.

89 Katoh, Tsu'neaki: **Rutâ ni okeru Reihai no Kaikaku** (Die Erneuerung des Gottesdienstes bei Luther). Quarterly church 5 (Tokyo 1991), 1-4.

90 Nagayo, Emiko: **Rutâ kara Bahha eno 200-nen**: Korâru no ayunda Michi (200 Jahre von Luther zu J. S. Bach der Weg mit dem Choralgang). Osaka: Shopan 1987. 284 S.

91 Takehara Sôichi: **Rutâ ni okeru Inori ni tsuite**: Shihen-kaishaku ni okeru (Das Gebet bei Luther in seiner Psalmenauslegung). In: 02, 161-176.

92 Takehara, Sôichi: **Inori, Meisô, Shiren**: Rutâ no Shingaku no Houhô = **Prayer, meditation and temptation**: on the method of the theology in Luther). In: 04, 155-173.

l) Katechismus, Konfirmation, Schule

93 Eguchi, Saiki: **Rutâ ni okeru Kyôiku to Kazoku:** Kyôiku wa kanooka = **Luther on education at family**: Is education possible?). Diakonia 30 (Tokyo 1996), 25-40.

94 Ishii, Masami: **Rutâ no Katekizumu = Luther's Catechism**. Diakonia 28 (Tokyo 1994), 1-22.

95 Kadowaki, Seiko: **Rutâ no Kyôku-kan no Ichikôsatsu 1**: Kyôno Mokuhyô toshite no Reihai wo Chûshin'ni = **Luther on education 1**: »Gottesdienst« as the goal of education). Kyûshû Jogakuin 11 (Fukuoka 1986), 1-17.

96 Kadowaki, Seiko: **Marutin Rutâ no Shûkyô-kyôiku-kan** 1: Kodomo-kan (Martin Luther über Kinder 1: Kinderanschauung). Kyûshû Jogakuin 20 (Fukuoka 1995), 11-20.

97 Kadowaki, Seiko: **Marutin Rutâ no Shûkyô-kyôiku-kan.** 2: Kodomo-kan (Martin Luther über Kinder. Teil 2: Katechismus als Methode des Religionsunterrichts). Kyûshû Jogakuin 20 (Fukuoka 1995), 21-31.

m) Weitere Einzelprobleme

98 Eguchi, Saiki: **Rutâ ni okeru Byöki no Shingaku** (Die Theologie der Krankheit bei Luther). In: 01, 97-124.

99 Eguchi, Saiki: **Rutâ to Shi no Kyôiku** (Luther und die Unterweisung für das Sterben). In: 02, 177-193.

100 Eguchi, Saiki: **Rutâ no »Shi eno Junbi ni tsuite no Sekkyo« ni tsuite** (Über Luthers »Ein Sermon von der Bereitung zum Sterben«). In: Inochi wo fukaku kangaeru: Iryô to Shûkyû kara mita Shiseikan I. Tokyo: Kirisuto Shinbunsha, 1990, 85-128.

101 Imai, Susumu: **Rutâ ni okeru »Mu« no Shisô ni tsuite:** Yobiteki Kosatsu (Zur Vorstellung vom »Nichts« bei Luther: eine Vorbehandlung) In: 02, 129-142.

102 Ishii, Masami: **Rutâ ni okeru Shiren toshite no Shi no Mondai = The problem of death as »Anfechtung« in the thougjht of Martin Luther**. Diakonia 23 (Tokyo 1989), 1-22.

103 Itoh, Heihachiroh: **Rutâ to Shizenho no Mondai:** kôki-Sukora-shisô tono kanrende (Das Problem legis naturae bei Luther: zum Verhältnis zur Spätscholastik). The annual of legal philosdophy 1991 (Tokyo 1991), 127-134.

104 Kaneko, Haruo: **Marutin Rutâ to Ai no Chitsujo** (Martin Luther und »ordo amoris«). In: Ders.: »Ai no Chitsujo« no shisôshiteki Kenkyû (Die geistesgeschichtliche Forschung zum »ordo amoris«). Kaiko 1990 (Okayama University 1990), 127-150.

105 Kaneko, Haruo: **Rutâ no Shiseikan** (Lebens- und Todesanschauung bei Luther). Daigaku Rinrigakkai Okayama University 7 (Okayama 1990), 1-14.

106 Kuramatsu, Isao: **Rutâ ni okeru Keiken** (Die Frömmigkeit bei Luther). (1989). In: 010, 32-55.

107 Kuramatsu, Isao: **Rutâ no Isurâmukyô Hihan**: sono Shisei to Kijun (Luthers Kritik am Islam: seine Haltung zur Kritik und sein Kriterium). In: 010, 134-156.

108 Kusumoto, Shinzoh: **Rutâ no Tsumi-rikai ni tsuite:** Ronbarudosu »Meidai shû« eno Rangaichûki, »Romasho kogi« »Garateyasho chukai« wo Tekusuto toshite; Tojô (Sündenverständnis bei Luther: anhand seiner Glossen zu den Sentenzen des Lombarden, seiner Römerbriefvorlesung und seines Galaterkommentars; Thesen). Shisô to Kirisutokyô Kenkyûkai/ Tokyo Kôronsha 24 (Tokyo 2000), 43-67.

109 Matsuura, Jun: **Shi no naka no Sei**: Rutâ no Tenkai (Das Leben im Tode: der Durchbruch Luthers): In: Shiseikan to Seimei rinri/ hrsg. von Junzoh Sekine. Tokyo: Tokyo Daigaku Shuppankai, 1999, 49-64.

110 Miyata, Mitsuo: **Yotei-setsu to Ban'ninkyûsai-setsu**: Shûkyôkaikakusha – Uchimura Kanzoh – Kâru Baruto (Die Lehre von Prädestination und allgemeiner Erlösung: Reformator – Kanzoh Uchimura [1864-1930] – Karl Barth). Shisô 782 (Tokyo Aug. 1989) Nr. 8, 5-30.

111 Saotome, Reiko: **Rutâ ni okeru Shiseikan** (Die Lebens- und Todesanschauung bei Luther). Bulletin of Osaka College of Physical Education 23 (Osaka 1992), 93-101.

112 Suzuki, Hiroshi: **Genzairon no Yôgo**: Genzairon no Shingakusha toshite no Rutâ = **An indication**

of the doctrine of original sin: Luther as theologian of original sin) Diakonia 27 (Tokyo 1993), 1-48.

113 Takehara, Sôichi: **Rutâ ni okeru Shiren ni tsuite:** Dai 2 kai Shihen Kôgi yori (Über die Anfechtung bei Luther in den »Operationes in psalmos«). Kirisutokyôgaku Kenkyû = Journal of Christian studies 10 (Kyoto 1988), 80-104.

114 Takehara Sôchi: **Rutâ no Genzairon** (Luthers Lehre von der Ursünde). In: Shûkyô niokeru Tsumi to Aku no Mondai (Die Probleme der Sünde und des Bösen in der Religion)/ hrsg. von Shigeru Taniguchi. Tokyo: Yamamoto Shoten, 1991, 73-94.

115 Takehara, Sôchi: **Rutâ ni okeru Nemuri to Shi**: Sihen dai 4 hen 9-setsu no Kaishaku (»Schlaf« und »Tod« in Luthers Auslegung der Psalmen). In: 07, 21-42.

116 Tokuzen, Yoshikazu: **Rutâ ni okeru »Shûkyô« no shingakuteki Kôsatsu** (Zur »Theologie der Religionen« bei Luther). In: 02, 195-212.

## 4 Luthers Beziehungen zu früheren Strömungen, Gruppen, Persönlichkeiten und Ereignissen

117 Kaneko, Haruo: **Rutâ to Augusutinusu**: »Ai no Chitsujo« no Rikai to kanrenshite (Luther und Augustinus: zum Verständnis von ordo amoris). In: 02, 35-56.

118 Kaneko, Haruo: **Chusei- shisô to Rutâ** (Das mittelalterliche Denken und Luther). In: Ders.: Ai no Chitsujo. Tokyo: Sôbunsha, 1989, 114-126.

119 Kaneko, Haruo: **Ordo Amoris:** Augusutinusu kara Rutâ ni itaru shisôshi-teki Kôsatsu = **Ordo amoris**: from Augustine to Luther. Studies in medieval thought 32 (Tokyo 1990), 1-19.

120 Takehara Sôichi: **Kotoba to Keiken**: Rutâ to Dionishiusu no kakawari (Wort und Erfahrung: Luther und Dionysius). Kirisutokyôgaku Kenkyû = Journal of Christian studies 16 (Kyoto 1996), 133-155.

121 Takehara, Sôichi: **Rutâ no Shihenkaishaku ni okeru Shûjigaku no Mondai** (Das Problem der Rhetorik in der Psalmenauslegung Luthers [zu »divinus artifex et rhetor incomparabillis«]). Kirisutokyô Gaku = Church studies 38 (Tokyo 1996), 203-221.

122 Takehara, Sôichi: **Rutâ ni okeru Jiyûgakugei no Dentô = Die Tradition der artes liberales bei Luther.** St. Paul's review of arts & sciences, arts and letters 56 (Tokyo 1997), 51-79.

123 Watanabe, Morimichi: **Itaria Jinbunshugi no Rutâ ni ataeta Eikyô ni tsuite = The influence of the Italian Renaissance to Luther.** In: 02, 57-87.

## 5 Beziehungen zwischen Luther und gleichzeitigen Strömungen, Gruppen, Persönlichkeiten und Ereignissen

### a) Allgemein

124 Kuramatsu, Isao: **Shûkyôkaikaku-jidai no sho-Rônso = Reformation controversies in which M. Luther played a central role.** The bulletin of the Institute for the Study of Christianity and Culture 18 (Sendai 2000), 1-24.

125 Tokuzen, Yoshikazu: **Shûkyôkaikaku-jidai no Kyôkai to Itan** (Kirche und Häresie im Reformationszeitalter). In: »Kamigami« no Jidai wo tou/ hrsg. von Lutheran College and Theological Seminary. Tokyo: Kirisutokyô Shichôkaku Center (AVACO), 1994, 201-234.

### c) Altgläubige

126 Nagata, Ryôichi: **Shûkyôkaikaku-jidai ni okeru Katorikku no Kyôkai-junsatsu = The Catholic churchvisitations of the Reformation era.** In: 06, 122-146

### d) Humanisten

127 Hata, Hiroe: **Jiyûishi- ronsô ni okeru Erasumus to Rutâ = Erasmus and Luther in the free-will controversy.** Kirisutokyôgaku Kenkyû = Journal of Christian studies 12 (Kyoto 1991), 106-116.

128 Kuramatsu, Isao: **Erasumusu to Rutâ no Jiyû ishi-ronsô**: sono Setten to Bunkiten (Lehrstreit über den freien Willen zwischen Erasmus und Luther: Wo liegen die Gemeinsamkeit und die Verschiedenheit?). Yôroppa Bunkashi Kenkyû 1 (Sendai 2000), 3-20.

#### e) Thomas Müntzer und Bauernkrieg

129 Kizuka, Takashi: **Tômasu Myuntsuâ ni okeru Shinpishugi-shisô to mokushirokuteki Shûmatsukan** (Mystik und Apokalyptik bei Thomas Müntzer). In: 08, 90-113.

130 Kuratsuka, Taira: **Shinran to Rutâ, Ikkôikki to doitsu-Nôminsensô**: Shûkyôshakaigakuteki Apurôchi, Shironteki Nôto 1 (Shinran Shônin [1173-1262] und Luther: Aufstand der IKKÔ als Buddha-Sekte und der deutsche Bauernkrieg). Memoirs of the Institute of Social Sciences 30 (Tokyo 1992) Nr. 2, 207-236.

131 Tanamura, Shigeyuki: **Doitsu-Shûkyôkaikaku Undô ni okeru Shûmatsuron to Shakairinri (1522-1523)**: Rutâ to Myuntsuâ no Hikaku wo tsûjite = **Eschatology and social ethics in the German Reformation movement (1522-1523)**: a comparision of Luther and Müntzer). Shingaku 57 (Tokyo 1995), 119-165.

132 Tomimoto, Kensuke: **Arushutteto Kaikaku Undô wo meguru Myuntsuâ to Rutâ** (Müntzer und Luther: ihre Stellungen zur Reformbewegung in Allstedt). Technical bulletin of Tokushima Bunri University 43 (Tokushima 1992), 87-120.

#### f) »Schwärmer« und Täufer

133 Miyashô, Tetsuo: **Rutâ to Kârushutatto** (Luther and Karlstadt). Kirisutokyôgaku Kenkyû = Journal of Christian studies 10 (Kyoto 1988), 54-79; 11 (1989), 37-62.

#### h) Juden

134 Eguchi, Saiki: **Rutâ - Yudayajin - Ekyumenizumu** (Luther - Juden - Ökumenismus). Seisho to Kyôkai 247 (Tokyo Okt. 1990 [Sondernummer über Reformation aus ökumenischer Sicht), 2-7.

135 Ishii, Masami: **Rutâ ni okeru Yudayajin-mondai** (Das Judenproblem bei Luther). In: 03, 51-71.

136 Tanamura, Shigeyuki: **M. Rutâ ni okeru shingakuteki »Yudayakyôto-ron« no Keisei to Hensen ni tsuite**: tokuni Kirisutokyô no »Zettaisei« to »Fuhensei« Mondai ni kanrenshite = **Concerning the formation and changes of Luther's theological »View on the Jews«**: especially in relation to the problem of »Absoluteness« and »Universality« of the Christianity). Shingaku 56 (Tokyo 1994), 112-138.

#### k) Länder und Orte außerhalb des Deutschen Reiches

137 Katoh, Chiken: **Ren«nyo to Rutâ: Shûkyô-kyôdan no Genten** (Ren'nyo [1415-1499] und Luther). Kyoto: Hôzôkan, 1993. 320 S.

138 Katoh, Chiken: **Shinran to Rutâ**: Shinkô no shû kyôgakuteki Kôsatsu (Shinran Schônin [1173-1262] und Luther: eine religionswissenschaftliche Betrachtung über Glauben). Tokyo: Waseda Daigaku Shuppanbu, 1987. 291 S.

139 Monma, Toshiroh: **Rutâ no Shinkôgi'nin-shugi ni taisuru Tomasu Moa no Hihan** (Kritik des Thomas Morus an der Rechtfertigungslehre Luthers). Matsuyama University 2 (Matsuyama 1990) Nr. 5, 381-404.

140 Shimura, Mitsuru: **16-seiki shoki-Furansu ni okeru Rutâ to Rutâ shugi** (Luther und Luthertum im frühen 16. Jahrhundert in Frankreich). Oubirin Junior College 26 (Tokyo 1990), 85-97.

### 6 Luthers Wirkung auf spätere Strömungen Gruppen, Persönlichkeiten und Ereignisse

#### a) Allgemein

141 Furuya, Yasuo: **Syûkyôkaikaku no igaina Eikyô** (Die Reformation und ihr unbeachter Einfluß). In: 011, 171-188.

142 Kaneko, Haruo: **Rutâ to Yôroppa Seishinshi** (Luther und die europäische Geistesgeschichte). In: Yôroppa Seishin to Doitsu: Deai to Hen'yo/ hrsg. von Takashi Oshio. Tokyo: lkubundô, 1992, 55-70.

#### c) Pietismus und Aufklärung

143 Itoh, Toshio: **Keiken-shugi no Hanrei to Senku**: wakaki Rutâ to Arunto no Baai (Musterbeispiel und Vorläufer für Pietismus bei dem junger Luther und Johann Arndt). Kyüshü Daigaku 89 (Fukuoka 1992), 39-71.

144 Kaneko, Haruo: **Rutâ kara doitsu Keiken-shugi e**: Shûkyôkaikaku no kakureta Chika-suimyaku (Von Luther zum deutschen Pietismus). In: 011, 131-152.

145 Kaneko, Haruo: **Rutâ to doitsu Shinpishugi**: Yôroppateki Reisei no »Kontei«-gakusetsu niyo-

ru Kenkyû (Luther und die deutsche Mystik). Tokyo: Shôbunsha, 2000. 525, 26 S.

146 Umeda, Yoshio: **Tsyntsendorufu no Shokuzaishisô ni tsuitenô ichikôsatsu**: »Augusuburuku-shinkô-kokuhaku ni tsuiteno 21-no Kôgi« ni motozuite (Ein Beitrag zur Erlösungsauffassung des Grafen von Zinzendorf: anhand seiner »Einundzwanzig Discurse über die Augsburgische Konfession«, 1747/48). In: 01, 125-160.

### d) 19. und 20. Jahrhundert bis 1917

147 Aizawa, Genshichi: **Nakamura Keiu to Shûkyôkaikaku**: waga Kuni ni okeru saisho no Shûkyôkaikaku no Juyô (Nakamura Keiu [1832-1891] und die Reformation: der Anfang der Lutherrezeption in Japan). In: 02, 247- 263

148 Eguchi, Saiki: **Toreruchi to Rutâ-kyôkairon = Luther's conception of the church and Ernst Troeltsch's understanding of it.** In: 04, 57-94.

149 Etoh, Naozumi: **Bonheffer ni okeru »kurushimitamô Kami«**: Rutâ tono kakawaride (»Der leidende Gott« bei Dietrich Bonhoeffer: ein Vergleich mit Luther). In: 02, 111- 128

150 Hayashi, Tadayoshi: **Kirukegôru no Rutâ eno Genkyû** I (Kierkegaards Erwähnung von Luther I). Kiristokyo Gaku Kenkyu = K. G. studies in Christianity 11 (Nishinomiya 1991), 53-98.

151 Ishii, Masami: **Rutâ to Kyerukegôru** (Luther and Kierkegaard). Diakonia 26 (1992 [erschienen 1993]), 1-23.

152 Kuramatsu, Isao: **Rutâ to Baruto**: Baruto no Rutâ rikai ni tsui te no Ichikôsatsu (Luther und Barth: eine Untersuchung über das Lutherverständnis bei Karl Barth). (1986). In: 09, 88-112.

153 Nishitani, Kôsuke: **Toreruchi=Horu Rônsô Saihô**: Shûkyôkaikaku to kindai-Sekai no Kankei ni tsuite (Erneute Untersuchung der Auseinandersetzung zwischen Ernst Troeltsch und Karl Holl: über das Verhältnis zwischen der Reformation und der Neuzeit). In: 011, 189-220.

154 Saotome, Reiko: **Rutâ to Kyerukegôru** (Kierkegaard und Luther). Kierkegaard-Studies 18 (Osaka 1988), 37-45; 19 (1989), 53-59.

155 Saotome Reiko: **Kyerukegôru ni okeru Rutâ Hihan**: Shinkô to Waza (Glaube und Werke: Kierkegaards Kritik an Luther). Bulletin of Osaka College of Physical Education 22 (1991), 169-179.

156 Tokuzen, Yoshikazu: **Shinkô wo kokuhakusurukoto**: Rutâ to Bonheffer no Baai (Bekenntnis und Bekennen bei Luther und Bonhoeffer). In: 01, 161-182.

### e) 1918 bis 1996

157 Eguchi, Saiki: **Rutâ to Teôshisu**: Kin'nen no Finrando no Rutâ-kenkyû wo megutte (Luther und Theosis: über die neuere finnische Lutherforschung). In: 08, 58-71.

158 Furuya, Yasuo: **»Kami no Itami no Shingaku« no sekaikyôkaiteki Tenkai = Ecumenical development of the theology of the pain of God.** In: 02, 233-246.

159 Kishi Chitose: **Watashi to Rutâ no »Heburusho Kôgi« = My Luther studies and Luther's »Lectures on Hebrew«.** In: 05, 5 -13

160 Kuramatsu, Isao: **Rutâ to Baruto**: Baruto wa Rutâ wo Rikai shiteitaka (Luther und Barth: Hatte Barths Kritik an Luther recht?). (1986). In: 09, 88-112.

161 Kuramatsu, Isao: **Rutâ to Bonhefer:** ni okeru Shinkô to Rekishi (Luther und Bonhoeffer: einige Bemerkungen zur weiteren Forschung). Shingaku 52 (Tokyo 1990), 82-105.

162 Kuramatsu, Isao: **Die gegenwärtige Kreuzestheologie und Luther**: besonders in Rücksicht auf die Theologie der Schmerzen Gottes von Kazoh Kitamori. KD 36 (1990), 273-283.

163 Kuramatsu, Isao: **Rutâ to Bonhefer**: Ryôsha no Singaku no Hikaku-kentô no tameno Oboegaki (Luther und Bonhoeffer: Vorbemerkungen zur weiteren Erforschung ihrer Gemeinsamkeit und Verschiedenheit). The bulletin of the Institute of Christian Studies 8 (Sendai 1990), 61-72.

164 Kuramatsu, Isao: **Eine kritische Korrektur?**: Luther-Rezeption bei Bonhoeffer. JNKG 89 (1991) = Festschrlft zum 70. Geburtstag von Prof. Dr. Dr. Hans-Walter Krumwiede/ hrsg. von Inge Mager. Blomberg/Lippe: Rhin, 1991, 327-339.

165 Miyashô, Tetsuo: **Makkusu Shêrâ to Rutâ**: Doitsu-byô no Seishinshi Siron (Max Scheler und Luther: ein Versuch zur Geistesgeschichte der deutschen Krankheit). Bunkagaku-Nenpô = Annual report of culture studies 49 (Kyoto 2000), 287-299.

166 Ogawa, Keiji: **Baruto no Rutâ-rikai**: »Ni- kokuron-hihan« wo megutte (Das Lutherverständnis von Barth: zur Beurteilung über die Zwei-Reiche-Lehre Luthers). In: Zaiseki wo ninau Kyôkai no Shimei/ hrsg. von Eiichi Amemiya; Iwao Morioka. Tokyo: Shinkyô Shuppansha, 1987, 281-299.

167 Takahashi, Saburoh; Hinaga, Yasushi: **Rutâ to Uchimura Kanzoh** (Luther und Kanzoh Uchimura [1861-1930]). Tokyo: Kyô Bun Kwan, 1987. 198 S.

## 7 Luthers Gestalt und Lehre in der Gegenwart

168 Akaboshi, Susumu: **Rutâ-shingaku no kon'nichiteki igi**: Shinkô no arikata ni tsuite no Mondaiteiki = **The meaning of Luther's theology today**: a study on the two ways of faith. In: 05, 143-159.

169 Ishii, Masami: **Kon'nichi no Kyôshokuzô**: Rutâ no Jidai to Wareware = **Ministry today**: Luther's days and we of today. In: 05, 79-97.

170 Ishii, Masami: **Fukuin no Senkyo to Kyôkai**: Rutâ ni okeru Senkyô no Mondai to Kon'nichi = **Preaching of gospel and church**: the preaching problem for Luther and today). Diakonia 25 (1991), 97-112.

## C FORSCHUNGESBERICHTE, SAMMELBESPRECHUNGEN, BIBLIOGRAPHIEN

171 Toshino, Fumio: **Shûkyôkaikaku Hôgobunken** (Lutherbibliographie in japanischer Sprache) In: Shûkyô Kaikaku Chosakushû (Gesammelte Werke zur Reformation)/ hrsg. von Yoshikazu Tokuzen ... Bd. 15. Tokyo: Kyô Bun Kwan, 1998, 135-203 [enthält für 1871 bis 1996 ca. 1000 Titel].

# The Centre for Reformation Studies within Emanuel University of Oradea

By Corneliu C. Simut

The Centre for Reformation Studies was founded in 1996 as a research department within Emanuel University of Oradea. Its primary objective is to present the theology and history of the Protestant Reformation of the XVI$^{th}$ century to the Romanian people in their native tongue for the enlargement of God's kingdom and to the benefit of Romanian Christianity.

The activity of the Centre for Reformation Studies is validated by the peculiar religious situation in Transylvania. Thus, in the region of Romania, German ethnics are mostly Lutheran and Hungarians ae Reformed. The vast majority of Romanians remained faithful to Orthodoxy because neither the Lutheran Germans nor the Reformed Hungarians spread their teachings in the Romanian language. Over the years, however, small Romanian communities did adhere to Lutheran and Reformed theoloy but these are notoriously exceptional.

This situation has remained unchanged until nowadays. Within this particular religious context, the work of the Centre for Reformation Studies becomes relevant as we intend to present all aspects of the Reformation to Romanians in the Romanian language. The Centre is not preocuppied with theology only. The history, politics, economics, philosophy and sociology of the Reformation are all part of the research which is being developed at the Centre.

The research of the Centre for Reformation Studies has been developed in six main directions:

1. Translation of primary sources. We plan to translate the most important works of the main Reformers from all Protestant traditions.

2. Translation of relevant contemporary studies. We have already published two books in Romanian: Professor Timothy George's »Theology of the Reformers« and Dr. James Montgomery Boice's »Foundations of Christian faith«, which are both extremely important as reliable presentations of the history and theology of the Reformation.

3. The establishment of solid research in view of the development of the Centre for Reformation Studies into a department, which shall issue MTh, MPhil and DPhil diplomas in historical theology.

4. Publication of research articles. Emanuel University of Oradea has been publishing »Perichoresis«, which is the theological journal of the Faculty of Theology. Within »Perichoresis«, the Centre for Reformation Studies will periodically publish an entire issue on the Reformation, with the support of contribuitors from abroad and from Romania.

5. The establishment of a Reformation Library. Either in the form of primary sources or as secondary material, books on the Reformation are almost totally laking in Romania. This is why the Centre for Reformation Studies is very interested in the acquisition of any books on the Reformation (the works of the Reformers and any other book on Protestant theology, history, etc.).

6. To share with churches and pastors, by means of books and seminars etc., the results of the research undertaken by its members and contribuitors.

The Centre for Reformation Studies welcomes any suggestions and support. Prospective contribuitors who want to publish an article in the periodical issue on Reformation Studies hosted by »Perichoresis« theological journal are most welcome to contact us. For more information, please write to:

Assistant Lecturer
Corneliu C. Simut
Historical and Dogmatic Theology
The Faculty of Theology
Emanuel University
Campusul Universitar Emanuel
str. Nufarului nr. 87
RO-3700 Oradea, Bihor

Tel: 0040-59-419495
Fax: 0040-59-426692
E-Mail: co.simut@emanuel.ro

# Martin Luther und die Welt der Reformation

Von Helmar Junghans

D. Martin Luthers Werke: kritische Gesamtausgabe. Bd. 55, Abt. 2. Weimar: Böhlau, 2000. L, 1028 S.

Die Textedition der Weimarer Lutherausgabe ist vollendet! Angesichts der Auslieferung dieses Bandes dokumentiert das auf dem Titelblatt angegebene Erscheinungsjahr 2000 allerdings mehr den entschlossenen Willen der Bearbeiter, die Textedition der WA noch im 20. Jahrhundert fertigzustellen, als daß damit das Jahr der Veröffentlichung dokumentiert wird. 117 Jahre nach dem Erscheinen von WA 1 ist eines der bedeutendsten Editionsunternehmen zum vorläufigen Abschluß gebracht worden. Der Verlagsort liegt inzwischen im fünften Staatssystem, seit Kaiser Wilhelm I. (1797, 1861, 1871-1888) im Jahre 1881 eine finanzielle Unterstützung für eine neue Lutherausgabe gewährte. Die politischen Wechsel haben zur Verzögerung der Ausgabe erheblich beigetragen. Dank einer noch 1881 eingesetzten »Kommission zur Herausgabe der Werke Martin Luthers« hat es ein wissenschaftliches Kontinuum gegeben, das die Fortsetzung der Editionsarbeit und ihren Abschluß trotz politischer und damit auch wirtschaftlicher Katastrophen ermöglicht hat. Die WA umfaßt nun 106 Bände, die Luthertexte oder Nachträge zu ihnen enthalten. Hinzu kommen außer sechs Revisionsnachträgen mit WA 58 I und 61-68 sowie WA Br 14-17 noch 13 Registerbände, denen noch fünf Bände Deutsches Sachregister und ein Bibelstellenregister folgen sollen. So darf man hoffen, daß die WA bis 2017 zum 500. Reformationsjubiläum ihren endgültigen Abschluß findet.

Hat sich nun die Neubearbeitung von Luthers »Dictata super Psalterium« gelohnt, die eine ganze Anzahl von Lutherforschern intensiv beschäftigt und den zwar nicht alleinigen, aber langjährigen Bearbeiter Reinhard Schwarz seit 1953 sein gesamtes wissenschaftliches Leben hindurch bis über die Emeritierung hinaus in Anspruch genommen hat? Zunächst ist festzustellen, daß der Umfang von 1103 Seiten in WA 3 und 4 infolge einer umfangreicheren Kommentierung auf 1944 Seiten angewachsen ist. Aber auch die Einleitung, der Luthertext und die Informationen zur Handschrift haben eine neue Qualität erlangt.

Während Gustav Kawerau (1847-1918) in WA 3 und 4 die Wolfenbütteler und die Dresdener Handschrift zu einem jedem Psalm zusammenführte, ist in WA 55 I die Wolfenbütteler Handschrift mit dem Psaltertext und Luthers Glossen, in WA 55 II hingegen die Dresdener Handschrift mit den Scholien ediert. In der Einleitung ist diese Handschrift sehr sorgfältig und detailliert beschrieben (XVII-L), wobei im Kapitel B »Die einzelnen Lagen der Handschrift« nicht nur die zu jeder Lage gehörenden Blätter angegeben werden, sondern auch erörtert wird, wie einzelne Blätter eingelegt worden sind, um Schlüsse über deren Entstehungszeit ziehen zu können. Daraus haben sich einige neuen Anordnungen von Textteilen ergeben. So ist das Einzelblatt 103 – dessen Inhalt schon mehrfach die Frage aufgeworfen hat, wieweit sich darin bereits die reformatorische Entdeckung niederschlug – nun abweichend von WA 3 »eindeutig« als »Nachtrag zum Scholion Ps 71, 2« bestimmt (437, 121 - 440, 204. XXXVII-XXXIX). Der Text der

Blätter 121-123 steht jetzt direkt im Anschluß am Text von Ps 75, da ihr Inhalt als Notizen angesehen wird, die Luther während der Auslegung von Ps 75 anzufertigen begonnen hat, während Kawerau meinte, Luther könne den Text erst während der Auslegung von Ps 77 geschrieben haben (506-515. XLI-XLI-XLIII). Es gibt aber nicht nur Textumstellungen, sondern auch neue Lesarten, bei denen nur zum Teil die Abweichung von WA 3 und 4 im Handschriften-Apparat festgehalten worden ist. In ihm wird genau informiert, wo die einzelnen Randbemerkungen stehen, und angegeben, wo Unterstreichungen oder Anstreichungen vorhanden sind. So gewährt diese Edition sehr viele Einblicke in die Entstehung des Textes, was für sein Verstehen hilfreich sein kann.

Die ursprünglich begonnene umfangreiche Information über die exegetische Tradition im kommentierenden Apparat ließ sich ab Ps 31 nicht mehr durchführen. Zahlreich sind in dem von Siegfried Raeder erstellten Kommentar weiterhin die Nachweise von Bibelzitaten einschließlich von Anspielungen, wobei zur Stellenangabe meist auch der biblische Text zitiert wird, was sehr erleichtert, Luthers Umgang mit Bibeltexten zu erkennen. Obgleich die Kommentierung eingeschränkt wurde, sind selbstverständlich weiterhin von Luther zitierte Kirchenväter und Scholastiker mit Textzitaten nachgewiesen. Ebenso sind von Luther herangezogene Werke von Johannes Reuchlin (1455-1522) und Faber Stapulensis (um 1455-1536) durchgehend berücksichtigt. Es finden sich auch noch Zitate von Scholastikern, die von Luther verwendete Begriffe erläutern, ohne daß er Scholastiker zitiert hat.

Der späte Abschluß von WA 55 hat den Nachteil, daß die bereits veröffentlichten Register von WA 55 nur die bis 1973 erschienenen Teile zu Ps 1-30 erfassen konnten. Aber dank der Seitenangaben von WA 3 und 4 auf dem Rand von WA 55 lassen sich die Registerangaben zur ersten Edition auch in der Neuausgabe finden. Manches läßt sich allerdings nicht finden, wie z. B. die in WA 55 ab Ps 31 neu eingebrachten wertvollen Nachweise aus Reuchlins »De rudimentis hebraicis«.

Ohne Zweifel bedeutet die Neuedition von Luthers »Dictata super Psalterium« einen erheblichen Fortschritt, für die alle, die sie benutzen, der entsagungsvollen Mühe der Bearbeiter – die WA 55 I, X-XIII im einzelnen genannt sind – tiefen Dank schulden.

D. Martin Luthers Werke: kritische Gesamtausgabe. Deutsche Bibel: 1522-1546. Bd. 1-12. Unv. Sonderedition der Ausgabe Weimar 1906-1961. Weimar: Böhlau, 2001.

D. Martin Luthers Werke: kritische Gesamtausgabe. Sonderedition der kritischen Weimarer Ausgabe. Begleitheft zur Deutschen Bibel. Weimar: Böhlau, 2001. 66 S.

Entsprechend der Verlagsankündigung wurde nach der Abteilung »Tischreden« der WA im Herbst 2000 nun die Abteilung »Deutsche Bibel« mit 15 Bänden im Herbst 2001 ausgeliefert. Damit ist ein wohlfeiles Werkzeug in den Buchhandel gelangt, in die Entstehung der Lutherbibel einzudringen. Die Bände enthalten Luthers Handschrift der Erstübersetzung von Teilen des Alten Testamentes, eine Bibliographie der hochdeutschen Drucke der Lutherbibel bis 1546, Luthers Eintragungen in von ihm benutzte Bibeldrucke, den Text der Vulgatarevision von 1529 – die von Gn bis 2 Rg reicht und das Neue Testament einschließt – sowie den Paralleldruck der ersten und letzten Version der Lutherbibel, an denen Luther gearbeitet hat. Das ist viel Material, um Einsicht in Luthers Verständnis des Bibeltextes und in seine Überlegungen zu gewinnen, die er seiner Übersetzung zugrunde legte. Das ist nicht nur für Lutherforscher von Interesse, sondern verdient die Aufmerksamkeit aller, die für ihre Schriftauslegung die Lutherbibel verwenden. Wie schnell – genauer: wie eilfertig – korrigieren mancher Prediger oder Leiter einer Bibelstunde vermeintliche Fehler der Lutherbibel. Meist bezieht er sich dabei auf eine revidierte Fassung, die Kompromisse zwischen Luthers Übersetzung, der Sprache der Gegenwart und neueren philologischen Ansichten eingebracht und damit manche Intentionen Luthers verschüttet haben. Die Neuausgabe von WA DB erleichtert es allen, einen Blick in die Werkstatt von Luthers Bibelübersetzung zu werfen und damit ein tieferes Verständnis der Heiligen Schrift zu erreichen.

Da der Verlag auch einzelne Abteilungen abgibt – was für WA DB besonders vorteilhaft sein sollte – wiederholt das Begleitheft zunächst die »Kurze Geschichte der Weimarer Lutherausgabe« von *Ulrich Köpf* aus dem Begleitheft zu WA TR, ehe *Heinz Blanke* in »Die Abteilung ›Die Deutsche Bibel in der Weimarer Lutherausgabe‹« einführt. Er macht darauf aufmerksam, daß die sechs der WA vorausgehenden Gesamtausgaben keine Lutherbibel enthalten und dies ursprünglich auch nicht für die WA geplant war. Erst 1887 erhielt der Germanist Paul Pietsch (1849-1927) den Auftrag, die Edition der Lutherbibel in der WA zu organisieren. Das führte zu einer engen Zusammenarbeit von Germanisten und Theologen, die der Vfn. im einzelnen aufführt.

Danach erhebt der Vf. als Ursachen für deutsche Bibelübersetzungen im Spätmittelalter die Laienfrömmigkeit, die Hinwendung der Humanisten zu den Quellen und damit zu den Urtexten der biblischen Überlieferung sowie das Bildungsinteresse des aufsteigenden Bürgertums. Er verfolgt, wie Luther bereits als Student sein Interesse der Bibel zuwendete und als Mönch seine Beschäftigung mit der Bibel intensivierte, wie er unter dem Einfluß Erfurter Humanisten zu bibelhumanistische Werken griff. Er beschreibt die einzelnen Abschnitte in der Entstehung der Erstübersetzung der Bibel von 1522 bis 1534 und anschließend die 1522 beginnenden, wiederholten Revisionen, die sich bis zu Luthers Lebensende hinzogen. Dabei wird deutlich, wie intensiv Luther sich mit Melanchthon und dem Hebraisten Matthäus Aurogallus (1490-1543) und zunehmend weiteren Mitarbeitern über 20 Jahre lang sich um eine sachlich und sprachlich optimale deutsche Übersetzung des hebräischen und griechischen Textes der Heiligen Schrift gemüht hat. Und wenn es auch andere Übersetzer der gesamten Bibel gegeben hat, so bleibt doch einmalig, wie in Wittenberg ein ganzes »Collegium biblicum« zusammenarbeitete.

Der Vf. geht auf Luthers Änderung der Reihenfolge der biblischen Bücher ein. Er unterrichtet detailliert über die theologisch und hermeneutisch wichtigen Bibelvorreden und hebt hervor, wie Luther mehrfach in ihnen einen Bezug zwischen dem jeweiligen biblischen Buch zu den Problemen seiner Zeit herstellte. Außerdem behandelt er Textbeigaben wie Randglossen und Angaben von Parallelstellen sowie die Illustrationen. In dem Abschnitt »Zur Druckgeschichte« berichtet er über den Druck der einzelnen Bibelteile, der Gesamtbibel und der Nachdrucke.

Das letzte Kapitel geht auf die von Luther zusammen mit Melanchthon vorgenommene Vulgatarevision von 1529 ein und kommt zu dem Schluß, daß sie unvollendet blieb, weil der Erfolg der Lutherbibel das Interesse am lateinischen Text versiegen ließ.

Den Schluß bilden eine nach den Bänden und eine nach Themen geordnete Inhaltsübersicht, die nicht nur die WA DB 1-12 erfassen, sondern auch diejenigen Teile in WA 59 und 60 einbeziehen, die sachlich zur Lutherbibel gehören.

Diese sachkundige Einleitung ist sehr gut geeignet, dem Benutzer von WA DB eine Orientierung zu geben und ihn auf die Eigenheiten der Lutherbibel aufmerksam zu machen. WA DB 4, 587-590 befinden sich »Bemerkungen zu dem Lutherbilde«. Sie beziehen sich auf eine Federzeichnung, die in eine in Wittenberg gedruckte Bibel eingeklebt war, und hinter der Seite LVIII zu finden ist.

SUSANNE BEI DER WIEDEN: Luthers Predigten des Jahres 1522: Untersuchungen zu ihrer Überlieferung. Köln; Weimar; W: Böhlau, 1999. X, 475 S. (Archiv zur Weimarer Ausgabe der Werke Martin Luthers; 7)

Die Vfn. analysiert 61 Predigten Luthers. Da sie bei der Druckfolgebestimmung nicht nur textimmanente Varianten heranzieht, sondern auch druckanalytische Gesichtspunkte berücksichtigt, gelangt sie zu einer besser begründeten und manchmal auch von der WA abweichenden Reihenfolge der Drucke. Ihre grundsätzliche Kritik an der Textgestaltung in der WA richtet sich gegen die Konzentration auf das mutmaßlich von Luther gepredigte Wort und die – wie damals in Altphilologie und Bibelwissenschaft üblich – damit vorgenommenen Konjekturen. Im Gegensatz dazu thematisiert sie sachgemäß die überlieferten Texte als Zeugnisse einer Rezeptionsgeschichte von Luthers Predigten. Und wenn sie auch wahrnimmt, daß neuere Editionen auf Konjekturen verzichtet haben, wünscht sie doch Editionen, die nicht ungeprüft die Erstdruckbestimmung der WA übernehmen und erkennen lassen, wo mehr als eine Traditionslinie vorliegt.

Die Vfn. arbeitet eindrücklich heraus, wie die Predigten, die Luther nach seiner Rückkehr von der Wartburg oder auf Reisen im Kurfürstentum Sachsen und Erfurt hielt, ohne sein Zutun außerhalb von Wittenberg – besonders in Augsburg – gedruckt, an anderen Orten nachgedruckt und auch in Sammelausgaben herausgebracht wurden. Weil ihre Predigtanalysen auch den Inhalt erfassen, kann die Vfn. aufweisen, wie stark diese Predigtdrucke Bestandteil der reformatorischen Kommunikation waren, »eine reformatorische Gesamtgemeinde« konstituierten und Luthers Schrifttum ergänzten. Da sie berechtigterweise aus der Anzahl der Nachdrucke auf das Käuferinteresse schließt, wird deutlich, daß die Rechtfertigungslehre an erster Stelle stand.

Wenn sich der Blick von der Konzentration auf das von Luther gepredigte Wort auch auf die Rezipienten ausweitet, entsteht automatisch die Frage nach der Echtheit der überlieferten Texte. Die Vfn. kommt zu dem Ergebnis, daß die gedruckten Predigten von hoher Qualität sind. Der Vergleich bei Doppelüberlieferung ergibt trotz unterschiedlicher Textgestaltung, daß in bezug auf die theologische Botschaft kaum Unterschiede vorhanden sind, selbst wenn infolge der Verständnisvoraussetzungen »kleinere theologische Verschiebungen« vorliegen (383 f).

Diese theologische Dissertation stellt nicht nur einen wertvollen Beitrag zum Verständnis von Luthers Predigten aus dem Jahre 1522 und deren Rezeption dar, sondern führt auch in Methoden ein, die für die Auswertung aller Predigten Luthers Beachtung verdienen.

FRÜHNEUHOCHDEUTSCHES WÖRTERBUCH/ hrsg. von Ulrich Goebel; Oskar Reichmann in Verbindung mit dem Institut für Deutsche Sprache; begr. von Robert R. Anderson; ... Bd. 3, Lfg. 4: berst-betefart/ bearb. von Oskar Reichmann. B; NY: de Gruyter, 2001. Sp. 1537-2048. – Bd. 7, Lfg. 1: gnaben-grossprechen/ bearb. von Anja Lobenstein-Reichmann. B; NY: de Gruyter, 2001. 512 Sp. – Bd. 9, Lfg. 1: l-leben/ bearb. von Anja Lobenstein-Reichmann. B; NY: de Gruyter, 2000. 512 Sp.

Das stete Erscheinen hat sich auch in den letzten beiden Jahren erfreulicherweise fortgesetzt. Die Entscheidung, das Erstellen des Wörterbuches auf mehrere Bearbeiter zu verteilen, die gleichzeitig verschiedene Bände erarbeiten, führt dazu, daß nun bereits mit dem Buchstaben»l«begonnen werden kann, ohne daß die vorausgehenden acht Bände abgeschlossen sind. Nach der 1997 erschienenen Lfg. 1: i-j von Bd. 8 wird damit weiterhin ein Wortschatz erschlossen, den das von Philipp Dietz begründete und für das Frühneuhochdeutsche grundlegende »Wörterbuch zu Dr. Martin Luthers deutschen Schriften« – das bis »Härtigkeit reicht –« nicht mehr erfaßt hat. Der Umfang der einzelnen Bände schwankt. Während Bd. 2 mit 2052 Spalten ungefähr die vorgesehenen 1000 Seiten einhält, hat der Bd. 4 nur 1536 Sp. und der Bd. 3 ist mit 2048 Sp. noch nicht abgeschlossen. Der ursprüngliche Plan, der neun Bände vorsah, ist inzwischen auf zwölf Bände erweitert worden. Es verdient Anerkennung, daß Bearbeiter und Verlag sich vorrangig von dem vorhandenen Material und nicht von formalen Gesichtspunkten bestimmen lassen.

Wie hilfreich die Benutzung dieses Wörterbuches für jeden ist, der frühneuhochdeutsche Texte und damit auch Luthertexte verstehen will, ist auch in diesen Lieferungen wieder leicht wahrzunehmen. Wie sehr die Erläuterungen zu Phrasemen geeignet sind, von für den heutigen Leser undeutlichen Redewendungen eine konkrete Anschauung zu gewinnen, wird immer wieder deutlich. So ist z. B. Bd. 3, 1634 »*etw.* (auch: *er*) *hat sein(en) bescheid*« mit »etw. ist entschieden, von vornherein klar« erklärt. Damit wird Luthers Aussage »*das ich dem Nehesten guts thue, speise undt rathe ihm, dasselbige hat seinen bescheidt*« (WA 33, 22, 21-23) erst recht verständlich. Dasselbe gilt auch von der Erläuterung »jn. heftig, derb ausschelten, jn. prügeln« zu »*jm. die laudes lesen*« (9, 393) für Luthers Aussage (WA 8, 290, 30 f): »*sie haben dyr ein mal die rechte laudes gelesen.*«

Nachschlagen kann vor Mißverständnissen schützen. In Anlehnung an den neutestamentlichen Sprachgebrauch redet auch Luther von durch böse Geister Besessene, er kann mit »der nirgend besessen ist« aber auch jemanden meinen, der keinen Besitz hat (3, 1824). Der bekannte Nachruf auf Luther, daß er »des Papstes Pestilenz« war, wird nicht einfach der Pest als eine Krankheit und Seuche zugeordnet, sondern der Wortbedeutung »Plage, Verderben, Untergang« (3, 1997). Manche Artikel führen vor Augen, mit welchen Bedeutungsvarianten Luther Wörter verwendet hat, wie z. B. »bestreiten«: die Türken »angreifen«; »besiegen, durch Kampf überwinden«: »*ab man sie [gottlose Menschen] gleich mit der vernunfft bestreitten kann, denoch beliben sie ynn yhrem unglauben*« (WA 21,127, 9-11); »bewältigen, leisten, erledigen« (3, 2009-2011).

Die Erklärung »Gebetbuch« zu »betbuch« (3, 2041) ist allerdings kaum ausreichend. Sie wird wenige heutige Leser ahnen lassen, daß das im 16. Jh. häufig nachgedruckte Betbüchlein Luthers fast keine Gebete enthält, sondern von Luther als Reform der spätmittelalterlichen Betbücher herausgebracht wurde. Es umfaßt u. a. Auslegungen der Zehn Gebote, des Glaubensbekenntnisses und des Vaterunsers sowie Schriften zur Taufe, zur Beichte, zum Abendmahl und zur Vorbereitung auf das Sterben. Das Büchlein sollte zu einer Frömmigkeit verhelfen, aus der das rechte Beten erwächst.

Der Bd. 7 enthält eine ausführliche Bearbeitung von zwei Begriffen und deren Komposita, die für Luther von besonderer Bedeutung waren: »gnade« (1-54) und »got« (113-222). Die aufgenommenen Belege sind eine Fundgrube von Aussagen Luthers, nicht nur in bezug auf die sprachliche Verwendung, sondern auch ihres Inhaltes. Eingebettet in Belege von anderen Autoren kann Luthers Reden von Gott bzw. von der Gnade in seiner Übereinstimmung und seinem Unterschied leicht wahrgenommen werden. Besonders aufschlußreich sind eingeschobene Vergleiche bei Übersetzungen von Bibelstellen wie im folgenden Beispiel zu Ex 23, 1 (7, 154): »*DV solt falscher anklage nicht gleuben / Das du einem Gottlosen* [Mentel, Var. 1470: *vngengen*; 1475: *vnmilten*; um $1475^2$: *bősen*; Dietenberger: *vngerechten*] *bey stand thust / vnd ein falscher Zeuge seiest.*«

Die Darlegung der 37 Bedeutungsvarianten von »lassen« stellen eine wesentliche Hilfe dar, die jeweilige Bedeutung in frühneuhochdeutschen Texten präzis zu bestimmen (9, 297-

328). Manchmal enthalten die Bedeutungserläuterungen auch wertvolle Sachinformationen. So unterrichtet der Artikel »läslich« nicht nur darüber, daß Luther die Unterscheidung zwischen »läßlicher und schwerer Sünde« nicht aufrechterhält, sondern liefert auch mittels eines langen Zitates (WA 23, 457, 31-43) gleichzeitig Luthers Begründung mit (9, 293).

Den Bearbeitern gebührt Dank für ihre mühevolle Arbeit, dem sich besonders diejenigen gerne anschließen werden, die wissen, daß manche Auseinandersetzungen über die Interpretation von Luthertexten daraus erwachsen, daß diese mangels Berücksichtigung des Frühneuhochdeutschen nicht richtig verstanden werden.

THOMAS BROCKMANN: Die Konzilsfrage in den Flug- und Streitschriften des deutschen Sprachraumes 1518-1563. GÖ: V&R, 1998. 762 S. (Schriftenreihe der Historischen Kommission bei der Bayerischen Akademie der Wissenschaften; 57)

Diese umfangreiche und informationsdichte Dissertation an der Philosophischen Fakultät der Rheinischen Friedrich-Wilhelm-Universität in Bonn erfaßt für den Zeitraum von 1518 bis 1563 – das heißt vom Frühjahr 1518 an, als Johannes Tetzel (um 1465-1519) behauptete, über die Ablässe könne nur der Papst, aber kein Konzil entscheiden, bis zum Ende des Trienter Konzils – 562 im deutschen Sprachbereich in deutscher oder lateinischer Sprache erschienenen und wirksam gewordenen »Flug- und Streitschriften«. Mit der inhaltlichen Angabe »Streitschrift« ist das Auswahlprinzip genannt: Es sollen nur diejenigen Flugschriften berücksichtigt werden, die in einer das Konzil betreffenden Frage, die zum Zeitpunkt ihres Erscheinens strittig ist, meinungsprägend und »womöglich« Handlungen beeinflussend wirken wollen. Neben dem »Verzeichnis der Quelleneditionen in der Sekundärliteratur (411-448) verdient das umfangreiche »Quellenverzeichnis« (451-675) besondere Beachtung. 17 Graphiken veranschaulichen – in Zeitabschnitte unterteilt – statistische Angaben (677-695). Ein – zu der Menge der Schriften relativ kurzes – Bibelstellenregister, Register der Personen und Sachen, der Drucker und Verleger sowie der Druck- und Verlagsorte schließen den Band ab.

Das »Quellenverzeichnis« ist formal nicht einheitlich durchgeführt. Soweit die Flugschrift in einer modernen Edition erschienen ist, wird auf diese verwiesen. In den anderen Fällen ist der Titel des Druckes aus dem 16. Jh. sorgfältig mit Zeilenumbruch aufgenommen, so daß er identifiziert werden kann. Mit * bzw. ** hinter der Kurztitelangabe in der ersten Zeile ist markiert, ob sich die betreffende Flugschrift hauptsächlich der Konzilsthematik widmet oder ob sie diese im Zusammehang mit einer anderen aufnimmt. Auf Angaben zum Umfang der Schrift wurde leider verzichtet. Unter vier Rubriken sind weitere Angaben hinzugefügt:

*Exemplar:* Hier findet sich der Standort eines Druckes aus dem 16. Jh. Wenn schon vorher auf moderne Ausgaben verwiesen worden ist, fehlen Erscheinungsort und Drucker. Ebenso fehlt die Bestimmung des Druckes mit der Nummer einer Bibliographie der Drucke des 16. Jh. wie »Josef Benzing: Verzeichnis der gedruckten Schriften Martin Luthers bis zu dessen Tod/ bearb. in Verbindung mit der Weimarer Ausgabe unter Mitarb. von Helmut Claus« oder »Verzeichnis der im deutschen Sprachbereich erschienenen Drucke des XVI. Jahrhunderts (VD 16)«.

*Ausgaben:* Für Informationen über die Anzahl von Ausgaben wurden die beiden genannten Bibliographien und andere, benannte Quellen ausgewertet. Manchmal wird es mitgeteilt, wann die Ausgaben erschienen sind, manchmal unterbleibt das. Lateinische Übersetzungen deutscher Flugschriften werden manchmal bei dem deutschen Titel erwähnt, manchmal selbständig unter ihrem lateinischen Titel angesetzt. Auf den Erscheinungsort wird nicht immer genau geachtet. Von den drei erwähnten Ausgaben von Luthers »Quare Pontificis Romani et discipulorum eius libri ... combusti sint« erschien eine in Antwerpen und eine in Paris. Manchmal fehlen auch Angaben zu den Ausgaben, wie bei Luthers »Adversus execrabilem Antichristi bullam« wo nur auf den Druck in der WA verwiesen wird, ohne wie sonst auf Benzings Lutherbibliographie zurückzugreifen, der unter den Nummern 724-726 Drucke in Wittenberg, Augsburg und Basel aufführt. Bei Luthers Brief an die Kurfürsten, Fürsten und Stände des Reichs vom 28. April 1521 sind 15 Ausgaben angegeben, ohne wie sonst zu erwähnen, daß sich darunter eine niederdeutsche befindet. Bei den Lutherdrucken bringt das »Quellenverzeichnis« gegenüber Benzing auch Drucke nach Luthers Tod. Es werden auch Flugschriften erfaßt, in die Texte anderer zur Konzilsfrage aufgenommen worden sind.

*Literatur:* Soweit eine Darstellung auf eine der erfaßten Flugschriften eingegangen ist, wird sie hier angeführt. Die immer noch lesenswerten ausführlichen Inhaltsangaben in der Lutherbiographie von Julius Köstlin (1826-1902) und Gustav Kawerau (1847-1918) scheinen in Vergessenheit zu geraten.

*Bemerkungen:* Sie geben z. B. Auskunft über die Zuweisung einer anonymen Flugschrift, Datierungen oder gravierende Unterschiede zwischen einer Schrift und deren Übersetzung.

Wenn das »Quellenverzeichnis« auch einige Wünsche unerfüllt läßt, stellt es doch einen beachtlichen Beitrag zur Geschichte der Flugschriften im 16. Jh. dar und gewährt einen gründlichen Einblick in die solide Grundlage der Darstellung des Inhaltes dieser Flugschriften.

Im 3. Kapitel stellt der Vf. unter jeweils zehn Themen das Konzilsverständnis »der reformatorischen« sowie der altgläubig-katholischen Theologen und Publizisten« dar, z. B. »Schrift und Konzil« oder »Die Irrtumsfrage« bzw. »Die Frage der Unfehlbarkeit«. In bezug auf die Konzilsteilnehmer forderten die reformatorischen Flugschriften früh eine Beteiligung der Laien, wogegen die romtreuen Autoren im Gegensatz dazu den »wesentlich hierarchischen Charakter des Konzils« betonten.

Nachdem der Vf. im Kapitel 2 die Anfänge der Konzilsdiskussion 1518/19 dargestellt hat (49-70), untersucht er in einem »historisch-chronologischen Überblick« die Konzilsfrage in der Publizistik von 1520 bis 1563 (199-397). Dabei setzt er einsichtig, weil die Publizistik stark beeinflussend, zwei Zäsuren: die Ankündigung der Einberufung eines Konzils durch Clemens VII. (141478, 1523-1534) im Jahre 1533 und die Eröffnung des Trienter Konzils 1545.

Der Vf. konstatiert, daß etwa zwei Drittel der untersuchten Flugschriften und auch ihrer Ausgaben reformatorischer Herkunft waren. Und wenn Luther infolge seiner Appellation an ein Konzil auch 1518 als Konziliarist erscheinen konnte, so stellte er doch bereits 1519 während der Leipzigr Disputation die Autorität des Konzils in Frage. Die Untersuchung legt offen, wie sowohl die reformatorische als auch die papale Ekklesiologie den spätmittelalterlichen Konzilarismus durch eigene Konzilsvorstellungen ablösten. Wer sich künftig mit Fragen des Konzils während der Reformationszeit beschäftigt, ist gut beraten, wenn er die vorliegende Dissertation benutzt.

AUCTORITAS PATRUM II: Neue Beiträge zur Rezeption der Kirchenväter im 15. und 16. Jahrhundert; New contributions on the reception of the Church Fathers in the 15th and 16th centuries/ hrsg. von Leif Grane; Alfred Schindler; Markus Wriedt. MZ: von Zabern, 1998. XII, 324 S. (VIEG: Beiheft; 44: Abt. Abendländische Religionsgeschichte)

Nachdem bereits 1991 »die Wirkung der Kirchenväter als solche zum Gegenstand einer wissenschaftlichen Tagung« bei Kopenhagen gemacht worden war (vgl. LuB 1996, Nr. 04), folgte 1995 ebenda die zweite Tagung. Das Vorwort des vorliegenden Berichtsbandes beginnt mit der beachtenswerten Feststellung: »Die Rückwendung zu den Schriftstellern der Alten Kirche stellt ein wesentliches Merkmal der theologischen Erneuerungsbemühungen im 15. und 16. Jahrhundert dar. Humanistische Quelleneditionen wurden von reformwilligen und reformatorischen Theologen in vielfältigen Zusammenhängen aufgenommen« (VII). Damit ist ein Ausschnitt der bibelhumanistischen Gemeinsamkeit angesprochen, der auch bei unterschiedlichen Schlußfolgerungen verschiedener Autoren nicht aus dem Blick geraten sollte.

Wie sich diese Väterrezeption bei einzelnen Autoren vollzog, war der Gegenstand von 18 Vorträgen. Da diese kein abgerundetes Bild ergaben, wurden sie alphabetisch nach den Autoren geordnet. Inhaltlich reichen die Beiträge von der kritischen Auseinandersetzung des Mailänder Humanisten Antonio da Rho (um 1395-1447) mit Lactantius (um 250 - nach 317) bis zu den patristischen Argumenten im Liturgiestreit (1575-1593) in Schweden und den »Annales ecclesiastici« (1588-1607) des Cesare Baronio (1538-1607). Unter den behandelten Rezipienten befinden sich romtreue Theologen wie Thomas Morus (1478?-1535) und Johann Eck (1486-1543), die Reformatoren Luther, Melanchthon, Bugenhagen, Zwingli und Calvin, aber auch Lutheraner nach Luthers Tod und ein Gegenreformator.

Auch wenn Luther vielfach einbezogen wird (vgl. LuB 1999, 02), behandeln ihn ausführlicher folgende Beiträge: Karlo *Arffmann* verfolgt, wie Luther, Melanchthon und Bugenhagen die Ausübung der Kindertaufe unter Hinweis auf die Kirchenväter bekräftigen. Ralph *Henning* zeigt auf, wie Luther, Melanchthon und Zwingli in ihrem Kampf gegen die hierarchische Ämterlehre des Spätmittelalters auf Hieronymus (347/48-420) zurückgriffen. Markus *Wriedt* fordert, die Väterrezeption nach Schriftgattungen und Leserschaft zu differenzieren, und stellt fest, daß die Kirchenväter in den »praktischen Schriften der Reformatoren zur Schul- und Bildungsreform eine nur nebensächliche Rolle« spielten (278).

Wiederholt betonen die Autoren, daß die Reformatoren die Kirchenväter nur soweit rezipierten, wie sie diese mit der Heiligen Schrift übereinstimmend sahen. Karl-Heinz *zur Mühlen* bestätigt dies mit seiner Untersuchung »Die auctoritas patrum in Martin Luthers Schrift ›Von den Konziliis und Kirchen‹«: »Die *auctoritas patrum* hat so für Luther nicht eine formal-literale Autorität, sondern eine sachliche, sofern sie mit den Grundaussagen der Heiligen Schrift übereinstimmt.« Es geht ihm nicht um einzelne Väterzitate, sondern darum, »inwiefern die auctoritas patrum darin ihre Bedeutung hat, daß sie in je verschiedenen historischen Kontexten die Wahrheit des in der Heiligen Schrift bezeugten Evangeliums wahrnimmt (151)«. Irene *Dingel* kann an »De origine et autoritate Dei« des Georg Major (1502-1574) von 1550 präzise darstellen, wie der von Luther und Melanchthon geübte Umgang mit den Kirchenvätern in der zweiten Generation ausformuliert wurde. Es wurden ein consensus und eine perpetuitas doctrinae vorausgesetzt, die allerdings nicht von der Institution Kirche verkörpert gesehen wurde, sondern der Kirchenväter »erhellender Umgang mit der Schrift« machte diese zu ihren wertvollen Zeugen (59).

Reinhard *Staats* spürt der Rezeption der Universalgeschichte des Orosius († 418) nach. Dabei gelangt er nicht nur zu dem Ergebnis, daß der starke Einfluß dieses Werkes auf das Mittelalter seit 1500 versickerte, sondern daß Kaspar Hedio (1494-1552), Luther und Melanchthon es sogar unbeachtet ließen. Da Luther den von Orosius verbreiteten Gedanken der translatio imperii 1520 ablehnte, das römische Imperium als seit 1453 zerstört betrachtete und – in Übereinstimmung mit dem von einigen deutschen Humanisten geforderten Nationalbewußtsein – von einem deutschen Reich sprach, sieht Staats hier den Beginn eines Paradigmenwechsel der

Frühen Neuzeit von der Universal- zur Nationalgeschichte. Martin *Wallraff* gibt eine informative Übersicht über die Rezeption der spätantiken Kirchengeschichtswerke, die zwar mit dem Buchdruck einsetzte, aber erst durch das humanistische Interesse an Quellentexten und durch ihre Verwendung bei den Reformatoren bis zu den Magdeburger Zenturien und bei dem Kirchengeschichtsschreiber der Gegenreformation Cesare Baronio gefördert wurde. Dabei zeigt sich, daß das Interesse an philologischen Fragen und historischen Sachinformationen überwog, konfessionelle Unterschiede eine geringe Rolle spielten. Die von diesen spätantiken Werken vollzogene Trennung von Profan- und Kirchengeschichte wurde im 16. Jh. übernommen.

Die Konzentration auf bestimmte Themen läßt den Gesamtrahmen der Väterrezeption ein wenig aus dem Blick geraten, wie z. B. die Phasen einer hellen Begeisterung für und einer hohen Erwartungen an die Kirchenväter, einer nachfolgenden mit tiefen Enttäuschungen bei dem Studium ihrer Werke – Hieronymus Schurff (1481-1554) nach dem Kauf einer Chrysostomos-Ausgabe: »Multa lego, nil disco. (WA TR 4, 286, 17-19 [4387])« – und schließlich einer kritischen Nutzung. Sehr unvollständig bleibt auch unser Wissen über die nicht dokumentierte Verwendung ihrer Schriftauslegung, zu der die 2000 edierten »Annotierungen zu den Werken des Hieronymus« Luthers einen neuen Einblick gewähren.

Johann von Staupitz: Sämtliche Schriften: Abhandlungen, Predigten, Zeugnisse/ hrsg. von Lothar Graf zu Dohna und Richard Wetzel. Bd. 5: Gutachten und Satzungen. B; NY: de Gruyter, 2001. XII, 360 S. (Spätmittelalter und Reformation; 17)

Von der einschließlich Gesamtregister auf sieben Bände angelegten Staupitzausgabe erschienen bisher Band 1: Lateinische Schriften I 1987 und Band 2: Lateinische Schriften II 1979. Wie aus dem Vorwort zu entnehmen ist, liegen für Band 3 und 4, die deutsche Schriften enthalten sollen, »erhebliche Vorarbeiten« vor. Band 6 ist für »Briefe und Zeugnisse« vorgesehen. Es gibt also gegen geäußerte Zweifel berechtigte Hoffnung, daß diese Edition fortgesetzt wird. Der Band 5 enthält drei Stücke, die für das Staupitzbild von großer Bedeutung sind.

In der »Decisio quaestionis de audientia missae« behandelte von Staupitz im Jahre 1500 die strittige Frage, ob ein Christ seiner Pflicht, an Sonn- und Feiertagen die Messe zu hören, in seiner Pfarrkirche nachkommen muß oder auch eine Kirche der Bettelmönche aufsuchen kann. Der Augustinereremit von Staupitz brachte nicht die Interessen der Bettelmönche zur Geltung, sondern verwies die Christen auf ihre Pfarrkirchen. Wolfgang Günter, der diesen Text bearbeitet hat, sieht darin den Vorrang des pastoralen Interesses, das den Christen Gewißheit über den rechten Meßbesuch vermitteln will. Deshalb ordnet er von Staupitz der spätmittelalterlichen Frömmigkeitstheologie zu.

Die »Consulatio super confessione fratris Stephani Agricolae« ist ein Gutachten, in dem von Staupitz sich 1523 mit den Argumenten des gefangenen Stephan Kastenbauer (um 1491-1547) auseinandersetzte. Dabei entsprach er zugleich seiner Neigung und den Forderungen Kastenbauers, als er »grundsätzlich die Bibel zum Maßstab seiner Beurteilung« erhob (75). Von Staupitz will nicht gleich den Kanonisten einen Prozeß vorantreiben, sondern vorgelegte Äußerungen überprüfen, wobei er eine vermittelnde und dem Gefangenen seelsorgerlich helfende Linie verfolgt. Während die Kanonisten Kastenbauer vor allem als Anhänger des Ketzers Luther erweisen wollen, läßt von Staupitz mögliche Beziehungen zu Luther unerwähnt. Kastenbauer kam schließlich frei, ohne daß ihm ein Ketzerprozeß gemacht wurde. Wenn dies auch im Sinne der »Consulatio super confessione fratris Stephani Agricolae« war, bleibt doch ungeklärt, wie stark ihr Einfluß auf diese Entwicklung war. Besondere

Beachtung verdient, daß ein 1906 von Otto Clemen (1871-1946) von Staupitz zugewiesenes »Gutachten« – wodurch diesem »Züge eines harschen Ketzerverfolgers verliehen« wurden (61) – sich als eine von diesem unabhängige Prozeßschrift erwies. Daher eröffnet Lothar Graf von Dohna als Bearbeiter seine Einleitung mit dem Kapitel »Korrektur des Staupitz-Bildes«.

Ein wichtiger Text liegt mit den »Constitutiones OESA pro reformatione Alemanniae« vor, die am 27. April 1504 unter von Staupitz als Generalvikar der observanten Augustinereremiten angenommen und wahrscheinlich nach dem Frühjahr 1506 in Nürnberg gedruckt wurden. Dieser Druck ist der einzige Textzeuge und wurde bisher nicht ediert. Die Einleitung verfolgt die »Verwirrung über die Geltung« der Regensburger Konstitution von 1290 (123), die von Italien ausgehende Reformbewegung der Augustinereremiten – die sich in der Ausgestaltung einer Konstitution der Lombardischen Kongregation und eine der Kongregation von Lecreto niederschlägt – sowie die in dem Vikariat des Simon Lindner (1467-1473) beginnende Vorgeschichte für eine Konstitution der deutschen observanten Augustinereremiten. Es macht den Vorzug dieser Edition aus, daß sie die Konstitution von 1504 in diesen weitgespannten Rahmen stellt und im Apparat Unterschiede zu den drei Konstitutionen vermerkt, die nach Überzeugung des Bearbeiters Wolfgang Günter herangezogen wurden. Neben den Zitatnachweisen finden sich auch Hinweise auf Quellen – Kirchenrecht, Ordinationes von Ordensoberen, Diffinitionen der Generalkapitel des 15. Jahrhunderts und Liturgien –, um verschiedene »Bedeutungshorizonte« aufzuweisen, ohne daß damit eine Abhängigkeit behauptet werden soll, zumal wenn ein »vgl« vorangestellt ist. Dieser Band setzt damit den in der Staupitzausgabe eingeschlagenen Weg fort – vgl. LuJ 48 (1981), 159 –, umfangreich über im Spätmittelalter zugängliche Aussagen zu der jeweils berührten Sache zu informieren, ohne sich auf die spezifischen Ausprägungen des edierten Textes zu konzentrieren. So wird Seite 189, Anm. 30, nicht nur das Zitat in Mt 10, 22 nachgewiesen – im Register steht versehentlich »5 30« statt »15 30« –, sondern wegen der sachlichen Übereinstimmung noch »vgl Mt 24, 13« hinzugefügt. Zu »Sacram scripturam avide legat, devote audiat et ardenter addiscat« ist 194, Anm. 21 »Vgl De cons 5, 33 (*Friedberg* I 1420 f)« vermerkt. Dort findet sich ein Hieronymustext zur Lebensform der Mönche mit einer recht allgemeinen Aufforderung und einer von der Konstitution nicht übernommenen Zusage: »Ama scientiam scripturarum, et carnis vicia non amabis.«

Die Register am Ende des Bandes (325-360) beziehen sich nur auf die »Constitutiones OESA ...«, für die »Decisio quaestionis ...« finden sie sich unmittelbar am Anschluß dieses Textes (45-58). Es bleibt zu wünschen, daß die Staupitzausgabe bald weitere Fortschritte macht.

CONTINUITY AND CHANGE: the harvest of Late Medieval and Reformation history; essays presented to Heiko A. Oberman on his 70$^{th}$ birthday/ hrsg. von Robert Bast und Andrew C. Gow. Leiden; Boston; Köln: Brill, 2000. XI, 459 S., Portr.

Diese Festgabe zum 70. Geburtstag von Heiko A. Oberman dokumentiert, wie der Jubilar nach seinem Weggang aus Tübingen 1984 auch in Tucson, AZ eine erfolgreiche Tätigkeit entfaltet hat. Unter den 19 Autoren befinden sich nur ein Deutscher, ein Schotte und eine Schweizerin, die übrigen sind in Nordamerika tätig. Sie behandeln Themen von den Kirchenvätern bis zum Dreißigjährigen Krieg, mit Schwerpunkt im Spätmittelalter und im Reformationsjahrhundert. Es spiegelt sich darin auch die Hinwendung Obermans von Luther zur späteren Reformationsgeschichte – vor allem zu Jean Calvin – wider. Infolgedessen sind nur wenige Beiträge speziell Luther gewidmet (vgl. LuB 2002, Nr. 011).

*James M. Estes* verfolgt detailliert, wie im Spätmittelalter vorhandene Ansätze unter dem Einfluß der Reformation allmählichen zum landesherrlichen Kirchenregiment entwickelt worden sind. Er beginnt mit Luthers Aufruf 1520 an den deutschen Adel, in einer Notsituation zur Wiederherstellung der sachgemäßen Funktion des geistlichen Regiments beizutragen. Luther habe dabei aber schon das Tor für eine darüber hinaus gehende Einflußnahme geöffnet, als er mit seiner Lehre vom allgemeinen Priestertum die Autorität der Kirche vom Papst auf die Gemeinden verlagerte. Nachdem sich gezeigt hatte, daß ein vom Adel einberufenes Reformkonzil nicht zustande kam und die praktische Durchführung der Reformation einer Förderung von seiten des weltlichen Regimentes bedurfte, habe 1535 Melanchthon erstmals die Lehre von der cura religionis des weltlichen Regiments formuliert. Und wenn Luther 1520 auch nur die Hilfe von seiten des weltlichen Regiments in einer Notsituation im Auge hatte, so habe er doch wesentlich zur Ausgestaltung des landesherrlichen Kirchenregiments beigetragen.

*Peter A. Dykema* vergleicht spätmittelalterliche Handbücher für Priester mit dem »Pastorale Lutheri«, das der Eislebener Pfarrer Mag. Conrad Porta (1541-1585) als Anleitung für »anfangende Prediger und Kirchendiener« 1582 herausgab. Dykema sieht die Intention dieses Handbuches – das unter Sachgesichtspunkten in Kapitel eingeteilt ist und auf darin formulierte Fragen Antworten mit zum Teil erläuternden Lutherzitaten gibt – darin, nach dem Erscheinen des Konkordienbuches in der Grafschaft Mansfeld Klarheit in der Lehre und Einheit in der Liturgie herzustellen. Er findet die Ähnlichkeit mit den spätmittelalterlichen Handbüchern in ihrer praktischen Ausrichtung im Umgang mit der Gemeinde, die grundsätzlichen und tiefen Unterschiede aber darin, daß die Handbücher den Priester vor einem Sakrileg bewahren und zur reinen Ausübung des Ritus anregen wollen, während das »Pastorale Lutheri« den in den Kampf mit dem Teufel hineingestellten Pfarrer zur reinen Lehre bewegen will. Es ist verdienstlich, daß hier an ein bis 1897 nachgedrucktes, der jeweiligen Zeit angepaßtes Handbuch erinnert wird, das für die Lutherrezeption in den Gemeinden von großer Bedeutung war.

*Andrew Colin Gow* beurteilt Luthers Auslegung des Alten Testamentes im Rahmen eines »christlichen Kolonialismus«, der seit dem Mittelalter zur Rechtfertigung der christlichen Exegese den Wert des jüdischen Verständnisses der Heiligen Schrift leugnet. Die Behauptung des Vf., Luthers exegetische Methode habe in den letzten Jahren wenig Aufmerksamkeit gefunden, wird mit Verweis auf drei Literaturangaben bis zurück ins Jahr 1968 belegt. Dabei bleibt die Trilogie von Siegfried Raeder zum Hebräischen bei Luther unerwähnt. So überrascht es nicht, daß der Vf. Luthers philologische Arbeit unterschätzt. Daß Luther eine auf Christus bezogene Auslegung der Heiligen Schrift vornimmt, ist nicht so unbekannt, wie der Vf. den Eindruck erweckt. Es ist ihm aber zuzustimmen, daß Luther eine von seiner Theologie bestimmte Auslegung des Alten Testamentes vornimmt, mit der seine Aufforderung, Juden zu bekehren oder zu vertreiben, im engen Zusammenhang steht. Daß Luther den spätmittelalterlichen Antijudaismus nicht auch reformiert hat, bleibt ein folgenschweres Versäumnis. Aber auch im Rahmen einer religiösen Toleranz, die jede Art von »Kolonialismus« und damit Diskriminierung von Juden ablehnt, besteht das Problem, daß Christen im Unterschied zu Nichtchristen von Anfang an die Erfüllung messianischer Verheißungen des Alten Testamentes in Jesus Christus sehen, also eine ihnen eigene Rezeption des Alten Testamentes haben.

Der Band enthält ein farbiges Porträt von Oberman und eine Bibliographie seiner Veröffentlichungen von 1958 bis 2000. Ein Personen-, ein Orts- und ein Sachregister erschließen den stattlichen, schön gestalteten Band.

Sources and contexts of The Book of Concord/ hrsg. von Robert Kolb und James A. Nestingen. MP: Fortress, 2001. XIV, 277 S.

Während die Standardausgabe »Die Bekenntnisschriften der evangelisch-lutherischen Kirche« von 1930 Texte, die im Zusammenhang mit den Texten der Bekenntnisschriften stehen, im Apparat abgedruckt hat, bietet »The Book of Concord« von 2000 – vgl. LuJ 68 (2001), 131 f – nur knappe Erläuterungen, dafür aber nun einen eigenen Quellenband. Der enge Zusammenhang zu bestimmten Texten wird dadurch nicht so deutlich, dafür werden aber die für den Inhalt der Bekenntnisschriften wichtigen Texte im Zusammenhang geboten. Die Auswahl hat in einigen Fällen im Englischen schwer zugängliche Texte anderen vorgezogen, die nach ihrer Bedeutung für die Bekenntnisschriften auch hätten aufgenommen werden können.

Der Band beginnt mit »Eyn buchlin fur die leyen vnd kinder. Wittemberg 1525« und »Hundert und Dreissig gemeyner Fragestücke für die iungen kinder ynn der Deudschen Meydlinschule zu Eyßleben«, die der Schulrektor Johann Agricola (1492/94-1566) seit 1527 veröffentlichte. Beide Schriften sind als wichtige Vorläufer von Luthers Kleinem Katechismus aufgenommen. Zum besseren Verständnis der »Augsburgischen Konfession« werden die 404 Artikel von Johann Eck (1486-1543) bereitgestellt. »Die Confutatio der Confessio Augustana vom 3. August 1530« bietet den Text, gegen den Melanchthon seine Apologie verfaßte.

*Charles P. Arand* unterscheidet zwischen den Disputationen innerhalb einer Universität und Thesendrucken, die dem Gedankenaustausch mit Kollegen auch anderer Universitäten dienen sollten. Solche Thesen sieht er auch in Luthers berühmten 95 Thesen gegen den Ablaß. Arand hat den 38 Thesen, die Melanchthon im Frühjahr 1531 – als er den Text seiner Apologie überarbeitete – drucken ließ und versandte, die Überschrift »We are justified by faith and not by love« gegeben. Melanchthon habe damit Reaktionen auslösen und Hilfe für das biblische Verständnis der Rechtfertigung gewinnen wollen. Wenn diese Absicht zutrifft, wird an einem weiteren Beispiel klar, wie sehr Melanchthon nicht eine eigene Theologie verfechten, sondern – gewissermaßen als »wissenschaftlicher Sekretär« – die der evangelischen Theologen zum Ausdruck bringen wollte. Angesichts ihrer großen Bedeutung für die innerlutherischen Streitigkeiten sind auch das »Augsburger Interim« und das sogenannte »Leipziger Interim« – mit kurzem Hinweis auf seine Entstehung laut neuer Forschung – aufgenommen worden. Von den Verfassern der Konkordienformel kommt Martin Chemnitz (1522-1586) mit Auszügen aus seinem Manuskript von 1561 zu Wort, in dem er zeitgenössische Lehren, die von der »Augsburgischen Konfession« abwichen, analysierte.

Da im Artikel 9 des Konkordienbuches über die Höllenfahrt Christi auf Luthers »Torgauer Predigt« verwiesen wird, ist der von der Konkordienformel herangezogene Druck bereit gestellt worden; vgl. oben Seite 101-118.

Neben Texten, die man in solch einer Sammlung erwartet – Schwabacher Artikel, Marburger Artikel, Torgauer Artikel – finden sich auch Texte, die manche frühere Ausgaben von Bekenntnisschriften schon enthielten: den »Catalogus testimoniorum« sowie die vier Artikel der sächsischen Kirchenvisitation von 1592.

Diese Quellenausgabe ist ohne Zweifel ein sehr nützliches Hilfsmittel für das Studium der lutherischen Bekenntnisschriften.

# Besprechungen

MARTIN LUTHER: Annotierungen zu den Werken des Hieronymus/ hrsg. von Martin Brecht; Christian Peters. Köln; Weimar; W: Böhlau, 2000. 275 S. (Archiv zur Weimarer Ausgabe der Werke Martin Luthers; 8)

Auf dem Lutherkongreß in Oslo 1988 konnte Ulrich Bubenheimer über »Unbekannte Luthertexte« berichten, die er infolge gezielter Suche ausgerechnet in der Bibliothek des Evang. Predigerseminars der Lutherstadt Wittenberg zu Tage gefördert hatte (vgl. LuJ 57 [1990]). Bei dem Fund handelte es sich vor allem um ein umfangreiches corpus von Randbemerkungen Luthers in einem Exemplar der mehrbändigen Werkausgabe des Kirchenvaters Hieronymus, die Erasmus von Rotterdam 1516 in Basel herausgebracht hatte. Seit Mitte der neunziger Jahre haben dann Martin Brecht und Christian Peters das Material gesichtet, in einem Oberseminar die methodischen Zugänge zu einer möglichen Edition abgeklärt und diese schließlich in Angriff genommen. Das fertige Werk haben sie dem mit der Lutherstadt Wittenberg eng verbundenen Theologischen Arbeitskreis für Reformationsgeschichtliche Forschung gewidmet, dem sie seit langem angehören.

Die Darbietung von Luthers Annotierungen zu Hieronymus konnte einerseits auf Erfahrungen zurückgreifen, die in der relativ jungen Disziplin des Edierens von handschriftlichem Material in gedruckten Büchern gesammelt wurden. Andererseits stellte gerade diese Edition insofern eine Herausforderung dar, als es darum ging, nicht nur ganze Wörter oder Sätze in einem für den Benutzer nachvollziehbaren Kontext darzubieten, sondern auch zahlreiche Unterstreichungen des mitdenkenden und beurteilenden Lesers Luther zu identifizieren und diese ebenso darzustellen. In einer umfangreichen Einleitung informieren die Herausgeber über die Entstehungsgeschichte ihres Werkes, beschreiben die Hieronymusbände, die Luther annotierte (2-8), und geben Hinweise auf »Gehalt und Bedeutung der Annotierungen« (8-14). In diesen Abschnitt sind äußerst informationsreiche Ergebnisse des Editionsprozesses eingegangen, die sich für weitere Forschungen als Ausgangspunkte eignen, aber bereits in dieser Form wichtige Hinweise zur Frage der auctoritas patrum in der Reformationszeit und speziell bei Luther erbringen. So wird z. B. anhand zweier sich deutlich voneinander unterscheidender Annotierungsebenen (Tintenfarbe, Schreibintensität) deutlich, daß sich Luther zeitlebens und im Vergleich mit anderen Lesern äußerst intensiv mit dem Werk des Hieronymus beschäftigte und der Exeget Luther den älteren Exegeten, wenngleich kritisch, sehr ernstnahm. Luther hat auf diese Weise das editorische Werk des Erasmus ebenso kritisch gewürdigt. Die Herausgeber bezeichnen diese Konstellation als ein dynamisches, »sensibles Dreiecksverhältnis zwischen Hieronymus, Erasmus und Luther«, wobei »Koalitionen und Oppositionen [...] durchaus wechseln [konnten]« (10). Hingewiesen sei hier auch auf das Markieren von Luthers besonderer Aufmerksamkeit angesichts der hermeneutischen Bemerkungen des Hieronymus oder dessen Auseinandersetzung mit der von chiliastischem Denken bestimmten zeitgenössischen jüdischen Exegese.

Gegenüber den bisher in WA 9 edierten Randbemerkungen Luthers zu Augustinus u. a. stellt die vorliegende Edition seiner Hieronymus-Annotierungen einen gewaltigen Fortschritt dar. Daran sollen die folgenden kritischen Bemerkungen nichts ändern. Nicht nachvollziehbar ist, daß in den beigegebenen Registern zu den Namen und Bibelstellen die Fundorte nicht entsprechend der Seitenzahlen der Edition, sondern nach den Bänden und Folioblättern der Hieronymus-Ausgabe angegeben werden, obgleich sich diese häufig über mehrere Seiten der vorliegenden Ausgabe ziehen. Wer mit ihr arbeitet, wird sich gewiß auch in der Hieronymus-Ausgabe des Erasmus direkt informieren wollen, kann aber dann vorliegende Ausgabe leicht zum Auffinden der betreffenden Bände und Blätter nutzen. Die Herausgeber hätten sich und den Lesern außerdem das lästige Zeilenzählen erspart, wenn sie sich anstelle einer von ihnen neu eingeführten Zeilenzählung auf den großen Folioblättern der dort selbst vorfindlichen Einteilung in je vier Textblöcke auf jeder Recto- (A. B. C. D) und Versoseite (E. F. G. H) bedient hätten. So hätte z. B. auf Seite 215 oben das »Zu Z. 39 am linken Rande:« bequemer als »Zu F, Zeile 4« notiert werden können. Eine letzte Frage bezieht sich auf eine Kommentierung der Herausgeber auf Seite 215, Fußnote 101. Luther hatte im Danielkommentar (zu Dn 9, 24 f!) ein »respondeatur & ut« durchgestrichen und es durch ein eigens unterstrichenes »redeatur &« ersetzt. Die Herausgeber notieren, Luthers Korrektur sei unzutreffend, weil die moderne Hieronymusausgabe (CChr.SL) »Respondeatur« lese. Was wollte Luther richtigstellen? Einen Lesefehler in der Hieronymus-Ausgabe des Erasmus aufgrund eines besseren Textzeugen oder vielleicht den Text des Hieronymus aufgrund des Bibeltextes selbst?

Aber wie gesagt, angesichts der großen Leistung der Herausgeber in bezug auf die Menge der oft nur schwer zu entziffernden Bemerkungen Luthers, der komplizierten Zuweisungen und Entscheidungen über die Menge des wiederzugebenden Textes sowie erster Systematisierungen muß Dank an erster Stelle stehen. Die Herausgeber haben eine Quelle erschlossen, die es erlaubt, den Exegeten Luther nicht nur von den Ergebnissen seiner Bibelauslegung her zu begreifen, sondern ihn auch innerhalb des Arbeitsprozesses mit der exegetischen Tradition zu begleiten.

Michael Beyer — Leipzig / Schönbach

Christine Helmer: The trinity and Martin Luther: a study on the relationship between genre, language and the trinity in Luther's works (1523-1546). MZ: von Zabern, 1999. 296 S. (VIEG; 174, Abt. Religionsgeschichte)

Der Fachwelt anzuzeigen ist das Erstlingswerk der an der School of Religion an der kalifornischen Claremont Graduate University als Assistant Professor lehrenden Theologin und Religionsphilosophin Christine Helmer.

Welche theologische Funktion hat die Trinität bei Luther? Diese in der Forschung monographisch eher vernachlässigte Frage zu beantworten, wählt die Vern. einen innovativen, die gesamte Studie gliedernden gattungshermeneutischen Ansatz, der drei unterschiedliche Textgattungen Luthers auf ihre trinitarische Bedeutung hin analysiert: die Promotionsdisputation von Georg Major und Johannes Faber vom 12. Dezember 1544 (Teil 2), das Kirchenlied »Nun freut euch, lieben Christen gmein« von 1523 (Teil 3) und zwei anläßlich des Trinitatisfestes gehaltene Predigten von 1537 (Teil 4). Dieses in Teil 1 überzeugend begründete Vorgehen ist geeignet, die Trinität, eine Bezeichnung, die Luther bekanntlich nicht schätzte, jenseits von Doktrinalisierung und Systemzwang in varianten, nach promissional-narrativen Kriterien interpretierten Sprachsituationen darzustellen, die eine jeweils spezifische und repräsentative Ausformulierung der Trinität bilden (S. 30-33. 37).

Nur wenige ausgewählte Aspekte der klar gegliederten und immer wieder durch hilfreiche didaktische Zusammenfassungen gebündelten Arbeit können hervorgehoben werden. Teil 2 beschreibt Luthers Verwurzeltsein im mittelalterlichen Disputationswesen und analysiert seine Privilegierung der immanenten vor der ökonomischen Trinität in der Auseinandersetzung mit Antitrinitariern (42-45). Die innere trinitarische Relation besteht aus drei personhaften res, die mit der essentia divina eins sind. Ihr ist Unendlichkeit zu attribuieren (71.119). Mit diesem Attribut wie mit dem der ewigen Zeugung des Sohnes gerät, wie Luther in Fortführung von Johannes Duns Scotus und Ockham verdeutlicht, die natürliche Vernunft an ihre Grenze (vgl. 90f). Deshalb verhandelt er die Trinität in einem non-metaphysischen, binnentheologisch-antiaristotelischen Bereich (86). Disputatio darf als Sprache des Glaubens (gegen Uwe Gerber) gleichwohl nicht nur auf ihre assertorische Funktion reduziert werden. Sie hat zugleich propositional-vernünftigen Gehalt (51-53. 69. 71).

Die immanente Trinität ist, wobei in der Disputation die Kategorie des Narrativen in den Hintergrund tritt, Ursprung der Narration der ökonomischen Trinität. Erst wenn die ökonomische Trinität narrativ-promissional in den Gattungen von Kirchenlied und Predigt zur Darstellung kommt, wird der Glaubende der innertrinitarischen Verortung der promissio ansichtig (120). Auf Erden macht allein der Heilige Geist, der sich einer nova lingua bedient, die immanente Trinität bekannt (69. 80).

Der Heilige Geist ist Helmers Thema erneut in der originellen Interpretation von »Nun freut euch lieben Christen gmein« (142) in Teil 3. Statt von dem üblichen, in der Forschung autobiographisch fixierten Interpretationsmittelpunkt in Strophe 2 auszugehen und den Liedfortgang als anthropologischen Wechsel von Sünde zu Gnade zu deuten, darf laut Helmer nicht übersehen werden, daß – obwohl der Geist explizit überhaupt nicht erwähnt wird – schon Strophe 1 pneumatologisch einsetzt (135-139). Inklusionsartig spielt Strophe 9 – als Danklied strukturiert – auf den Heiligen Geist als Tröster an (140), so daß dieser den gesamten Hymnus einrahmt und Christi promissio in der Verheißung der Gemeinschaft von Christen mit Leben füllt (145). Die abrupt und unvermittelt die Ankunft des Geistes aus Strophe 1 unterbrechenden Strophen 2 und 3 (»Dem Teufel ich gefangen lag«; »Mein guten Werk, die galten nicht«) stehen bei Helmer unter dem Titel »The divine silence«. Sie thematisieren das unter der unheiligen Trinität von Sünde, Tod und Teufel gefangene Ich und beklagen zugleich in Anlehnung an die biblische Gattung der Klagelieder Gottes Abwesenheit (146. 149f., vgl. 160. 163). Die Strophen 4 und 5 sind als innertrinitarische Promissio-Rede des Vaters an den Sohn zu deuten (146. 163), die sich im ökonomisch-promissional-narrativen Advent der Trinität als Christus-Rede an mich in den Strophen 7-10 zuspricht (174f).

Manches Hilfreiche bemerkt Helmer zu den beiden Predigten von 1537 in Teil 4. Hier gelangt sie zu dem Ergebnis, daß selbst vor sonntäglichen Gemeindehörern die immanente Trinität, die von ihrer soteriologischen Bedeutung nicht abzutrennen ist, eingeschärft wird (211. 214). Angesichts der trinitarischen Ausrichtung der Predigt wird sachkritisch bemerkt, daß das verbum praedicatum forschungsgeschichtlich zu einseitig mit Luthers Verständnis der Rechtfertigung des Glaubenden und dem Konzept einer relationalen Ontologie in Zusammenhang gebracht worden sei. Der –von Teilen der finnischen Lutherforschung ebenfalls postulierten – trinitarischen Ontologie sei hierbei zu wenig Beachtung geschenkt worden (191. 198).

Der von der Vfn. gewählte gattungshermeneutische Ansatz, der sich für die Wahrnehmung von Luthers Textwelt als äußerst fruchtbar erwiesen hat, gerät in der Durchführung nicht erst hier an eine empfindliche Grenze.

Diesbezüglich ist vor allem vor drei methodologischen Versehen zu warnen. Das eine ist insbesondere der antihermeneutische Umgang mit dem Text des von der Forschung zu Recht als trinitarisch eingestuften Liedes (133). Das unter der Überschrift »The christological transformation of silence into speech« Gebotene macht beispielsweise gar nicht recht deutlich, woher die verwendete (mystische?, vgl. 35) Kategorie der Stille als trinitarisches Interpretament des Kreuzes Christi eigentlich stammt. Einmal wird diese Kategorie als »silence of Christ's death«, »christological mediation of the silence of death into the speech of life« (156), dann wiederum schillernd als »silent word [!] of death« (35), »divine silence« (146, vgl. 160) und zuletzt als »innertrinitarian silence« (163) dargestellt. Es wird dem Leser nicht leicht gemacht, sich zwischen diesen inner- und außertrinitarischen Äquivokationen zurechtzufinden, zugleich den fehlenden Bezug zum trinitarischen Liedtext zu entdekken, und zu verstehen, warum meist die gesamte Trinität in jede Einzelstrophe hineingelesen wird.

Mit der Warnung vor einer trinitarischen Überinterpretation des trinitarischen Liedes verbindet sich zweitens ein durch die Disposition der Studie ausgelöstes Unbehagen. Das erklärte Ziel des »genre-language approach«, nicht »to establish the Trinity as the key to Luther's thought« (32) nämlich bleibt im Fortgang der Studie auf der Strecke. Die Dispositionsentscheidung, die Disputation von 1544, das heißt diejenige Quelle, die chronologisch am allerspätesten entstanden ist, ohne nähere historische Begründung als erratischen Block den beiden anderen Gattungen voranzustellen, befremdet. Daß diese initiale Axiomatisierung der immanenten Trinität und ihre epistemische Idealisierung Verstehenskonsequenzen für die Gesamtdeutung von Luthers Wortkonzept hat, wird besonders an dem zeitweise aufbrechenden antihermeneutischen Überbietungsanspruch deutlich, mit dem die späte Disputation und die anhand des Liedes – zu Recht – entdeckte trinitarische Narration der Offenbarung als »an alternative to the word-event approach« (216) vorgestellt werden.

Das zuletzt zu erwähnende Versehen sind die in der gesamten Studie zu Tage tretenden begrifflichen Inkohärenzen, welche dem Leser die Lektüre der sonst so bestechend klaren Studie nicht unerheblich erschweren. Richtig ist es, daß das Forschungsparadigma der »relationalen Ontologie« in bezug auf Luther nach vielen Seiten hin auf Explikation und Ergänzung angewiesen ist. Ein Forschungsfortschritt dürfte aber nicht schon dadurch erreicht werden, daß man diesen Begriff zum Schlagwort trivialisiert und dabei gar nicht zur Kenntnis nimmt, was 1993 zu »Luthers Wirklichkeitsverständnis« (Gerhard Ebeling) erarbeitet worden ist. Und obwohl die Vfn. Luthers relationale Ontologie mit großer Vehemenz bestreitet und stattdessen eine trinitarische Ontologie des Narrativen auf den Begriffsthron hebt, werden von ihr verwirrenderweise zugleich sowohl das Relationale als auch die ewige Relation von Vater und Sohn in den drei Hauptteilen ihrer Studie in bezug auf die Trinität betont (66. 91. 104-107. 118. 187. 198. 216). So bleibt es besonders in Teil 4 bei einer sich nicht auf der Höhe der Forschung befindlichen und z. T. geradezu karikierenden Darstellung dessen, was relationale Ontologie im Ansatz meint, nämlich Luthers lebenslangen kritischen Umgang mit Begriffen aristotelischer Ontologie und zugleich seine eigene ontologische Neuorientierung.

Kleinere Ungenauigkeiten und Schönheitsfehler, wie die, daß Zitate aus der selben Quelle einmal auf deutsch und dann auf englisch erscheinen, sollen hier unerwähnt bleiben (266. 269. 135). Einfach falsch ist aber die Angabe, daß Luthers Interesse an der nova lingua zuerst 1537 (!) hervortritt (72), und eine erheiternde Verwechslung von Aristoteles und Eberhard Jüngel liegt vor, wenn letzterem ein uneigentliches Metaphernkonzept zugeschrieben wird (74).

Münster Jens Wolff

BIRGIT STOLT: Martin Luthers Rhetorik des Herzens. TÜ: Mohr (Paul Siebeck), 2000. XII, 200 S. (UTB für Wissenschaft; 2141)

Dieses Buch der durch einschlägige Lutherstudien bestens ausgewiesenen schwedischen Germanistin fördert die Forschung in wesentlichen Bereichen. Von bewährten philologischen Positionen ausgehend werden wichtige Aspekte des vielfältigen Sprachschaffens Luthers unter Einbeziehung moderner Untersuchungsmethoden (u. a. Pragmatik, Rezeptionsanalyse) überprüft, wobei neben ergänzenden Bewertungen auch ausgesprochen innovative Ergebnisse zutage treten.

Im Vorfeld der aus dem Buchtitel ersichtlichen Hauptthematik werden zunächst einige Erscheinungen behandelt, deren Klärung generell für das Verständnis von Luthertexten unerläßlich ist. So verdeutlichen Beispiele wie »Regenbogen« oder »der erstgeborene Sohn« die dringliche Beachtung konnotativen Wandels. Der Umgang des Wittenberger Reformators mit dem Lateinischen wird anhand der Tischreden-Überlieferung unter Bezug auf die jüngste Mehrsprachigkeitsforschung kritisch überprüft, wodurch überdies die in seinen Vorlesungen, Predigten und Briefen anzutreffende Sprachmischung plausiblere Klärung erfährt.

Erörterungen über Luthers Wertschätzung der gesprochenen (gegenüber geschriebener) Sprache führen dann zu den komplexen Entfaltungen seiner Rhetorik, die noch bis vor kurzem argen Fehleinschätzungen unterlag. Eine tiefgreifende Würdigung seiner rhetorischen Praxis konnte schließlich erst nach Klärung seines Verhältnisses zum Humanismus erfolgen. Auf diesen Bildungstraditionen entfaltet sich in Verbindung mit Grundzügen seines persönlichen Wesens und Glaubens Luthers Rhetorik zu geradezu einzigartiger Ausdruckskraft und -vielfalt mit ungebrochenen Nachwirkungen bis heute. Die Eigenart seiner rhetorischen Praxis wird durch eine Gegenüberstellung seiner Predigtanweisungen mit den von Melanchthon gelieferten klar herausgearbeitet (80-83. 97 f). Demzufolge stellt Luther Affekt vor Intellekt sowie Pathos vor Ethos; diese Grundhaltung wird durch seine signifikante Verwendung des Wortes »Herz« – unter Berücksichtigung des Konnotationwandels – verdeutlicht (49-57. 100-112). Die Tragweite solcher Affektbevorzugung tritt u. a. im Umfeld seiner musikalischen Betätigungen hervor, etwa mit der Handhabung von Satzrhythmus und anderer intonatorischer Mittel (127-146); hier wäre ergänzend hinzuweisen auf Gerhard Hahns bahnbrechende Untersuchungen über das geistliche Liedgut des Reformators (u. a. mit »Evangelium als literarische Anweisung« M 1981).

Solche dem Primat des gesprochenen Wortes gemäße Gestaltungselemente schlagen sich vollends in der Bibelverdeutschung nieder (84-126), wobei namentlich das Ringen um optimale Wortwahl das von emotiver Grundhaltung getragene Bemühen um hermeneutische Stimmigkeit zwischen Altem und Neuem Testament unterstützt. Dazu zieht Luther ganz bewußt biblizistische Spracheigenheiten heran, die seinen unverwechselbaren Sakralstil prägen – etwa das als Aufmerksamkeitssignal dienende »siehe«, die nachgestellte Partikel »aber«, parataktisches »und« sowie zweigliedrige Verbalausdrücke, metonyme Formulierungen. Derartige aus der ursprachlichen Fassung übernommene Merkmale verstärken den feierlichen Ton seiner verdeutschten Bibel als Werk von weltliterarischem Rang – nunmehr auch von der Textlinguistik und Rezeptionsästhetik gewürdigt. Der dabei erzielte prägende Stil wäre gänzlich verlorengegangen, wenn die der Revisionstätigkeit von 1975 zugrundegelegte Richtschnur einer »mundartfreien Umgangssprache mittlerer Höhenlage« obsiegt hätte (121-126).

Die das Buch tragende Thematik wird schließlich mit Untersuchungen über zwei wenig beachtete, gleichwohl aussageträchtige Phänomene abgerundet. So erscheint der im

Sprachschaffen des Reformators sehr differenziert eingesetzte Humor durch Nachweis dabei herangezogener rhetorischer Komponenten (z. B. Wortspiel, Sprachparodie) in aufschlußreicherem Licht (147-172). Im Schlußkapitel »Gotteskindschaft (173-188) werden verschiedene Grundlagen der von Luther benutzten Konnotationen des Vater-Begriffs herausgearbeitet: Lebenserfahrung, exegetische Studien- und Glaubenshaltung lassen eine gefühlsgeprägte Einstellung wachsen, die sich mit zunehmendem Alter als gottvertrauende Geborgenheit kundtut.

Die mit treffenden Lutherzitaten bestens abgesicherten Untersuchungen reichen vielfach über den germanistischen Ansatz der Verfasserin hinaus und gewährleisten dadurch – der komplexen Bedeutung des Reformators weitgehend Rechnung tragend – zudem wertvolle Erkenntnisse über seine Theologie, die ja letztlich Niederschlag in seinem sprachlichen Wirken gefunden hat. Und wer sich über Eigenart und Ausmaß der Rhetorik Luthers gründlich informieren möchte, kann auf vorliegendes Standardwerk keinesfalls verzichten.

Marburg/Goßfelden Herbert Wolf

Wichmann von Meding: Luthers Gesangbuch: die gesungene Theologie eines christlichen Psalters. HH: Kovač, 1998. 481 S. (Schriftenreihe Theos; 24) – Zugl.: Kiel, Univ., Theol. Fak., Habil., 1995.

Titel und Untertitel der Kieler systematisch-theologischen Habilitationsschrift zeigen – auch in bibliographischer Hinsicht – in wünschenswerter Klarheit, womit es der Leser zu tun haben wird: mit der Rekonstruktion der Gesangbuchkonzeption des Reformators. Bei dieser bedingt der Inhalt zugleich die äußere Form, d. h. die Gebrauchsform: einen ansprechend gestalteten, theologisch verantworteten und dazu noch einen sing- und betbaren »christlichen Psalter«. Luthers Gesangbuchkonzeption erscheint als die literarisch und musikalisch angemessene protestantische Inanspruchnahme des bereits im alten Gottesvolk vorhandenen und sich durch die Kirchengeschichte kontinuierenden Antwortens des Glaubens in Lob und Klage, Dank und Bitte auf Gottes Ansprechen.

Das kurze Vorwort verweist auf Möglichkeiten eines eher systematischen bzw. biographischen Zugreifens auf Luthers Theologie. Jedoch übernimmt die eigene Darstellung absichtlich keines der vorgelegten theologischen Modelle, sondern unternimmt es, die in einem »vieldimensionalen Gebrauchstext« sich entfaltende Theologie in Abhängigkeit von der sich seinerzeit Luther stellenden praktischen Aufgabe aufzusuchen. Gemeint ist hier Luthers »Fürsorge für die Gemeinde«. Die Umsetzung dieser Überlegung in eine Gliederung ergibt eine Abfolge, die mit »A Das Problem des Gesangbuchs« ein- und sich über »B Die Lutherlieder ...«, »C Die Struktur ...«und »D Die Komposition ...« bis »E Die Theologie des Gesangbuchs« fortsetzt, um dann mit dem kurzen Abschnitt »F Die Wirkung des Gesangbuchs« zu schließen.

Den Höhepunkt des Abschnittes A bildet die Beschreibung von vier möglichen Irrwegen eines sich in den »Gefahren des Biographismus, Biblizismus, Psychologismus und der Besserwisserei« (45) verrennenden, weil nicht genügend historisch-kritisch geschulten Umgehens mit Luther und seinem Werk. B bietet einen mit den Originaltexten versehenen, chronologischen Durchgang durch Luthers Liedschaffen, wobei die Darstellung wie auch in den anderen Abschnitten durch »Explikationen« unterbrochen wird. In ihnen unternimmt es der Autor u. a., die erwähnten Irrwege darzustellen und Lösungen aus dem von ihm entfalteten Zusammenhang anzubieten. Das gelingt m. E. sehr gut in C, wo Vf. eindrücklich darlegt, daß sich die stark diskutierte Abfolge der Lieder im Wittenberger Gesangbuch sowohl formalen Gesichtspunkten verdankt (z. B. neu entstandene Lieder zu den Hochfesten am Beginn) als auch eher inhaltlichen (die biblischen Cantica als unerreichbarer Abschluß allen christlichen Singens am Ende). Abschnitt D stellt Luthers Gesangbucharbeit als Arbeit an einem »Gesamtkunstwerk« dar, das bereits Zeitgenossen sehr wohl als solches begriffen und gewürdigt haben. Abschnitt E entfaltet schließlich eine eigene, der Situation der Gemeinde entsprechende Theologie von Luthers Gesangbuch in der Abfolge von »1 Gottes Wundertat«, »2 Christen singen«, »3 In Gottes Gegenwart«, »4 Auf Erden Richter« und »5 Das Glaubenslied«. Besonders sei hingewiesen auf die unter 3 aufgenommene Diskussion zum fehlenden Passionslied Luthers, die Vf. im Blick auf die eigentliche Bedeutung der theologia crucis als Befreiungsgeschehen weiterführt. Ihre eigenes Klagen gehört gewiß in das Lied der Gemeinde, aber warum sollte sie in einem eigenen Lied den Grund ihrer Errettung mittels Trauerpraktiken artikulieren?

Indem Vf. Luthers »Fürsorge für die Gemeinde«, also den Gemeindeaufbau, im Mittelpunkt seiner Überlegungen sieht, und den Stellenwert der theologisch verantworteten Arbeit an der gemeinsamen öffentlichen Artikulation der Gemeinde in ihrem vielfältigen, Gott in Psalmen antwortetendem Gesang heraushebt, leistet er zugleich einen Beitrag zur Ekklesiologie Luthers. Es ist dem Buch wie potentiellen Lesern zu wünschen, daß es trotz der Mängel bezüglich seiner formalen Gestaltung (Zitierweise, Literaturverzeichnis) in den Bibliotheken neben WA 35 und AWA 4 seinen Platz findet.

Michael Beyer — Leipzig / Schönbach

Carl Schalk: Music in early Lutheranism: shaping the tradition (1524-1672). StL: Concordia Academic Press, 2001. 184 S.

This volume provides a welcome survey of music by specific composers working in the first century and a half of Lutheranism. Carl Schalk's aim is not only to provide a concise overview of this repertoire, but also to do so with the hope that knowledge of these composers, their work, and their theological grounding will aid church musicians in the present day as they struggle with the questions facing the church and its musicians now, nearly five hundred years after the Reformation.

Schalk begins his study with an overview of the context for music in the Reformation, examining both Martin Luther's views of music and also the prevailing trends in the wider musical world. Therefore, Schalk situates Luther's views within the musical context of his time, providing helpful insights on Luther's own oft-quoted remarks on music and also illustrating the theological standard by which subsequent composers could measure new musical trends and guide their own compositional choices. One supposes, then, that, given Schalk's double purpose in writing this book, we can turn to this same standard to guide our decisions in church music today.

The remaining chapters are devoted to separate discussions of the following composers working in the Lutheran arena: Johann Walter (1496-1570), Georg Rhau (1488-1548), Hans Leo Hassler (1564-1612), Michael Praetorius (1571/72-1621), Johann Hermann Schein (1586-1630), Samuel Scheidt (1587-1654), and Heinrich Schütz (1585-1672). For each Schalk sketches the important biographical information, discusses important collections and contributions, and provides a guide to that composer's collected works – or publications in the case of Georg Rhau –, together with a bibliography consisting of both primary and secondary sources for each composer and a timeline of the publications.

The musicians Schalk discusses fall into two historical time periods. Walter and Rhau were contemporaries of Luther, and both enjoyed personal friendships with him. Both were affected by Luther's favorable view toward music through their personal relations, but perhaps more strongly through their work. Schalk points out Luther's encouragement of Walter resulting in his publication of the »Geystliche gesanck Buchleyn« (1524), which was followed by Walter's collaboration with Luther on the »Deudsche Messe« (1526). Rhau, on the other hand, studied at the University of Wittenberg and later published Luther's writings, as well as those of other early reformers, at his Wittenberg printing house. Consequently, when he published his many volumes of service music and motets it was Luther's understanding of music that provided a context for these pieces and influenced Rhau's selection of works. Thus, Schalk establishes the foundation of Lutheran church music with Walter and Rhau in direct contact with Luther.

Schalk's second group of composers – Hassler, Praetorius, Schein, Scheidt, and Schütz – were all born after Luther's death, none lived in Wittenberg, and all lived across the turn of the seventeenth century. They represent the expansion of Lutheran church music beyond the Wittenberg circle connected to Luther himself. Each of these composers was living in an era that witnessed the development of Italian baroque style features, such as basso continuo texture, polychoral writing, and the rise of instrumental writing resulting in concerted music – mixing voices and instruments. Since these elements existed alongside the Renaissance ideal of Franco-Flemish polyphony, each composer, in writing sacred music, not only mastered the art of Franco-Flemish polyphony, but also needed to determine which elements of the new style were appropriate to incorporate in writing church music and how best to do that. Schalk selects several compositions by each composer to illustrate this point.

This book will be beneficial to both the specialist and the more general reader. Although in an effort to provide concise summaries of these musicians lives and work the writing is sometimes choppy, the overall presentation, generous musical examples, and use of footnotes rather than endnotes make this volume quite readable. The reader not only gains a concise overview of each composer's life, work, and position within the development of music in general and church music in particular, but also is encouraged to dig deeper through the helpful reference tools provided.

It is not Schalk's intent to be exhaustive in covering all composers of Lutheran church music within his proscribed era but rather to illustrate the primary issues and directions by examining those composers leaving behind the greatest footprints: those with the most significant repertoire and who also most affected succeeding generations. At several points Schalk tips his hat toward the wide circle of composers active in church music.

Although this book is fascinating and reliable enough as a historical overview – despite the minor error that it was not Johann der Beständige (1468, 1525-1532) but Johann der Großmütige (1503, 1532-1554) whom Moritz replaced as elector – Schalk's original purpose was to hold these composers up in order to offer insights for our present-day church musicians in navigating the often- treacherous waters facing church music today. This he does in his afterword through five summary points. These points are given below – Schalk's words are given in quotation-marks – with a brief explanation:

1. »All were musicians highly trained in their art and craft.« Despite varying family backgrounds they sought out the best musical education available to them and considered striving for musical excellence in their compositional output to be the responsible expression of piety.

2. »All were musicians involved, in varying degrees, in the secular musical life of their day.« They did not isolate themselves from active participation in the wider world of high musical culture.

3. »All ... were musicians who wrestled in various ways with the challenges and implications of a ›new‹ musical style for the church.« They strove to »preach the Word« through their musical writing and did not reject their musical inheritance, but built on the foundation of the chorale.

4. »All were musicians who found the liturgy and worship of God's people to be the most natural and appropriate context for the greater part of their music.« The historic liturgy of the church was both well-spring of and context for the largest part of their musical contributions.

5. »All of these musicians were influential as teachers.« Each shared a concern for training the next generation and took this role seriously, thus passing on a particular understanding of the role and responsibilities of church music.

Each of these five commonalities is then contrasted with some of the shortcomings in church music today. Thus Schalk offers hope for the future through learning from the past. He sees the time in which these musicians worked and the issues they faced as not so very different from our own. In doing so he brings to fuller light an important link in Lutheran church music, which is all too often passed over on the way to the great Johann Sebastian Bach (1685-1750). With Schalk's help, however, we see that Bach is the recipient of a rich, continuous tradition of careful biblical exegesis in music. One hopes then that both the sensibilities and the music of these composers will again find a prominent place in our worship.

Kathryn Duffy De Moines, IA

Bernd Moeller: Luther-Rezeption: kirchenhistorische Aufsätze zur Reformationsgeschichte/ hrsg. von Johannes Schilling. GÖ: V&R, 2001. 301 S.: Ill.

Nachdem zum 60. Geburtstag des Autors die Aufsatzsammlung »Die Reformation und das Mittelalter« erschienen war (vgl. LuB 1992, Nr. 031), folgte zum 70. Geburtstag der vorliegende Band (vgl. LuB 2002, Nr. 040). Er enthält 15 Beiträge aus den Jahren 1984 bis 2000. Darunter befinden sich sowohl inzwischen häufig zitierte und damit positiv akzeptierte Aufsätze als auch zwei bisher unveröffentlichte: »Ambosius Blarer als Alpirsbacher Mönch« und »Die Universität Königsberg als Gründung der Reformation«.

Die Beiträge sind – wie üblich – im wesentlichen unverändert nachgedruckt worden. Eine Besonderheit stellt allerdings der Vortrag »Luther in Europa: die Übersetzung seiner Schriften in nichtdeutsche Sprachen 1520-1546« dar. Er erschien erstmals 1986 in dem Berichtsband »Martin Luther: Leistung und Erbe«, der eine Auswahl der auf der im Oktober 1983 in Halle (Saale) durchgeführten internationalen wissenschaftlichen Konferenz gehaltenen Vorträge enthielt. 1987 erschien eine englische Fassung in der Elton-Festschrift »Politics and society in Reformation Europe«. Nun liegt eine Übersetzung dieses Textes vor. Sie unterscheidet sich von dem Hallenser Vortrag zunächst durch eine Einleitung, aus der hervorgeht, daß der Vf. sich auf den von Geoffrey R. Elton geäußerten Zweifel bezieht, daß Luther »für ganz Europa der Ursprung der Reformation« gewesen sei. Dadurch wird die Intention der Untersuchung erst recht deutlich. Der Text ist aber auch aktualisiert, indem neuere Ergebnisse der Flugschriftenforschung eingearbeitet worden und ältere Angaben korrigiert worden sind.

Der vorliegende Band erhält noch einen besonderen Akzent durch die Einleitung des Autors. Er beschreibt darin den Schwerpunkt seiner Forschung und leitet dadurch den Leser zum rechten Verstehen der nachfolgenden Beiträge an. Der Autor erklärt, es sei ihm nicht vorrangig um Luther selbst, um seine Entwicklung, sein Denken und Lehren gegangen, auch nicht um den geschichtlichen

Verlauf der Reformation, sondern um den Zusammenhang zwischen beiden, um die Frage: »Wie und inwieweit die Einzelperson Luther die geschichtliche Bewegung der Reformation hervorgerufen und mitgestaltet hat« (9). Für die Beantwortung dieser Frage hat »die Wahrnehmung und Erschließung des immensen Quellencorpus der reformatorischen Flugschriften« eine große Bedeutung erlangt. Mit dem Titel »Luther-Rezeption« hat der Autor signalisiert, wie zentral für seine Forschung Luthers Beziehung zu seinen Zeitgenossen ist. Das bedeutet aber nicht, daß seine Beiträge sich nur auf diese Frage beschränken oder streng nach rezeptionstheoretischen Modellen durchgeführt worden sind.

Angesichts heutiger Darstellungen ruft der Autor begründet die banale Tatsache ins Gedächtnis, daß die Gesellschaft in Deutschland und in Europa im frühen 16. Jh. christlich war und infolgedessen Kirche und christliche Maxime einen großen Einfluß auf die Gesellschaft ausübten und damit auch Luther durch die Neubestimmung dieser Maxime. Damit ist einer einseitig theologischen und kirchengeschichtlichen oder politischen und soziologischen Betrachtungsweise der Reformation gewehrt. Der Leser der nachfolgenden Aufsätze ist dadurch sensibilsiert, aufmerksam zu verfolgen, wieweit die Verflechtungen der unterschiedlichen Faktoren in der christlichen Gesellschaft der Reformationszeit dargestellt und in Beziehung gesetzt worden sind.

Der vorliegende Band erleichtert den Zugang zu wichtigen Beiträgen der von ihrem Autor entwickelten Forschungsrichtung, die ein integraler Betandteil der Darstellung der Reformationsgeschichte sein sollte. Die »Bibliographie Bernd Moeller: 1991-2000« weist den Weg zu weiteren Veröffentlichungen. Ein »Register der Personen und Orte« ermöglicht einen raschen Zugriff zu speziellen Aussagen.

Helmar Junghans Leipzig

# Lutherbibliographie 2002

Mit Professor Dr. Matthieu Arnold, Strasbourg (Frankreich); Lic. theol. Daniel Bollinger, Zürich (Schweiz); Professor Dr. Jin-Seop Eom, Kyunggi-do (Südkorea); Professor Dr. Tibor Fabiny, Budapest (Ungarn); Dr. Gerhard Hammer, Tübingen (Deutschland); Professor Dr. Steffen Kjeldgaard-Pedersen, Frederiksberg (Dänemark); ThMgr. Miloš Klátik, Bratislava (Slowakei); Universitätsassistent Dr. Rudolf Leeb, Wien (Österreich); Bischof Sen. D. Janusz Narzyński, Warszawa (Polen); Bibliothekarin Liisa Rajamäki, Helsinki (Finnland); Professor Dr. Paolo Ricca, Roma (Italien); Professor Dr. Ricardo W. Rieth, São Leopoldo (Brasilien); Professor Dr. Maurice E. Schild, Adelaide (Australien); Dr. Rune Söderlund, Lund (Schweden); Bibliographer Assistant Rose Trupiano, Milwaukee, WI (USA); Professor Dr. Jos E. Vercruysse, Antwerpen (Belgien); Dr. Martin Wernisch, Praha (Tschechien) und Professor Dr. Klaas Zwanepol, Utrecht (Niederlande) bearb. von Professor em. Dr. Helmar Junghans, Akadem. Mitarbeiter Dr. Michael Beyer, Dipl.-Theol. Heiko Jadatz und Dipl.-Theol. Martin Teubner, Leipzig (Deutschland).

Der Leiterin und den Mitarbeiterinnen der Außenstelle Theologie der Universitätsbibliothek Leipzig und den Mitarbeiter(inne)n von Die Deutsche Bibliothek – Deutsche Bücherei Leipzig, danke ich für ihre Unterstützung herzlich, besonders aber der Wilhelm-Julius-Bobbert-Stiftung für ihre finanzielle Förderung.

## ABKÜRZUNGSVERZEICHNIS

### 1 Verlage und Verlagsorte

| | |
|---|---|
| ADVA | Akademische Druck- und Verlagsanstalt |
| AnA | Ann Arbor, MI |
| B | Berlin |
| BL | Basel |
| BP | Budapest |
| BR | Bratislava |
| CV | Calwer Verlag |
| DA | Darmstadt |
| dtv | Deutscher Taschenbuch Verlag |
| EPV | Evangelischer Presseverband |
| EVA | Evangelische Verlagsanstalt |
| EVW | Evangelisches Verlagswerk |
| F | Frankfurt, Main |
| FR | Freiburg im Breisgau |
| GÖ | Göttingen |
| GÜ | Gütersloh |
| GVH | Gütersloher Verlagshaus |
| HD | Heidelberg |
| HH | Hamburg |
| L | Leipzig |
| LO | London |
| LVH | Lutherisches Verlagshaus |
| M | München |
| MEES | A Magyarországi Evangélikus Egyház Sajtóosztálya |
| MP | Minneapolis, MN |
| MRES | A Magyarországi Református Egyház Zsinati Irodájának Sajtóosztálya |
| MS | Münster |
| MZ | Mainz |
| NK | Neukirchen-Vluyn |
| NV | Neukirchener Verlag |
| NY | New York, NY |
| P | Paris |

| | |
|---|---|
| PB | Paderborn |
| Phil | Philadelphia, PA |
| PO | Portland, OR |
| PR | Praha |
| PUF | Presses Universitaires de France |
| PWN | Pánstwowe Wydawníctwo Naukowe |
| Q&M | Quelle & Meyer |
| S | Stuttgart |
| SAV | Slovenská Akadémia Vied |
| SH | Stockholm |
| StL | Saint Louis, MO |
| TÜ | Tübingen |
| UMI | University Microfilm International |
| V&R | Vandenhoeck & Ruprecht |
| W | Wien |
| WB | Wissenschaftliche Buchgesellschaft |
| WZ | Warszawa |
| ZH | Zürich |

## 2 Zeitschriften, Jahrbücher

| | |
|---|---|
| AEKHN | Amtsblatt der Evang. Kirche in Hessen und Nassau (Darmstadt) |
| AG | Amt und Gemeinde (Wien) |
| AGB | Archiv für Geschichte des Buchwesens (Frankfurt, Main) |
| AKultG | Archiv für Kulturgeschichte (Münster; Köln) |
| ALW | Archiv für Liturgiewissenschaft (Regensburg) |
| ARG | Archiv für Reformationsgeschichte (Gütersloh) |
| ARGBL | ARG: Beiheft Literaturbericht (Gütersloh) |
| BEDS | Beiträge zur Erforschung der deutschen Sprache (Leipzig) |
| BGDS | Beiträge zur Geschichte der deutschen Sprache und Literatur (Tübingen) |
| BlPfKG | Blätter für pfälzische Kirchengeschichte und religiöse Volkskunde (Otterbach) |
| BlWKG | Blätter für württembergische Kirchengeschichte (Stuttgart) |
| BPF | Bulletin de la Societé de l'Histoire du Protestantisme Fançais (Paris) |
| BW | Die Bibel in der Welt (Stuttgart) |
| CA | CA: Confessio Augustana (Oberursel) |
| ChH | Church history (Chicago, IL) |
| CJ | Concordia journal (St. Louis, MO) |
| CL | Cirkevné listy (Bratislava) |
| Cath | Catholica (Münster) |
| CThQ | Concordia theological quarterly (Fort Wayne, IN) |
| CTM | Currents in theology and mission (Chicago, IL) |
| DLZ | Deutsche Literaturzeitung (Berlin) |
| DPfBl | Deutsches Pfarrerblatt (Essen) |
| DTT | Dansk teologisk tidsskrift (København) |
| EÉ | Evangélikus Élet (Budapest) |
| EHSch | Europäische Hochschulschriften: Reihe ... |
| EN | Evangélikus Naptár az ... èvre (Budapest) |
| EP | Evanjelický Posol spod Tatier (Liptovsky Mikuláš) |
| EThR | Etudes théologiques et religieuses (Montpellier) |
| EvD | Die Evangelische Diaspora (Leipzig) |
| EvEG | Evangelium – ›euaggelion‹ – Gospel (Bremen) |
| EvK | Evangelische Kommentare (Stuttgart) |
| EvTh | Evangelische Theologie (München) |
| GTB | Gütersloher Taschenbücher [Siebenstern] |
| GuJ | Gutenberg-Jahrbuch (Mainz) |
| GWU | Geschichte in Wissenschaft und Unterricht (Offenburg) |
| HCh | Herbergen der Christenheit (Leipzig) |
| He | Helikon (Budapest) |
| HThR | The Harvard theological review (Cambridge, MA) |
| HZ | Historische Zeitschrift (Müchen) |
| IL | Igreja Luterana (Porto Alegre) |
| ITK | Irodalomtörténeti Közlemények (Budapest) |
| JBrKG | Jahrbuch für Berlin-Brandenburgische Kirchengeschichte (Berlin) |
| JEH | Journal of ecclesiastical history (London) |
| JHKV | Jahrbuch der Hessischen Kirchengeschichtlichen Vereinigung (Darmstadt) |
| JLH | Jahrbuch für Liturgik und Hymnologie (Kassel) |
| JNKG | Jahrbuch der Gesellschaft für Niedersächsische Kirchengeschichte (Blomberg/Lippe) |
| JGPrÖ | Jahrbuch für Geschichte des Protestantismus in Österreich (Wien) |
| JRG | Jahrbuch für Regionalgeschichte und Landeskunde (Weimar) |
| JWKG | Jahrbuch dür Westfälische Kirchengeschichte (Lengerich/Westf.) |
| KÅ | Kyrkohistorisk årsskrift (Uppsala) |
| KD | Kerygma und Dogma (Göttingen) |
| KR | Křestanská revue (Praha) |
| LF | Listy filologické (Praha) |
| LK | Luthersk kirketidende (Oslo) |
| LP | Lelkipásztor (Budapest) |
| LQ | Lutheran quarterly N. S. (Milwaukee, WI) |
| LR | Lutherische Rundschau (Stuttgart) |

| | |
|---|---|
| LThJ | Lutheran theological journal (Adelaide, South Australia) |
| LThK | Lutherische Theologie und Kirche (Oberursel) |
| Lu | Luther: Zeitschrift der Luther-Gesellschaft (Göttingen) |
| LuB | Lutherbibliographie |
| LuBu | Luther-Bulletin (Kampen) |
| LuD | Luther digest (Shorewood, MI) |
| LuJ | Lutherjahrbuch (Göttingen) |
| MD | Materialdienst des Konfessionskundlichen Institutes (Bensheim) |
| MEKGR | Monatshefte für evangelische Kirchengeschichte des Rheinlandes (Köln) |
| MKSz | Magyar Könyvszemle (Budapest) |
| NAKG | Nederlands archief voor kerkgeschiedenis (Leiden) |
| NELKB | Nachrichten der Evangelisch-Lutherischen Kirche in Bayern (München) |
| NTT | Norsk teologisk tidsskrift (Oslo) |
| NZSTh | Neue Zeitschrift für systematische Theologie und Religionsphilosophie (Berlin) |
| ODR | Ortodoxia: Revista Patriarhiei Romine (Bucureşti) |
| ORP | Odrodzenie reformacja w Polsce (Warszawa) |
| PBl | Pastoralblätter (Stuttgart) |
| PL | Positions luthériennes (Paris) |
| Pro | Protestantesimo (Roma) |
| PTh | Pastoraltheologie (Göttingen) |
| RE | Református Egyház (Budapest) |
| RHE | Revue d'histoire ecclésiastique (Louvain) |
| RHPhR | Revue d'histoire et de philosophie religieuses (Paris) |
| RL | Reformátusok Lapja (Budapest) |
| RoJKG | Rottenburger Jahrbuch für Kirchengeschichte (Sigmaringen) |
| RSz | Református Szemle (Kolozsvár, RO) |
| RuYu | Ru-tu yun-ku (Syngal bei Seoul) |
| RW | Rondom het woord (Hilversum) |
| SCJ | The sixteenth century journal (Kirksville, MO) |
| STK | Svensk theologisk kvartalskrift (Lund) |
| StZ | Stimmen der Zeit (Freiburg im Breisgau) |
| TA | Teologinen aikakauskirja / Teologisk tidskrisft (Helsinki) |
| TE | Teológia (Budapest) |
| ThLZ | Theologische Literaturzeitung (Leipzig) |
| ThPh | Theologie und Philosophie (Freiburg im Breisgau) |
| ThR | Theologische Rundschau (Tübingen) |
| ThRe | Theologische Revue (Münster) |
| ThSz | Theológiai Szemle (Budapest) |
| ThZ | Theologische Zeitschrift (Basel) |
| TRE | Theologische Realenzyklopädie (Berlin; New York, NY) |
| TTK | Tidsskrift for teologi og kirke (Oslo) |
| US | Una sancata (München) |
| Vi | Világosság (Budapest) |
| VIEG | Veröffentlichungen des Instituts für Europäische Geschichte Mainz |
| ZBKG | Zeitschrift für bayerische Kirchengeschichte (Nürnberg) |
| ZEvE | Zeitschrift für evangelische Ethik (Gütersloh) |
| ZEvKR | Zeitschrift für evangelisches Kirchenrecht (Tübingen) |
| ZHF | Zeitschrift für historische Forschung (Berlin) |
| ZKG | Zeitschrift für Kirchengeschichte (Stuttgart) |
| ZKTh | Zeitschrift für katholische Theologie (Wien) |
| ZRGG | Zeitschrift für Religions- und Geistesgeschichte (Köln) |
| ZSRG | Zeitschrift der Savigny-Stiftung für Rechtsgeschichte: Kanonistische Abteilung (Wien; Köln) |
| ZThK | Zeitschrift für Theologie und Kirche (Tübingen) |
| ZW | Zeitwende (Gütersloh) |
| Zw | Zwingliana (Zürich) |
| ZZ | Zeitzeichen (Berlin) |

## 3 Umfang der Ausführungen über Luther

| | |
|---|---|
| L" | Luther wird wiederholt gestreift. |
| L 2-7 | Luther wird auf diesen Seiten ausführlich behandelt. |
| L 2-7+" | Luther wird auf diesen Seiten ausführlich behandelt und sonst wiederholt gestreift. |
| L* | Die Arbeit konnte nicht eingesehen werden. |

01 **Ad fontes Lutheri:** toward the recovery of the real Luther; essays in honor of Kenneth Hagen's sixty-fifth birthday/ hrsg. von Timothy Maschke; Franz Posset; Joan Skocir. Milwaukee, WI: Marquette University, 2001. XII, 332 S.: Ill. – Siehe Nr. 83. 307. 323. 337. 343. 442. 477. 490. 502. 521. 535. 545. 822. 1035. 1157.

02 **Adolf von Harnack:** Theologe, Historiker, Wissenschaftspolitiker/ hrsg. von Kurt Nowak; Otto Gerhard Oexle. GÖ: V&R, 2001. 448 S. (Veröffentlichungen des Max-Planck-Instituts für Geschichte; 161) – Siehe Nr. 936. 943. 947. 952.

03 **Alpirsbach:** zur Geschichte von Kloster und Stadt/ hrsg. vom Landesdenkmalamt Baden-Württemberg mit Beiträgen von Günter Bachmann ... 2 Teilbde. S: Theiss, 2001. 1042 S.: Ill., Ktn., 12 Beilagen. (Forschungen und Berichte der Bau- und Kunstdenkmalpflege in Baden-Württemberg; 10) – Siehe Nr. 733. 738. 744.

04 **Aus der Umkehr leben:** Hans Joachim Iwand 1899-1999/ hrsg. von Bertold Klappert; Manfred Schulze. NK: NV; Wuppertal: Foedus, 2001. 190 S. (Veröffentlichungen der Kirchlichen Hochschule Wuppertal: N.F.; 4) – Siehe Nr. 973. 979. 1000. 1004. 1007. 1015.

05 **Der Bauernkrieg in Oberschwaben/** in Verb. mit Peter Blickle hrsg. von Elmar L. Kuhn. TÜ: Bibliotheca academica, 2000. 594 S.: Ill. (Oberschwaben – Ansichten und Aussichten) – Siehe Nr. 677. 702. 704-706. 710 f. 715. 718. 720. 817.

06 **Die Bilder in den lutherischen Kirchen:** ikonographische Studien/ hrsg. von Peter Poscharsky. M: Scaneg, 1998. 223 S.: Ill. – Siehe Nr. 760. 762. 767 f. 771-773. 889. 916. 919. 937.

07 Brosseder, Johannes: **Reformatorischer Rechtfertigungsglaube und seine Kraft im ökumenischen Gespräch der Gegenwart:** ausgewählte Beiträge zur ökumenischen Theologie aus drei Jahrzehnten/ hrsg. von Christine Funk ... F: Lembeck, 1999. 478 S. – Bespr.: Geldbach, Erich: Ökumenische Rundschau 49 (2000), 240-242. – Siehe Nr. 161. 186. 214. 314. 370. 474-476. 662. 752 f. 851. 960-965. 1027. 1029. 1156.

08 Calhoun, David: **Reformation and modern church history.** Audioausgabe. StL: Covenant Theological Seminary, 1998. 37 Audiokassetten. – Siehe Nr. 89. 134.

09 **Christenheit – Europa 2000:** die Herkunft Europas als Aufgabe und Herausforderung für Theologie und Kirchen/ hrsg. von Walter Fürst; Martin Honecker. Baden-Baden: Nomos, 2001. 222 S. (Schriften des Zentrums Europäische Integrationsforschung – Center for European Integration Studies – der Rheinischen Friedrich-Wilhelms-Universität Bonn; 31) – Siehe Nr. 1045. 1057.

010 **Das Christentum der Theologen im 20. Jahrhundert:** vom »Wesen des Christentums« zu den »Kurzformeln des Glaubens«/ hrsg. von Mariano Delgado. S; B; Köln: Kohlhammer, 2000. 292 S. – Siehe Nr. 970. 977. 982. 1001. 1011.

011 **Continuity and change:** the harvest of late-medieval and Reformation history = Essays presented to Heiko A. Oberman on his 70th birthday/ hrsg. von Robert J. Bast; Andrew C. Gow. Leiden; Boston; Köln: Brill, 2000. XV, 459 S., 1 Portr., Faks. auf Taf. – Siehe Nr. 193. 273. 320. 512. 514. 815. 877. 900. 1020. 1124. 1145.

012 **D. Martin Luthers Werke:** Sonderedition der kritischen Weimarer Ausgabe; Begleitheft zur Deutschen Bibel. Weimar: Böhlau, 2001. 66 S. – Siehe Nr. 1. 4. 7. 11.

013 **Deutsche Handwerker, Künstler und Gelehrte im Rom der Renaissance:** Akten des interdisziplinären Symposions vom 27. und 28. Mai 1999 im Deutschen Historischen Institut in Rom. Wiesbaden: Harrassowitz, 2001. 326 S. Ill. (Pirckheimer-Jahrbuch [2000/01]; 15/16) – Siehe Nr. 66. 798. 983.

014 **Der deutsche Protestantismus um 1900/** hrsg. von Friedrich Wilhelm Graf; Hans Martin Müller. GÜ: GVH, 1996. 303 S. – Siehe Nr. 931. 940.

015 **Dona Melanchthoniana:** Festgabe für Heinz Scheible zum 70. Geburtstag/ hrsg. von Johanna Loehr. S-Bad Cannstatt: Frommann-Holzboog, 2001. 590 S. – siehe Nr. 2. 79. 98. 164. 180. 581. 592. 594. 601 f. 613. 627. 632-634. 648. 651. 653. 656 f. 685. 884. 888. 1143. 1158.

016 **Drei Konfessionen in einer Region:** Beiträge zur Geschichte der Konfessionalisierung im Herzogtum Berg vom 16. bis zum 18. Jahrhundert/ hrsg. von Burkhard Dietz; Stefan Ehrenpreis. Köln: Rheinland, 1999. VII, 550 S. (Schriftenreihe des Vereins für Rheinische Kirchengeschichte; 136) – Bespr.: Dürr, Renate: HZ 271 (2000), 752 f. – Siehe Nr. 795. 818. 896. 913.

017 **Frühe Neuzeit/** hrsg. von Anette Völker-Rasor; mit einem Geleitwort von Winfried Schulze. M: Oldenbourg, 2000. 507 S.: Ill. (Oldenbourg

Geschichte Lehrbuch) – Siehe Nr. 557. 1058.

018 **500 Jahre Philipp Melanchthon (1497-1560):** Akten des interdisziplinären Symposions vom 25.-27. April 1997 im Nürnberger Melanchthon-Gymnasium/ hrsg. von Reinhold Friedrich; Klaus A. Vogel. Wiesbaden: Harrassowitz, 1998. 184 S. (Pirckheimer-Jahrbuch [1998]; 13) – Bespr.: Wengert, Timothy J.: SCJ 31 (2000), 544 f. – Siehe Nr. 590. 600. 610. 681.

019 **Hans Sachs im Schnittpunkt von Antike und Neuzeit:** Akten des interdisziplinären Symposions vom 23./24. September 1994 in Nürnberg/ hrsg. von Stephan Füssel. Nürnberg: Carl, 1995. 192 S.: Ill. (Pirckheimer-Jahrbuch [1995]; 10) – Siehe Nr. 14. 789.

020 Henkys, Jürgen: **Singender und gesungener Glaube:** hymnologische Beiträge in neuer Folge. GÖ: V&R, 1999. 300 S. (Veröffentlichungen zur Liturgik, Hymnologie und theol. Kirchenmusikforschung; 35) – Siehe Nr. 382. 384 f. 885.

021 **Die Homberger Synode von 1526:** die Reformation in Hessen/ hrsg. vom Zweigverein Homberg/ Efze im Verein für Hessische Geschichte und Landeskunde Kassel (aus Anlaß des 475. Gedenktages der Homberger Synode); Redaktion: Bodo Fäcke ... Homberg: Olten, 2001. 182 S.: Ill. – Siehe Nr. 172. 554. 725. 784. 787. 791. 793 f. 803-805.

022 **Humanismus und Reformation:** historische, theologische und pädagogische Beiträge zu deren Wechselwirkungen/ hrsg. von Reinhold Mokrosch; Helmut Merkel. MS; HH; LO: Lit, 2001. 271 S. (Arbeiten zur historischen und systematischen Theologie; 3) – Siehe Nr. 152. 295. 526. 605. 623. 692.

023 **Johann Sebastian Bachs Kantaten zum Thema Tod und Sterben und ihr literarisches Umfeld/** hrsg. von Renate Steiger. Wiesbaden: Harrassowitz, 2000. IX, 323: Ill. (Wolfenbütteler Forschungen; 90) – Siehe Nr. 10. 65. 451. 866. 874. 882. 902. 906. 911.

024 **Johannes a Lasco (1499-1560):** polnischer Baron, Humanist und europäischer Reformator; Beiträge zum internationalen Symposium vom 14.-17. Oktober 1999 in der Johannes a Lasco Bibliothek Emden/ hrsg. von Christoph Strohm. TÜ: Mohr, 2000. 390 S.: Ill. (Spätmittelalter und Reformation: N. R.; 14) – Siehe Nr. 690. 809 f. 819. 839 f. 843.

025 **Johdatus Lutherin teologiaan** (Einleitung in Luthers Theologie)/ hrsg. von Pekka Kärkkäinen. Helsinki: Kirjapaja, 2001. 344 S. – Siehe Nr. 112 f. 119. 123. 144 f. 147. 191 f. 257. 347. 389 f. 457. 460 f. 519. 546. 687. 860. 1093. 1097.

026 Junghans, Helmar: **Temas da teologia de Lutero** (Themen der Theologie Luthers)/ aus dem Dt. übers. von Ilson Kayser; Ricardo W. Rieth; Luís M. Sander; Letícia Schach. São Leopoldo: Sinodal, 2001. 188 S. – Siehe Nr. 71. 82. 97. 287. 326. 392. 604. 756. 1065.

027 **Kirche – Geschichte – Glaube:** Freundesgabe für Hermann Pitters zum 65. Geburtstag/ hrsg. von Hans Klein; Berthold W. Köber; Egbert Schlarb. Erlangen: Martin Luther, 1998. 347 S. – Siehe Nr. 128. 247. 371. 425. 468. 835. 980. 1076. 1104.

028 Klein, Christoph: **Ausschau nach Zukunft:** die Siebenbürgisch-Sächsische Kirche im Wandel. Erlangen: Martin Luther, 1998. 385 S.: Ill. – Siehe Nr. 1068 f. 1070 f.

029 Kolb, Robert; Neddens, Christian: **Gottes Wort vom Kreuz:** lutherische Theologie als kritische Theologie/ mit einer Einführung von Volker Stolle und einem Ausblick von Werner Klän. Oberursel: Oberurseler Hefte, 2001. 92 S. (Oberurseler Hefte; 40) – Siehe Nr. 48. 986. 1067. 1074.

030 **Konsensdruck ohne Perspektiven?:** der ökumenische Weg nach »Dominus Iesus«/ hrsg. von Uwe Rieske-Braun. L: EVA, 2001. 142 S. – Siehe Nr. 1026. 1052.

031 **Let Christ be Christ:** theology, ethics & world religions in the two kingdoms; essays in honor of the sixty-fifth birthday of Charles L. Manske/ hrsg. von Daniel N. Hamelink. Huntington Beach, CA: Tentatio, 1999. IX, 378 S.: Ill. – Siehe Nr. 39. 135. 226. 387. 411. 454. 479. 509.

032 **Luther:** part one/ hrsg. von John H. Armstrong. Carol Stream, IL, 1998. S. 7-180. (Reformation and revival journal; 7 [1998]) – Siehe Nr. 154. 157. 181. 232. 278. 486. 598. 1017. 1139.

033 **Luther and Spirituality:** the Martin Luther Colloquium 1998. Audioausgabe. Gettysburg, PA: Theological Seminary, 1998. 6 Kassetten, 1 Beiheft. – Siehe Nr. 381. 406. 499. 529.

034 **Luther et la réforme 1519-1526/** hrsg. von Jean-Paul Cahn; Gérard Schnellin. P: Éditions du Temps, 2000. 250 S. – Siehe Nr. 233. 245. 272. 293. 297 f. 376. 503 f. 533. 544. 549. 551. 553. 558. 569. 580. 629. 671. 676.

035 **Luther's Large catechism:** a Bible study course for adults/ hrsg. von Donald J. Pieper. Teil 2: The creed, prayer, baptism, Lord's supper Milwaukee, WI: Northwestern, 1998. 56 S. & Beil. (1 Begleitheft: 43 S.; 1 Diskette). – Siehe Nr. 427. 432. 1126. [Vgl. LuB 2002, Nr. 47]

036 **Martin Luther et les débuts de la réforme/** hrsg. von Jean Schillinger. Nancy: Centre de Recherches Germaniques et Scandinaves, 2000.

151 S. (Bibliothèque le texte et l'idée; 9) – Siehe Nr. 255. 279. 281. 349. 353. 576. 670. 695.

037 **Martin Luther (1517-1526)**/ hrsg. von Frédéric Hartweg. Strasbourg: Universitaires de Strasbourg, 2001. 403 S. – Siehe Nr. 254. 268. 280. 291. 321. 481. 578. 707. 830. 855. 978.

038 **Melanchthon und die Marburger Professoren:** (1527-1627); Katalog und Aufsätze/ von Barbara Bauer ...; hrsg. von Barbara Bauer. 2 Bde. Marburg: Universitätsbibliothek: Völker & Ritter, 1999. 409 S., S. 411-955. (Schriften der Universitätsbibliothek Marburg; 89) – Siehe Nr. 582-584. 586. 589. 591. 595 f. 608 f. 614 f. 617. 625. 631. 635-637. 644-647. 649 f. 652. 1141. [Vgl. LuB 2002, Nr. 622 und 585]

039 Meyer-Blanck, Michael: **Liturgie und Liturgik:** der evangelische Gottesdienst aus Quellentexten erklärt. GÜ: Kaiser/GVH, 2001. 290 S. L 29-64+". (Theol. Bücherei; 97) – Siehe Nr. 35. 37.

040 Moeller, Bernd: **Luther-Rezeption:** kirchenhistorische Aufsätze zur Reformationsgeschichte/ hrsg. von Johannes Schilling. GÖ: V&R, 2001. 301 S. – Siehe 75 f. 175. 202. 488. 566-568. 570 f. 745. 770. 799 f. 833. 1142.

041 **Mühlhausen, der Bauernkrieg und Thomas Müntzer:** Realitäten – Visionen – Illusionen; Protokollband zum wissenschaftlichen Kolloquium am 27. Mai 2000 im Bauernkriegsmuseum Kornmarktkirche in Mühlhausen/ Thüringen/ von den Mühlhäuser Museen in Zsarb. mit dem Stadtarchiv Mühlhausen; Redaktion und Gestaltung: Martin Sünder; Katrin Prinich-Heutzenröder. Mühlhausen: Thomas-Müntzer-Gesellschaft, 2000. 133 S.: Ill. – Siehe Nr. 55. 117. 703. 708. 712. 714.

042 **Die Musen im Reformationszeitalter:** Akten der Tagung der Stiftung Luthergedenkstätten in der Lutherstadt Wittenberg 14.-16. Oktober 1999/ hrsg. von Walther Ludwig im Auftrag der Stiftung Luthergedenkstätten in Sachsen-Anhalt. L: EVA, 2001. 323 S. (Schriften der Stiftung Luthergedenkstätten in Sachsen-Anhalt; 1) – Siehe Nr. 335. 338. 429. 597. 612. 630. 654. 674. 684. 686. 689. 691.

043 **Die reformatorischen Kirchen Litauens:** ein historischer Abriß/ hrsg. von Arthur Hermann; Wilhelm Kahle. Erlangen: Martin Luther, 1999. 360 S. – Siehe Nr. 829. 831.

044 **Reformierte Spuren in Baden**/ hrsg. im Auftrag des Vereins für Kirchengeschichte in der Evangelischen Landeskirche in Baden von Udo Wennemuth. Karlsruhe: Evang. Presseverband in Baden, 2001. 274 S.: Ill. (Veröffentlichungen des Vereins für Kirchengeschichte in der Evang. Landeskirche in Baden; 57) – Siehe Nr. 862. 886.

045 **Religion in Geschichte und Gegenwart:** Handwörterbuch für Theologie und Religionswissenschaft. 4., völlig neu bearb. Aufl./ hrsg. von Hans Dieter Betz ... Bd. 1: **A-B.** TÜ: Mohr, 1998. LIV S., 1936 Sp.: Ill., Ktn. L". – Siehe Nr. 68. 80. 132. 166. 171. 176. 184 f. 194. 205-208. 211 f. 218. 220 f. 244. 252. 260. 263. 301. 310 f. 342. 345. 351. 364. 407. 412 f. 416 f. 462. 464. 493. 501. 523. 527. 536. 550. 588. 607. 624. 663. 669. 672. 675. 701. 746. 754. 776. 785. 826. 841. 942. 948.

046 **Religion in Geschichte und Gegenwart:** Handwörterbuch für Theologie und Religionswissenschaft. 4., völlig neu bearb. Aufl./ hrsg. von Hans Dieter Betz ... Bd 2.: **C-E.** TÜ: Mohr, 1999. LIX, 1850 Sp.: Ill. – Siehe Nr. 91. 114. 124. 126. 139. 174. 179. 196. 209. 241. 248. 265. 267. 282-286. 304. 328. 424. 428. 437. 441. 444. 448. 459. 467. 480. 564. 626. 638. 658 f. 664. 668. 673. 678-680. 693. 696. 699. 736. 748.

047 **Schlesier des 15. bis 20. Jahrhunderts**/ im Auftrag der Historischen Kommission für Schlesien hrsg. von Josef Joachim Menzel. S: Thorbecke, 2001. 486 S.: Ill. (Schlesische Lebensbilder; 7) – Siehe Nr. 418. 907.

048 **Sources and contexts of The Book of Concord**/ hrsg. von Robert Kolb; James A. Nestingen. MP: Fortress, 2001. XV, 277 S. – Siehe Nr. 19. 36. 38. 41. 162. 426. 433. 620. 665 f. 864. 873. 892. 905.

049 **Spätmittelalterliche Frömmigkeit zwischen Ideal und Praxis**/ hrsg. von Berndt Hamm; Thomas Lentes. TÜ: Mohr, 2001. VIII, 212 S. (Spätmittelalter und Reformation: N. R.; 15) – Siehe Nr. 485. 516. 757.

050 **Sprachgeschichte als Textsortengeschichte = Festschrift zum 65. Geburtstag von Gotthard Lerchner**/ hrsg. von Irmhild Barz ... F; B; Bern; Bruxelles; NY; Oxford; W: Lang, 2000. XII, 498 S.: Ill. – Siehe Nr. 329. 350. 832.

051 **Union with Christ: the new Finnish interpretation of Luther**/ hrsg. von Carl E. Braaten; Robert W. Jenson. Grand Rapids, MI: Eerdmans, 1998. IX, 182: Ill. – Bespr.: Hautala, Jukka: TA 106 (2001), 465; Wengert, Timothy J.: Theology today 56 (Princeton, NJ 1999), 432. – Siehe Nr. 256. 258. 299. 1085. [Vgl. LuB 2002, Nr. 1119 f]

052 **Vertraut den neuen Wegen:** praktische Theologie zwischen Ost und West = Festschrift für Klaus Peter Hertzsch zum 70. Geburtstag/ hrsg. von Klaus Petzold; Klaus Raschzok. L: EVA, 2000. 487 S: Ill. – Siehe Nr. 224. 825. 1024. 1095.

053 **Weimar:** Lexikon zur Stadtgeschichte/ hrsg. von Gitta Günther; Wolfram Huschke; Walter Steiner. Weimar: Böhlau, 1998. 549 S.: Ill. – Siehe Nr. 94 f. 628. 765. 802. 939. 941. 972.

054 **Wissen und Gesellschaft in Nürnberg um 1500:** Akten des polnisch-deutschen Symposions vom 5. und 6. Juni 1998 im Tucherschloß Nürnberg/ hrsg. von Martial Staub; Klaus A. Vogel. Wiesbaden: Harrassowitz, 1999. 183 S.: Ill. (Pirckheimer-Jahrbuch [1999]; 14) – Siehe Nr. 585. 812.

055 **Zur Zukunft der Ökumene:** die »Gemeinsame Erklärung zur Rechtfertigungslehre«/ hrsg. von J. B. Hilberath; Wolfhart Pannenberg. Regensburg: Pustet, 1999. 184 S. (Themen der Kath. Akademie in Bayern) – Siehe Nr. 898. 1041. 1091. 1113. 1123.

# A QUELLEN

## 1 Quellenkunde

1 Blanke, Heinz: **Die Abteilung »Die Deutsche Bibel« in der Weimarer Lutherausgabe.** In: 012, 25-60.

2 Claus, Helmut: **Subversion in den Alpen:** früher Reformationsdruck im alpenländischen Bergwerksgebiet. In: 015, 43-59.

3 **Die eine Bibel und die Vielfalt der Bibelübersetzungen:** Empfehlungen des Rates der EKD zur Stellung und zum Gebrauch der Lutherübersetzung in der Evangelischen Kirche in Deutschland. Amtsblatt der Evang.-Luth. Landeskirche Sachsens (2001), B51 f.

4 **Inhaltsübersicht über die Abteilung »Die Deutsche Bibel«.** In: 012, 61-63.

5 Ji, Won Yong: **The Weimar edition of Luther's works.** RuYu 15 (2001), 43-52.

6 Koelpin, Arnold J.: **Luther's works:** a quick reference guide. New Ulm, MI: Martin Luther College, 1998. 16 S.: Ill.

7 Köpf, Ulrich: **Kurze Geschichte der Weimarer Lutherausgabe.** In: 012, 1-24. [Nachdruck von LuB 2001, Nr. 6]

8 Müller, Gerhard: **Das Dilemma des Frühneuzeithistorikers:** zur philologischen Behandlung der Osiander-Ausgabe. In: Zur Überlieferung, Kritik und Edition alter und neuerer Texte: Beiträge des Colloquiums zum 85. Geburtstag von Werner Schröder am 12. und 13. März 1999 in Mainz. Mainz: Akademie der Wissenschaften und der Literatur; S: Steiner, 2000, 179-188.

9 **Pre-Weimar editions of Luther's works/** zsgest. von Jerry A. Riemer (1996); neu zsgest. von Won Yong Li. RuYu 15 (2001), 53-58.

10 Steiger, Renate: **»Johann Sebastian Bachs theologische Bibliothek« präsentiert aus den Beständen der Herzog August Bibliothek.** In: 023, 261-282: Ill.

11 **Thematische Inhaltsübersicht über die Abteilung »Die Deutsche Bibel«.** In: 012, 65 f.

12 **Theologie.** L: Zentralantiquariat, [2001]. 313 S. L 165-179. (Katalog; 228)

13 **450 Bücher und Flugschriften des 16. und frühen 17. Jahrhunderts: mit einem Register der Druck- und Verlagsorte.** HH: Hamburger Antiquariat, 2001. 128 S.: Ill. L 72-76. (Katalog; 289)

14 Wingen-Trennhaus, Angelika: **Die Quellen des Hans Sachs:** bibliotheksgeschichtliche Forschungen zum Nürnberg des 16. Jahrhunderts. In: 019, 109-149. L 120. 138 f. 140. 145.

## 2 Wissenschaftliche Ausgaben und Übersetzungen der Werke Luthers sowie der biographischen Quellen

15 **The master Christian library** (Deutsche Bibel)/ hergest. von AGES Software. Version 6. Albany, OR: AGES Software, 1998. 1 CD-ROM.

16 **Deutsche Geschichte in Quellen und Darstellung/** hrsg. von Rainer A. Müller. Bd. 3: **Reformationszeit: 1495-1555/** hrsg. von Ulrich Köpf. S: Reclam, 2001. 503 S.: Ill. (Universal-Bibliothek; 17003) (Deutsche Geschichte in Quellen und Darstellung; 3)

17 Luther, Martin: **Annotierungen zu den Werken des Hieronymus/** hrsg. von Martin Brecht; Christian Peters. Köln; Weimar; W: Böhlau, 2000. 275 S. (Archiv zur Weimarer Ausgabe der Werke Martin Luthers; 8) – Bespr.: Heutger, Nicolaus: Lu 72 (2001), 103.

18 [Luther, Martin]: **Assertio in [sic!] omnium articulorum M. Lutheri .../** hrsg. und eingel. von Wolfgang Schnabel; übers. von E. Peusch.

Waltrop: Spenner, 2000. 133 S. (Theol. Studien-Texte; 9)

19 [Luther, Martin]: **The Schwabach Articles** (*Ein Bekenntnis christlicher Lehre und christlichen Glaubens ... in 17 Artikeln verfaßt* ⟨engl.⟩)/ eingel. und übs. von William Russell. In: 048, 83-87.

20 [Luther, Martin]: **D. Martin Luthers Werke:** kritische Gesamtausgabe/ hrsg. von Ulrich Köpf ... Sonderedition ... (Weimarer Ausgabe) **Die Deutsche Bibel.** Bd. 1: **[Vorstücke: Luthers eigenhändige Niederschriften der Übersetzung];** mit vier Nachbildungen Lutherischer Handschriften. Unveränd. Nachdruck der Ausgabe Weimar, 1906. Weimar: Böhlau, 2001. XXIII, 639 S., 4 Bl. Faks.

21 [Luther, Martin]: **D. Martin Luthers Werke:** kritische Gesamtausgabe/ hrsg. von Ulrich Köpf ... Sonderedition ... (Weimarer Ausgabe) **Die Deutsche Bibel.** Bd. 2: **[Vorstücke: Luthers eigenhändige Niederschriften der Übersetzung. Bibliographie der Drucke der Lutherbibel 1522-1546].** Unveränd. Nachdruck der Ausgabe Weimar, 1909. Weimar: Böhlau, 2001. XXVIII, 727 S.

22 [Luther, Martin]: **D. Martin Luthers Werke:** kritische Gesamtausgabe/ hrsg. von Ulrich Köpf ... Sonderedition ... (Weimarer Ausgabe) **Die Deutsche Bibel.** Bd. 3: **[Eigenhändige Aufzeichnungen Luthers in sein Psalterexemplar von 1528. Text der Revisionsprotokolle zum Psalter 1531. Text der Bibelrevisionsprotokolle 1539-1541 ...].** Unveränd. Nachdruck der Ausgabe Weimar, 1911. Weimar: Böhlau, 2001. LXII, 580 S.

23 [Luther, Martin]: **D. Martin Luthers Werke:** kritische Gesamtausgabe/ hrsg. von Ulrich Köpf ... Sonderedition ... (Weimarer Ausgabe) **Die Deutsche Bibel.** Bd. 4: **[Bibelrevision (Schluß) und Eintragungen in den Handexemplaren];** mit einem Lutherbild und zwei Faksimiles. Unveränd. Nachdruck der Ausgabe Weimar, 1923. Weimar: Böhlau, 2001. LVIII, 590 S.: Portr., Faks., Nachträge.

24 [Luther, Martin]: **D. Martin Luthers Werke:** kritische Gesamtausgabe/ hrsg. von Ulrich Köpf ... Sonderedition ... (Weimarer Ausgabe) **Die Deutsche Bibel.** Bd. 5: **[Text der Vulgata-Revision von 1529].** Unveränd. Nachdruck der Ausgabe Weimar, 1914. Weimar: Böhlau, 2001. XXVII, 804 S.: Nachträge und Berichtigungen.

25 [Luther, Martin]: **D. Martin Luthers Werke:** kritische Gesamtausgabe/ hrsg. von Ulrich Köpf ... Sonderedition ... (Weimarer Ausgabe) **Die Deutsche Bibel.** Bd. 6: **[Luthers Drucktexte: das Neue Testament; erste Hälfte];** mit acht Tafeln. Unveränd. Nachdruck der Ausgabe Weimar, 1929. Weimar: Böhlau, 2001. XCVI, 637 S.: 8 Taf. Faks., Berichtigung.

26 [Luther, Martin]: **D. Martin Luthers Werke:** kritische Gesamtausgabe/ hrsg. von Ulrich Köpf ... Sonderedition ... (Weimarer Ausgabe) **Die Deutsche Bibel.** Bd. 7: **[Luthers Drucktexte: das Neue Testament; zweite Hälfte];** mit einundzwanzig Tafeln. Unveränd. Nachdruck der Ausgabe Weimar, 1931. Weimar: Böhlau, 2001. XLIV, 688 S.: 21 Taf. Faks., Berichtigung.

27 [Luther, Martin]: **D. Martin Luthers Werke:** kritische Gesamtausgabe/ hrsg. von Ulrich Köpf ... Sonderedition ... (Weimarer Ausgabe) **Die Deutsche Bibel.** Bd. 8: **[Die Übersetzung des Ersten Teils des Alten Testaments].** Unveränd. Nachdruck der Ausgabe Weimar, 1954. Weimar: Böhlau, 2001. LXXXIV, 680 S.: Berichtigung.

28 [Luther, Martin]: **D. Martin Luthers Werke:** kritische Gesamtausgabe/ hrsg. von Ulrich Köpf ... Sonderedition ... (Weimarer Ausgabe) **Die Deutsche Bibel.** Bd. 9 I: **[Die Übersetzung des Andern Teils des Alten Testaments].** Unveränd. Nachdruck der Ausgabe Weimar, 1939. Weimar: Böhlau, 2001. XXXVII, 569 S.: Berichtigung.

29 [Luther, Martin]: **D. Martin Luthers Werke:** kritische Gesamtausgabe/ hrsg. von Ulrich Köpf ... Sonderedition ... (Weimarer Ausgabe) **Die Deutsche Bibel.** Bd. 9 II: **[Die Übersetzung des Andern Teils des Alten Testaments].** Unveränd. Nachdruck der Ausgabe Weimar, 1955. Weimar: Böhlau, 2001. XLIX, 394 S.

30 [Luther, Martin]: **D. Martin Luthers Werke:** kritische Gesamtausgabe/ hrsg. von Ulrich Köpf ... Sonderedition ... (Weimarer Ausgabe) **Die Deutsche Bibel.** Bd. 10 I: **[Die Übersetzung des Dritten Teils des Alten Testaments].** Unveränd. Nachdruck der Ausgabe Weimar, 1956. Weimar: Böhlau, 2001. XV, 590 S.

31 [Luther, Martin]: **D. Martin Luthers Werke:** kritische Gesamtausgabe/ hrsg. von Ulrich Köpf ... Sonderedition ... (Weimarer Ausgabe) **Die Deutsche Bibel.** Bd. 10 II: **[Die Übersetzung des Dritten Teils des Alten Testaments].** Unveränd. Nachdruck der Ausgabe Weimar, 1957. Weimar: Böhlau, 2001. CI, 349 S.

32 [Luther, Martin]: **D. Martin Luthers Werke:** kritische Gesamtausgabe/ hrsg. von Ulrich Köpf ... Sonderedition ... (Weimarer Ausgabe) **Die Deutsche Bibel.** Bd. 11 I: **[Die Übersetzung des Prophetenteils des Alten Testaments].** Unveränd. Nachdruck der Ausgabe Weimar, 1960. Weimar: Böhlau, 2001. IX, 575 S.: Nachtrag.

33 [Luther, Martin]: **D. Martin Luthers Werke:** kritische Gesamtausgabe/ hrsg. von Ulrich Köpf ... Sonderedition ... (Weimarer Ausgabe) **Die Deutsche Bibel.** Bd. 11 II: **[Die Übersetzung des Prophetenteils des Alten Testaments].** Unveränd. Nachdruck der Ausgabe Weimar, 1960. Weimar: Böhlau, 2001. CXLVIII, 400, VIII S. Taf.

34 [Luther, Martin]: **D. Martin Luthers Werke:** kritische Gesamtausgabe/ hrsg. von Ulrich Köpf ... Sonderedition ... (Weimarer Ausgabe) **Die Deutsche Bibel.** Bd. 12: **[Die Übersetzung des Apokryphenteils des Alten Testaments].** Unveränd. Nachdruck der Ausgabe Weimar, 1961. Weimar: Böhlau, 2001. XCVIII, 536 S.: Nachtrag.

35 [Luther, Martin]: **Deutsche Messe und Ordnung des Gottesdienstes/** mit einer Beschreibung des Textes. In: 039, 39-67.

36 [Luther, Martin u. a.]: **The Marburg Articles** (*Marburger Gespräch und Marburger Artikel* [Auszug] ⟨engl.⟩)/ eingel. und übers. von William R. Russell. In: 048, 88-92.

37 [Luther, Martin]: **Kirchweihpredigt Martin Luthers zur Einweihung der Schloßkirche Torgau am 5. 10. 1544.** (*Predigten: Einweihung eines neuen Hauses zum Predigtamt ... zu Torgau* ⟨neuhochdt.⟩)/ mit einer Beschreibung des Textes. In: 039, 29-38.

38 [Luther, Martin]: **Martin Luther's Torgau sermon on Christ's descent into hell and the resurrection** (*Predigten: Von Jesu Christo eine Predigt ..., zu Hofe zu Torgau gepredigt* ⟨engl.⟩)/ eingel. und übers. von Robert Kolb. In: 048, 245-255.

39 [Luther, Martin]: **Luther's Sermon on three kinds of righteousness: commentary with a new english translation** (*Sermo de triplici iustitia* ⟨engl.⟩)/ von Glen E. Zweck. In: 031, 349-358.

40 **A Reformation reader:** primary texts with introductions/ hrsg. von Denis Janz. MP: Fortress, 1999. XI, 386 S. – Bespr.: Basse, Michael: ZKG 112 (2001), 112 f.

41 **The Torgau Articles** (*Die Torgauer Artikel* ⟨engl.⟩)/ eingel. und übs. von William R. Russell. In: 048, 93-104.

## 3 Volkstümliche Ausgaben und Übersetzungen der Werke Luthers sowie der biographischen Quellen

### a) Auswahl aus dem Gesamtwerk

42 Luther, Martin: **By faith alone/** hrsg. von James C. Calvin; übers. von Ric Gudgeon ... Ausgewählte Texte in engl. Übers. Grand Rapids, MI: World, 1998. unpag.

43 [Luther, Martin]: **Luther's catechisms** (*Der Kleine Katechismus* ⟨engl.⟩. Deutsch [Großer] Katechismus ⟨engl.⟩). StL: CPH, 1998. 120 S. (1 Begleitheft, 48 S.)

44 Luther, Martin: **Worte – Texte/** ausgew.; eingel. und hrsg. von Hans Baier. L: Miniaturbuchverlag, 2000. 317 S. [Format: 6 cm]

### b) Einzelschriften und Teile von ihnen

45 **The Holy Bible:** containing the Old and New Testament; English text, the authorized King James version, German text, the German translation of Dr. Martin Luther with references and maps (*Deutsche Bibel*)/ Englisch-deutsche Ausgabe mit Konkordanz. Millersburg, OH: Abana, 1999. 2111, 168 S., Kt.

46 **Die Bibel in Auswahl nach der Übersetzung Martin Luthers/** mit Bildern von Thomas Zacharias. 2. Aufl. S: Deutsche Bibelgesellschaft, 1994. XI, 672 S.: Ill., Kt. [Vgl. LuB 2000, Nr. 45: mit Bespr.]

47 [Luther, Martin]: **Luther's Large catechism:** a Bible study course for adults (*Deutsch [Großer] Katechismus* ⟨engl.⟩ [Auszug])/ hrsg. von Donald J. Pieper. Teil 1: **The Ten Commandments.** Milwaukee, WI: Northwestern, 1998. 63 Bl. (1 Begleitheft: 43 S. & 1 Diskette) [Vgl. LuB 2002, Nr. 035]

48 Luther, Martin: **Heidelberger Disputation 1518:** Thesen 18 bis 28 (*Disputatio Heidelbergae habita* ⟨dt.⟩). In: 029, 91 f.

49 [Luther, Martin]: **Der Kleine Katechismus Dr. Martin Luthers.** In: LuB 2002, Nr. 1077, 277-288.

50 [Luther, Martin]: **Catequiz'em.** (*Der Kleine Katechismus* ⟨engl.⟩). Milwaukee, WI: Northwestern, 1998. CD-ROM.

51 [Luther, Martin]: **Du bist eine Kapelle Christi!:** eine Pfingstpredigt Martin Luthers (*Predigten*)/ bearb. von Hartmut Hövelmann. Lu 72 (2001), 2 f.

52 **Evangelische Stadt- und Pfarrkirche St. Marien Lutherstadt Wittenberg/** Albrecht Steinwachs; Fotografien von Jürgen M. Pietsch; mit einem Vorwort von Stefan Rhein. Spröda: Akanthus, 2000. 119 S.: Ill.

53 **Der geistliche Reiseführer: besuchenswerte Orte protestantischen Lebens von den Alpen bis zur Ostsee, von Salzburg bis Danzig/** bearb. von Eckhard Nicking. Wetzlar: Idea, 2001. 48 S.: Ill. L 19 f. 27 f+". (Dokumentation / Informationsdienst der Evang. Allianz; [2001], 3)

54 **Glauben:** Nordelbiens Schätze 800-2000/ im Auftrag der Nordelbischen Evang.-Luth. Kirche hrsg. von Johannes Schilling; Redaktion: Antje Heling. Katalog zur Ausstellung im Rantzaubau des Kieler Schlosses, 30. April bis 30. Juli 2000. Neumünster: Wachholtz, 2000. 288 S.: Ill.

55 Jonscher, Reinhard: **Zur Neugestaltung einer »Ausstellung zum deutschen Bauernkrieg in Thüringen« in der Mühlhäuser Kornmarktskirche:** Stand, Perspektiven, Probleme. In: 041, 79-90.

56 Junghans, Helmar: **Wittenberg.** In: Lexikon für Theologie und Kirche. 3., völlig neu bearb. Aufl./ hrsg. von Walter Kasper mit Konrad Baumgartner ... Bd. 10: Thomaschristen bis Žytomyr. FR; BL; W: Herder, 2001, 1255-1257.

57 **Lutherstadt Wittenberg:** ein Stadtführer durch die berühmten Sehenswürdigkeiten/ von Volkmar Joestel. 6. Aufl. Wittenberg: Drei Kastanien, 2001. 29 S.: Ill. (Die historische Meile)

58 **Lutherstadt Wittenberg:** a guide to the famous sights of Lutherstadt Wittenberg (Lutherstadt Wittenberg: ein Stadtführer durch die berühmten Sehenswürdigkeiten ‹engl.›)/ von Volkmar Joestel. 3. Aufl. Wittenberg: Drei Kastanien, 1995. 30 S.: Ill. (A historic mile)

59 **Martin Luther and the Reformation in illustration and art.** Fort Atkinson, WI: Highsmith, 1998. 12 Diapositive, 1 Begleitheft.

60 **Norenberc – Nürnberg 1050-1806:** eine Ausstellung des Staatsarchivs Nürnberg zur Geschichte der Reichsstadt, Kaiserburg Nürnberg, 16. September - 12. November 2000; Katalog/ hrsg. von der Generaldirektion der Staatlichen Archive Bayerns; Texte: Albrecht Lies ... M: Bayerisches Hauptstaatsarchiv, 2000. 335 S. L 76 f. 190 f. 205. 226 f: Ill. – Bespr.: Baier, Helmut: ZBKG 70 (2001), 200 f.

61 Reuter, Fritz: **Worms am Rhein:** historische Spaziergänge für Einheimische und Gäste. Hamm/Rheinhessen: Kehl, 2000. 128 S.: Ill.

62 Wähner, Hans: **Lage- und Tätigkeitsbericht des Gustav-Adolf-Werks e.V. Diasporawerk der Evangelischen Kirche in Deutschland (GAW) für das Jahr 1998.** EvD 68 (1999), 196-213.

# B DARSTELLUNGEN

## 1 Biographische Darstellungen

### a) Das gesamte Leben Luthers

63 Cottret, Bernard: **Histoire de la Réforme protestante:** Luther, Calvin, Wesley; XVI$^e$-XVIII$^e$ siècle. P: Perrin, 2001. 398 S. L 19-101.

64 Lull, Timothy F.: **My conversations with Martin Luther.** MP: Augsburg, 1999. 160 S. – Bespr.: Nessan, Craig: CTM 27 (2000), 135 f.

### b) Einzelne Lebensphasen und Lebensdaten

65 Arnold, Marina: **Die Leichenpredigten der Herzog August Bibliothek.** In: 023, 257-260: Ill.

66 Battafarano, Italo Michele: **Luthers Romreise in den erinnernden »Tischreden«.** In: 013, 214-237.

67 Bragg, Melvyn: **Sectarianism and schism in Europe:** Christianity in the 15th and 16th centuries. Videoausgabe. Princeton, NJ: Films for humanities & sciences, 1999. 1 Videokassette (47 min.).

68 Dörfler-Dierken, Angelika: **Anna I:** kirchengeschichtlich. In: 045, 507.

69 Endermann, Heinz: **Martin Luther in Erfurt:** Student, Mönch, Wissenschaftler. Lu 72 (2001), 83-95.

70 Haykin, Michael A. G.: **Post tenebras lux – Martin Luther:** pathfinder of the Reformation. Reformation and revival journal 8 (Carol Stream, IL 1999), 35-47.

71 Junghans, Helmar: **Os últimos anos de Lutero** (Martin Luthers letzte Jahre ⟨port.⟩)/ übers. von Ricardo W. Rieth. In: 026, 78-96.

72 Kandler, Karl-Hermann: **Die Gnade bricht durch:** Luthers Weg vom Mönch zum Reformator. Steinhagen: Arbeitsgemeinschaft Bekennende Gemeinde, 2001. 30 S.

73 Kim, Jun-hyun: **Cheongnyeon Maltin gwa jangnyeon Ruteo** (»Junger Martin« und »Alter Luther«). RuYu 15 (2001), 137-143.

74 **Luther on the stand:** 1521. The economist 353 (LO 1999) Nr. 8151, 36 f.

75 Moeller, Bernd: **Das Berühmtwerden Luthers.** (1988). In: 040, 15-41.

76 Moeller, Bernd: **Luthers Bücher auf dem Wormser Reichstag von 1521.** (1991). In: 040, 121-140.

77 Mosig, Jörg M.: **Luther's eight sermons at Wittenberg:** the credo of a gentle reformer. Heythrop journal 40 (Oxford 1999), 340-349.

78 Platow Michael: **Martin Luther in Heidelberg:** die Heidelberger Disputation/ engl. Kurzfassung von Michael Plathow. LuD 9 (2001), 91-94: Ill.

79 Schilling, Johannes: **Johannes Drachs Marburger Gedenkrede auf Martin Luther.** In: 015, 381-410.

80 Zschoch, Hellmut: **Augustiner-Eremiten.** In: 045, 970 f.

### c) Familie

81 Dienst, Karl: **»Ein fromm, treu, ehelich Gemahl«:** Katharina von Bora, Luthers Frau (1499-1552). ZW 70 (1999), 102-108.

82 Junghans, Helmar: **Catarina Lutero à luz e sombre da Reforma** (Katharina Luther im Licht und im Schatten der Reformation ⟨port.⟩)/ übers. von Letícia Schach. In: 026, 169-188.

83 Junghans, Helmar: **Katharina Luther in the light and in the shadow of the Reformation** (Katharina Luther im Licht und im Schatten der Reformation ⟨engl.⟩)/ übers. von Rudolf K. Markwald In: 01, 86-103: Ill.

### d) Volkstümliche Darstellungen seines Lebens und Werkes, Schulbücher, Lexikonartikel

84 Baden, Robert; Baden, Marian: **Martin Luther:** grades 3 and 4/ hrsg. von Rodney L. Rathmann. Ausg. in Blindenschrift. StL: Lutheran Library for the Blind, 1999. 21 S. (Brailleskript)

85 Baden, Robert; Baden, Marian: **Martin Luther:** grades 5 and 6/ hrsg. von Rodney L. Rathmann. Ausg. in Blindenschrift. StL: Lutheran Library for the Blind, 1999. 24 S. (Brailleskript)

86 Baden, Robert; Baden, Marian: **Martin Luther:** grades 7 and 8/ hrsg. von Rodney L. Rathmann. Ausg. in Blindenschrift. StL: Lutheran Library for the Blind, 1999. 35 S. (Brailleskript)

87 Bergt, Carolyn E.: **The adventure of Martin Luther/** mit Ill. von Art Kirchhoff. StL: Concordia, 1999. [16] S.: Ill.

88 Booth, Edwin Prince; Harmon, Daniel E.: **Martin Luther:** the great reformer. Phil: Chelsea, 1998. 207 S. (Heroes of the faith)

89 Calhoun, David: **A mighty fortress is our God: the life of Martin Luther.** In: 08, Audiokassette Nr. 4 (44:14 min.).

90 **Evangelisches Kirchenlexikon:** internationale theologische Enzyklopädie/ hrsg. von Erwin Fahlbusch ...; in Zsarb. mit Ulrich Becker ... 3. Aufl. (Neufassung). Sonderausgabe. 5 Bde. GÖ: V&R, 2001. 3831 Sp.: Kt. – Siehe LuB 1994, Nr. 017; LuB 1999, Nr. 026. 190.

91 Hauschild, Wolf-Dieter: **Deutschland II:** kirchengeschichtlich und konfessionskundlich; 1. historisch. In: 046, 717-751. L 728-730+".

92 Heim, Manfred: **Einführung in die Kirchengeschichte.** M: Beck, 2000. 234 S. L 86-89+«. (C. H. Beck Studium)

93 Mattox, Pamela Young: **Of blessed memory:** the Luther story for young readers. s. l., 1999. 65 Bl. (Typoskript). – Chicago, IL, De Paul University, Department of Liberal Studies, M.A., 1999.

94 Müller, Ernst: **Franziskanerkloster.** In: 053, 123 f.

95 Müller, Ernst: **Luther, Martin.** In: 053, 285. 301 [Portr.].

## 2 Luthers Theologie und einzelne Seiten seines reformatorischen Wirkens

### a) Gesamtdarstellungen seiner Theologie

96 Eyjólfsson, Sigurjón Arni: **Gudfraedi Marteins Lúthers: í ljósi túlkunar hans Jóhannesargudsjojalli 1535-1540** (Theologie Martin Luthers: im Anschluß an die Johannesauslegung 1535-1540). Reykjavík: Hid íslenska Bókmenntafélag, 2000. 559 S.: summary, 509-512.

97 Junghans, Helmar: **Deus opera milagres** (Gott wirkt Wunder ⟨port.⟩)/ übers. von Ilson Kayser. In: 026, 61-77.

98 Junghans, Helmar: **Das Theologieverständnis von Martin Luther und Philipp Melanchthon.** In: 015, 193-210.

99 Lee, Yang H.: **The structure of Luther's theology.** Yonsei journal of theology 4 (Seoul, Korea 1999), 133-146.

100 Rostagno, Sergio: **Il tempo dello spirito** (Die Zeit des Geistes). Pro 56 (2001), 3-23. L 8-14.

### b) Gott, Schöpfung, Mensch

101 Bach, Ulrich: **Gottes Gerechtigkeit – weshalb leiden Menschen?:** vom richtigen Umgang mit der Warum-Frage. PTh 87 (1998), 410-424.

102 Bayer, Oswald: **Freedom?:** the anthropological concepts in Luther and Melanchthon compared/ Kurzfassung von James G. Kiecker. LuD 9 (2001), 100-103: Ill.

103 Bayer, Oswald: **Zur Theologie der Klage.** In: Klage/ hrsg. von Martin Ebner ... in Verb. mit Paul D. Hanson. NK: NV, 2001, 289-301. (Jahrbuch für Biblische Theologie [JBTh]; 16)

104 Boendermaker, J[ohannes] P.: **Spiritus creator: schets van Luthers spirituele eigenheid** (Spiritus creator: zu Luthers eigentümlicher Spiritualität). In: Werken met spiritualiteit/ hrsg. von K. Bouwman; K. Bras. Baarn: ten Have, 2001, 239-246.

105 Buske, Thomas: **Praedestinatio in praedicatione:** ein unerledigtes Kapitel der Theologie- und Geistesgeschichte. ThZ 55 (1999), 303-325. L".

106 Churchill, Steven L.: **This lovely music of nature:** grounding an ecological ethic in Martin Luther's creation mysticism. CTM 26 (1999), 183-195.

107 Eltz-Hoffmann, Lieselotte von: **Freuet euch der schönen Erde:** das christliche Naturverständnis im Wandel der Zeiten. Düsseldorf: Patmos, 2000. 154 S.: Ill. L".

108 Helmer, Christine: **Luther's theology of glory.** NZSTh 42 (2000), 237-245.

109 Hendel, Kurt K.: **The material as a vehicle of the divine.** CTM 28 (2001), 326-334.

110 Hermanni, Friedrich: **Gott oder Freiheit:** philosophische Überlegungen zu einem theologischen Dilemma. NZSTh 42 (2000), 195-208.

111 Ickert, Scott S.: **Luther and animals:** subject to Adam's fall. In: Animals on the agenda: questions about animals for theology and ethics/ hrsg. von Andrew Linzey; Dorothee Yamamoto. Urbana: University of Illinois, 1998, 90-99. 269-271.

112 Kärkkäinen, Pekka: **Pyhä Henki** (Der Heilige Geist). In: 025, 143-152.

113 Knuuttila, Simo: **Logiikka ja ilmoitus** (Logik und Offenbarung). In: 025, 85-91.

114 Köpf, Ulrich: **Erfahrung III:** kirchengeschichtlich. In: 046, 1401 f.

115 Laats, Alar: **Luther's idea of Deus absconditus and the apophatic theology.** Trames 3 (Tartu 1999), 170-184.

116 Lehninger, Paul: **Luther and theosis:** deification in the theology of Martin Luther. s. l., 1999. VI, 194 Bl. – Milwaukee, WI, Marquette University, Ph. D., 1999.

117 Looß, Sigrid: **Vorstellungen vom Menschen in der frühen Reformation.** In: 041, 102-108: Ill.

118 McGoldrick, James Edward: **Luther's doctrine of predestination.** Reformation and revival journal 8 (Carol Stream, IL 1999), 81-103.

119 Mannström, Tuija: **Kolmiyhteinen Jumala** (Der dreieinige Gott). In: 025, 112-126.

120 Pasewark, Kyle A.: **Predestination as a condition of freedom/** Kurzfassung von Timothy H. Maschke. LuD 9 (2001), 118-121.

121 Paulson, Steven D.: **Luther on the hidden God.** Word & world 19 (St. Paul, MN 1999), 363-371.

122 Quanbeck, Warren: **Divine sovereignty and human freedom:** a perennial problem. Word & world 19 (St. Paul, MN 1999), 401-409.

123 Raunio, Antti: **Rakkauden teologia** (Theologie der Liebe). In: 025, 154-180.

124 Reinhuber, Thomas: **Deus absconditus/Deus revelatus.** In: 046, 683 f.

125 Roth, Michael: **Evidenz und Gewißheit:** Thesen zur Bestimmung von Offenbarung und Glaube. ZThK 98 (2001), 209-230. L 211-213+".

126 Saarinen, Risto: **Erbsünde I:** zum Begriff. In: 046, 1394-1396.

127 Schwarz, Friedemann: **Der Glaube in der Anfechtung.** Bekenntnisbewegung »Kein anderes

Evangelium«: Informationsbrief (2001) Nr. 205 (April), 7-10: Ill.

128 Schwarz, Reinhard: **Einheit und Etappen der Glaubensgeschichte in der Sicht Luthers.** In: 027, 221-231.

129 Stolt, Birgit: **Das lichte Gott-Vater-Bild des Alten Luther.** Lu 72 (2001), 17-23.

c) Christus

130 Baldauf, Davia Ann: **Broken on the cross:** the theology of the cross as a mystical paradigm. Phil, 1998. IX, 175 Bl. [Fotokopie] – Zugl.: Phil., Luth. Theol. Seminary, S.T.M., 1998.

131 Blaumeiser, Hubertus: **In the crucified Christ is the true theology** (Im gekreuzigten Christus ist die wahre Theologie ⟨engl.⟩)/ Kurzfassung von Ian Christopher Levy. LuD 9 (2001), 74-80: Ill.

132 Bornkamm, Karin: **Amt Christi.** In: 045, 439 f.

133 Bourgine, Martin B.: **Crux sola:** Luther's christology in the light of his theologia crucis (Crux sola: la christologie de Luther à la lumière de la theologia crucis ⟨engl.⟩)/ Kurzfassung von Ian Christopher Levy. LuD 9 (2001), 81-87: Ill.

134 Calhoun, David: **Luther's theology of the cross.** In: 08, Audiokassette Nr. 5 (48:02 min.).

135 Espinosa, Alfonso O.: **The christology of Martin Luther in the Great Commentary on Galatians of 1531.** In: 031, 59-70.

136 Flatt, Donald: **Reflections on the incarnation of Christ.** CTM 27 (2000), 271-275.

137 Gerrish, B[rian] A.: **What do we mean by faith in Jesus Christ?** Christian century 116 (Chicago, IL 1999), 932-937.

138 Goldman, Peter: **»The alien word«:** violence and representation in Girard and Luther. Renascence 52 (Milwaukee, WI 1999) Nr. 1, 57-74.

139 Hauschild, Wolf-Dieter: **Christologie II:** dogmengeschichtlich; 2. Mittelalter bis Neuzeit. In: 046, 300-307.

140 Heron, Alasdair I. C.: **Communicatio idiomatum and deificatio of human nature:** a reformed perspective. Greek orthodox theological review 43 (Brookline, Mass. 1998), 367-376.

141 Hinlicky, Paul R.: **Luther's theology of the cross:** part one. Lutheran forum 32 (NY 1998), 46-49.

142 Ji, Won Yong: **A theology of participation.** (1967). RuYu 15 (2001), 85-97.

143 Ji, Won Yong: **Luther's theology of the cross and eastern thought/** Kurzfassung von Timothy H. Maschke. LuD 9 (2001), 88-90.

144 Juntunen, Sammeli: **Kristologia** (Christologie). In: 025, 127-142.

145 Juntunen, Sammeli: **Ristin teologia ja annihilaatio** (Theologie des Kreuzes). In: 025, 181-195.

146 Kadai, Heino O.: **Luther's theology of the cross.** CThQ 63 (1999), 169-204.

147 Mannermaa, Tuomo: **Kristuksen kuvan kaltaisuuteen muuttuminen** (Die Wandlung des Christusbildes). In: 025, 320-332.

148 Mannermaa, Tuomo: **Mitä Kristuksen kuvan kaltaisuuteen muuttuminen merkitsee Lutherin teologiassa** (Die Wandlung des Christusbildes in Luthers Theologie). In: Arpa lankesi ihanasta maasta: Piispa Olavi Rimpiläisen juhlakirja/ hrsg. von Keijo Nissilä ... Helsinki: Kirjapaja, 2000, 85-91.

149 Muis, J.: **Christologische perspectieven in Luthers Heidelbergse Disputatie** (Christologische Perspektiven in Luthers Heidelberger Disputation). Theologia reformata 43 (Woerden 2000), 132.

150 Ottati, Douglas F.: **Incarnation and ecumenical theology.** Audioausgabe. Richmond, VA, 1999. 1 Kassette (46 min.)

151 Ottati, Douglas F.: **Incarnation and ecumenical theology.** Videoausgabe. Richmond, VA, 1999. 1 Videokassette (46 min.).

152 Plathow, Michael: **Kreuz und Wirklichkeit.** Die »aus dem Kreuz geborene Liebe des Kreuzes« nach der 28. These von M. Luthers Heidelberger Disputation. In: 022, 96-108.

153 Plathow, Michael: **Wirklichkeit – erschlossen im Kreuz:** Martin Luthers Kreuzestheologie im heutigen Kontext. KD 47 (2001), 180-202.

154 Preus, Robert D.: **The theology of the cross – part one:** Luther and Lutheranism. In: 032, 47-88.

155 Ruge-Jones, Philip Lawrence: **Cross in tensions:** theology of the cross as theologico-social critique. s. l., 1999. X, 295 S. – Chicago, IL, Lutheran School of Theology, Th.D., 1999.

156 Schwarzwäller, Klaus: **Kreuz und Auferstehung:** ein theologischer Traktat. GÜ: Kaiser/GVH, 2000. 153 S.: Ill. (Kaiser-Taschenbücher; 174)

157 Teigen, Erling T.: **Inerrancy and the theology of the cross.** In: 032, 90-101.

158 Tomlin, Graham: **The power of the cross:** theology and the death of Christ in Paul, Luther and Pascal/ Vorwort von Alister McGrath. Carlisle, Cumbria: Paternoster, 1999. XIV, 343 S. (Paternoster biblical and theological monographs)

159 Veer, Eelco van der: **Luthers theologia crucis in historisch perspectief:** een schets (Luthers theologia crucis in historischer Perspektive). Theologia reformata 43 (Woerden 2000), 146.

160 Zwanepol, Klaas: **Een menslijke God:** de betekenis van Christus voor Luther (Ein menschlicher Gott: Christi Bedeutung für Luther). Zoetermeer: Boekencentrum, 2001. 230 S.

### d) Kirche, Kirchenrecht, Bekenntnisse

161 Brosseder, Johannes: **Die Anerkennung der Katholizität der Confessio Augustana und ihre ekklesiologischen Implikationen:** historische und fundamentaltheologische Probleme. (1979). In: 07, 121-139.

162 **Catalog of testimonies** (Verzeichnus der Zeugnissen / Catalogus testimonium ⟨engl.⟩)/ eingel. und übers. von Thomas Manteufel. In: 048, 220-244.

163 Cornehl, Peter: **Individuum und Gemeinschaft im Gottesdienst:** altes Thema, neue Herausforderung. PTh 85 (1996), 292-310.

164 Dingel, Irene: **Bekenntnis und Geschichte:** Funktion und Entwicklung des reformatorischen Bekenntnisses im 16. Jahrhundert. In: 015, 61-81.

165 **Evangelische Bekenntnisse:** Bekenntnisschriften der Reformation und neuere Theologische Erklärungen. Teilbd. 2/ im Auftrag des Rates der Evang. Kirche der Union gemeinsam mit Irene Dingel ... hrsg. von Rudolf Mau. Bielefeld: Luther-Verlag, 1997. 358 S.: Faks. – Bespr.: Wenz, Gunter: ThLZ 124 (1999), 209-212. [Vgl. LuB 1998, Nr. 231]

166 Härle, Wilfried: **Apostolizität.** In: 045, 653 f.

167 Hagel, Thomas von: **A new appraisal of the catalog of testimonies.** CJ 26 (2000), 218-231.

168 Hardt, Tom G. A.: **The confessional principle:** church fellowship in the ancient and in the Lutheran church. Logia: a journal of Lutheran theology 8 (Cresbard, SD 1999) Nr. 2, 21-30.

169 Hardt, Tom G. A.: **The ecclesiology of the Smalcald Article.** Logia: a journal of Lutheran theology 7 (Cresbard, SD 1998) Heft 4, 41-45.

170 Henze, Ernst: **»Danach leben« statt »göttlich leben«:** darf man Bekenntnisschriften verändern? ZW 68 (1997), 29-39.

171 Holze, Heinrich: **Bekenntnis III:** kirchengeschichtlich; 3. Reformation. In: 045, 1252 f.

172 Kemler, Herbert: **»Ein Haufen Gesetze« und was dahinter steht:** Luthers Nein zum Ergebnis der Homberger Synode von 1526. In: 021, 69-75: Ill.

173 Laurenzi, Maria Cristina: **Identità senza identificazione nelle chiese** (Identität ohne Identifikation in der Kirche). Pro 56 (2001), 25-38.

174 Link, Christoph: **Exkommunikation III:** evangelisch. In: 046, 1821 f.

175 Moeller, Bernd: **Klerus und Antiklerikalismus in Luthers Schrift An den christlichen Adel deutscher Nation von 1520.** (1993). In: 040, 108-120.

176 Peters, Christian: **Augsburger Bekenntnis** (Confessio Augustana). In: 045, 953-956.

177 Ringleben, Joachim: **Rechtfertigung – Glaube – Kirche – Kirchengemeinschaft nach evangelischem Verständnis.** KD 47 (2001), 227-251.

178 Root, James: **Enough for what?:** a response to James Kittelson. LQ 13 (1999), 101-108. [Vgl. LuB 2000, Nr. 243]

179 Schäfer, Rolf: **Communio I:** dogmatisch. In: 046, 435-437.

180 Seebaß, Gottfried: **Der Abendmahlsartikel der Confessio Augustana Variata von 1540.** In: 015, 411-424.

181 Wells, Tom: **Unitiy among Christians and subscription to creeds.** In: 032, 149-161.

182 Wenz, Gunther: **Textgeschichte der Apologie von 1530.** ThR 63 (1998), 200-205. [Bespr. zu LuB 1998, Nr. 239]

### e) Sakramente, Beichte, Ehe

183 Arffman, Kaarlo: **The justification of enfant baptism in the early church adopted by the theology of Wittenberg:** 1521-1536 (Die Begründung der Kindertaufe mit der alten Kirche in der Wittenberger Theologie [1521-1536] ⟨engl.⟩)/ Kurzfassung von Richard K. Kaeske. LuD 9 (2001), 30-33.

184 Baur, Jörg: **Abendmahl III:** dogmatisch; 1. evangelisch; a) lutherisch. In: 045, 31-36.

185 Beintker, Michael: **Abendmahl III:** dogmatisch; 1. evangelisch; b) reformiert. In: 045, 36-39.

186 Brosseder, Johannes: **Ökumenisch-theologische Aspekte der Ehe.** (1978). In: 07, 217-228.

187 Heidelmann, Hildegard; Meißner, Helmuth: **Evangelische Beichtstühle in Franken.** Bad Windsheim: Fränkisches Freilandmuseum, 2001. 184 S.: Ill. L 17-35+". (Schriften und Kataloge des Fränkischen Freilandmuseums; 33) – Bespr.: Wolf, Gerhard Philipp: ZBKG 70 (2001), 282 f.

188 Hellenschmidt, Hansfrieder: **Thesen zur Taufe.** Bekenntnisbewegung »Kein anderes Evangelium«: Informationsbrief (2000) Nr. 202, 8-13.

189 Hinlicky, Paul R.: **Christ's bodily presence in the Holy Supper – real or symbolic.** Lutheran forum 33 (NY 1999) Fall, 24-28.

190 Hobratschk, Donald M.: **Baptismal death and resurrection in a confirmation mentor program.** Phil: Lutheran Theological Seminary, 1998. V, 150 S.

191 Huovinen, Eero: **Sakramenttien vaikutus** (Wirkung der Sakramente). In: 025, 252-268.

192 Jolkkonen, Jari: **Ehtoollinen** (Abendmahl). In: 025, 269-288.
193 Karant-Nunn, Susan C.: **»Suffer the little children to come unto me, and forbit them not«:** the social location of baptism in early modern Germany. In: 011, 358-378.
194 Kaufmann, Thomas: **Abendmahl II:** kirchengeschichtlich; 3. Reformation. In: 045, 24-28.
195 Kolb, Robert: **What benefit does the soul receive from a handful of water?:** Luther's preaching on baptism; 1528-1539. CJ 25 (1999), 346-363.
196 Kress, Hartmut: **Ehe VI:** systematisch-theologisch; 1. evangelisch. In: 046, 1078-1080.
197 Lämmermann, Godwin: **Hochzeitsnacht und Traualtar:** die Ehe im Wandel ihrer Geschichte. PTh 88 (1999), 59-76.
198 Leoni, Stefano: **Nicht Nachwort, sondern Machtwort:** die Grammatik des Geistes in Luthers »Vom Abendmahl Christi. Bekenntnis« (Nicht Nachwort, sondern Machtwort: la grammatica dello Spirito in »La cena di Cristo. Confessione« di Lutero ⟨dt.⟩)/ übers. von Giampietro Dal Toso. NZSTh 42 (2000), 246-266.
199 Masaki, Naomichi: **Genesis as catechism:** sacramental instruction of Dr. Martin Luther according to his lecture on Genesis; 1535 to 1545. s. l., 1998. IV, 172 Bl. [Fotokopie] – Fort Wayne, IN, Concordia Theological Seminary, S.T.M., 1998.
200 Mathies, Ulrike: **Die protestantischen Taufbecken Niedersachsens von der Reformation bis zur Mitte des 17. Jahrhunderts.** Regensburg: Schnell & Steiner, 1998. 276 S.: Ill. L 13+". (Adiaphora; 2) – Bespr.: Cremer, Folkhard: Das Münster 54 (2001), 178-180.
201 Meding, Wichmann von: **Der gefallene Bußtag und die mißfallende Buße.** Berliner theol. Zeitschrift 14 (1997), 220-232.
202 Moeller, Bernd: **Wenzel Lincks Hochzeit:** über Sexualität, Keuschheit und Ehe in der frühen Reformation. (2000). In: 040, 194-218.
203 Neijenhuis, Jörg: **Das Eucharistiegebet – Struktur und Opferverständnis:** untersucht am Beispiel des Projekts der Erneuerten Agende. L: EVA, 1999. 367 S. (Arbeiten zur praktischen Theologie; 15) – Zugl.: L, Univ., Theol. Fak., Diss., 1998. – Bespr.: Schmidt-Lauber, Hans-Christoph: JLH 39 (2000), 148-153.
204 Neijenhuis, Jörg: **Luthers Deutsche Messe als Ermöglichung des Eucharistiegebetes:** eine Auseinandersetzung mit Dorothea Wendebourgs Beitrag: Den falschen Weg Roms zu Ende gegangen? JLH 38 (1999), 9-39.
205 Ohst, Martin: **Buße IV:** Christentum; 2. kirchengeschichtlich. In: 045, 1910-1918.
206 Root, Michael: **Absolution I:** dogmatisch. In: 045, 85.
207 Root, Michael: **Beichte III:** dogmatisch; 3. evangelisch. In: 045, 1223 f.
208 Saarinen, Risto: **Buße IV:** Christentum; 3. dogmatisch; c) evangelisch. In: 045, 1919 f.
209 Schäfer, Rolf: **Ehe IV:** kirchengeschichtlich. In: 046, 1075-1077.
210 Slenczka, Reinhard: **Christliche Ehe und Familie: Grundlagen und Kriterien.** ZW 69 (1998), 129-143.
211 Volp, Rainer: **Abendmahl IV:** liturgiegeschichtlich. In: 045, 43-49.
212 Volp, Rainer: **Abendmahl V:** praktisch-theologisch. In: 045, 49-52.

### f) Amt, Seelsorge, Diakonie, Gemeinde, allgemeines Priestertum

213 Bell, Theo[dorus] M. M. A. C.: **Een koninklijk volk van priesters:** de bisschoppelijke beleidsnota in het perspectief van Maarten Luthers visie op het gemeenschappelijk priesterschap (Ein königliches Volk von Priestern: Instruktion der niederländischen Bischöfe zum pastoralen Mitarbeiter im Licht von Luthers Auffassung des allgemeinen Priestertums). In: Gedoopt, gevormd en gezonden: status en statuut van de pastoraal werker/ hrsg. von T. van Eijk; T. Meijers. Zoetermeer: Meinema, 2001, 188-208. (Utrechtse studies deel; 2)
214 Brosseder, Johannes: **Die ökumenische Bedeutung des Bischofsamtes.** (1994). In: 07, 229-236.
215 Burk, John K.: **The pastoral care of the sexually addicted.** Phil, 1998. VI, 156 Bl. [Fotokopie] – Zugl.: Phil., Luth. Theol. Seminary, D.Min., 1998.
216 Drevlow, Arthur: **The priesthood of all believers.** Logia: a journal of Lutheran theology 7 (1998) Heft 1, 33-38.
217 Erling, Bernhard: **The priesthood of all believers and Luther's translation of 1 Peter 2:5-9.** Lutheran forum 33 (NY 1999) Summer, 20-29.
218 Goertz, Harald: **Allgemeines Priestertum.** In: 045, 316 f.
219 Hein, Steven A.: **Luther on vocatio:** ordinary life for ordinary saints. Reformation and revival journal 8 (Carol Stream, IL 1999), 121-142.
220 Kaiser, Jochen-Christoph: **Armenfürsorge VI:** kirchengeschichtlich; 2. Reformation bis Neuzeit. In: 045, 761-763.

221 Lessing, Eckhard: **Amt VI:** systematisch; 4. evangelisch; a) lutherisch. In: 045, 432.

222 Müller, Hans Martin: **»Pfarramt aller Gläubigen«?:** zum Verhältnis von Predigtamt und allgemeinem Priestertum. Theol. Beiträge 30 (1999), 125-136.

223 Nispel, Mark: **Lutheran and patristic doctrine:** the keys as ecclesiae datae and potestas episcoporum. CJ 26 (2000), 115-146.

224 Ohst, Martin: **Seelsorge in Krisensituationen in kirchengeschichtlicher Perspektive.** In: 052, 325-341.

225 Posset, Franz: **Lehrer der Seelsorge:** das ökumenische Potential der Seelsorge-Konzeption des alten Luthers. Lu 72 (2001), 3-17.

226 Rada, Richard T.: **Luther, ethics and the plague in Wittenberg:** the reformer's faith approaches disease and suffering. In: 031, 251-260.

227 Weiß, Wolfgang: **Im Sterben nicht allein:** Hospiz; ein Handbuch für Angehörige und Gemeinden. B: Wichern, 1999. 189 S.: Ill. L 107-117.

228 Wriedt, Markus: **Le réconfort aux frontières de la vie:** Martin Luther, directeur d'âmes. PL 49 (2001), 123-140.

### g) Gnade, Glaube, Rechtfertigung, Werke

229 Avemarie, Friedrich: **Die Werke des Gesetzes im Spiegel des Jakobusbriefs:** a very old perspective on Paul. ThR 66 (2001), 282-309. L".

230 Barth, Hans-Martin: **Giustificazione e identità.** Pro 51 (1996), 116-130.

231 Barth, Hans-Martin: **Rechtfertigung und Identität** (Giustificazione e identità ⟨dt.⟩). PTh 86 (1997), 88-102.

232 Beeke, Joel R.: **Martin Luther on assurance.** In: 032, 163-171.

233 Bois, Pierre-André: **Martin Luther:** une théologie de la libération ou de l'asservissement. In: 034, 196-207.

234 Brame, Grace Adolphsen: **Faith, the eyes of the heart.** MP: Augsburg, 1999. IX, 192 S.

235 Dietz, Walter: **Servum arbitrium:** zur Konzeption der Willensfreiheit bei Luther, Schopenhauer und Kierkegaard. NZSTh 42 (2000), 181-194.

236 Dutcher-Walls, Timothy: **Buddhism and Lutheranism on delusion and the law.** Dialog 37 (St. Paul, MN 1998), 67-70.

237 Fergusson, David: **Reclaiming the doctrine of sanctification.** Interpretation 53 (Richmond, VA 1999), 380-390.

238 **La giustificazione in Cristo:** atti del II Simposio Internazionale della Facolta di Teologia (Roma, 14-15 marzo 1996) (Rechtfertigung in Christus)/ hrsg. von José M. Galv n. Città del Vaticano: Libreria Editrice Vaticana, 1997. 271 S. – Bespr.: Vercruysse, J[os] E.: Ephemerides theologicae Lovanienses 74 (Leuven 1998), 490 f.

239 Grislis, Egil: **Martin Luther's »The freedom of a Christian« revisited.** Consensus 24 (Winnipeg, Manitoba 1998), 93-118.

240 Grislis, Egil: **Martin Luther's »The freedom of a christian« revisited/** Kurzfassung von Kenneth Hagen. LuD 9 (2001), 109-115.

241 Gunton, Colin: **Erlösung/Soteriologie VI:** dogmengeschichtlich. In: 046, 1448-1451.

242 Hamm, Berndt: **Why did faith become the central concept of the Christian life for Luther?** (Warum wurde für Luther der Glaube zum Zentralbegriff des christlichen Lebens?/ engl. Kurzfassung von Wolfgang Vondey. LuD 9 (2001), 202 f.

243 Hauke, Rainer: **Gott-Haben – um Gottes willen:** Andreas Osianders Theosisgedanke und die Diskussion um die Grundlagen der evangelisch verstandenen Rechtfertigung; Versuch einer Neubewertung eines umstrittenen Gedankens. F; B; Bern; Bruxelles; NY; W: Lang, 1999. 693 S. (Kontexte; 30) – Zugl.: B, Humboldt-Univ., Habil., 1998.

244 Herms, Eilert: **Adiaphora.** In: 045, 115-119.

245 Jüngel, Eberhard: **La liberté, trait fondamental de la conception réformatrice de l'existence.** In: 034, 77-90.

246 Jüngel, Eberhard: **Zum Gewissen.** Communio viatorum 40 (PR 1998), 33-43.

247 Koch, Traugott: **Die Freiheit eines Christen in seinem Gottes- und Weltbezug nach Luthers Verständnis.** In: 027, 190-196.

248 Köpf, Ulrich: **Demut V:** kirchengeschichtlich. In: 046, 657-659.

249 Kolb, Robert: **God kills to make alive:** Romans 6 and Luther's understanding of justification (1535)/ Kurzfassung von Timothy H. Maschke. LuD 9 (2001), 207-210.

250 Koppe, Fritz: **Die Rechtfertigung des Schattens:** Fragen aus der Sicht der Analytischen Psychologie. Glaube und Lernen 16 (2001), 66-79: Ill.

251 Korsch, Dietrich: **Freedom as sum:** about the form of Christian life according to Martin Luther (Freiheit als Summe: über die Gestalt christlichen Lebens nach Martin Luther)/ engl. Kurzfassung von Wolfgang Vondey. LuD 9 (2001), 116 f.

252 Lange, Dietz: **Anerkennung II:** dogmatisch und ethisch. In: 045, 477 f.

253 Leiner, Martin: **Welche Vernunft braucht der Glaube?** MD 52 (2001), 23-26.

254 Lienhard, Marc: **Le débat sur la liberté chrétienne au temps de la réforme.** In: 037, 43-61.

255 Lienhard, Marc: **La foi et la liberté chrétienne selon Luther.** In: 036, 59-76.

256 Peura, Simo: **Christ as favour and gift (donum):** the challenge of Luther's understanding of justification. In: 051, 42-69.

257 Peura, Simo: **Vanhurskauttamisoppi** (Rechtfertigungslehre). In: 025, 207-226.

258 Peura, Simo: **What God gives man receives:** Luther on salvation. In: 051, 76-95.

259 Preus, Robert David: **Justification and Rom.** StL: Concordia Academic, 1997. 141 S.

260 Schröer, Henning: **Anfechtung II:** praktisch-theologisch. In: 045, 479 f.

261 Schwarz, Reinhard: **Göttliche Gnade und Leistung des Menschen:** was nützen die geistlichen Übungen? ZW 67 (1996), 4-16.

262 Seils, Martin: **Martin Luthers Gesetzesverständnis.** In: Das Verständnis des Gesetzes bei Juden, Christen und im Islam/ hrsg. von Udo Kern. MS; HH; LO: Lit, 2000, 64-84. (Rostocker Theologische Studien; 5)

263 Westhelle, Vítor: **Befreiung II:** dogmatisch. In: 045, 1205 f.

264 Weston, John Hamilton: **Holiness and the Christian life in the theology of Martin Luther and John Calvin.** s.l., 1998. X, 100 Bl. – Asbury, Theological Seminary, M.A., 1998.

265 Zur Mühlen, Karl-Heinz: **Evangelische Räte.** In: 046, 1721-1723.

### h) Sozialethik, politische Ethik, Geschichte

266 Almen, Louis: **Toward sufficient, sustainable livelihood for all in context.** Dialog 38 (St. Paul, MN 1999), 94-99.

267 Andersen, Svend: **Entscheidung III:** ethisch. In: 046, 1334.

268 Arnold, Matthieu: **Guerre et paix dans les écrits de Luther relatifs aux autorités civiles.** In: 037, 253-276.

269 Bast, Robert J.: **From two kingdoms to two tables:** the Ten commandments and the Christian magistrate/ Kurzfassung von Karin E. Stetina. LuD 9 (2001), 2-5.

270 Biehl, Peter: **Gott oder Geld:** eine theologische Skizze in praktischer Absicht. In: Gott oder Geld/ hrsg. von Peter Biehl ... NK: NV, 2001, 145-174. L 147-151. (Jahrbuch der Religionspädagogik; 17)

271 Bloomquist, Karen L.: **The disparities of class as an ethical challenge.** CTM 28 (2001), 100-108.

272 Büttgen, Philippe: **Luther, la liberté du chrétien et la question de la puissance.** In: 034, 91-106.

273 Estes, James M.: **Luthers first appeal to secular authorities for help with church reform, 1520.** In: 011, 48-76.

274 Forell, George Wolfgang: **Faith active in love:** an investigation of the principles underlying Luther's social ethics. (1954). Eugene, OR: Wipf and Stock, 1999. 198 S.

275 Fraas, Hans-Jürgen: **Sozialisation, Pluralität und Konfession.** Glaube und Lernen 16 (2001), 40-52.

276 Freudenberg, Matthias: **Das Verhältnis von Kirche und Staat nach den Reformierten Bekenntnissen des 16. Jahrhunderts.** Communio viatorum 40 (PR 1998), 228-255. L".

277 Friedeburg, Robert von: **In defense of patria:** resisting magistrates and the duties of patriots in the Empire from the 1530s to the 1640s. SCJ 32 (2001), 357-382.

278 Hagen, Kenneth: **Luther's doctrine of the two kingdoms.** (1995). In: 032, 103-127.

279 Hartweg, Frédéric: **De l'autorité temporelle.** In: 036, 77-85.

280 Hartweg, Frédéric: **Luther et l'autorité temporelle.** In: 037, 155-179.

281 Haustein, Jörg: **Luthers Schrift an den christlichen Adel zwischen Theologie und Politik.** In: 036, 43-58.

282 Heckel, Martin: **Cura religionis.** In: 046, 505 f.

283 Herms, Eilert: **Ethik V:** als theologische Disziplin. In: 046, 1611-1624.

284 Honecker, Martin: **Dreiständelehre.** In: 046, 987.

285 Honecker, Martin: **Eigengesetzlichkeit.** In: 046, 1131-1133.

286 Honecker, Martin: **Eigentum IV:** kirchen- und theologiegeschichtlich, ethisch. In: 046, 1147-1152.

287 Junghans, Helmar: **Ética social em Lutero: pensamento e ação** (Sozialethisches Denken und Handeln bei Martin Luther ⟨port.⟩)/ übers. von Ricardo W. Rieth. In: 026, 45-60.

288 Kim, Joo-Han: **Personal piety and the common good:** Luther's interpretation of the Sermon on the Mount and his two kingdoms doctrine. AnA: UMI, 1999. X, 207 Bl. (3 Microfiches). – Zugl.: Boston, MA, University, theol. Diss., 1999.

289 Kišš, Igor: **Diagram of Luther's two-kingdoms' doctrine as an aid to instruction** (Graphische Darstellung der Zweireichelehre Luthers als Lehrhilfsmittel ⟨engl.⟩)/ Kurzfassung von Joan Skocir. LuD 9 (2001), 19-22: Ill.

290 Lindberg, Carter: **Luther on poverty.** LQ 15 (2001), 85-101.

291 Lobenstein-Reichmann, Anja: **Vom Adel der christlichen Freiheit.** In: 037, 63-137.

292 McCain, Paul T.: **Receiving the gifts of God in his two kingdoms:** the development of Luther's understanding. Logia: a journal of Lutheran theology 8 (Cresbard, SD 1999), 29-40.

293 Malkani, Fabrice: **Luther et le problème de la violence.** In: 034, 132-154.

294 Midelfort, Erik H. C.: **A history of madness in sixteenth-century Germany.** Stanford, CA: Stanford University, 1999. XVI, 438 S. – Bespr.: Lederer, David: SCJ 31 (2000), 898-900.

295 Müller, Gerhard: **Martin Luther über Kapital und Arbeit.** In: 022, 109-122.

296 Oberman, Heiko A.: **Varieties of protest.** The new republic 221 (NY 1999) Nr. 7, 40-44.

297 Pénisson, Pierre: **Luther – religion et politique:** contradiction ou cohérence? In: 034, 184-192.

298 Poloni, Bernard: **Les conceptions économiques de Luther.** In: 034, 155-167.

299 Raunio, Antti: **Natural law and faith:** the foundations of ethics in Luther's theology. (1999). In: 051, 96-124. [Vgl. LuB 2000, Nr. 348]

300 Rickert, Kathryn Ann: **The Lutheran theory of political resistance in the German territories:** from Luther to the Book of Concord. s. l., 1998. VI, 167 S. – Greenville, NC, East Carolina University, M.A., 1998.

301 Ruh, Hans: **Arbeit V:** theologisch-sozialethisch. In: 045, 684-687.

302 Tanskanen, Kalevi: **Luther ja raha** (Luther und das Geld). Perusta (Helsinki 2001), 232-235.

303 Verhey, Allen: **Is lying always wrong?** Christianity today 43 (Washington, D. C. 1999) Nr. 6, 68.

304 Wall, Heinrich de: **Corpus Christianum.** In: 046, 466-468.

305 Whitford, David Mark: **The right of resistance in the theology of Martin Luther:** with specific reference to the »Magdeburg Confession of 1550«. AnA: UMI, 1999. XI, 233 Bl. – Zugl.: Boston, Mass., University, Ph. D., 1999.

306 Wingren, Gustaf: **Luther on vocation** (Luthers lära om kallelsen ⟨engl.⟩)/ übers. von Carl C. Rasmussen. Neudruck der Ausg. Philadelphia 1957. Evansville, IN: Ballast, 1999. XX, 256 S.

### i) Gottes Wort, Bibel, Predigt, Sprache

307 Asendorf, Ulrich: **Holy scripture and holy spirit.** In: 01, 1-16: Ill.

308 Bagnall, Ronald B.: **Friends of God:** Rebecca Frey and Martin Luther. Lutheran forum 33 (NY 1999) Winter, 5.

309 Beach, J. Mark: **The real presence of Christ in the preaching of the gospel:** Luther and Calvin on the nature of preaching. In: Preaching/ hrsg. von J. Mark Beach. Orange City, IA, 1999, 77-134. (Mid-America journal of theology; 10 [1999])

310 Berner, Ursula: **Bergpredigt II:** auslegungsgeschichtlich. In: 045, 1311-1314.

311 Beutel, Albrecht: **Bibelübersetzungen II:** christliche Übersetzungen in europäische Volkssprachen seit dem Mittelalter. In: 045, 1498-1505.

312 Bocquet, Catherine: **L'art de la traduction selon Martin Luther, ou lorsque le traducteure se fait missionnaire.** Arras: Artois Presses Université, 2000. 286 S. (Traductologie)

313 Boendermaker, J[ohannes] P.: **Psalm 113 in Luthers Magnificat.** Interpretatie 4 (Zoetermeer 2001), 23 f.

314 Brosseder, Johannes: **Überlieferung – ihre Bedeutung im Sachzusammenhang von »Schrift und Tradition«.** (1985). In: 07, 174-187.

315 Byrne, Brendam: **How can we interpret Romans theologically today?** Australian biblical review 47 (Melbourne 1999), 29-42.

316 Drake, Jeff: **Beyond bleak biblicism:** restating Luther's doctrine of the word. CTM 27 (2000), 276-284.

317 **Frühneuhochdeutsches Wörterbuch/** hrsg. von Ulrich Goebel; Oskar Reichmann; begr. von Robert R. Anderson ... Bd. 3, Lfg. 4: **berstbetefart/** bearb. von Oskar Reichmann. B; NY: de Gruyter, 2001. Sp. 1537-2048.

318 **Frühneuhochdeutsches Wörterbuch/** hrsg. von Ulrich Goebel und Oskar Reichmann; begr. von Robert R. Anderson ... Bd. 9, Lfg. 1: **l-leben/** bearb. von Anja Lobenstein-Reichmann. B; NY: de Gruyter, 2000. Sp. 1-512.

319 Gaiser, Frederick J.: **Dancing with Isaiah.** Word & world 9 (St. Paul, MN 1999), 107 f.

320 Gow, Andrew Colin: **Christian colonialism:** Luther's exegesis of Hebrew scripture. In: 011, 229-252.

321 Hartweg, Frédéric: **Luthers Stellung in der sprachlichen Entwicklung:** Versuch einer Bilanz. In: 037, 277-296.

322 Hertzsch, Klaus-Peter: **Christliche Predigt über Texte aus dem Alten Testament.** Berliner theol. Zeitschrift 14 (1997), 3-13.

323 Isaac, Gordon L[incoln]: **The changing image of Luther as biblical expositor.** In: 01, 67-85: Ill.

324 Ji, Won Yong: **Ruteo ui galadiaseo ganghae** (Lu-

thers Galaterbriefvorlesung). RuYu 15 (2001), 131-136.

325 Junghans, Helmar: **Martin Luther and the rhetoric** (Martin Luther und die Rhetorik)/ engl. Kurzfassung von Franz Posset. LuD 9 (2001), 204-206.

326 Junghans, Helmar: **As palavras de Cristo dão a vida** (Die Worte Christi geben das Leben ⟨port.⟩)/ übers. von von Luís M. Sander. In: 026, 7-26.

327 Kim, Moon-kee: **Bogeumjeogin seolgyo ui jeonhyeong:** Ruteo ui gyohoe seolgyo e gwanhan yeon gu (Ein Modell für evang. Predigen: eine Studie zu Luthers Kirchenpostille). RuYu 15 (2001), 59-82.

328 Köpf, Ulrich: **Erbauungsliteratur I:** bis zur Reformation. In: 046, 1386-1388.

329 Kößling, Rainer: **»humanitas – das schönste Wort der lateinischen Sprache«:** Joachim Camerarius' lateinisch-griechischer Wortschatz der menschlichen Körperteile – ein Zeugnis renaissancehumanistischer Sprachkultur und Bildungsvermittlung. In: 050, 61-72.

330 Koller, Werner: **Einführung in die Übersetzungswissenschaft.** 5., aktual. Aufl. HD: Quelle & Meyer, 1997. 343 S. L 39 f+". (UTB für Wissenschaft: Uni-Taschenbücher; 819)

331 Krause, Mark S.: **Martin Luther's theory of Bible translation.** Stone-Campbell journal 2 (Joplin, MO 1999), 57-73.

332 Landgraf, Paul: **Mein liebes schönes Confitemini:** an analysis of Dr. Martin Luther's translation of Psalm 118. PO: TREN, 1998. 309 Bl. [Microfiche] – Zugl.: StL, Concordia Seminary, S.T.M., 1998.

333 Lange, Jonathan: **How are they to believe?:** Romans 10:14-15 in the light of the Lutheran confession. Logia: a journal of Lutheran theology 7 (Cresbard, SD 1998) Heft 3, 35-43.

334 Larsson, Tord: **God in the fourth gospel:** a hermeneutical study of the history of interpretation. SH: Almqvist & Wiksell International, 2001. 319 S. L 22-60. (Coniectanea biblica: New Testament series; 35) – Zugl.: Lund, Univ., Theol. Fak., Diss., 2001.

335 Leonhardt, Jürgen: **Drucke antiker Texte in Deutschland vor der Reformation und Luthers frühe Vorlesungen.** In: 042, 97-129.

336 Markschies, Christoph: **»Und wenn wyr gleych hoch uns ruehmen, so synd wyr dennoch heyden«:** Erfahrungen der Widerständigkeit und Fremdheit in den Epochen christlicher Auslegungsgeschichte des Alten Testamentes. Berliner theol. Zeitschrift 14 (1997), 33-58. L 41-49.

337 Maschke, Timothy: **Contemporaneity:** a hermeneutical perspective in Martin Luther's work. In: 01, 165-182: Ill.

338 Mennecke-Haustein, Ute: **Gelehrsamkeit und Theologie:** die Bedeutung der »studia humanitatis« für die Schriftauslegung beim jungen Luther. In: 042, 151-165.

339 Miller, Brett A.: **The sacred art of verbal self-defense image restoration discourse in Christian rhetoric.** AnA: University Microfilms, 1999. VI, 265 Bl. (Microfiche) – Zugl.: Columbia, MO, University of Missouri, Ph.D., 1999.

340 **More light on the path:** daily scripture readings in hebrew and greek/ hrsg. von David W. Baker; Elaine A. Heath. Grand Rapids, MI: Baker, 1998. 384 S. – Bespr.: Rowold, Henry: CJ 26 (2000), 184.

341 Müller, Markus: **Jede Übersetzung ist zugleich eine Auslegung:** Überlegungen zu neueren Bibelübersetzungen. ZW 69 (1998), 207-220.

342 Otto, Eckart: **Bibelwissenschaft I:** Altes Testament. In: 045, 1517-1528.

343 Posset, Franz: **»Rock« and »recognition«:** Martin Luther's Catholic interpretation of »You are Peter on this rock I will build my church« (Matthew 16:18) and the frindly criticism from the point of view of the »Hebrew truth« by his confrère, Caspar Amman, »Doctor of the sacred page«. In: 01, 214-252: Ill.

344 Raven, Diederick: **Elizabeth Eisenstein and the impact of printing.** European review of history 6 (Abingdon 1999), 223-234.

345 Rieger, Reinhold: **Allegorie/Allegorese IV:** kirchengeschichtlich; 2. Mittelalter bis Neuzeit. In: 045, 307 f.

346 Ringleben, Joachim: **Luther zur Metapher.** In: Konflikt – Grenze – Dialog: kulturkontrastive und interdisziplinäre Textzugänge; Festschrift für Horst Turk zum 60. Geburtstag/ hrsg. von Jürgen Lehmann. F; B; Bern; NY; P; W: Lang, 1997, 21-30.

347 Ruokanen, Miikka: **Lutherin raamattukäsitys** (Luthers Bibelverständnis). In: 025, 92-110.

348 Sanders, E. P.: **Paulus:** eine Einführung (Paul ⟨dt.⟩)/ aus dem Engl. übers. von Ekkehard Schöller. S: Reclam, 1995. 179 S. L 63-65+". (Universal-Bibliothek; 9365)

349 Schillinger, Jean: **Luther polémiste et pamphlétaire.** In: 036, 125-150.

350 Schwitalla, Johannes: **Wandlungen eines Mediums:** sprachliche Merkmale öffentlicher Briefe von Laien in der Reformationszeit. In: 050, 261-279.

351 Schwöbel, Christoph: **Bibel IV:** dogmatisch. In: 045, 1426-1432.

352 Sheeley, Steven: **From scripture to canon:** the development of the New Testament canon.

Review & expositor 95 (Louisville, KY 1998), 513-522.

353 Steiger, Johann [Anselm]: **Martin Luthers allegorisch-figürliche Auslegung der Heiligen Schrift.** In: 036, 105-124.

354 Stolt, Birgit: **Luthersprache.** In: Historisches Wörterbuch der Rhetorik/ hrsg. von Gert Ueding; Redaktion: Gregor Kalivoda ... Bd. 5: L-Musi. TÜ: Niemeyer, 2001, Sp. 677-690.

355 Stolt, Birgit: **Martin Luther's rhetorik of the heart** (Martin Luthers Rhetorik des Herzens)/ engl. Kurzfassung von Franz Posset. LuD 9 (2001), 211 f.

356 Stolt, Birgit: **On translating Ave Maria as »Hello there, Mary«.** LQ 12 (1998), 105-107.

357 Stolt, Birgit: **Problematik der Übersetzung biblischer Erzählstrukturen.** In: Perspektiven auf Stil/ hrsg. von Eva-Maria Jakobs; Annely Rothkegel. TÜ: Niemeyer, 2001, 479-488.

358 Stolt, Birgit: **»... und fühl's im Herzen ...«:** Luthers Bibelübersetzung aus der Sicht neuerer Sprach- und Übersetzungswissenschaft. ZThK 98 (2001), 186-208.

359 Sundkvist, Bernice: **Sakramentala draget i Luthers förkunnelse** (Sakramentale Züge in Luthers Verkündigung). Åbo: Åbo Akademis, 2001. 243 S. – Zugl.: Åbo, Univ., Theol. Fak., Diss., 2001.

360 Thompson, Mark D.: **Reformation perspectives on scripture:** the written word of God. Reformed theological review 57 (Melbourne 1998), 105-120.

361 Treu, Martin: **Poimenik und Polemik:** die Anfänge Luthers als deutscher theologischer Schriftsteller. In: Religiöser Text und soziale Struktur/ hrsg. von Walter Beltz; Jürgen Tubach. Halle (Saale): Martin-Luther-Universität, 2001, 289-300. (Hallesche Beiträge zur Orientwissenschaft; 31)

362 Trowitzsch, Michael: **Das Alte Testament als Zeuge des Evangeliums:** Überlegungen im Anschluß an Paulus. Berliner theol. Zeitschrift 14 (1997), 23-32.

363 Vos, Johan S.: **Die Logik des Paulus in 1 Kor 15, 12-20.** Zeitschrift für die neutestamentliche Wissenschaft 90 (1999), 78-97.

364 Weder, Hans: **Bibelwissenschaft II:** Neues Testament. In: 045, 1529-1538.

365 Weyermann, Andrew: **Biblical preaching.** CTM 27 (2000), 106-111.

366 Wolf, Herbert: **Luthers Umgang mit Anthroponymen.** In: Beiträge zu Linguistik und Phonetik: Festschrift für Joachim Göschel zum 70. Geburtstag/ hrsg. von Angelika Braun. S: Steiner, 2001, 58-75. (Zeitschrift für Dialektologie und Linguistik: Beihefte; 118)

367 Zwanepol, Klaas: **Christus als Scopus van de Heilige Schrift bij Martin Luther** (Christus als Bezugspunkt der Heiligen Schrift bei Luther). Kerk en theologie 52 (Wageningen 2001), 33-48.

### k) Gottesdienst, Gebet, Kirchenlied, Musik

368 Asimakoupoulos, Gregory E.: **The contribution of Martin Luther to congregational singing.** The Covenant quarterly 56 (Chicago, IL 1998), 23-33.

369 Britt, Carol Delane: **The chorale prelude:** the development of the chorale prelude and the use of chorales of Martin Luther's catechism by various european composers from the Reformation to Johann Sebastian Bach. AnA: UMI, 1999. V, 87 S. (Fotokopie). (UMI; 9949358) – Zugl.: Tuscaloosa, AL, University of Alabama, D.M.A., 1999.

370 Brosseder, Johannes: **»Aus tiefer Not schrei ich zu dir«:** theologische Marginalien zu den Eingangsversen von Luthers gleichnamigen Lied. (1983). In: 07, 49-60.

371 Bukowski, Peter: **Kirche des Wortes – warum?** In: 027, 165-168.

372 Casey, Paul F.: **»Start spreading the news«:** Martin Luther's first published song. In: In laudem Caroli: Renaissance and Reformation studies/ hrsg. von James V. Mehl. Kirksville, MO: Thomas Jefferson University, 1998, 75-94. (Sixteenth century essays & studies; 49)

373 Erbacher, Rhabanus: **Martin Luther und das Salve Regina.** Arbeitsstelle Gottesdienst: Informations- und Korrespondenzblatt der Gemeinsamen Arbeitsstelle für gottesdienstliche Fragen der EKD 36 (1999), 15-26.

374 Erikson, Leif: **Pneumatologi och epikles i luthersk teologi** (Pneumatologie und Epiklese in der luth. Theologie). Åbo: Åbo Akademis, 1999. 133 S. (Skrifter i praktisk teologi vid Åbo Akademi; 41) – Bespr.: Nuorva, Vesa: TA 106 (2001), 474-476.

375 Freele, C. Lynn: **Reformation from within:** recapturing the spirituality of Martin Luther as illumination for the Lutheran church of the 21st century. [San Francisco], 1998. 152 Bl.: Ill. – San Francisco, Theological Seminary, D.Min., 1998.

376 Guicharrousse, Hubert: **95 thèses et 36 cantiques:** l'œuvre hymnodique de Luther; miroir de sa pensée et de son action réformatrices. In: 034, 168-183.

377 Haemig, Mary Jane: **Elisabeth Cruciger (1500?-1535):** the case of the disappearing hymn writer. SCJ 32 (2001), 21-44.

378 Hauschildt, Eberhard: **Der Streit am Sarg um die Musik:** zur Ursache und Bewältigung von Konflikten zwischen den Beteiligten. Musik und Kirche 69 (1999), 305-312: Ill.

379 Heiser, James D.: **The limits of liturgical innovation in light of Martin Luther's »Exhortation to the Christians in Livonia concerning public worship and unity« (1525).** Malone, TX: Repristination, 1997. 16 S.

380 Heiser, James D.: **The limits of liturgical innovation in light of Martin Luther's »Exhortation to the Christians in Livonia concerning public worship and unity« (1525)**/ Kurzfassung von Timothy H. Maschke. LuD 9 (2001), 155-157.

381 Hendrix, Scott H.: **Luther's guestly spirituality.** In: 033, Kassette 3: Seite B. Kassette 4.

382 Henkys, Jürgen: **EY! bittet GOTT, den heiligen Geist:** die Neufassung von »Nun bitten wir den Heiligen Geist« durch Zinzendorf und ihre traditionsbildende Rolle in der Hymnodie der Herrnhuter Brüdergemeine. (1995). In: 020, 153-162.

383 Henkys, Jürgen: **Gott loben mit einem Mund?:** zur Nachdichtung fremdsprachlicher Kirchenlieder. Liturgische Blätter 64/65 (1997), 71-94.

384 Henkys, Jürgen: **Gott loben mit einem Mund?:** zur Nachdichtung fremdsprachlicher Kirchenlieder. (1997). In: 020, 96-113.

385 Henkys, Jürgen: **Singender und gesungener Glaube:** das Kirchenlied im christlichen Leben. (1990). In: 020, 30-41.

386 Heymel, Michael: **Seelsorge mit Musik.** Musik und Kirche 70 (2000), 289-302: Ill.

387 Hillerbrand, Hans J.: **The road less traveled?:** reflections on the enigma of Lutheran spirituality. In: 031, 129-140.

388 Jeremias, Christian: **Psalmen in der geistlichen Dichtung:** Auslegung und Verständnis von Psalm 128 und 47 in Nachdichtungen aus fünf Jahrhunderten. JLH 38 (1999), 40-64. L 42-44+".

389 Jolkkonen, Jari: **Jumalanpalvelus** (Gottesdienst). In: 025, 228-240.

390 Jolkkonen, Jari: **Rukous** (Gebet). In: 025, 241-251.

391 Junghans, Helmar: **Luther's reform of worship:** concept or quandary? (Luthers Gottesdienstreform: Konzept oder Verlegenheit)/ engl. Kurzfassung von Timothy H. Maschke. LuD 9 (2001), 158-163.

392 Junghans, Helmar: **A reforma litúrgica de Lutero:** fruto de concepção ou perplexidade? (Luthers Gottesdienstreform – Konzept oder Verlegenheit? ⟨port.⟩)/ übers. von Ricardo W. Rieth. In: 026, 27-44.

393 Klaer, Ingo: **Protestantismus und Musikkultur IV:** Sprache und Musik; Hören – Sprechen – Singen. Musik und Kirche 70 (2000), 214-218.

394 Klaer, Ingo: **Protestantismus und Musikkultur V:** Musik in der Seelsorge. Musik und Kirche 70 (2000), 284-288.

395 Klein, Ralph W.: **Let me not sing the story of your love off key.** CTM 27 (2000), 253-262.

396 Leaver, Robin A.: **Luther's catechism hymns:** 3. Creed/ Kurzfassung von Timothy H. Maschke. LuD 9 (2001), 164 f.

397 Leaver, Robin A.: **Luther's catechism hymns:** 4. Lord's prayer/ Kurzfassung von Timothy H. Maschke. LuD 9 (2001), 165-167.

398 Leaver, Robin A.: **Luther's catechism hymns:** 5. Baptism/ Kurzfassung von Timothy H. Maschke. LuD 9 (2001), 167 f.

399 Leaver, Robin A.: **Luther's catechism hymns:** 6. Confession/ Kurzfassung von Timothy H. Maschke. LuD 9 (2001), 169 f.

400 Leaver, Robin A.: **Luther's catechism hymns:** 7. Lord's supper/ Kurzfassung von Timothy H. Maschke. LuD 9 (2001), 170-172.

401 Leaver, Robin A.: **Luther's catechism hymns:** 8. Confessional substance/ Kurzfassung von Timothy H. Maschke. LuD 9 (2001), 172-174.

402 Lenti, Vincent A.: **The earliest Lutheran hymn tradition as illustrated by two classic sixteenth-century German chorales.** Hymn 50 (Boston, MA 1999) Nr. 2, 17-25.

403 Luibl, Hans Jürgen: **Spiritualität – auf der Suche nach der etwas anderen Frömmigkeit:** über Gottes buntes Treiben im Wandel der Zeiten. PTh 86 (1997), 42-65.

404 Marzolf, Dennis: **Luther in the pew:** song and worship. Reformation and revival journal 8 (Carol Stream, IL 1999), 105-120.

405 Nagel, Norman: **Luther's liturgical reform.** Logia: a journal of Lutheran theology 7 (Cresbard, SD 1998) Heft 2, 23-26.

406 Peura, Simo: **The essence of Luther's spirituality:** meditating on the classic Christian dogma. In: 033, Kassette 1: Seite B. Kassette 2: Seite A.

407 Praßl, Franz Karl: **Altargesang II:** musikalisch. In: 045, 342 f.

408 Reich, Christa: **Vox est anima verbi:** zum hymnologischen Horizont von Theologie. PTh 88 (1999), 144-159.

409 Riehm, Heinrich: **Die gemeinsamen Lieder und Gesänge der deutschsprachigen Christenheit.** JHL 39 (2000), 154-178. L 160-162. 165. 170+".

410 Roeber, A. G.: **Official an nonofficial piety and ritual in early Lutheranism.** CThQ 63 (1999), 119-143.

411 Russell, William R.: **Prayer:** the practical focus of Luther's theology. In: 031, 293-298.

412 Saliers, Don E.: **Aaronitischer Segen III:** liturgisch. In: 045, 4.

413 Saliers, Don E.: **Altargesang I:** liturgisch. In: 045, 342.

414 Sander, Katherine Joan: **Johann Walter and Martin Luther:** theology and music in the early Lutheran church. Microfiche. Ottawa: National Library of Canada, 1999. X, 107 Bl.: Ill. (2 Microfiches) – Edmonton, Alberta, University of Alberta, M.A., 1998.

415 Scheitler, Irmgard: **Der Beitrag der böhmischen Länder zur Entwicklung des Gesangbuchs und des deutschen geistlichen Liedgesangs (1500-1620).** JLH 38 (1999), 157-190. L".

416 Schmidt-Lauber, Hans-Christoph: **Abendmahlsgebet.** In: 045, 54.

417 Schmidt-Lauber, Hans-Christoph: **Altar III:** Christentum; 1. liturgisch; b) evangelisch. In: 045, 335 f.

418 Schott, Christian-Erdmann: **Michael Weiße (um 1488-1534).** In: 047, 26-29.

419 Schulz, Frieder: **Katholische Einflüsse auf die evangelischen Gottesdienstreformen der Gegenwart.** PTh 86 (1997), 134-152.

420 Seidel, Klaus J.: **Musik zu Trauerfeiern.** Musik und Kirche 69 (1999), 297-305: Ill.

421 Spinks, Bryan D.: **Adiaphora:** marriage and funeral liturgies. CThQ 62 (1998) Heft 1, 7-24.

422 Spinks, Bryan D.: **Adiaphora: marriage and funeral liturgies/** Kurzfassung von Thimothy H. Maschke. LuD 9 (2001), 175-177.

423 Stolina, Ralf: **Gebet – Meditation – Anfechtung:** Wegmarken einer theologia experimentalis. ZThK 98 (2001), 81-100.

424 Werbeck, Walter: **Choralbearbeitung.** In: 046, 172 f.

### l) Katechismus, Konfirmation, Schule

425 Adam, Gottfried: **Martin Luther und die pädagogische Frage:** eine Skizze zu Fragen des reformatorischen Bildungsverständnisses. In: 027, 232-241.

426 Agricola, Johann: **One hundred thirty common questions** (Hundert und Dreissig gemeyner Fragestücke für die iungen kinder ynn der Deudschen Meydlinschule zu Eysleben ‹engl.›)/ eingel. und übs. von Timothy J. Wengert. In: 048, 13-30.

427 Albrecht, Martin: **The effects of Luther's catechisms of the 16th century.** In: 035, 1 Diskette (3 1/2").

428 Andersen, Svend: **Dekalog V:** dogmatisch und ethisch. In: 046, 632 f.

429 Asche, Matthias: **Frequenzeinbrüche und Reformen:** die deutschen Universitäten in den 1520er bis 1560er Jahren zwischen Reformation und humanistischem Neuanfang. In: 042, 53-96. L".

430 Bender, Peter C.: **Lutheran catechesis:** a comprehensive guide to catechesis for a Lutheran congregation. Sussex, WI: Concordia Catechetical Academie, 1999. XX, 279, 68, 38, X, 58 S.: Ill. (Catechis edition)

431 Bender, Peter C.: **Lutheran catechesis:** a comprehensive guide to catechesis for the Lutheran catechumen and familiy. Sussex, WI: Concordia Catechetical Academie, 1999. XII, 279 S.: Ill. (Catechis edition)

432 Bivens, Forest: **Luther's Large catechism:** outline. In: 035, 1 Diskette (3 1/2").

433 **A booklet for laity and children** (Eyn buchlin fur die leyen vnd kinder [1525] ‹engl.›)/ eingel. und übers. von Timothy J. Wengert. In: 048, 1-12.

434 Green, Lowell C.: **»What does this mean?«:** Luther's exposition of the Decalogue in relation to law and gospel with special reference to Johann Michael Reu. Logia: a journal of Lutheran theology 7 (Cresbard, SD 1998) Heft 2, 3-10.

435 Green, Lowell C.: **What does this mean?:** Luthers exposition of the decalogue in relation to law and gospel with special reference to Johann Michael Reu/ Kurzfassung von Timothy H. Maschke. LuD 9 (2001), 152-154.

436 Hauerwas, Stanley: **The truth about God:** the Decalogue as condition for truthful speech. NZSTh 40 (1998), 17-39.

437 Henkys, Jürgen: **Christenlehre.** In: 046, 181-183.

438 Huckaby, Charles P.: **Luther the catechist.** Reformation and revival journal 8 (Carol Stream, IL 1999), 143-166.

439 Johnson, Donald W.: **Praying the catechism.** Winnipeg, Manitoba: Evangelical Lutheran Church in Canada, 1998. 211 S.: Ill.

440 Jun, Carolyn: **Toward understanding of Christian education from the reformed perspective:** it's educational ideas and theological foundations. PO: TREN, 1999. I, 87 Bl. (Mikrofiche). – Zugl.: South Hamilton, MA, Gordon Conwell Theological Seminary, 1999.

441 Köpf, Ulrich: **Erziehung V:** kirchengeschichtlich; 2. Mittelalter bis Neuzeit. In: 046, 1513-1518.

442 Krodel, Gottfried G.: **Luther as a creative writer:**

the explanation of the Second Article of the Apostel's creed in the Small catechism. In: 01, 130-164: Ill.

443 Lehmann, Karl: **Luther as teacher of the faith?:** the ecumenical significance of his catechisms (Luther als Lehrer des Glaubens?: die ökumenische Bedeutung seiner Katechismen)/ engl. Kurzfassung von Franz Posset. LuD 9 (2001), 148 f.

444 Preul, Reiner: **Erziehung VI:** ethisch. In: 046, 1521-1524.

445 Prevost, Ronnie: **The prophetic voice of the religious educator:** past, present, and future. Religious education 93 (Chicago, IL 1998), 288-306.

446 Schroeder, Edward H.: **Luther's commentary on the Third Article as a clue to his theology of other religions.** Missio apostolica 7 (Fort Wayne, IN 1999) May, 4-10

447 Schwarzwäller, Klaus: **Fülle des Lebens:** Luthers Kleiner Katechismus; ein Kommentar. MS; HH; LO: Lit, 2000. 360 S. (Theologie; 31)

448 Strohm, Christoph: **Dekalog IV:** kirchengeschichtlich. In: 046, 631 f.

449 Wengert, Timothy J.: **Luther on children:** baptism and the fourth commandment. Dialog 37 (St. Paul, MN 1998), 185-189.

450 Wengert, Timothy J.: **Luther on children:** baptism and the fourth commandment/ Kurzfassung von Karin E. Stetina. LuD 9 (2001), 178-180: Ill.

**m) Weitere Einzelprobleme**

451 Adloff, Kristlieb: **Biblische Lichter im Tal der Todesschatten:** exegetische Einsichten. In: 023, 97-108.

452 Akerboom, T[heodorus] H. M.: **»There will be great signs ...«:** an exploration of Luther's understanding of the Apocalypse in the context of his time (»Er zullen grote tekenen zijn«: een verkenning van Luthers verstaan van de Apocalyps in de context van zijn tijd)/ engl. Kurzfassung von T[heodorus] H. M. Ackerboom. LuD 9 (2001), 188-193: Ill.

453 Bergdolt, Klaus: **Leib und Seele:** eine Kulturgeschichte des gesunden Lebens. M: Beck, 1999. 388 S. L 197-200+".

454 Bunkowske, Eugene W.: **Luther the missionary:** the reformer's theology of mission. In: 031, 13-25.

455 Closson, Marianne: **L'imaginaire démoniaque en France (1550-1650):** genèse de la littèrature fantastique. Genf: Droz, 2000. 544 S. L 280. 358. (Travaux d'humanisme et Renaissance; 341)

456 Dülmen, Richard van: **Kultur und Alltag in der frühen Neuzeit.** Bd. 3: **Religion, Magie und Aufklärung 16.-18. Jahrhundert.** 2. Aufl. M: Beck, 1999. 343 S.: Ill. L 18-26.

457 Ghiselli, Anja: **Neitsyt Maria** (Jungfrau Maria). In: 025, 196-206.

458 Grislis, Egil: **Martin Luther and the world religions/** Kurzfassung von Ian Christopher Levy. LuD 9 (2001), 198-201.

459 Grundmann, Christoffer H.: **Deutsche Missionen II:** Geschichtliches. In: 046, 705-710.

460 Juntunen, Sammeli: **Teologia ja filosofia** (Theologie und Philosophie). In: 025, 72-84.

461 Kärkkäinen, Pekka: **Lutherin filosofianopinnot** (Luthers Philosophiestudien). In: 025, 26-30.

462 Mennecke-Haustein, Ute: **Ars moriendi I:** geschichtlich. In: 045, 795 f.

463 Mennecke-Haustein, Ute: **Die Rolle der Frau in der Reformation.** Ökumenische Rundschau 48 (1999), 411-425.

464 Ohst, Martin: **Bann III:** kirchengeschichtlich. In: 045, 1088 f.

465 Paulson, Steven D.: **Endings and beginnings:** death and resurrection. Dialog 38 (St. Paul, MN 1999), 26-34.

466 Roberts, Allen Dale: **Profile of apostasy:** who are the bad guys, really. Dialogue: a journal of Mormon thought 31 (Los Angeles, CA 1998), 143-162.

467 Sauter, Gerhard: **Eschatologie IV:** dogmengeschichtlich. In: 046, 1561-1567.

468 Schmidt-Lauber, Hans-Christoph: **Maria in den Festen und liturgischen Texten der Kirchen der Reformation.** In: 027, 290-306.

469 Schöpsdau, Walter: **Traumgestalt der Männerwelt:** auf Maria projizieren die Konfessionen ihr Frauenbild. EvK 33 (2000) Heft 3, 31-33: Ill.

470 **Spirituality and spiritual formation/** Faculty of Lutheran Theological Southern Seminary. CTM 27 (2000), 350-355.

471 Suk, Tae Jun: **The theology of Martin Luther between Judaism and Roman Catholicism:** a critical-historical evaluation of Luther's concept of idolatry. AnA: UMI, 1999. 253 S. (Microfiche). – Zugl.: Madison, NJ, Drew University, Ph. D., 1999.

472 Volf, Miroslav: **Reconciled in the end.** Christian century 116 (Chicago, IL 1999), 1098.

473 Wicks, Jared: **Applied theology at the deathbed:** Luther and the late-medieval tradition of the »ars moriendi«/ Kurzfassung von David G. Peters. LuD 9 (2001), 181-186: Ill.

## 3 Beurteilung der Persönlichkeit und ihres Werkes

474 Brosseder, Johannes: **Der fremde Luther.** (1974). In: 07, 26-48.

475 Brosseder, Johannes: **Der Glaube schnarcht nicht:** Einspruch, Protest, Widerstand; Martin Luther und die Erneuerung der Kirche – damals und heute. (1996). In: 07, 17-25.

476 Brosseder, Johannes: **Luther im Urteil der gegenwärtigen katholischen Theologie.** In: 07, 111-117.

477 Carey, Patrick W.: **Luther in an American Catholic context.** In: 01, 36-53: Ill.

478 Clark, Michael: **Moral incapacity and deliberation.** Ratio: an international journal of analytic philosophy 12 (Oxford 1999) Heft 1, 1-13.

479 Conroe, Jon W.: **Two offices in two kingdoms:** preacher and teacher in Luther and the confessions. In: 031, 27-34.

480 Frank, Beatrice: **Denifle, Heinrich Suso.** In: 046, 661.

481 Hartweg, Frédéric: **Luther hier et aujourd'hui.** In: 037, 11-30.

482 Huber, Wolfgang: **»Mit außerordentlicher Leidenschaft«:** Luthers Heil- und Freiheitsverständnis als Wurzel des modernen Pluralismus. In: »Tausend Jahre wie ein Tag ...«: das zweite Jahrtausend im Spiegel von zehn Tagen/ hrsg. von Bernd H. Stappert. Würzburg: Religion & Kultur, 2001, 114-135.

483 Hünerbein, Kurt: **Dr. Martin Luther's ecumenical legacy** (Dr. Martin Luthers ökumenisches Vermächtnis)/ engl. Kurzfassung von Rudolf K. Markwald. LuD 9 (2001), 145-147.

484 Kolb, Robert: **Martin Luther:** the man and his mind. Reformation and revival journal 8 (Carol Stream, IL 1999), 11-33.

485 Lentes, Thomas: **Die Deutung des Scheins:** das symbolische Verhalten im Spätmittelalterbild (1830-1945). In: 049, 1-23.

486 McGoldrick, James Edward: **Introducing Martin Luther.** In: 032, 17-45.

487 McNutt, James E.: **Which Luther?:** a question of biographical method. CJ 26 (2000), 293-304.

488 Moeller, Bernd: **Luthers Erfolge.** (1997). In: 040, 270-284.

489 **The monk that shook the world**/ Protestants today. Peacehaven: Our inheritance, 1999. 15 S.

490 Tavard, George H.: **Medieval piety in Luther's commentary on the Magnificat.** In: 01, 281-301: Ill.

491 **Wort zum 450. Todesjahr Martin Luthers aus der evangelischen und katholischen Kirche in Thüringen und Sachsen-Anhalt**/ Roland Hoffmann; Christoph Demke; Helge Klassohn; Joachim Wanke; Leopold Nowak. Ökumenische Rundschau 45 (1996), 218-221. [Vgl. LuB 1997, Nr. 580]

492 Staten, Henry: **»Radical evil« revived:** Hitler, Kant, Luther, Neo-Lacanianism. Radical philosophy: a journal of socialist and feminist philosophy (LO 1999) Heft 98, 6-15.

## 4 Luthers Beziehungen zu früheren Strömungen, Gruppen, Persönlichkeiten und Ereignissen

493 Aubenque, Pierre: **Aristotelismus.** In: 045, 735-738.

494 Bell, Theo[dorus] M. M. A. C.: **Calvin and Luther on Bernhard of Clairvaux.** Calvin theological journal 34 (Grand Rapids, MI: 1999), 370-395.

495 Bell, Theo[dorus] M. M. A. C.: **»De consideratione« van Bernhard von Clairvaux in de optiek van Martin Luther** (»De consideratione« von Bernhard von Clairvaux in der Sicht Martin Luthers). Cîteaux 49 (Saint-Nicolas-les-Cîteaux 1998), 236-257.

496 Bell, Theo[dorus] M. M. A. C.: **Die Eichen und Tannen als Lehrmeister: Bernhard von Clairvaux in Luthers Schrift »Von den Konziliis und Kirchen«.** Cistercienser Chronik 107 (Bregenz 2000), 335-350.

497 Benrath, Gustav Adolf: **The so-called pre-reformers in their significance for the early Reformation** (Die sogenannten Vorreformatoren in ihrer Bedeutung für die frühe Reformation ⟨engl.⟩)/ Kurzfassung von Rudolf K. Markwald. LuD 9 (2001), 34-39: Ill.

498 [Bernardus Claravallensis]: **Honing uit de rots: teksten van Bernhard van Clairvaux** (Honig vom Felsen: Texte von Bernhard von Clairvaux ⟨niederl.⟩)/ übers. und eingel. von Theo[dorus] M. M. A. C. Bell. Zoetermeer: Meinema, 2001. 228 S. L". (Sleutelteksten in godsdienst en theologie; 25)

499 Bond, H. Lawrence: **Bengt Hoffman's »Luther and the Mystics«:** a retrospective. In: 033, Kassette 2: Seite B. Kassette 3: Seite A.

500 Brändle, Rudolf: **»Gott wird nicht allein durch**

**richtige Dogmen, sondern auch durch einen guten Lebenswandel verherrlicht«:** zur Verhältnisbestimmung von Glaube und Werke bei Johannes Chrysostomus. ThZ 55 (1999), 121-136.

501 Burger, Christoph: **Augustinismus.** In: 045, 971-973.

502 Burnell, F. Eckardt: **Luther and Anselm:** same atonement, different approach. In: 01, 54-66: Ill.

503 Cahn, Jean-Paul: **Prélude à la Réforme:** John Wyclif. In: 034, 12-28.

504 Chiovaro, Francesco; Jaquemard de Gemeaux, Christine: **Les vaudois.** In: 034, 7-11.

505 Dienst, Karl: **Mystik und Konfessionalität:** Mystik als eine Form protestantischer Frömmigkeit. Lu 72 (2001), 65-83.

506 Dieter, Theodor: **Der junge Luther und Aristoteles:** eine historisch-systematische Untersuchung zum Verhältnis von Theologie und Philosophie. B; NY: de Gruyter, 2001. XVI, 687 S.

507 Dieter, Theodor: **L'origine de la controverse:** Luther aux prises avec la doctrine du salut du haut moyen âge. PL 48 (2000), 359-372.

508 Erwin, Robert Guy: **The passion and death of Christ in the piety and theology of the later middle ages and Martin Luther.** s. l., 1999. X, 444 S. (Fotokopie). – New Haven, CT, Yale University, Ph.D., 1999.

509 Forell, George Wolfgang: **Ethics in Martin Luther and Bernard of Clairvaux:** two reformers on proper behavior in the church. In: 031, 71-80.

510 Frost, Ronald: **Scholasticism, Reformation, Orthodoxy, and the persistence of Christian Aristotelianism:** a brief rejoinder. Trinity journal 19 (Deerfield, IL 1998), 97-101. [Vgl. unten Nr. 532]

511 Gall, Jean-Marie le: **Les moines au temps réformes:** France (1480-1560). Seyssel: Champ Vallon, 2001. 647 S. L 559-563.

512 Gregory, Brad S.: **Late medieval religiosity and the renaissance of Christian martyrdom in the Reformation era.** In: 011, 379-399. L 380-382+".

513 Groth, David: **Feast and yeast: a study of two categories of eucharistic motifs of the early church later recovered by Luther and Chemnitz.** PO: TREN, 1998. III, 120 Bl. (Microfiche) – Zugl.: StL, Concordia Seminary, S.T.M., 1998.

514 Hamm, Berndt: **Between severity and mercy:** three models of pre-Reformation urban reform preaching; Savonarola – Staupitz – Geiler. In: 011, 321-358. L".

515 Hamm, Berndt: **Die Stellung der Reformation im zweiten christlichen Jahrtausend:** ein Beitrag zum Verständnis von Unwürdigkeit und Würde des Menschen. In: Menschenwürde/ hrsg. von Ingo Baldermann ... in Verbindung mit Paul D. Hanson. NK: NV, 2001, 181-220. L 202+". (Jahrbuch für Biblische Theologie [JBTh]; 15)

516 Hamm, Berndt: **Wollen und Nicht-Können als Thema der spätmittelalterlichen Bußseelsorge.** In: 049, 111-146. L".

517 Heimbigner, Kent A.: **The evolution of Luther's reception of the early church fathers in eucharistic controversy:** a consideration of selected works; 1518-1529. Logia: a journal of Lutheran theology 7 (Cresbard, SD 1998) Heft 1, 3-11.

518 Heimbigner, Kent A.: **The evolution of Luther's reception of the early church fathers in eucharistic controversy:** a consideration of selected works; 1518-1529/ Kurzfassung von Timothy H. Maschke. LuD 9 (2001), 46-49.

519 Hirvonen, Vesa: **William Ockhamin teologia ja Luther** (William Ockhams Theologie und Luther). In: 025, 31-37.

520 Janz, Denis R.: **Syllogism or paradox**: Aquinas and Luther on theological method/ Kurzfassung von Patricia A. Sullivan. LuD 9 (2001), 50-53: Ill.

521 Kiecker, James G.: **Comparative hermeneutics:** the Glossa ordinaria, Nicolas of Lyra, and Martin Luther on the song of songs. In: 01, 104-129: Ill.

522 Kim, Ho: **A comparative study in medieval and Reformation biblical interpretation:** St. Bernard's and Martin Luther's hermeneutical methodology. s. l., 1999. IV, 168 Bl.: Ill. (Typoskript) – San Francisco, Theological Seminary, Th.M., 1999.

523 Köpf, Ulrich: **Bernhard von Clairvaux.** In: 045, 1328-1331.

524 Köpf, Ulrich: **Das Ideal der Nachfolge Christi im abendländischen Mittelalter:** ein Beispiel gelebter Wahrheit. In: Befreiende Wahrheit: Festschrift für Eilert Herms zum 60. Geburtstag/ hrsg. von Wilfried Härle; Matthias Heesch; Reiner Preul. Marburg: Elwert, 2000, 121-139. L 139.

525 Köpf, Ulrich: **Zur Einführung in die Geschichte des Mönchtums.** ThR 66 (2001), 24-35.

526 Künkel, Klaus: **Testimonium spiritus sancti internum:** Anmerkungen zum Problemfeld von Protestantismus und Mystik. In: 022, 220-237.

527 Leppin, Volker: **Antichrist II:** kirchengeschichtlich; 1. Alte Kirche bis Reformation. In: 045, 532f.

528 Lexutt, Athina: **Luther's relationship to mysticism:** a church-historical attempt at the solution of the question: Mysticism and Protestant-

ism – heavenly pair or infernal duo? (Luthers Verhältnis zur Mystik: ein kirchengeschichtlicher Lösungsversuch zur Frage: Mystik und Protestantismus – himmlisches Paar oder Duo infernale? ⟨engl.⟩)/ Kurzfassung von Joan Skocir. LuD 9 (2001), 54-58: Ill.

529 McGinn, Bernard: **The hidden God in late medieval mysticism and Luther.** In: 033, Kassette 1: Seite A.

530 Marshall, Bruce D.: **Faith and reason reconsidered:** Aquinas and Luther on deciding what ist true. The Thomist 63 (Washington, D. C. 1999) Heft 1, 1-48.

531 Monteil, Michéle: **»Divulguer le secret du roi« ou l'ambition des prédicatuers rhénans:** Eckart, Suso et Tauler. PL 49 (2001), 193-228. L 216-218+".

532 Muller, Richard A.: **Scholasticism, Reformation, orthodoxy, and the persistence of Christian Aristotelianism.** Trinity journal 19 (Deerfield, IL 1998), 81-96. [Vgl. oben Nr. 510]

533 Nechutova, Jana: **Doctrine hussite et Réforme luthérienne.** In: 034, 37-47.

534 Nispel, Mark: **De servo arbitrio and the patristic discussion of freedom, fate, and grace.** Logia: a journal of Lutheran theology 7 (Cresbard, SD 1998) Heft 4, 13-22.

535 Oberman, Heiko A.: **Martin Luther contra medieval monasticism:** a friar in the lion's den. In: 01, 183-213: Ill.

536 Ohst, Martin: **Ablaß I:** geschichtlich. In: 045, 66 f.

537 Pani, Giancarlo: **L'opera omnia di S. Agostino in Lutero e nei reformatori** (Die Werke des Augustinus bei Luther und den Reformatoren). Augustinianum 40 (Roma 2000), 519-566.

538 Pesch, Otto Hermann: **La doctrine de la grâce chez Thomas d'Aquin:** vue d'ensemble et centres de gravité. PL 48 (2000), 373-397. LŐ.

539 Posset, Franz: **Pater Bernhardus:** Martin Luther and Bernhard of Clairvaux/ Vorwort von Michael Casey; Geleitwort von Bernhard Lohse. Kalamazoo, MI: Cistercian, 1999. 426 S.: Ill. (Cistercian studies series; 168)

540 **The reception of the Church Fathers in the West:** from the Carolingians to the Maurists/ hrsg. von Irena Backus. 2 Bde. Leiden: Brill, 1997. XXIX, 1078 S. – Bespr. siehe LuB 2002, Nr. 547.

541 Sander, Mark: **Cyprians »On the Lord's prayer«:** a patristic signpost in Luther's penitential theology. Logia: a journal of Lutheran theology 7 (Cresbard, SD 1998) Heft 1, 13-18.

542 Sander, Mark: **Cyprians »On the Lord's prayer«:** a patristic signpost in Luther's penitential theology/ Kurzfassung von Timothy H. Maschke. LuD 9 (2001), 64 f.: Ill.

543 Selge, Kurt-Victor: **Expressions of medieval traditions in Luther's early theology** (Mittelalterliche Traditionsbezüge in Luthers früher Theologie ⟨engl.⟩)/ Kurzfassung von Elmer M. Hohle. LuD 9 (2001), 66-71: Ill.

544 Smahel, Frantisek: **Luther, Hus et les hussites.** In: 034, 29-36.

545 Steinmetz, David C.: **Luther and Staupitz:** the unresolved problem of the forerunner. In: 01, 270-280: Ill.

546 Työrinoja, Reijo: **»Theologinen teko«:** Luther ja skolastinen teonteoria (»Opus theologicum«: Luther und die scholastischen Handlungstheorien). In: 025, 38-53.

547 Wendebourg, Dorothea: **Die Rezeption der Kirchenväter.** ThR 64 (1999), 217-237. L". [Bespr. zu LuB 2002, Nr. 540]

548 Zur Mühlen, Karl-Heinz: **The meaning of the auctoritas patrum in Martin Luther's treastise »On the councils and the church«** (Die »Auctoritas Patrum« in Martin Luthers Schrift »Von den Konziliis und Kirchen« ⟨engl.⟩)/ Kurzfassung von Richard R. Krause; Sybille G. Krause. LuD 9 (2001), 59-63.

## 5 Beziehungen zwischen Luther und gleichzeitigen Strömungen, Gruppen, Persönlichkeiten und Ereignissen

### a) Allgemein

549 Arnold, Matthieu: **Luther et la noblesse allemande.** In: 034, 118-131.

550 Baumotte, Manfred: **Buchhandel, christlicher I:** evangelischer Buchhandel in Deutschland. In: 045, 1819-1821.

551 Blickle, Peter: **La Réforme et l'homme du peuple.** In: 034, 234-245.

552 Braaten, Carl E.; Jenson, Robert W.: **The catholicity of the Reformation.** Grand Rapids, MI: Eerdmans, 1996. 107 S. – Bespr.: Pisani, Jana S.: SCJ 29 (1998), 854 f.

553 Chaix, Gérald: **Le Saint-Empire romain de nation allemande à l'époque de Luther (1483-1546).** In: 034, 63-75.

554 Dienst, Karl: **Die »Evangelische Bewegung« als Kategorie der Reformationsgeschichtsschreibung.** In: 021, 11-22.

555 Dipple, Geoffrey L.: **Anti-franciscanism in the early Reformation:** the nature and sources of criticism/ Kurzfassung von Timothy H. Maschke. LuD 9 (2001), 40-45: Ill.

556 Dixon, C. Scott: **Popular astrology and Lutheran propaganda in Reformation Germany.** History 84 (LO 1999) Nr. 275, 403-418.

557 Dürr, Renate: **Die Epoche im Europa-Maßstab:** seit 1517; Religion und Politik. In: 017, 17-34: Ill.

558 Gantet, Claire: **Luther et les médias.** In: 034, 246-250.

559 Genre, Ermanno; Tourn, Giorgio; Rostagno, Sergio: **Le chiese della Riforma:** storia, teologia, prassi (Die Kirche der Reformation: Geschichte, Theologie, Praxis). Cinisello Balsamo: San Paolo, 2001. 287 S. – Bespr.: Tron, Claudio: Pro 56 (2001), 143 f.

560 Greengrass, Mark; Scott, Dixon C.: **The Protestant Reformation:** religious changes and the people of sixteenth-century Europe. CD-ROM. Glasgow: TLTP History Courseware Consortium, 1998. CD-ROM.

561 Guidry, Harry: **European Reformation of the sixteenth century.** s. l., 1999. 50 Bl. (Typoskript). – Carson, CA, California State University, M.A., 1999.

562 Kobe, Donald H.: **Copernicus and Martin Luther:** an encounter between science and religion. Journal of physics 66 (Kalamazoo, MI 1998), 190-196.

563 Kobe, Donald H.: **Copernicus and Martin Luther:** an encounter between science and religion/ Kurzfassung von James G. Kiecker. LuD 9 (2001), 24-28: Ill.

564 Markschies, Christoph: **Christentum II:** kirchengeschichtlich. In: 046, 196-209.

565 Ménager, Daniel: **Diplomatie et théologie à la Renaissance.** P: PUF, 2001. 224 S. L 15. 18-19+".

566 Moeller, Bernd: **Die frühe Reformation als Kommunikationsprozeß.** (1994). In: 040, 73-90.

567 Moeller, Bernd: **Die frühe Reformation in Deutschland als neues Mönchtum.** (1998). In: 040, 141-155.

568 Moeller, Bernd: **Inquisition und Martyrium in Flugschriften der frühen Reformation in Deutschland.** (1992). In: 040, 219-244.

569 Moeller, Bernd: **Luther et la culture urbaine en Allemagne.** In: 034, 221-230.

570 Moeller, Bernd: **Luther in Europa:** die Übersetzung seiner Schriften in nichtdeutsche Sprachen 1520-1546 (Luther in Europe: his works in translation 1517-1546 ⟨dt.⟩). (1987). In: 040, 42-56.

571 Moeller, Bernd: **Luther und die deutsche Stadtkultur** (Luther et la culture urbaine en Allemagne ⟨dt.⟩). In: 040, 57-72.

572 Rapp, Francis: **Le Saint Empire romain germanique:** d'Otton le Grand à Charles Quint. P: Tallandier, 2000. 367 S.

573 **Reformation:** division and renewal between medieval and modern times. In: History of Christianity/ erarb. von Mona Hurlbert Fisher; Maria Demeshkina Peek. Videoausgabe. Worcester, PA: Gateway Films, 1998, Videokassette, Programm 3.

574 **Reformation:** Luther and the Protestant revolt (Des religions et des hommes ⟨engl.⟩)/ hrsg. von Jean Delumeau in Zsarb. mit Sabine Melchior-Bonnet. Mit Beiträgen von Jean Delumeau ... Videoausgabe. Princeton, NJ: Films for humanities, 1998. 1 Videokassette (52 min.).

575 Schlögl, Rudolf: **Bedingungen dörflicher Kommunikation:** gemeindliche Öffentlichkeit und Visitation im 16. Jahrhundert. In: Kommunikation in der ländlichen Gesellschaft vom Mittelalter bis zur Moderne/ hrsg. von Werner Rösener. GÖ: V&R, 2000, 241-261. L 246 f+". (Veröffentlichungen des Max-Planck-Instituts für Geschichte; 156)

576 Smolinsky, Heribert: **Der reichs- und kirchengeschichtliche Kontext der Reformation.** In: 036, 5-19.

577 Smolinsky, Heribert: **La vicenda della teologia controversistica** (Die Geschichte der Kontroverstheologie). In: Storia della teologia IV: età moderna/ hrsg. von Guiseppe Angelini; Guiseppe Colombo; Marco Vergottini. Casale Monferrato: Piemme, 2001, 67-124. (Facoltà Teologica dell'Italia Settentrionale)

578 Vogler, Bernard: **L'Empire en 1517.** In: 037, 31-41.

579 Wanegffelen, Thierry: **Entre débat et conviction:** la Réforme fille de son temps. Foi et vie 100 (P 2001), 15-25.

580 Wanegffelen, Thierry: **L'Occident au temps du jeune Luther:** un monde en crises. In: 034, 48-62.

### b) Wittenberger Freunde

581 Augustijn, Cornelis: **Melanchthons Editionen der Akten von Worms und Regensburg 1540 und 1541.** In: 015, 25-39.

582 Bauer, Barbara; Mahlmann, Theodor; Seifert, Jan: **Dialektik.** In: 038, 77-122: Faks.

583 Bauer, Barbara: **Jurisprudenz und Naturrecht.** In: 038, 551-597: Faks.

584 Bauer, Barbara: **Melanchthon in Marburg:** eine Einleitung. In: 038, 1-29.

585 Bauer, Barbara: **Melanchthon und die Marburger Professoren (1527-1627):** ein Ausstellungsprojekt. In: 054, 157-162. [Vgl. LuB 2002, Nr. 038 und 622]

586 Bauer, Barbara: **Naturphilosophie, Astronomie, Astrologie.** In: 038, 345-439: Faks.

587 Bauke-Ruegg, Jan: **»Hoc est Christum cognoscere beneficia eius cognoscere«:** Melanchthons »Loci communes« von 1521 und die Frage nach dem Proprium reformatorischer Dogmatik; ein Lektüreversuch. NZSTh 42 (2000), 267-298.

588 Beyer, Michael: **Amsdorf (Amsdorff), Nikolaus v.** In: 045, 421.

589 Buchholz, Stephan: **Ferrarius Montanus, Melanchthon und die »querelle des femmes«.** In: 038, 883-896.

590 Decot, Rolf: **Vermittlungsversuche auf dem Augsburger Reichstag:** Melanchthon und die Confessio Augustana. In: 018, 48-72.

591 Dilg, Peter: **Euricius Cordus und Philipp Melanchthon.** In: 038, 849-864.

592 Estes, James M.: **Melanchthon's confrontation with the »Erasmian« via media in politics:** the De officio principum of 1539. In: 015, 83-101.

593 Estes, James M.: **The role of godly magistrates in the church:** Melanchthon as Luther's interpreter and collaborator/ Kurzfassung von James G. Kiecker. LuD 9 (2001), 11-18: Ill.

594 Frank, Günter: **Philipp Melanchthon als Universalgelehrter des 16. Jahrhunderts:** Bilanz und Perspektiven der Forschung. In: 015, 103-118.

595 Freedman, Joseph S.: **Philipp Melanchthon's views concerning Petrus Ramus as expressed in a private letter, written in 1543:** a brief assessment. In: 038, 841-848.

596 Friedrich, Arnd: **Das Pädagogium der Universität Marburg zwischen Melanchthonianismus und Ramismus.** In: 038, 707-736.

597 Glei, Reinhold F.: **»Sed pudenter et raro?«:** lateinische Dichtungen Melanchthons. In: 042, 189-208.

598 Green, Lowell C.: **Luther's understanding of the bondage of the will in Melanchthon and later theologians.** In: 032, 129-147.

599 Greschat, Martin: **Philipp Melanchthon:** Intellektueller – Pädagoge – Christ. PTh 86 (1997), 310-324.

600 Greschat, Martin: **Philipp Melanchthon – ein Intellektueller, Pädagoge und Christ.** In: 018, 11-25.

601 Jenny, Beat R.: **Helvetische Streiflichter auf den Praeceptor Germaniae.** In: 015, 147-169.

602 Jung, Martin H.: **»Est omnino Sapientia donum Dei«:** spirituelle Aspekte des Theologiestudiums bei Melanchthon, Gerhard und Francke. In: 015, 171-192.

603 Jung, Martin H.: **Seiner Zeit weit voraus:** Melanchthon – Lehrer Deutschlands und Lehrer Europas. CA (1999), 59 f: Ill.

604 Junghans, Helmar: **Filipe Melanchthon como secret rio teológico** (Philipp Melanchthon als theologischer Sekretär ⟨port⟩)/ übers. von Ilson Kayser. In: 026, 140-168.

605 Keller, Rudolf: **Das Schriftverständnis bei Georg Major.** In: 022, 123-136.

606 Knape, Joachim: **Allgemeine Rhetorik:** Stationen der Theoriegeschichte. S: Reclam, 2000. 340 S. Ill. (Universal-Bibliothek; 18045)

607 Koch, Ernst: **Agricola (Schneyder, Sneider, Schnitter), Johann.** In: 045, 191.

608 Leonhardt, Jürgen: **Grammatik.** In: 038, 63-75: Faks.

609 Leonhardt, Jürgen: **Die grammatischen Lehrwerke von Petrus Nigidius d. Ä.** In: 038, 695-705.

610 Leonhardt, Jürgen: **Melanchthon als Verfasser von Lehrbüchern.** In: 018, 26-47: Ill. [Vgl. LuB 1998, Nr. 698]

611 Lexutt, Athina: **War Melanchthon ein Ökumeniker?:** die Rolle Melanchthons auf den Religionsgesprächen 1540/41. Lu 72 (2001), 23-43.

612 Loehr, Johanna: **Melanchtons Übersetzungen griechischer Dichtung.** In: 042, 209-245.

613 Loehr, Johanna: **Pindars Begriff der Charis als Resonanzraum für Melanchthons Lektüre der Epinikien.** In: 015, 265-276.

614 Mahlmann, Theodor: **Das Herborner Melanchthon-Autographon.** In: 038, 37-61: Faks.

615 Mahlmann, Theodor: **Theologie.** In: 038, 599-674: Faks.

616 Mann, Jeffrey K.: **Melanchthon's response to antinomianism:** how the »antinomian question« shaped the develoment of his theology. ChH 26 (2000), 305-325.

617 [Melanchthon, Philipp]: **Melanchthon, Brief an Cunradus Embecanus (= Konrad von Einbeck) vom 11. Juni 1543:** Autograph in The Folger Shakespeare Library, Washington, D. C./ hrsg., übers. und komm. von Barbara Bauer; Theodor Mahlmann. In: 038, 823-839: Faks.

618 [Melanchthon, Philipp]: **Melanchthons Briefwechsel:** kritische und kommentierte Gesamtausgabe/ im Auftrag der Heidelberger Akademie der Wissenschaften hrsg. von Heinz Scheib-

le. Bd. T 3: **Texte 521-858 (1527-1529)**/ bearb. von Richard Wetzel. S-Bad Cannstatt: Frommann-Holzboog, 2000. 726 S. – Bespr.: Benrath, Gustav Adolf: BlPfKG 68 (2001), 430 f = Ebernburg-Hefte 35 (2001), 106 f; Keller, Rudolf: ZBKG 70 (2001), 217 f.

619 Melanchthon, Philip[p]: **Orations on philosophy and education**/ hrsg. von Sachiko Kusuwaka. Cambridge: Cambridge University, 1999. 271 S. – Bespr.: Tranvik, Mark D.: SCJ 32 (2001), 163 f.

620 [Melanchthon, Philipp]: **Philipp Melanchthon's disputation:** We are justified by faith and not by love (Loci praecipui theologici: Thesen über die Rechtfertigung [1531] ⟨engl.⟩)/ eingel. und übers. von Charles P. Arand. In: 048, 140-143.

621 **Melanchthon in Europe:** his work and influence beyond Wittenberg/ hrsg. von Karin Maag. Grand Rapids, MI: Baker, 1999. 191 S. (Texts and studies in Reformation and post-Reformation thought) – Bespr.: Gustafson, David A.: SCJ 31 (2000), 489 f.

622 **Melanchthon und die Marburger Professoren:** (1527-1627); Katalog und Aufsätze/ von Barbara Bauer ...; hrsg. von Barbara Bauer. 2., verb. und erw. Aufl. 2 Bde. Marburg: Völker & Ritter, 2000. 439 S., S. 441-955. (Schriften der Universitätsbibliothek Marburg; 89) [Vgl. die Titel in LuB 2002, Nr. 038, die zusätzlich zur 1. Aufl. auf S. 948-950 die »Nachträge zur Bibliographie der ersten Auflage 1999« enthält; siehe auch LuB 2002, Nr. 585]

623 Mokrosch, Reinhold: **Melanchthon als Pädagoge Leitbild für evangelische Bildung heute?** In: 022, 29-46: Ill.

624 Müller, Gerhard: **Bugenhagen, Johannes.** In: 045, 1852 f.

625 Ohr, Kirsti: **Historiographie.** In: 038, 197-261: Faks.

626 Peters, Christian: **Eberlin von Günzburg, Johann.** In: 046, 1041.

627 Peters, Christian: **Melanchthon und Brenz:** eine Freundschaft in Briefen. In: 015, 277-311.

628 Ragwitz, Renate: **Grau, Johannes:** (eigentl. Laesius, Johann). In: 053, 181.

629 Rau, Suzanne: **Georg Spalatin:** un intermédiaire entre le pouvoir temporel et le pouvoir spirituel. In: 034, 209-220.

630 Rener, Monika: **»Non igitur ad urbem haec calamitas pertinet sed ad omnes gentes«:** Melanchthons »Declamatio de capta Roma«. In: 042, 247-263.

631 Rener, Monika: **»Unica Musarum morientum vita, Philippe«:** Philipp Melanchthon im Spiegel der Dichtungen seines Zeitgenossen Helius Eobanus Hessus. In: 038, 737-756.

632 Rhein, Stefan: **»Zum Gespräch geboren«:** Erinnerungen an das Melanchthonjubiläum 1997. In: 015, 313-324.

633 Ritoók-Szalay, Ágnes: **»Enarrat Electram Sophoclis«.** In: 015, 324-337.

634 Rössler, Martin: **»Helft mit Gotts Güte preisen«:** der Wittenberger Liederdichter Paul Eber. In: 015, 339-380.

635 Scattola, Merio: **»Notitia naturalis de Deo et de morum gubernatione«:** die Naturrechtslehre Philipp Melanchthons und ihre Wirkung im 16. Jahrhundert In: 038, 865-882.

636 Schachtner, Petra: **Botanik.** In: 038, 441-475: Faks.

637 Schachtner, Petra: **Johannes Dryander und die Aufwertung der angewandten Mathematik zur Universalwissenschaft.** In: 038, 789-821: Faks.

638 Scheible, Heinz: **Cordatus, Conrad.** In: 046, 459.

639 Scheible, Heinz: **L'importanza di Melantone nella storia e nel presente** (Die Bedeutung Melanchthons in Geschichtet und Gegenwart)/ übers. von Lorenzo Scornaienchi. Pro 56 (2001), 110-123.

640 Scheible, Heinz: **Melanchthon und die oberrheinischen Humanisten:** Vortrag zur Eröffnung der Melanchthon-Ausstellung in der »Bibliothèque humaniste de Séléstat« am 12. März 1999. Zeitschrift für die Geschichte des Oberrheins 149 (2001), 111-129.

641 Scheible, Heinz: **Melánchthon et l'Humanisme du Rhin Supérieur** (Melanchthon und die oberrheinischen Humanisten ⟨franz.⟩)/ übers. von Hubert Meyer. Annuaire des Amis de la Bibliothèque humaniste de Sélestat 49 (Sélestat 1999), 17-23.

642 Scheible, Heinz: **Melanchthons Freundschaft mit Matthäus von Wallenrode.** In: Mentis amore ligati: lateinische Freundschaftsdichtung und Dichterfreundschaft in Mittelalter und Neuzeit; Festgabe für Reinhard Düchting zum 65. Geburtstag/ hrsg. von Boris Körkel ... HD: Mattes, 2001, 417-428.

643 Schwinge, Gerhard: **Melanchthon in der Druckgraphik:** eine Auswahl aus dem 17. bis 19. Jahrhundert; Dokumentation einer Ausstellung aus den Beständen der Graphiksammlung des Melanchthonhauses Bretten/ hrsg. von Günter Frank. Ubstadt-Weiher: Regionalkultur, 2000. 119 S.: Ill.

644 Seifert, Jan: **Poesie.** In: 038, 153-195: Faks.

645 Seifert, Jan: **Rhetorik.** In: 038, 123-151: Faks.

646 Stiening, Gideon: **»Deus vult aliquas esse certas noticias«:** Philipp Melanchthon, Rudolph Goclenius und das Konzept der »notitia naturales« in der Psychologie des 16. Jahrhunderts. In: 038, 737-787.

647 Stiening, Gideon: **Psychologie.** In: 038, 315-344.

648 Stolt, Birgit: **Melanchthon als Übersetzer der Makkabäerbücher?** In: 015, 425-431.

649 Strickhausen, Waltraud: **Staatstheorie – Sozialethik – Fürstenerziehung.** In: 038, 263-313: Faks.

650 Strickhausen, Waltraud: **Zur Erwerbungsgeschichte der Universitätsbibliothek Marburg.** In: 038, 31-36.

651 Strohm, Christoph: **Melanchthon-Rezeption im frühen Calvinismus.** In: 015, 433-455.

652 Völker, Stefan: **Medizin und Chemie:** Geschichte der Medizin – ein Überblick. In: 038, 477-549: Faks.

653 Wengert, Timothy J.: **Philip Melanchthon's last word to cardinal Lorenzo Campeggio, Papal legate at the 1530 diet of Augsburg.** In: 015, 457-483.

654 Wetzel, Richard: **Melanchthons Antwort auf Bildungsfeinde.** In: 042, 167-187.

655 Wiedenhofer, Siegfried: **Melanchthon (eigtl. Schwartzerdt), Philipp.** In: Lexikon für Theologie und Kirche. 3., völlig neu bearb. Aufl./ hrsg. von Walter Kasper mit Konrad Baumgartner ... Bd. 7: Maximilian bis Pazzi. FR; BL; W: Herder, 1998, 75-77.

656 Wiedenhofer, Siegfried: **Reformatorische Identität und ökumenischer Dialog:** die Bedeutung des Verhältnisses von Luther und Melanchthon. In: 015, 485-500.

657 Wriedt, Markus: **Pietas et eruditio:** zur theologischen Begründung der bildungsreformerischen Ansätze bei Philip Melanchthon unter besonderer Berücksichtigung seiner Ekklesiologie. In: 015, 501-520.

658 Zschoch, Hellmut: **Corvinus, Antonius.** In: 046, 472 f.

659 Zschoch, Hellmut: **Dietrich, Veit.** In: 046, 848.

660 Zuck, Lowell H.: **Melanchthon and the reformed tradition.** Prism 13 (New Brighton, MI 1998), 89-98.

### c) Altgläubige

661 Aurich, Frank: **Glaubensstreit im Buch:** die erste Dresdner Druckerpresse im Dienst antireformatorischer Meinungsbildung. Wissenschaftliche Zeitschrift der Technischen Universität Dresden 50 (2001), 100-103: Ill.

662 Brosseder, Johannes: **Johannes Gropper (1503-1559).** (1993). In: 07, 92-97.

663 Burger, Christoph: **Bartholomäus Arnoldi von Usingen.** In: 045, 1141 f.

664 Burger, Christoph: **Cochlaeus (eigentlich Dobeneck), Johannes.** In: 046, 408.

665 **The Confutation of the Augsburg Confession** (Confutatio Confessionis Augustanae ⟨engl.⟩)/ eingel. und übs. von Mark D. Tranvik. In: 048, 105-139.

666 [Eck, Johann]: **John Eck's four hundred four articles for the imperial diet at Augsburg (Sub domini ihesu et mariae patrocinio:** articulos 404 ... ⟨engl.⟩)/ eingel. und übs. von Robert Rosin. In: 048, 31-82.

667 **Das Hallesche Heiltumbuch von 1520.** Nachdruck zum 450. Gründungsjubiläum der Marienbibliothek Halle/ hrsg. und mit einem Nachwort vers. von Heinrich L. Nickel. Halle an der Saale: Stekovics, 2001. 121 Bl. Faks., S. 249-304: Ill. L 271-276+".

668 Hammer, Gerhard: **Doppen(n) (Dappen), Bernhard.** In: 046, 945.

669 Jürgensmeier, Friedhelm: **Albrecht von Mainz.** In: 045, 273 f.

670 Laharpe, Nicole de: **Le combat de Luther contre le pape.** In: 036, 87-104.

671 Lienhard, Marc: **Luther et le pape.** In: 034, 107-117.

672 Müller, Gerhard: **Aleander, Hieronymus.** In: 045, 278 f.

673 Müller, Gerhard: **Contarini, Gasparo.** In: 046, 453 f.

674 Rädle, Fidel: **Die Musen in der katholischen Welt zwischen Thesenanschlag und Tridentinum.** In: 042, 131-149.

675 Selge, Kurt-Victor: **Alvelt, Augustinus von.** In: 045, 385.

676 Smolinsky, Heribert: **La crise et l'affirmation de l'Église catholique romaine (1525-1555).** In: 034, 202-212.

677 Ulbrich, Claudia: **Klosterherrschaften im Kreuzfeuer der Kritik.** In: 05, 469-478: Ill.

678 Wicks, Jared: **Cajetan, Thomas de Vio.** In: 046, 8 f.

679 Wicks, Jared: **Eck, Johannes.** In: 046, 1047 f.

680 Zschoch, Hellmut: **Emser, Hieronymus.** In: 046, 1271.

### d) Humanisten

681 Bauer, Barbara: **Die Wahrheit wird euch frei machen – Die Wahrheit geht im Streit verloren:** Formen des Streites um den wahren Glau-

ben bei Erasmus, Luther, Melanchthon und Castellio. In: 018, 73-122.

682 Boockmann, Hartmut: **Wissen und Widerstand:** Geschichte der deutschen Universität/ mit einem Nachwort von Wolf Jobst Siedler. B: Siedler, 1999. 287 S.: Ill. L 144-151.

683 Cortright, Charles L.: **Luther and Erasmus:** the debate on the freedom of the will. Logia: a journal of Lutheran theology 7 (Cresbard, SD 1998) Heft 4, 7-12.

684 Huber-Rebenich, Gerlinde: **Der lateinische Psalter des Eobanus Hessus und das Ideal der »docta pietas«.** In: 042, 289-303.

685 Köpf, Ulrich: **Bemerkungen zur theologiegeschichtlichen Einordnung des spätmittelalterlichen Humanismus.** In: 015, 247-266.

686 Kößling, Rainer: **Joachim Camerarius und die »studia humanitatis« an der Leipziger Universität:** Tradition und Neubeginn. In: 042, 305-314.

687 Kopperi, Kari: **Renessanssi ja humanismi** (Renaissance und Humanismus). In: 025, 54-70.

688 Krause, Virginia: **Idle works in Rabelais' »Quart livre«:** the case of the gastrolates. SCJ 30 (1999), 47-60.

689 Ludwig, Walther: **Musenkult und Gottesdienst:** evangelischer Humanismus der Reformationszeit. In: 042, 9-51.

690 Mout, Nicolette: **Erasmianischer Humanismus und reformierter Protestantismus zur Zeit a Lascos.** In: 024, 21-34.

691 Mundt, Lothar: **Die sizilischen Musen in Wittenberg:** zur religiösen Funktionalisierung der neulateinischen Bukolik im deutschen Protestantismus des 16. Jahrhunderts. In: 042, 265-288.

692 Peterse, Hans: **Die Dominikaner und die Causa Reuchlini (1510-1520).** In: 022, 55-65.

693 Raeder, Siegfried: **Crotus Rubeanus.** In: 046, 500.

694 Reuchlin, Johannes: **Briefwechsel/** hrsg. von Matthias Dall'Asta; Gerald Doerner. Bd. 1: **1477-1505.** S-Bad Cannstatt: Frommann-Holzboog, 1999. LXV, 505 S. – Bespr.: Zuck, Lowell H.: SCJ 31 (2000), 856 f.

695 Samuel-Scheyder, Monique: **Des humanistes face à Luther:** Érasme, Ulrich von Hutten, Cochlaeus. In: 036, 21-42.

696 Smolinsky, Heribert: **Egranus, Johannes Sylvius.** In: 046, 1069.

697 Strohm, Christoph: **Die Voraussetzungen reformatorischer Naturrechtslehre in der humanistischen Jurisprudenz.** ZSRG 86 (2000), 398-413.

698 Trapman, Johannes: **Het land van Erasmus** (Das Land von Erasmus). Amsterdam: Balans, 1999. 191 S. L 13-23.

699 Winkler, Gerhard B.: **Erasmus, Desiderius, von Rotterdam.** In: 046, 1380-1384.

700 Włodarski, Maciej: **Polen und Basel:** kulturelle und literarische Verbindungen im 16. Jahrhundert. In: Der polnische Humanismus und die europäischen Sodalitäten: Akten des polnisch-deutschen Symposions vom 15.-19. Mai 1996 im Collegium Maius der Universität Krakau/ hrsg. von Stephan Füssel; Jan Pirożyński. Wiesbaden: Harrassowitz, 1997, 91-100. [Vgl. LuB 2000, Nr. 796]

### e) Thomas Müntzer und Bauernkrieg

701 Blickle, Peter: **Bauernkrieg 1524-1525.** In: 045, 1172-1175.

702 Blickle, Peter: **Bauernkrieg in Oberschwaben:** ein Zentrum der Revolution des Gemeinen Mannes von 1525. In: 05, 17-36. L".

703 Bräuer, Siegfried: **Martin Luthers Sendbrief an die Mühlhäuser vom August 1524.** In: 041, 9-18.

704 Buszello, Horst: **Die christliche Vereinigung und ihre Bundesordnung.** In: 05, 141-173: Ill. L 160.

705 Carl, Horst: **Der Schwäbische Bund.** In: 05, 421-443: Ill. L 439.

706 Diemer, Kurt: **Der Baltringer Haufen.** In: 05, 67-95: Ill. L 70 f+".

707 Hartweg, Frédéric: **Die zwölf Artikel der Bauernschaft (1525) und Stellungnahmen der Reformatoren Luther, Melanchthon und Brenz.** In: 037, 181-227. L 198-205+".

708 Hoyer, Siegfried: **Bemerkungen zu den letzten Schriften Thomas Müntzers.** In: 041, 91-101.

709 Jonscher, Reinhard: **Interpretation, Rezeption, Instrumentalisierung – der deutsche Bauernkrieg in 475 Jahren:** Grundzüge seiner rezeptionsgeschichtlichen Darstellung bei der Neugestaltung der Bauernkriegsausstellung in Mühlhausen. Mühlhäuser Beiträge 23 (2000), 105-120: Ill.

710 Kissling, Peter: **Huldrich Schmid.** In: 05, 255-269: Ill. L 267.

711 Kuhn, Elmar L.: **Der Seehaufen.** In: 05, 97-139: Ill. L 97. 117.

712 Laube, Adolf: **Thomas Müntzer im Visier der Altgläubigen.** In: 041, 19-27: Ill.

713 Meinhard, Birgit: **Zum Bauernkriegsgedenkjahr 1975 unter besonderer Berücksichtigung Mühlhausens.** Mühlhäuser Beiträge 24 (2001), 88-96.

714 Meinhardt, Helmut: **Thomas Müntzer und die Mystik im Mittelalter.** In: 041, 109-114: Ill.

715 Rudolf, Hans Ulrich: **Ende und Ausgang – der**

**Weingartner Vertrag und die Folgen.** In: 05, 199-232: Ill. L 208. 212.

716 Seib, Gerhard: **»Der auffrur von 1525 – 475 Jahre Deutscher Bauernkrieg«:** eine Gedenkveranstaltung in Mühlhausen. Mühlhäuser Beiträge 24 (2001), 97 f: Ill.

717 Söderlund, Rune: **I Thomas Müntzers spår:** en resa i tid och rum (Auf den Spuren Thomas Müntzers: eine Reise durch Zeit und Raum). In: Julhälsningar till församlingarna i Göteborgs stift 2001. Göteborg: Göteborgs Stifts-Tidnings Förlag, 2001, 31-43.

718 Trummer, Natalie: **Christoph Schappeler:** Fragmente seiner Biographie. In: 05, 271-293: Ill. L 274-278.

719 Wolgast, Eike: **Die Stellung von Johannes Brenz zu Bauernkrieg und Widerstandsrecht.** BlWKG 100 (2000), 297-326. L 302-313+".

720 Zürn, Martin: **Georg III. von Waldburg, der Bauernjörg.** In: 05, 295-314: Ill. L 302.

### f) »Schwärmer« und Täufer

721 Beate, Susanne: **Das Wort wird Fleisch:** Bekenntnistaufe, Vielehe und Gütergemeinschaft; die Täufer in Münster 1534/35. ZZ 2 (2001) Heft 2, 50-52.

722 Boyd, Steven B.: **Theological roots of gender reconciliation in sixteenth century anabaptism:** a prolegomenon. Journal of Mennonite studies 17 (Winnipeg, Manitoba 1999), 34-51.

723 Derksen, John D.: **Leaving the Protestant church:** the case of sixteenth-century Strasbourg. ThR 20 (1999), 73-96.

724 Eberlein, Paul Gerhard: **Ketzer oder Heiliger?:** Caspar von Schwenckfeld; der schlesische Reformator und seine Botschaft. Metzingen/ Württemberg: Frantz, 1999. 243 S.: Ill. (Studien zur schlesischen und oberlausitzer Kirchengeschichte; 6)

725 Götz, Hans: **Die Reform der Reformation:** Beiträge zur Geschichte des Täufertums im nördlichen Hessen. In: 021, 86-112. L 87 f+".

726 Vopa, Anthony L. la: **The philosopher and the Schwarmer:** on the career of a German epithet from Luther to Kant. Huntington Library quarterly 60 (San Marino, CA 1997) Nr. 1/2, 85-119.

### g) Schweizer und Oberdeutsche

727 Blacketer, Raymond A.: **Smooth stones, teachable hearts:** Calvin's allegorical interpretation of Deuteronomy 10:1-2. Calvin theological journal 34 (Grand Rapids, MI 1999), 36-63.

728 Blei, Karel: **Die Heilige Schrift, ihre Autorität und ihre Inspiration in der reformierten Tradition.** MD 51 (2000), 43-48.

729 Bullinger, Heinrich: **Briefwechsel.** Bd. 7: **Briefe des Jahres 1537/** bearb. von Hans Ulrich Bächtold; Rainer Henrich. ZH: Theol. Verlag, 1998. 357 S. L". (Heinrich Bullinger: Werke: Abt. 2, Briefwechsel; 7) – Bespr.: Koch, Ernst: ThLZ 126 (2001), 176 f.

730 Cottret, Bernard: **Calvin:** eine Biographie (Calvin: biographie ⟨dt.⟩)/ aus dem Französ. übers. von Werner Stingl. S: Quell, 1998. 494 S.

731 Eckardt, Burnell F.: **Bondage of the will:** Calvin and Luther. Logia: a journal of Lutheran theology 7 (Cresbard, SD 1998) Heft 4, 23-30.

732 Eckardt, Burnell F.: **Bondage of the will:** Calvin and Luther/ Kurzfassung von Karin E. Stetina. LuD 9 (2001), 104-108: Ill.

733 Ehmer, Hermann: **Die Klosterschule 1556-1595.** In: 03, 677-707.

734 Faber, Eva-Maria: **Symphonie von Gott und Mensch:** die responsorische Struktur von Vermittlung in der Theologie Johannes Calvins. NK: NV, 1999. XIII, 496 S.

735 Franke, John R.: **Salvation now, salvation forever.** Christian history 18 (Carol Stream, IL 1999), 20-22.

736 Gerrish, B[rian] A.: **Calvin, Johannes.** In: 046, 16-36. L 17-19+".

737 Glenn, Ehrstine: **Of peasants, women, and bears:** political agency and the demise of carnival transgression in Bernese Reformation drama. SCJ 31 (2000), 675-697. L".

738 Hasse, Hans-Peter: **Bücher aus dem Nachlaß von Ambrosius Blarer.** In: 03, 659-675: Ill.

739 Jung, Martin H.: **Abendmahlsstreit:** Brenz und Oekolampad. BlWKG 100 (2000), 143-161.

740 Keller, Carl-A.: **Calvin mystique:** au cœur de la pensée du Réformateur. Genève: Labor et Fides, 2001. 195 S. L". (Petite bibliothèque de spiritualité)

741 Kettler, Wilfried: **Die Zürcher Bibel von 1531:** philologische Studien zu ihrer Übersetzungstechnik und den Beziehungen zu ihren Vorlagen. Bern; B; Bruxelles; F; NY; Oxford; W: Lang, 2001. 519 S.

742 McKee, Elsie A.: **Katharina Schütz-Zell.** Bd. 1: **The life and thought sixteenth century reformer.** Leiden: Brill, 1998. XXVIII, 506 S. (Studies in medieval and Reformation thought; 69) – Bespr.: McLaughlin, R. Emmet: SCJ 31 (2000), 816-819.

743 McKee, Elsie A.: **Katharina Schütz-Zell.** Bd. 2: **The writings.** Leiden: Brill, 1998. XV, 403 S. (Studies in medieval and Reformation thought; 69)

– Bespr.: McLaughlin, R. Emmet: SCJ 31 (2000), 816-819.

744 Moeller, Bernd: **Ambrosius Blarer als Alpirsbacher Mönch.** In: 03, 653-657.

745 Moeller, Bernd: **Ambrosius Blarer als Alpirsbacher Mönch.** (2001). In: 040, 156-166.

746 Moeller, Bernd: **Bucer (Butzer), Martin.** In: 045, 1810-1812.

747 Rosenthal, Joshua: **Calvin and the civil magistrate.** [Irvine, CA], 1998. VII, 120 Bl. – Irvine, CA, Concordia University, M.A., 1998.

748 Scheible, Heinz: **Capito, Wolfgang.** In: 046, 59 f.

749 Stephens, William Peter: **Zwingli and Luther.** Evangelical quarterly 71 (LO 1999), 51-63.

750 Wieger, Madeleine: **Les lettres particulières de consolation dans la coresspondance française de Jean Calvin.** PL 49 (2001), 229-255. L 236. 250+".

### h) Juden

751 Bauer, Uwe F.: **Anti-jewish interpretations of Psalm 1 by Luther and modern German Protestantism** (Antijüdische Deutungen des ersten Psalms bei Luther und im neueren deutschen Protestantismus [1997] ⟨engl.⟩). Journal of Hebrew scriptures [electronic] 2 (1998), 2.

752 Brosseder, Johannes: **Ist Luthers Theologie in ihrem Wesen antijüdisch?** (1985). In: 07, 369-373.

753 Brosseder, Johannes: **Luther und der Leidensweg der Juden.** (1983). In: 07, 61-91.

754 Dan, Joseph: **Antisemitismus/Antijudaismus V:** Mittelalter und frühe Neuzeit. In: 045, 565-569.

755 **Guidelines for the Lutheran-Jewish relations/** hrsg. von der Evangelical Lutheran Church in Amerika. Chicago, IL: ELCA, 1998. 4 S.

756 Junghans, Helmar: **Lutero e os judeus** (Martin Luther und die Juden ⟨port.⟩)/ übers. von Ilson Kayser. In: 026, 97-120.

757 Kirn, Hans-Martin: **Contempus mundi – contempus Judaei?:** Nachfolgeideale und Antijudaismus in der spätmittelalterlichen Predigtliteratur. In: 049, 147-178. L 176 f+".

758 Marissen, Michael: **Lutheranism, anti-Judaism and Bach's »St. John Passion«.** NY: Oxford University, 1998. XIV, 109 S. – Bespr.: Sessions, Kyle C.: ChH 68 (1999), 178 f.

759 Wandel, Jürgen: **Mehr Mut zum Risiko:** eine übertriebene Angst vor dem Antijudaismus lähmt die Christen im Dialog mit den Juden. ZZ 2 (2001) Heft 7, 41 f: Ill.

### i) Künstler und Kunst

760 Badstübner, Ernst: **Protestantische Allegorien in Frankfurt an der Oder und in Berlin.** In: 06, 87-100: Ill.

761 Beate, Susanne: **Der gerettete Christoffel:** die Bilderstürmer der Reformationszeit richteten einen kulturellen Kahlschlag an. ZZ 2 (2001) Heft 7, 15-17: Ill.

762 Cieślak, Katarzyna: **Die Rolle der Ikonographie bei der Adaption katholischer Kirchen durch die Lutheraner in Danzig.** In: 06, 59-72: Ill.

763 Gottdang, Andrea: **Paolo Veroneses »Gastmahl im Haus des Levi«:** die Revision eines Falls. Das Münster 53 (2000), 202-217: Ill.

764 [Kern, Margit]: **»Ohne Glauben ist die Klugheit nichts«:** die Trägerin des Martin-Luther-Preises 2000, Margit Kern, stellt das Forschungsergebnis ihrer Preisarbeit vor. Lu 72 (2001), 98-102.

765 Krauß, Reiner: **Cranach-Altar.** In: 053, 79 f. 164 [Abbildung].

766 Kühne, Heinrich: **Lucas Cranach der Ältere in Wittenberg/** mit einem Beitrag von Jutta Strehle: **Cranachwerke in Wittenberg:** eine Auswahl von 15 Werken des Künstlers. 3. Aufl. Wittenberg: Drei Kastanien, 2001. 61 S.: Ill. (Biographien zur Reformation)

767 Mathies, Ulrike: **Das Messingtaufbecken von 1547 in St. Andreas in Hildesheim und seine protestantische Ikonographie.** In: 06, 111-124: Ill.

768 Metzger, Christof: **Reformatorische Bilder im Werk Hans Schäufelins (1480/85-1539/40).** In: 06, 73-86: Ill.

769 Moeller, Bernd: **Niklaus Manuel Deutsch:** ein Maler als Bilderstürmer. Zw 23 (1996), 83-104.

770 Moeller, Bernd: **Niklaus Manuel Deutsch:** ein Maler als Bilderstürmer. (1996). In: 040, 167-181: Ill.

771 Poscharsky, Peter: **Das lutherische Bildprogramm.** In: 06, 21-39: Ill.

772 Reingrabner, Gustav: **Adaptierung reformatorischer Bildprogramme in Österreich.** In: 06, 41-58: Ill.

773 Schmuck, Carolin: **Der evangelische Friedhof St. Lazarus in Regensburg.** In: 06, 101-110: Ill.

### j) Territorien und Orte innerhalb des Deutschen Reiches

774 Bahl, Peter: **Spuren der Reformation in Potsdam.** In: Potsdam: märkische Kleinstadt – europäische Residenz; Reminiszenzen einer eintau-

sendjährigen Geschichte/ hrsg. von Peter-Michael Hahn; Kristina Hübener; Julius H. Schöps. B: Akademie, 1995, 49-57. (Potsdamer historische Studien; 1)

775 Baur, Jörg: **Johannes Brenz:** ein schwäbischer Meisterdenker auf den Spuren Luthers. BlWKG 100 (2000), 29-57.

776 Benrath, Gustav Adolf: **Baden.** In: 045, 1055-1058.

777 Böhme, Ernst: **Die Städte im Fürstentum Grubenhagen und die Stadt Göttingen im Vergleich.** JNKG 98 (2000), 165-178.

778 Brecht, Martin: **Brentii Ecclesia:** der Prediger von Schwäbisch Hall und seine Kirche. BlWKG 100 (2000), 215-240. L".

779 Brecht, Martin: **Brenz und die Mitreformatoren.** BlWKG 100 (2000), 133-142.

780 Brecht, Martin: **Johannes Brenz und das Hexenwesen:** aufgrund bisher weitgehend unbeachteter Quellen. ZSRG 86 (2000), 386-397.

781 Brenz, Johannes: **Das Fundament der Kirche und die Pflichten ihres Amtes/** eingel. und übers. von Martin Brecht. Theol. Beiträge 30 (1999), 318-327.

782 Cahill, Richard Andrew: **Philipp of Hesse and the Reformation.** MZ: von Zabern, 2001. X, 219 S. (VIEG; 180: Abt. Abendländische Religionsgeschichte)

783 Csepregi, Zoltán: **Notbischof auf dem Rechtsweg:** zur Reformation in den oberschlesischen Herzogtümern von Georg dem Frommen (1523-1543). ZBKG 70 (2001), 28-42.

784 Dellit, Gottlieb: **Die Ziegenhainer Kirchenzuchtordnung von 1539 im Rahmen der Einführung der Reformation in Hessen.** In: 021, 122-132.

785 Ehmer, Hermann: **Alber (Aulber), Matthäus.** In: 045, 266 f.

786 Ehmer, Hermann: **Johannes Brenz als Reformator der Schule.** BlWKG 100 (2000), 241-264. L".

787 Engelbrecht, Otto-Karl: **Die Auswirkungen der Reformation in Hessen auf die evangelischen Kirchengemeinden und das Schulwesen.** In: 021, 146-168: Ill. L".

788 Estes, James M.: **Brenz and the office of Christian magistrate.** BlWKG 100 (2000), 186-214.

789 Feuerstein, Ulrich; Schwarz, Patrik: **Hans Sachs als Chronist seiner Zeit:** der Meisterliedjahrgang 1546. In: 019, 83-107. L 92+".

790 Frisch, Michael: **Johannes Brenz als Gutachter in Rechtsfragen.** BlWKG 100 (2000), 265-281. L 268+".

791 Grigat, Lothar: **In Homberg fing es an:** die Homberger Synode 21.-23. Oktober 1526. In: 021, 56-68: Ill.

792 Herrmann, Johannes: **Moritz von Sachsen, evangelischer Christ und Judas zugleich.** ARG 92 (2001), 87-118. L".

793 Kammer, Otto: **Johannes Pistorius aus Nidda (1502-1583) und die Gemeinsame Erklärung zur Rechtfertigungslehre.** In: 021, 113-121.

794 Kemler, Herbert: **Lebenslauf Philipps von Hessen (1504-1567).** In: 021, 53-55: Ill.

795 Klueting, Harm: **Protektoren des Protestantismus: zum religionspolitischen Einfluß protestantischer Grafen im Bergischen Land im 16. Jahrhundert.** In: 016, 229-288. L".

796 Köpf, Ulrich: **Johannes Brenz in Tübingen oder Wie reformiert man eine Universität?** BlWKG 100 (2000), 282-296.

797 Laux, Stephan: **Reformationsversuche in Kurköln (1542-1548):** Fallstudien zu einer Strukturgeschichte landstädtischer Reformation (Neuss, Kempen, Andernach, Linz). MS: Aschendorff, 2001. 511 S. (Reformationsgeschichtliche Studien und Texte; 143)

798 Lippe-Weißenfeld Hamer, Eva: **Caritas Pirckheimer, das Klara-Kloster und die Einführung der Reformation.** In: 013, 238-274. L".

799 Moeller, Bernd: **Sterbekunst in der Reformation:** der »köstliche, gute, notwendige Sermon vom Sterben« des Augustiner-Eremiten Stefan Kastenbauer. (1999). In: 040, 245-269.

800 Moeller, Bernd: **Was wurde in der Frühzeit der Reformation in den deutschen Städten gepredigt?** (1984). In: 040, 91-107.

801 Möncke, Gisela: **Johann Bethel Spangenberg – ein gewesener Mönch.** ZKG 112 (2001), 205-219.

802 Müller, Ernst: **Reformation.** In: 053, 362.

803 Müller, Gerhard: **Die Gründung der Philipps-Universität Marburg.** In: 021, 169-178: Ill.

804 Neumann, Gerhard: **Glaube und Gesellschaft am Vorabend der Reformation, oder: Der Mord von Landau.** In: 021, 23-31: Ill.

805 Ortmann, Volkmar: **Martin Bucer als Kirchenvater Hessens:** seine Bedeutung für das kirchliche Leben. In: 021, 76-85: Ill.

806 Peters, Christian: **Brenz und das reformatorische Bekenntnis.** BlWKG 100 (2000), 9-28. L".

807 Raeder, Siegfried: **Johannes Brenz und die Islamfrage.** BlWKG 100 (2000), 345-367. L".

808 Rall, Hans; Rall, Marga: **Die Wittelsbacher in Lebensbildern.** Nachdruck der Ausgabe Graz; W; Köln, 1986. Kreuzlingen: Hugendubel, 2000. 431 S.: Ill., Kt. L 118. 229 f.

809 Schilling, Heinz: **Johannes Lasco und Ostfriesland:** eine europäische Beziehungsgeschichte am Vorabend der Konfessionalisierung. In: 024, 1-20.

810 Spijker, Willem van 't: **Die Bedeutung des Kölner Reformationsversuchs für a Lasco.** In: 024, 245-260.

811 **St. Thomas zu Leipzig/** hrsg. von Martin Petzoldt. L: EVA, 2000. 200 S: Ill. L 65-67. 132-137+".

812 Staub, Martial: **Zwischen Denkmal und Dokument:** Nürnberger Geschlechterbücher und das Wissen von der Vergangenheit. In: 054, 83-101.

813 Strohl, Henri: **Le protestantisme en Alsace.** Vorwort von Gérard Siegwalt. Nachdruck der Ausgabe von 1950. Strasbourg: Oberlin, 2000. 477 S.

814 Strohm, Stefan: **Die Paulusexegese von Johannes Brenz:** ein Bekenntnis. BlWKG 100 (2000), 85-122.

815 Tyler, J. Jeffery: **Refugees and reform:** banishment and exile in early modern Augsburg. In: 011, 77-97. L 97.

816 Vulpius, Patrick: **Die freie Magd des Herrn:** 83 Jahre lang war Magdeburg die Stimme des freien Europa. CA (1999), 53-58: Ill.

817 Weber, Edwin Ernst: **Das nordwestliche Oberschwaben.** In: 05, 315-350: Ill. L 340.

818 Wesoly, Kurt: **Katholisch, lutherisch, reformiert, evangelisch?:** zu den Anfängen der Reformation im Bergischen Land. In: 016, 291-306.

819 Zwierlein, Cornel A.: **Der reformierte Erasmianer a Lasco und die Herausbildung seiner Abendmahlslehre 1544-1552.** In: 024, 35-99. L".

### k) Länder und Orte außerhalb des Deutschen Reiches

820 Apel, Dean M.: **Luther's approach to Islam.** CTM 26 (1999), 439-450.

821 Barry, Collett: **A long and troubled pilgrimage:** the correspondence of Marguerite D'Angoulême and Vittoria Colonna; 1540-1545. Princeton: Princeton Theological Seminary, 2000. XI, 155. (Studies in reformed theology and history: N. F.; 6)

822 Bloch-Hoell; Nils E.: **German influence on Lutheran Norway.** In: 01, 17-35: Ill.

823 Braekman, É[mile]-M[ichel]: **Le protestantisme belge au 16 siècle:** Belgique, nord de la France, refuge. Carrières-sous-Poissy: La cause, [1998]. 281 S. L 62 f+".

824 D'Alton, Craig William: **The supression of heresy in early Heinrician England.** s. l., 1999. 269 Bl. – Melbourne, University of Melbourne, Ph.D., 1999.

825 Filipi, Pavel: **Der singende Gefangene auf Prüglitz:** zum pastoraltheologischen Werk Jan Augustas (1500-1572). In: 052, 23-31.

826 Funda, Otakar A.: **Brüder-Unität I:** böhmisch-mährische Brüder-Unität. In: 045, 1789-1791.

827 Hausmann, Reinhard: **Die evangelische Kirche im Waldenburger Bergland von der Reformation 1545 bis heute.** Jahrbuch für schlesische Kirchengeschichte 80 (2001), 169-192. L 170.

828 Janse, Wim: **Vroeg-reformatorische bewegingen onder Karel V met een beknopte bibliografie, 1975-2000** (Frühreformatorische Bewegung unter Karl V. mit einer kurzgefaßten Bibliographie, 1975-2000). Tijdschrift Nederlandse Kerkgeschiedenis 3 (Gouda 2000), 59-71.

829 Juška, Albertas: **Litauisches Luthertum in Ostpreußen.** In: 043, 273-341. L".

830 Laharpe, Nicole de: **L'exhortation à la prière contre le Turc.** In: 037, 229-251.

831 Lukšaite, Inge: **Die reformatorischen Kirchen Litauens bis 1795.** In: 043, 19-136. L".

832 Metzler, Regine: **So ruestet euch mit waffen wider den Türcken:** Martin Luthers und Georg Agricolas Schriften für den Krieg gegen die Türken. In: 050, 297-319.

833 Moeller, Bernd: **Die Universität Königsberg als Gründung der Reformation.** In: 040, 182-193.

834 Perkins, Jay Patrick: **Luther in England:** Reformation theology and English Renaissance poetics. AnA: UMI, 2000. VII, 180 Bl. – Zugl.: Tuscaloosa, AL, University of Alabama, Ph.D., 1999.

835 Pitters, Thomas: **»Und führen, wo du nicht hin willst«:** ein Beitrag zur Ekklesiologie der Ev. Kirche A. B. in Siebenbürgen. In: 027, 87-105.

836 Popp, Margret; Zwink, Eberhard: **Der englische Reformator William Tyndale und sein Neues Testament:** das Stuttgarter Exemplar. Philobiblon 45 (2001), 275-324.

837 Popp, Margret: **The green horse or Was Tyndale's bible translation an independent humanistic achievement?** In: Anglistentag 1998 Erfurt/ hrsg. von Fritz-Wilhelm Neumann; Sabine Schülting. Trier: Wiss. Verlag, 1999, 137-157.

838 Rex, Richard: **Jasper Fyloll and the enormities of the clergy:** two tracts written during the Reformation parliament. SCJ 31 (2000), 1043-1062.

839 Rohls, Jan: **A Lasco und die reformierte Bekenntnisbildung.** In: 024, 101-124. L".

840 Strohm, Christoph: **Kirchenzucht und Ethik bei a Lasco.** In: 024, 145-171. L".

841 Strohmaier-Wiederanders, Gerlinde: **Albrecht (d. Ä.).** In: 045, 272 f.

842 Viertel, Gerlinde: **500 Jahre Diakonie in Schle-**

**sien – ein Abriß:** ein evangelischer Beitrag zum Millennium des Bistums Breslau im Jahr 2000. Jahrbuch für schlesische Kirchengeschichte 80 (2001), 65-84. L 66f.

843 Visser, Piet: **»A Lasco wedder uns«:** a Lasco und die Täufer und Nonkonformisten. In: 024, 299-313.

844 Zdenek, V. David: **Utraquists, Lutherans, and the Bohemian confession of 1575.** ChH 68 (1999), 294-336.

## 6 Luthers Wirkung auf spätere Strömungen, Gruppen, Persönlichkeiten und Ereignisse

### a) Allgemein

845 Aurelius, Carl Axel: **Luther in Sweden.** Word & world 18 (St. Paul, MN 1998), 299-306.

846 Aurelius, Carl Axel: **Luther in Sweden/** Kurzfassung von Joan Skocir. LuD 9 (2001), 194-196: Ill.

847 Barnett, J. S.: **Where was your church before Luther?:** claims for the antiquity of Protestantism examined. ChH 68 (1999), 14-41.

848 Bellinger, Gerhard J.: **Knaurs großer Religions-Führer:** 670 Religionen, Kirchen und Kulte, weltanschaulich-religiöse Bewegungen und Gesellschaften sowie religionsphilosophische Schulen. Sonderausgabe. Augsburg: Droemer Knaur, 1999. 431 S.: Ill.

849 Brinks, Jan Herman: **Luther and the German state/** Kurzfassung von James G. Kiecker. LuD 9 (2001), 6-10.

850 Brosseder, Johannes: **Reformismus.** In: Die Ketzer/ hrsg. von Adolf Holl. HH: Hoffmann und Campe, 1994, 313-323.

851 Brosseder, Johannes: **Reformismus.** (1994). In: 07, 259-266.

852 Chrystal, William George: **Journey through time:** what happened in the western world in the second millenium, 1001-2000 A.D.? Videoausgabe. Part 3: **The world of religion, philosophy and art:** the Protestant Reformation and the fracturing of christendom. Coeur d'Alene, ID: North Idaho College, 1999. 1 Videokassette (66 min.).

853 Gößner, Andreas: **Luthers Söhne:** Streifzüge durch 300 Jahre Studentengeschichte an der Universität Wittenberg. Wittenberg: Drei Kastanien, 2001. 52 S.: Ill. (Edition Hans Lufft: Themata Leucoreana)

854 Groß, Reiner: **Geschichte Sachsens.** B: Edition Leipzig, 2001. 320 S.: Ill.

855 Hartweg, Frédéric: **Aspekte des Lutherbildes und der Rezeption des Luthertums in Frankreich.** In: 037, 297-323.

856 **Histoire religieuse de l'Allemagne contemporaine (XIX$^{e}$-XX$^{e}$ siècle)/** hrsg. von Paul Colonge; Rudolf Lill. P: Cerf, 2000. 441 S. (Histoire religieuse de l'Europe)

857 Jaynes, Jeffrey Philip: **Inaugural lecture, 1999:** my favorite Martin?; Reformation historiography as tragedy, comedy and fairy tale. Audioausgabe. Delaware, OH: Methodist Theological School, 1999. 1 Kassette (60 min.).

858 Jaynes, Jeffrey Philip: **Inaugural lecture, 1999:** my favorite Martin?; Reformation historiography as tragedy, comedy and fairy tale. Videoausgabe. Delaware, OH: Methodist Theological School, 1999. 1 Videokassette (60 min.).

859 Manen, Kosterus Gerard van: **Verboden en getolereerd:** een onderzoek naar lutheranen, lutheranisme en lutherse gemeentevorming in Gelderland ten tijde van de Republiek (Verboten und geduldet: eine Untersuchung zu Lutheranern, Luthertum und luth. Gemeindegründung in Gelderland während der Republik). Hilversum: Verloren, 2001. 493 S. – Zugl.: Amsterdam, Vrije Univ., Diss., 2001.

860 Saarinen, Risto: **Lutherin teologian tulkintahistoria** (Die Wirkungsgeschichte der Theologie Luthers). In: 025, 11-24.

861 Schott, Christian-Erdmann: **Schlesiens Bedeutung für den europäischen Protestantismus.** Jahrbuch für schlesische Kirchengeschichte 80 (2001), 51-64.

862 Wüstenberg, Ulrich: **Reformierte Spuren im evangelischen Gottesdienst in Baden.** In: 044, 88-117. L".

### b) Orthodoxie und Gegenreformation

863 Akerboom, Dick: **Bach en de traditie:** Soli Deo Gloria (Bach und die Tradition: Soli Deo Gloria). In: Bach en de theologie: een verkenning van geloof en gevoel/ hrsg. von T[heodorus] H[enricus] M[aria] Akerboom. Nijmegen: [Selbstverlag], 2001, 11-40. L".

864 **The Augsburg interim** (Das Augsburger Interim ⟨engl.⟩)/ eingel. und übers. von Oliver K. Olson. In: 048, 144-182.

865 **Bach und die Bibel:** Ausstellung der Leipziger

Bibelgesellschaft mit Unterstützung der Deutschen Bibelgesellschaft/ von Martin Petzoldt. L: Messedruck, [1997]. 63 S.: Faks.

866 Bangert, Mark P.: **The Nunc Dimittis in cantatas of J. S. Bach:** a note of death or a note of life?; a chapter in the history of cantata reception in the U.S.A. In: 023, 223-235.

867 Baumann-Koch, Angela: **Frühe lutherische Gebetsliteratur bei Andreas Musculus und Daniel Cramer.** F; B; Bern; Bruxelles; NY; Oxford; W: Lang, 2001. 621 S. (EHSch: Reihe 23, Theologie; 725) – Zugl.: HH, Univ., Diss., 1999.

868 Bideau, Alain: **De Luther à Paul Gerhardt.** PL 49 (2001), 155-173.

869 Bock, Burghard: **Sämtliche Texte der Celler Schloßkapelle.** JNKG 98 (2000), 209-225. L 220. 225.

870 Boettcher, Susan Renee: **Martin Luther seliger gedechtnis:** the memory of Martin Luther; 1546-1566. AnA: UMI, 1998. VIII, 382 S. auf 5 Microfiches. – Zugl.: Madison, University of Wisconsin, Ph.D.,

871 Brandy, Hans Christian: **Brenz' Christologie und ihre von Jakob Andreae vertretene Form:** das Maulbronner Kolloquium 1564. BlWKG 100 (2000), 58-84.

872 Brecht, Martin: **Christoph Besold:** Versuche und Ansätze einer Deutung. Pietismus und Neuzeit 26 (2000), 11-28.

873 Chemnitz, Martin: **Judgment on certain controversies concerning certain articles of the Augsburg Confession wich have recently arisen and caused controversy** (De controversiis quibusdam, quae superiori tempore circa quosdam Augustanae Confessionis articulos motae et agitatae sunt ⟨engl.⟩)/ eingel. und übers. von J. A. O. Preus; Robert Kolb. In: 048, 197-219.

874 Clement, Albert: **»Aus tieffer Noth schreij ich zu dir«:** das Verhältnis von Text und Musik in Johann Sebastian Bachs Choralbearbeitung BWV 686. In: 023, 141-168: Ill.

875 Doll, Eberhard: **Melanchthon-Epitaph in der Liebfrauenkirche in Neustadt am Rübenberge.** JNKG 98 (2000), 239-242: Ill.

876 Drecoll, Volker Henning: **Der Passauer Vertrag (1552):** Einleitung und Edition. B; NY: de Gruyter, 2000. XII, 382 S. (Arbeiten zur Kirchengeschichte; 79) – Bespr.: Gößner, Andreas: ZBKG 70 (2001), 218 f; Wolgast, Eike: Lu 72 (2001), 104f.

877 Dykema, Peter A.: **Handbook for pastors:** late medieval manuals for parish priests and Conrad Porta's »Pastorale Lutheri« (1582). In: 011, 143-162.

878 Favero, Claudio: **Le note della vera chiese nella »Lutheranismi Hypotyposis« di S. Lorenzo da Brindisi** (Die Zeichen der wahren Kirche in der »Lutheranismi Hypotyposis« des hl. Laurentius von Brindisi). Laurentianum 41 (Roma 2000), 171-206.

879 Fischer, Michael: **Geisterfüllte Musik:** Johann Sebastian Bachs Pfingstmotette. EvK 33 (2000) Heft 6, 41-43: Ill.

880 Gerhard, Johann: **Sämtliche Leichenpredigten:** nebst Johann Majors Leichenrede auf Gerhard/ kritisch hrsg. und komm. von Johann Anselm Steiger in Verb. mit Ralf Georg Bogner; Alexander Bitzel. S-Bad Cannstatt: Frommann-Holzboog, 2001. 409 S.: Ill., Ill. (Doctrina et pietas: Abt. 1: Johann-Gerhard-Archiv; 10)

881 Gößner, Andreas: **Die Augsburger evangelische Kirche ab 1552 anhand der Korrespondenz Melanchthons mit seinem Schüler Wilhelm Hausmann.** Zeitschrift des Historischen Vereins für Schwaben 91 (1998), 97-114.

882 Grasmück, Heinz: **»Schaubühne des Todes«:** zur Bildlichkeit des protestantischen Kirchenliedes im 16. und 17. Jahrhundert; der Choral als Kontrafraktur des Todes und die Figur des Todes als »Totes Bild«. In: 023, 45-73.

883 Gryczan, Uwe: **Der Melanchthonschüler Hermann Wilken** (Witekin) und die Neuanregung der Kirchenordnung von 1564. Bielefeld: Luther, 1999. 420 S. (Beiträge zur Westfälischen Kirchengeschichte; 17) – Bespr.: Klueting, Harm: ZKG 112 (2001), 118 f.

884 Hasse, Hans-Peter: **Konfessionelle Identität und Philippismus in Kursachsen:** die identitätsstiftende Funktion des »Corpus doctrinae Philippicum«; am Beispiel der »Christlichen nützlichen Fragen« (1590) des Liebenwerdaer Superintendenten Paul Franz. In: 015, 119-146.

885 Henkys, Jürgen: **»Wer so stirbt, der stirbt wohl«:** Paul Gerhardt, Martin Luther und die Ars moriendi. (1983). In: 020, 134-139.

886 Klueting, Harm: **Der Calvinismus im Reich und in Europa.** In: 044, 10-39. L 22 f+".

887 Klueting, Harm: **»Wittenberger Katechismus« (1571) und »Wittenberger Fragstücke« (1571):** Christoph Pezel (1539-1604) und die Wittenberger Theologie. ZKG 112 (2001), 1-43.

888 Koch, Ernst: **Später Philippismus in Jena:** zur Geschichte der Theologischen Fakultät zwischen 1573 und 1580. In: 015, 217-245.

889 Koch, Traugott: **Grundsätzliche Überlegungen zur Ikonographie evangelischer Kirchenmalerei in der Zeit der lutherischen Orthodoxie.** In: 06, 9-20.

890 Koch, Traugott: **Johann Habermanns »Betbüchlein« im Zusammenhang seiner Theologie:** eine Studie zur Gebetsliteratur und zur Theologie des Luthertums im 16. Jahrhundert. TÜ: Mohr, 2001. XIII, 425 S. (Beiträge zur historischen Theologie; 117)

891 Laubach, Ernst: **Ferdinand I. als Kaiser:** Politik und Herrscherauffassung des Nachfolgers Karls V. MS: Aschendorff, 2001. 783 S.

892 **The Leipzig interim** (Leipziger Interim [Leipziger Räteentwurf] ⟨engl.⟩)/ eingel. und übers. von Robert Kolb. In: 048, 183-196.

893 Ludwig, Walther: **Christliche Dichtung des 16. Jahrhunderts:** die »Poemata sacra« des Georg Fabricius. GÖ: V&R, 2001. S. 277-350. L". (Nachrichten der Akademie der Wissenschaften in Göttingen I: Phil.-hist. Klasse [2001]; 4)

894 Lurz, Friedrich: **Die Feier des Abendmahls nach der Kurpfälzischen Kirchenordnung von 1563:** ein Beitrag zu einer ökumenischen Liturgiewissenschaft. S; B; Köln: Kohlhammer, 1998. 526 S. L 152-155+". (Praktische Theologie heute; 38) – Zugl.: Bonn, Univ., Diss., 1997. – Bespr.: Dingel, Irene: ThLZ 125 (2000), 1202-1204.

895 Mager, Inge: **Der Beitrag des David Chytraeus zur Entstehung und Rezeption der Konkordienformel:** die Konkordienformel im jüngeren kirchengeschichtlichen Diskurs. Berliner theol. Zeitschrift 18 (2001), 207-221.

896 Mohr, Rudolf: **Konfessionalisierung und katholischer Hof:** eine Leichenpredigt auf die reformierte Herzogin Catharina Charlotte. In: 016, 183-196.

897 Nischan, Bodo: **Lutherans and Calvinists in the age of confessionalism.** Aldershot, UK: Ashgate, 1999. 304 S.: Ill. (Variorum collected studies series: CS; 643) – Bespr.: Pettegree, Andrew: SCJ 32 (2001), 456 f.

898 Pesch, Otto Hermann: **Kernpunkte der Kontroverse:** die antireformatorischen Lehrentscheidungen des Konzils von Trient (1545-1563) – und die Folgen. In: 055, 24-46.

899 Pesch, Otto Hermann: **La réponse du concile de Trente (1545-1563):** les décisions doctrinales antiréformatirces et leurs conséquences. PL 48 (2000), 331-357.

900 Pettegree, Andrew: **Protestantism, publication and the French wars of religion:** the case of Caen. In: 011, 163-179, Faks. auf 4 Taf. L 168.

901 Petzoldt, Martin: **Bach-Almanach:** Ereignisse und Kurzgeschichten für jeden Tag. L: EVA, 2000. 503 S.: Ill.

902 Petzoldt, Martin: **Über Johann Sebastian Bachs nichtfestgestellte kirchlich-theologische Bibliothek.** In: 023, 283-318. L 300. 312-316+".

903 Rathey, Markus: **Gaudium christianum:** Michael Altenburg und das Reformationsjubiläum 1617. Schütz-Jahrbuch 20 (1998), 107-122: Ill.

904 Rudbeckius, Johannes: **Loci theologici:** föreläsningar vid Uppsala universität 1611-1613 (Loci theologici: Vorlesungen an der Universität Uppsala)/ hrsg. und kommentiert von Bengt Hägglund; mit einer dt. Einleitung von Bengt Hägglund. SH: Almqvist & Wiksell International, 2001. 366 S. (Acta regiae societatis humaniorum litterarum lundensis; 83)

905 **The Saxon visitation articles of 1592** (Visitationsartikel [1592] ⟨engl.⟩)/ eingel. und übers. von Charles P. Arand. In: 048, 256-260.

906 Scheide, William H.: **Theologische Überlegungen zu Bachs großem Choralvorspiel »Vater Unser im Himmelreich«** (BWV 682). In: 023, 169-206.

907 Schott, Christian-Erdmann: **Valerius Herberger (1562-1627).** In: 047, 30-35.

908 Schwarz, Regina: **Real hunger:** Milton's version of the eucharist. Religion and literature 31 (Notre Dame, IN 1999), 1-18.

909 Söderlund, Rune: **Dop, tro och pånyttfödelse i den lutherska ortodoxin** (Taufe, Glaube und Wiedergeburt in der luth. Orthodoxie). In: Teologi med hjertet: Festskrift til Niels Ove Vigilius. København: Dansk Bibel-Institut, 2001, 168-174.

910 Walter, Meinrad: **Musikalische Nachfolge:** biblische Spiritualität im Werk Johann Sebastian Bachs. EvK 33 (2000) Heft 7, 9-11.

911 Werthemann, Helene: **Bachs Kantate 82 »Ich habe genug«.** In: 023, 87-95.

912 **[Wittenberger Gelehrtenstammbuch:** das Stammbuch von Abraham und David Ulrich; benutzt von 1549-1577, sowie 1580-1623/ hrsg. vom Deutschen Historischen Museum Berlin; bearb. von Wolfgang Klose unter Mitw. von Wolfgang Harms ...; mit einem Nachwort von Wolfgang Harms und Christine Harzer. Bd. 2. Halle: Mitteldeutscher, 1999]. f[olium] $0^v$ - f[olium] $220^v$. [Faksimilebd. zu LuB 2001, Nr. 497] – Bespr.: Gößner, Andreas: ZBKG 70 (2001), 219-224.

913 Wittmütz, Volkmar: **Kirchenordnungen und Konfessionalisierung in reformierten Gemeinden des Niederbergischen.** In: 016, 307-319.

### c) Pietismus und Aufklärung

914 Albrecht-Birkner, Veronika: **Zur Rezeption Johann Arndts in Sachsen-Gotha (1641/42) und in** den Auseinandersetzungen um den Pietismus

der 1690er Jahre. Pietismus und Neuzeit 26 (2000), 29-49. L".

915 Conrad, Joachim: **»Da unter deinen Töchtern unser Saarbrückisches Zion bishero kein eigenes Gesang-Buch gehabt ...«:** die nassau-saarbrückischen Gesangbücher von 1746 und 1779. JLH 38 (1999), 227-241.

916 Dittscheid, Hans-Christoph: **»Erbaut auf dem Grund der Apostel und Propheten.«:** zur Ikonographie von Friedrich Joachim Stengels (1694-1787) Ludwigskirche in Saarbrücken. In: 06, 155-184. L": Ill.

917 Friedrich, Martin: **Philipp Jakob Spener und der Halberstädter Streit von 1678:** zugleich ein Beitrag zur Wiedergeburtslehre bei Spener. Pietismus und Neuzeit 25 (1999), 31-42.

918 Geiger, Gottfried: **Zinzendorfs Katechismus »Gewisser Grund« (1725) als seine »Theologie« in der Frühzeit Herrnhuts.** Pietismus und Neuzeit 25 (1999), 43-82. L".

919 Harasimowicz, Jan: **Die Bildlichkeit des Pietismus:** das Motiv der »zwei Wege«. In: 06, 195-208: Ill.

920 Jung, Martin H.: **Erdmuthe Dorothea von Zinzendorf (1700-1756):** Mitbegründerin der Herrnhuter Brüdergemeine und bedeutende Frau des Pietismus. ZBKG 70 (2001), 72-83.

921 Kang, Chi-Won: **Frömmigkeit und Gelehrsamkeit:** die Reform des Theologiestudiums im lutherischen Pietismus des 17. und frühen 18. Jahrhunderts. Gießen: Brunnen, 2001. 540 S. (Kirchengeschichtliche Monographien; 7)

922 Lindberg, Carter: **What did it mean to be Lutheran in the pietist tradition?** In: What does it mean to be Lutheran?/ hrsg. von John A. Maxfield; Jeniffer H. Maxfield. StL: Concordia Historical Institute, 2000, 44-61.

923 Mulholland, Kenneth B.: **From Luther to Carey:** pietism and the modern missionary movement. Bibliotheca sacra 156 (LO 1999), 85-95.

924 Patsch, Hermann: **Arnoldiana in der Biblia Pentabla:** ein Beitrag zur Rezeption von Gottfried Arnolds Weisheits- und Väter-Übersetzung im radikalen Pietismus. Pietismus und Neuzeit 26 (2000), 94-116. L".

925 Wallmann, Johannes: **Der Grenzüberschreiter:** vor 300 Jahren wurde Nikolaus von Zinzendorf geboren. EvK 33 (2000) Heft 5, 18-20: Ill.

926 Wallmann, Johannes: **Der Pietismus.** In: Grundriss der Geschichte der Philosophie: die Philosophie des 17. Jahrhunderts/ hrsg. von Helmut Holzhey; Wilhelm Schmidt-Biggemann. Bd. 4: Das Heilige Römische Reich Deutscher Nation: Nord und Mitteleuropa. BL: Schwabe, 2001, 200-233. L".

### d) 19. und 20. Jahrhundert bis 1917

927 Amberg, Ernst-Heinz: **Zur Geschichte der Theologischen Literaturzeitung:** Monatsschrift für das gesamte Gebiet der Theologie und Religionswissenschaft. ThLZ 125 (2000), 1223-1232.

928 Baur, Jörg: **Goethe und das Christentum in der Sicht des Theologen.** NZSTh 42 (2000), 140-159. L 146.

929 Berlin, Isaiah: **The romantics and their roots.** Times literary supplement (LO 1999) Nr. 5003, 13-15.

930 Dörfler-Dierken, Angelika: **Luthertum und Demokratie:** deutsche und amerikanische Theologen des 19. Jahrhunderts zu Staat, Gesellschaft und Kirche. GÖ: V&R, 2001. 448 S. (Forschungen zur Kirchen- und Dogmengeschichte; 75) – Zugl.: HD, Univ., Evang.-Theol. Fak., Habil., 1998.

931 Graf, Friedrich Wilhelm: **Volkskirche als Gemeindekirche:** die kommunitäre Gemeindetheologie Eduard Simons. In: 014, 150-170. L 155.

932 Gronauer, Gerhard: **»Schwert heraus! Dreingehauen!«:** das Leben des Eduard Rupprechts (1837-1907) und sein Kampf um die heilige Schrift. ZBKG 70 (2001), 162-179.

933 Harvey, Van A.: **Feuerbach on Luther's doctrine of revelation: an essay in honor of Brian Gerrish.** Journal of religion 78 (Chicago, IL 1998), 3-17.

934 Jenett, Ulrike: **Nüchterne Liebe:** Theodor Schäfer, ein lutherischer Diakoniker im Deutschen Kaiserreich. Hannover: LVH, 2001. 400 S.: Ill. L 97-101. 297-299+". – Zugl.: Kiel, Univ., Diss., 1999.

935 Krymkowski, Daniel H.; Luther, Martin H.: **Religion as an independent variable:** revisiting the Weberian hypothesis. Method & theory in the study of religion 10 (Leiden 1998), 187-198.

936 Lehmann, Hartmut: **»Über vierzig Jahre kamen sie Sonntag für Sonntag, mit ihren Frauen, zusammen«:** Adolf von Harnack und Hans Delbrück. In: 02, 71-84.

937 Mai, Hartmut: **Lutherische Ikonographie im 16. und 19. Jahrhundert – ein Vergleich.** In: 06, 209-220.

938 Mencke, Martin: **Erfahrung und Gewißheit des Glaubens: das Gewißheitsproblem im theologischen Denken Martin Kählers.** S; B; Köln: Kohlhammer, 2001. X, 297 S. (Forum Systematik; 6) – Zugl.: TÜ, Univ., Theol. Fak., Diss., 1998.

939 Mende, Bernd: **Schwabe, Johann Samuel Gottlob.** In: 053, 394.

940 Müller, Hans Martin: **Persönliches Glaubenszeugnis und das Bekenntnis der Kirche:** »Der Fall Schrempf«. In: 014, 223-237.

941 Müller-Krumbach, Renate: **Schwerdtgeburth, Karl August.** In: 053, 396.

942 Neuser, Wilhelm H.: **Agendenstreit.** In: 045, 181 f.

943 Nowak, Kurt: **Theologie, Philologie und Geschichte:** Adolf von Harnack als Kirchenhistoriker. In: 02, 189-237. L 210 f.

944 Ouedraogo, Jean Martin: **Esquisse d'une sociologie de la bible chez Max Weber.** Social compass 46 (Louvain 1999), 409-439.

945 Perry, John F.: **Newman's treatment of Luther in the »Lectures on justification«.** Journal of ecumenical studies 36 (Phil 1999), 303-317.

946 Preus, Daniel: **Recalling our heritage:** Missouri's founding and her dept to Luther. Concordia Historical Institute quarterly 71 (StL 1998), 151-159.

947 Rendtorff, Trutz: **Adolf von Harnack und die Theologie:** Vermittlung zwischen Religionskultur und Wissenschaftskultur. In: 02, 397-417. L 408-410.

948 Ruster, Thomas: **Ball, Hugo.** In: 045, 1071.

949 Schwinge, Gerhard: **Lutherisches Traditionsbewußtsein im unierten Baden im Jubiläumsjahr 1856:** zu einem wieder entdeckten Reformationsgedenkblatt. Die Union (2001) Nr. 9 (November), 109-112: Ill.

950 Sievers, Hans-Jürgen: **Oskar Pank – Vorsitzender des Gustav-Adolf-Vereins 1900-1908.** EvD 67 (1998), 99-113.

951 Steiger, Johann Anselm: **Heinrich Eberhard Gottlob Paulus (1761-1851) zwischen Spätaufklärung, Liberalismus, Philosemitismus und Antijudaismus.** ZBKG 70 (2001), 119-135.

952 Weitlauff, Manfred: **»Catholica non leguntur«?:** Adolf von Harnack und die »katholische« Kirchengeschichtsschreibung; mit einem Briefanhang. In: 02, 239-317. L 280-292+".

953 Woodring, Daniel: **Karl Georg Stoeckhardt:** his life and labor. Concordia Historical Institute quarterly 72 (StL 1999), 46-63.

### e) 1918 bis 1996

954 Alberigo, Giuseppe: **Hubert Jedin storiografo (1900-1980)** (Der Geschichtsschreiber Hubert Jedin [1900-1980]). Cristianesimo nella storia 22 (Bologna 2001), 315-338. L".

955 Baum, Gregory: **The church for others:** Protestant theology in communist East Germany. Grand Rapids, MI: Eerdmans, 1996. 156 S. – Bespr.: Garcia, Alberto L.: CJ 26 (2000), 280-282.

956 Besier, Gerhard: **Protestantismus, Kommunismus und Ökumene in den Vereinigten Staaten von Amerika.** In: Ders.; Boyens, Armin; Lindemann, Gerhard: Nationaler Protestantismus und Ökumenische Bewegung: kirchliches Handeln im Kalten Krieg (1945-1990)/ mit einer Nachschrift von Horst-Klaus Hofmann. B: Duncker & Humblot, 1999, 323-652. L 575.

957 Bizer, Christoph: **Die Iwand-Surkausche Predigtmeditation:** Versuch einer Annäherung. PTh 85 (1996), 412-424.

958 Boendermaker, J[ohannes] P.: **Karl Barth's view of Luther in 1933:** the »yes« under the »no« (Karl Barths visie op Luther in 1933: het »ja« onder het »nee«)/ engl. Kurzfassung von J[ohannes] P. Boendermaker. LuD 9 (2001), 197.

959 Brady, Thomas A., Jr.: **In memoriam:** Heiko Augustinus Oberman; 1930-2001. SCJ 32 (2001), 435-437.

960 Brosseder, Johannes: **Das evangelische Echo auf die Liturgiekonstitution:** eine Relecture. (1991). In: 07, 200-207.

961 Brosseder, Johannes: **Konsens im Rechtfertigungsglauben ohne Konsens im Kirchenverständnis?:** zur Bedeutung des Rechtfertigungsstreits heute. (1993). In: 07, 157-173.

962 Brosseder, Johannes: **Luther und die Fragen unserer Zeit:** zum theologischen Ort der »Politik« im Glaubensdenken Martin Luthers. (1983). In: 07, 98-110.

963 Brosseder, Johannes: **Ökumenische Katholizität.** (1992). In: 07, 334-349.

964 Brosseder, Johannes: **Steht uns unsere Geschichte im Wege?:** das Projekt »Lehrverurteilungen – kirchentrennend?«; Anliegen – Rezeption – Chancen. (1996). In: 07, 267-283.

965 Brosseder, Johannes: **Das theologische Umfeld der Frage nach der Aktualität des Augsburger Bekenntnisses.** (1980). In: 07, 140-146.

966 Bülow, Vicco von: **Otto Weber (1902-1966):** reformierter Theologe und Kirchenpolitiker. GÖ: V&R, 1999. 503 S.: Portr. (Arbeiten zur kirchlichen Zeitgeschichte: Reihe B; 34) – Zugl.: Bonn, Univ., Diss., 1997/98.

967 **Die bürgerliche Lebensanschauung und der christliche Glaube:** eine bislang unveröffentlichte Mitschrift zu einem Vortrag von Friedrich Gogarten/ eingel. und hrsg. von Andreas Schüle. Zeitschrift für neuere Theologiegeschichte 6 (1999), 96-133. L 113 f.

968 Busch Nielsen, Kirsten: **Starke und schwache Sünden:** zum Sündenverständnis Dietrich Bonhoeffers. KD 47 (2001), 30-41.

969 Culpepper, Gary M.: **Ecclesial being and one theologian:** Pannenberg's doctrine of faith in

its sacramental context. The Thomist 63 (Washington, D. C. 1999), 283-306.

970 Delgado, Mariano: **Das Christentum der (deutschsprachigen) Theologen im 20. Jahrhundert:** Wesen des Christentums, Auslegung des Apostolischen Glaubensbekenntnisses, Kurzformeln des Glaubens. In: 010, 9-13.

971 Engelbrecht, Sebastian: **Kirchenleitung in der DDR:** eine Studie zur politischen Kommunikation in der Evangelisch-Lutherischen Landeskirche Sachsens 1971-1989. 2., unv. Aufl L: EVA, 2001. 381 S. L 83-87+". (Arbeiten zur Kirchen- und Theologiegeschichte; 6) – Zugl.: L, Univ., Theol. Fak., Diss., 1999.

972 Erzmann, Hubert: **Weiss, Ernst.** In: 053, 488.

973 Faulenbach, Heiner: **Hans Joachim Iwand im Kirchenkampf.** In: 04, 31-46.

974 Furian, Hans-Otto: **Erinnern, nicht vergessen – Bischof Dr. Gottfried Forck.** JBrKG 63 (2001), 149-158: Portr.

975 Ganzer, Klaus: **Hubert Jedin e il concilio di Trento** (Hubert Jedin und das Konzil von Trient ⟨ital.⟩)/ übers. von M. Faggioli. Cristianesimo nella storia 22 (Bologna 2001), 339-354.

976 Gerrish, B[rian] A.: **Continuing the Reformation:** essays on modern religious thought. Chicago, IL: University of Chicago, 1993. XV, 283 S. – Bespr.: Jodock, Darrell: Zeitschrift für neuere Theologiegeschichte 2 (1995), 303-306.

977 Gestrich, Christof: **Karl Barth – »Dogmatik im Grundriß«.** In: 010, 123-140.

978 Hartweg, Frédéric: **Vom »Fürstenknecht« zum »Wegbereiter«:** Wandel im marxistischen Lutherbild. In: 037, 325-369.

979 Klappert, Bertold: **Die Thora ist in sich immer geistlich:** der Weg H.-J. Iwands mit dem Thema »Gesetz und Evangelium«. In: 04, 115-170.

980 Klein, Christoph: **Stephan Ludwig Roth als Pfarrer und Theologe.** In: 027, 62-70.

981 Klemperer, Klemens von: **Dietrich Bonhoeffer:** confession and resistance. Union Seminary quarterly review 53 (NY 1999), 47-59.

982 Knauer, Peter: **Zu Gerhard Ebelings »Das Wesen des christlichen Glaubens« (1959).** In: 010, 74-83.

983 Matthiesen, Michael: **Kontroverse und Konfession:** Gerhard Ritters Streit mit Johannes Haller über Humanismus und Reformation im Kontext von Nationalismus und Nationalsozialismus. In: 013, 276-299. L".

984 Meyer, Dietrich: **Die Bedeutung Schlesiens für das Kirchenlied.** Jahrbuch für schlesische Kirchengeschichte 80 (2001), 85-96.

985 Meyer, Insa: **Die Bibel zwischen Inspirationslehre und funktionalem Kanonverständnis:** zum Bibelverständnis bei Wolfgang Trillhaas. KD 47 (2001), 90-110. L 101.

986 Neddens, Christian: **Kreuzestheologie als kritische Theologie:** Aspekte und Positionen der Kreuzestheologie im 20. Jahrhundert In: 029, 35-66.

987 Oredsson, Sverker: **Svenska teologer under nazitiden** (Schwedische Theologen in der NS-Zeit). STK 73 (1997), 167-178.

988 Paisley, Ian R. K.: **The German reformer Martin Luther:** Romans 1:16,17; April 1, 1965. In: The preaching of Ian R. K. Paisley the protestant Reformation. Audioausgabe. Belfast, Northern Ireland: Ambassador-emerald, 1999, CD 1.

989 Pasternack, Peer: **Wissenschaft und Höhere Bildung in Wittenberg 1945-1994.** Wittenberg: Institut für Hochschulforschung Wittenberg an der Martin- Luther-Universität Halle-Wittenberg, 2001. 45 S. (Arbeitsberichte HoF Wittenberg; [2001], 1) [Vorabdruck der folgenden Nr.]

990 Pasternack, Peer: **Wissenschaft und Höhere Bildung in Wittenberg 1945-1994.** In: DDR-bezogene Hochschulforschung: eine thematische Eröffnungsbilanz aus HoF Wittenberg/ hrsg. von Peer Pasternack. Weinheim; BL: Beltz, 2001, 73-108. (Wittenberger Hochschulforschung)

991 Pauck, Marion: **Wilhelm Pauck:** church historian and historical theologian 1901-1981; précis of a memoir. Zeitschrift für neuere Theologiegeschichte 6 (1999), 50-68.

992 Paulson, Gail Nord: **The use of Qohelet in Bonhoeffer's ethics.** Word & world 18 (St. Paul, MN 1998), 307-313.

993 Pettegree, Andrew: **Reformation Europe reformed.** History today 49 (LO 1999) Nr. 12, 10-16.

994 Pfleiderer, Georg: **Karl Barths praktische Theologie:** zu Genese und Kontext eines paradigmatischen Entwurfs systematischer Theologie im 20. Jahrhundert. TÜ: Mohr, 2000. 496 S. (Beiträge zur historischen Theologie; 115)

995 Rasmussen, Larry L.: **Luther und ein Evangelium der Erde.** Ökumenische Rundschau 50 (2001), 312-343.

996 Reavis, Ralph: **Martin Luther – Martin Luther King, Jr. and the black experience.** 2. Aufl. Richmond, VA: African American, 1998. 140 S.

997 **Reformationstag 1933:** Dokumente der Begegnung Karl Barths mit dem Pfarrernotbund in Berlin/ hrsg. und eingel. von Eberhard Busch. ZH: Theol. Verlag, 1998. 141 S. L 35-60. – Bespr.: Bräuer, Siegfried: ThLZ 124 (1999), 1140 f.

998 Robertson, Lynne: **Marlowe and Luther (»Faust«, German Protestantism).** Andover Newton quarterly 12 (Newton, MA 1999) Nr. 4, 3-6.

999 [Sasse, Hermann]: **Hermann Sasse's »Theses on the question of church fellow-ship and altar fellowship« of 1937**/ übers. und eingel. von Robert Kolb. CJ 26 (2000), 104-114.

1000 Sauter, Gerhard: **Theologisches Feuer:** Hans Joachim Iwands Anstöße für evangelische Theologie und Kirche. In: 04, 97-114.

1001 Scheliha, Arnulf von: **Die Überlehrmäßigkeit des christlichen Glaubens – das Wesen des (protestantischen) Christentums nach Emanuel Hirsch.** In: 010, 61-73.

1002 Schönberg, Michael M.: **Dem Wort getrost hinterherhinken:** ein Erfahrungsbericht über die Bedeutung Hans Joachim Iwands für die Predigtvorbereitung. PTh 88 (1999), 521-533.

1003 Schöttler, Peter: **Lucien Febvre:** Luther et les Allemands. BPF 147 (2001), 9-66.

1004 Schulze, Manfred: **Hans Joachim Iwand:** Kampf um Luther im Dritten Reich. In: 04, 47-78.

1005 Schwarz, Hans: **The contemporary relevance of Luther's insistence on the otherness of God.** (1995). In: The otherness of God/ hrsg. von Orrin F. Summerell. Charlottesville, VA: University of Virginia, 1998, 78-91. (Studies in religion and culture) [Vgl. LuB 1998, Nr. 1485 f]

1006 Schwarz, Hans: **The contemporary relevance of Luther's insistence on the otherness of god**/ Kurzfassung von Kenneth Hagen. LuD 9 (2001), 95-98.

1007 Seim, Jürgen: **Hans Joachim Iwand:** biografische Skizze. In: 04, 15-29.

1008 Shaw, Jonathan Eberhardt: **Life and death as blessing:** bioethics in the context of technology and autonomy, construed philosophically in Hans Jonas and theologically in Martin Luther. s. l., 1999. VI, 132 Bl. – Nashville, TN, Vanderbilt University, 1999.

1009 Squires, Stephen Michael: **Oberman's quest for the »historical Luther«:** the contribution of Dr. Heiko Oberman to Reformation historiography. PO: TREN, 1998. III, 81 Bl. auf Microfiches. – Zugl.: Wenham, MA, Gordon Conwell University, M.A., 1998.

1010 Stayer, James M.: **Martin Luther, German saviour:** German evangelical theological factions and the interpretation of Luther; 1917-1933. Montreal: McGill-Queen's University, 2000. 177 S. – Bespr.: Maschke, Timothy H.: SCJ 32 (2001), 549 f.

1011 Sturm, Erdmann: **Die Rechtfertigung des Zweiflers als Paradox – Paul Tillichs Begründung eines theologischen Prinzips und sein Programm einer philosophischen Theologie.** In: 010, 37-51.

1012 Van den Bosch, Hendrik Martin: **Adolf von Harnacks Lutherreceptie** (Adolf von Harnacks Lutherrezeption). Deventer: de Bruijn, 2001. 269 S. – Zugl.: Kampen, Theol. Univ., Diss., 2001.

1013 Whiton, John: **Why is Zeitblom a Catholic?:** reflections on Thomas Mann's novel »Doktor Faustus«. Catholic social science review 4 (Steubenville, OH 1999), 249-254.

1014 Wiener, Peter F.: **Martin Luther:** Hitler's spiritual ancestor/ Vorwort von Frank R. Zindler. Neudruck der Ausgabe LO; NY, 1945. Cranford, NJ: American Atheist, 1999. XVI, 110 S.

1015 Zur Mühlen, Karl-Heinz: **Das Lutherverständnis Hans Joachim Iwands.** In: 04, 79-96.

## 7 Luthers Gestalt und Lehre in der Gegenwart

1016 **Another october 31.** National review 51 (NY 1999) Nr. 22, 15 f.

1017 Armstrong, John H.: **Why Luther?** In: 032, 7-15.

1018 Baesler, Ronald: **Justification:** another side to the story. CTM 27 (2000), 30-33.

1019 Barth, Hans-Martin; Epting, Karl-Christoph: **Evangelisch im 21. Jahrhundert:** Wittenberger Wort. MD 51 (2000), 58. [Vgl. LuB 2001, Nr. 965]

1020 Bast, Robert J.: **Heiko Oberman as mentor:** the graduate student between Doktor and Vater. In: 011, XIII-XV.

1021 Bastien, Peter: **Praying with Martin Luther.** Winona, MN: St. Mary's, 1999. 130 S.: Ill. (Companions for the journey)

1022 Bayer, Oswald: **Luther's relevance for today.** LQ 13 (1999), 35-50.

1023 Besier, Gerhard: **Nachruf auf Joachim Rogge:** 3. Dezember 1929 bis 8. Juni 2000. Kirchliche Zeitgeschichte 13 (2000), 17-19.

1024 Bieritz, Karl-Heinrich: **»Wir gehören zur Gemeinde«:** Kirchentypologien, Kirchenmitgliedschaft und Taufe. In: 052, 407-436. L".

1025 Brakemeier, Gottfried: **Evangelisch sein in Brasilien: Erfahrungen und Gedanken aus der Sicht** der evangelisch-lutherischen Kirche. EvD 69 (2000), 72-80.

1026 Brandt, Reinhard: **Der ökumenische Dialog nach der Unterzeichnung der Erklärung zur Rechtfertigungslehre und nach Dominus Iesus:** ein Überblick über strittige Aspekte aus lutherischer Sicht. In: 030, 11-54. L".

1027 Brosseder, Johannes: **Auf welche Einheit der Christen hin?** (1997). In: 07, 357-366.

1028 Brosseder, Johannes: **Methodologische und inhaltliche Fragen zum Projekt:** »Einheit durch Aufhebung der Lehrverurteilungen«. Ökumenische Rundschau 46 (1997), 16-34.

1029 Brosseder, Johannes: **Methodologische und inhaltliche Fragen zum Projekt:** »Einheit durch Aufhebung der Lehrverurteilungen«. (1997). In: 07, 284-303.

1030 Demandt, Johannes: **Einheit in Jesus Christus: das Verhältnis Freier evangelischer Gemeinden zu anderen Christen, Gemeinden und Kirchen.** MD 51 (2000), 3-7.

1031 Dierk, Heidrun: **Kirchengeschichte neu erschließen.** Glaube und Lernen 16 (2001), 80-94.

1032 Dieter, Theodor: **Die »Gemeinsame Erklärung zur Rechtfertigungslehre«:** ein ökumenischer Meilenstein. Berliner theol. Zeitschrift 18 (2001), 147-171.

1033 Dingel, Irene: **The debate over justification in ecumenical dialogue.** LQ 15 (2001), 293-314.

1034 Döpp, Heinz-Martin: **Probleme ökumenischen Lernens an der Schule – ein Erfahrungsbericht.** Glaube und Lernen 16 (2001), 171-181.

1035 Donelly, John Patrick: **Introduction** [Hagen-Festschrift]. In: 01, IX-XII.

1036 Edwards, Mark U.: **Human vocations and Luther's concept of call:** a Reformation view. Videoausgabe. Tacoma, Wash.: Pacific Lutheran University, 1998. 1 Videokassette (36 min.)

1037 Engelbrecht, Sebastian: **Religion ohne Verantwortung?:** warum Juden und auch christliche Theologen die lutherische Rechtfertigungslehre kritisieren. ZZ 2 (2001) Heft 3, 57-59: Ill.

1038 Eschmann, Holger: **Dem Teufel ins Gesicht lachen:** Methoden logotherapeutischer Krisenintervention und Ratschläge Martin Luthers gegen die Anfechtung im Vergleich. PTh 87 (1998), 35-45.

1039 Fleischmann-Bisten, Walter: **Evangelisch glauben und leben in der Diaspora des 21. Jahrhunderts.** EvD 70 (2001), 11-34. L 14-17+".

1040 Frey, Christofer: **Rechtfertigung als Stolperstein der Ökumene?** Glaube und Lernen 16 (2001), 138-148.

1041 Frieling, Reinhard: **Wie ist es zum Streit über die Rechtfertigungslehre gekommen?** In: 055, 9-23.

1042 Garret, William R.: **The Protestant ethic and the spirit of the modern familiy.** Journal for the scientific study of religion 37 (Washington, DC 1998), 222-233.

1043 Garutti, Adriano: **Primato del vescovo di Roma e dialogo ecumenico** (Primat des Bischofs von Rom und ökumenischer Dialog). Roma: Pontificium Athenaeum Antonianum, 2000. 366 S. L 117-224. (Spicilegium Pontifici Athenaei Antoniani; 35)

1044 Gestrich, Christof: **Rechtfertigung aus Glauben und christliches Leben.** PTh 89 (2000), 129-140.

1045 Greschat, Martin: **Die christliche Mitgift Europas.** In: 09, 137-143.

1046 Grethlein, Christian: **Modernes Leben mit der Bibel:** einige Überlegungen zu einem kybernetischen Grundlagenproblem. Berliner theol. Zeitschrift 14 (1997), 155-169.

1047 Gritsch, Eric W.: **From servanthood to serpenthood:** decision-making in the church. Dialog 37 (St. Paul, MN 1998), 209-216.

1048 Hahn, Eberhard: **Rapprochement between the Roman Catholic and Protestant churches in the doctrine of justification:** danger or hope? European journal of theology 7 (Exeter 1998), 9-14.

1049 Haigh, David: **The evangelicals and Catholics together movement trough the eyes of Martin Luther.** PO: TREN, 1999. VI, 58 Bl. (2 Microfiches). – Zugl.: PO, Western Seminary, M.A., 1999.

1050 Hart, D. G.: **What can Presbyterians learn from Lutherans.** Logia: a journal of Lutheran theology 8 (Cresbard, SD 1999), 3-8.

1051 Haustein, Jörg: **Der Evangelische Bund und die ökumenische Situation:** ökumenischer Jahresbericht; Bericht an die Mitgliederversammlung des Evangelischen Bundes, Halle/Sachsen[-Anhalt, Saale], 24. November 2000. MD 51 (2000) Heft 6: Beilage (VII S.)

1052 Haustein, Jörg: **Retrospektive auf Trient und die Folgen:** eine kirchengeschichtliche Vergewisserung zu interkonfessionellen Konsensbemühungen. In: 030, 91-117. L".

1053 Henk, Marvin E.: **How men look at their work:** implications for the church. s. l., 1998. unpag. – Princeton, Theol. Seminary, D.Min., 1998.

1054 Hoffmann, Sören: **Das »Geschäft des ewigen Lebens«:** zum Verhältnis von Glauben, Wissen und Seelsorge. Bekenntnisbewegung »Kein anderes Evangelium«: Informationsbrief (2001) Nr. 206 (Juni), 6-16: Ill.

1055 Hofmann, Frank: **Kirche Jesu Christi – Kirche aller Christen:** Herbstseminar 2000 der Luther-Gesellschaft in Wittenberg. Lu 72 (2001), 95-98.

1056 **Homosexualität – eine aktuelle Herausforderung für Christen.** Bekenntnisbewegung »Kein anderes Evangelium«: Informationsbrief (2001) Nr. 204 (Februar), 21-23.

1057 Honecker, Martin: **Europäisches Christentum im Horizont der Globalisierung.** In: 09, 15-38. L 28-30+".

1058 Horstkemper, Gregor: **Mit Quellen, Themen, Instrumenten arbeiten:** Themen; neuere Untersuchungsschwerpunkte. In: 017, 343-380. L 367.

1059 Hüffmeier, Wilhelm: **Die Gemeinsame Erklärung zur Rechtfertigungslehre:** Beobachtungen aus ev.-unierter Sicht zu ihrem Werdegang und ihren Problemen. Ökumenische Rundschau 47 (1998), 231-244.

1060 Hughes, Charles: **A case of identity:** reflections on the church's preaching in the modern world. CThQ 63 (1999), 19-28.

1061 Jeanrond, Werner G.: **Martin Luther – inspirationskälla för vår tid?** (Martin Luther – Inspirationsquelle für unsere Zeit?). In: Ders.: Gudstro: teologiska reflexioner II (Gottesglaube: theologische Reflexionen II). Lund: Arcus, 2001, 115-132.

1062 Ji, Won Yong: **A footnote to the papal visit.** CJ 25 (1999), 123 f.

1063 Ji, Won Yong: **Mission and church renewal:** scanning the Asian horizon for the twenty-first century. CJ 27 (2001), 196-207.

1064 Jorgenson, Allen G.: **Living in Christ, living in culture.** CTM 27 (2000), 98-105.

1065 Junghans, Helmar: **A teologia de Lutero no di logo inter-religioso e intercultural** (Martin Luthers Theologie im interreligiösen und interkulturellen Dialog)/ aus dem Dt. übers. von Ilson Kayser. In: 026, 121-139.

1066 Karle, Isolde: **Die da zweierlei Priestertum erdichten:** die Konkurrenz zwischen Hauptamtlichen und Ehrenamtlichen ist theologisch nicht zu begründen. ZZ 2 (2001) Heft 6, 26-28: Ill.

1067 Klän, Werner: **Theologia crucis in der Ökumene – eine Fehlanzeige?** In: 029, 75-90.

1068 Klein, Christoph: **Die ökumenische Herausforderung des Luthertums in Rumänien:** Interview mit Fritz Pahlke. (1993). In: 028, 294-301.

1069 Klein, Christoph: **Orthodoxe und lutherische Spiritualität, dargestellt am Verständnis des Gebetes.** (1993). In: 028, 286-293.

1070 Klein, Christoph: **Unsere Predigt zu Beichte, Absolution und Versöhnung.** (1996). In: 028, 211-224.

1071 Klein, Christoph: **Verkündigung – Mission – Diakonie:** Hauptaufgaben gegenwärtiger kirchlicher Arbeit. (1991). In: 028, 160-169: Ill.

1072 Knuth, Hans Christian: **Von der 4. Tagung der 9. Generalsynode der VELKD vom 14.-18. November 2000 in Schneeberg.** Amtsblatt der Evang. Kirche der Kirchenprovinz Sachsen (2000) B75 f.

1073 Körtner, Ulrich H. J.: **Gegenwart des Heils:** wie wir mit apokalyptischen Visionen umgehen können. EvK 33 (2000) Heft 1, 24-26: Ill.

1074 Kolb, Robert: **Deus revelatus – homo revelatus:** Luthers theologia crucis für das 21. Jahrhundert. In: 029, 13-34.

1075 Kolb, Robert: **Forms and facts of faith:** factors in witness and assimilation. CJ 24 (1998), 319-336.

1076 Koppe, Rolf: **Martin Luther und der theologische Streit um die Moderne.** In: 027, 207-216.

1077 Korsch, Dietrich: **Dogmatik im Grundriß:** eine Einführung in die christliche Deutung menschlichen Lebens mit Gott. TÜ: Mohr, 2000. XVI, 293 S. L 277-288+". (UTB für Wissenschaft: Uni Taschenbücher; 2155) – Siehe LuB 2002, Nr. 49.

1078 Kreß, Volker: **Konfession als Heimat im Hintergrund:** Vortrag (Tätigkeitsbericht Teil III) auf der Herbsttagung der 24. Ev.-Luth. Landessynode Sachsens am 19. November 2000. Amtsblatt der Evang.-Luth. Landeskirche Sachsens (2000), B77-B79.

1079 Lachmann, Rainer; Adam, Gottfried; Ritter, Werner H.: **Theologische Schlüsselbegriffe:** biblisch – systematisch – didaktisch. GÖ: V&R, 1999. 407 S. (Theologie für Lehrerinnen und Lehrer; 1)

1080 Lapp, Michael: **»Christ unser Herr zum Jordan [kam]«:** Bericht über das Seminar »Luther und Bach – Luthers Theologie im Werk Bachs« vom 23.-25. März 2000 in Eisenach. Lu 72 (2001), 43-46.

1081 Leich, Werner: **Auf den Spuren Martin Luthers:** Überlegungen zu den Grundlagen unseres Gemeinwesens und den Aufgaben unserer Zeit. ZW 68 (1997), 159-169.

1082 Lessing, Eckhard: **»Lehrverurteilungen – kirchentrennend?«:** zur Bedeutung und zu den Grenzen eines ökumenischen Dokuments. Ökumensche Rundschau 45 (1996), 24-38.

1083 Lohse, Eduard: **Kein Stillstand in der Ökumene:** Chancen und Probleme des Dialogs zwischen der römisch-katholischen und der evangelischen Kirche. ZW 68 (1997), 214-226.

1084 Maier, Joachim; Thierfelder, Jörg: **Zu Gast beim anderen.** Glaube und Lernen 16 (2001), 149-159.

1085 Mannermaa, Tuomo: **Why is Luther so fascinating:** modern Finnish Luther research. In: 051, 1-20.

1086 Marty, Martin E.: **Bow-tied liberal Protestant?** Christian century 116 (Chicago, IL 1999), 1103-1105.

1087 Miller, Donald E.: **The reinvented church:** styles and strategies. Christian century 116 (Chicago, IL 1999), 1250-1256.

1088 Müller, Denis: **L'etica protestante »tra i millenni«:** per un'etica della non-padronanza o dello spodestamento (Die protestantische Ethik des dritten Jahrtausends: zu einer Ethik des Nicht-Herrschens oder der Entmachtung). Pro 55 (2000), 283-303. L".

1089 Nafzger, Samuel H.: **Joint declaration on justification:** a Missouri synod perspective. CJ 27 (2001), 178-195.

1090 Pannenberg, Wolfhart: **Die Einzigkeit Jesu Christi und die Einheit der Kirche:** Anmerkungen zu der Erklärung der vatikanischen Glaubenskongregation »Dominus Jesus«. KD 47 (2001), 203-209.

1091 Pannenberg, Wolfhart: **Die Gemeinsame Erklärung zur Rechtfertigungslehre aus evangelischer Sicht.** (1998). In: 055, 70-78.

1092 Pausch, Eberhard Martin: **Es wird regiert:** das Christentum weiß um die Relativität der Macht. EvK 33 (2000) Heft 5, 20 f: Ill.

1093 Peura, Simo: **Luther ja luterilais-katolinen ekumenia** (Luther in der luth.-kath. Ökumene). In: 025, 308-318.

1094 Pöhlmann, Horst Georg: **Das Amt der Trennung:** wie Evangelische den Papst akzeptieren könnten. EvK 32 (1999) Heft 10, 24-27: Ill.

1095 Ratzmann, Wolfgang: **Ganzheitliche Liturgie?:** zu einem neuen Kriterium des evangelischen Gottesdienstes. In: 052, 287-310. L 293-295+".

1096 Raunio, Antti: **The church as diaconal communion:** some signposts for the renewal of the church. Lutheran forum 32 (NY 1998), 40-44. [Vgl. LuB 2000, Nr. 1298]

1097 Raunio, Antti: **Luther ja yhteiskunta** (Luther und Gesellschaft). In: 025, 290-302.

1098 Reuver, A. de: **Luthers theologia crucis:** perspectieven voor hedendaagse spiritualiteit (Luthers theologia crucis: Perspektiven für heutige Spiritualität). Theologia reformata 43 (Woerden 2000), 156.

1099 Robinson, Gnana: **Justification in a multi-religious context-Asia.** Bangalore theological forum 31 (Bangalore 1999), 45-63.

1100 Rogness, Michael: **Why isn't good preaching working?** CTM 27 (2000), 325-334.

1101 Saarinen, Risto: **Ökumenische Theologie am Ende des 20. Jahrhunderts.** ThR 65 (2000), 206-225. L".

1102 Sandsmark, Signe: **Response to Andrew Wright.** Journal of education and Christian belief 2 (Carlisle, Cumbria 1998) Heft 2, 109-114.

1103 Sauter, Gerhard: **Die Rechtfertigungslehre als theologische Dialogregel:** Lehrentwicklung als Problemgeschichte?; Martin Honecker zum 65. Geburtstag. Ökumenische Rundschau 48 (1999), 275-295. L 279-282+".

1104 Schäfer, Hermann: **Die ekklesiologische Dimension der »Option für Gewaltfreiheit«:** Anmerkungen zu einem aktuellen Aspekt der »Zwei-Reiche-Lehre« Martin Luthers. In: 027, 217-220.

1105 Schäfer, Rolf: **Protestantismus und ethische Kultur.** EvD 70 (2001), 43-50.

1106 Schirr, Jörg: **Die Farben der Kirche:** Bausteine für einen Gottesdienst zum Reformationstag. Christenlehre/Religionsunterricht – Praxis 54 (2001) Heft 3, 38-42: Ill.

1107 Schmidt, Jörg: **Geld oder Leben:** von der Sonntagsheiligung zu einer gerechten Weltwirtschaftsordnung. ZZ 2 (2001) Heft 4, 37 f: Ill.

1108 Schöpsdau, Walter: **Sola scriptura und kirchliche Tradition:** zu einer Notifikation der vatikanischen Glaubenskongregation. MD 52 (2001), 13-15.

1109 Schroeder, Edward H.: **Pluralism's question to Christian mission:** why Jesus at all? CTM 26 (1999), 164-170.

1110 Schütte, Heinz: **Ökumenische Spiritualität:** die evangelisch-katholische Trennung ist jetzt überwindbar. EvK 32 (1999) Heft 10, 28 f: Ill.

1111 Schütte, Heinz: **Vom Grundkonsens im Evangelium zur Kirchengemeinschaft:** Aufnahme reformatorischer Anliegen. ZW 70 (1999), 225-230.

1112 Schwarke, Christian: **Gerecht vor Gott – die Rechtfertigungslehre in heutigem Deutsch.** Amtsblatt der Evang.-Luth. Landeskirche Sachsens (2001), B49-B51.

1113 Schwöbel, Christoph: **Konsens in Grundwahrheiten?:** kritische Anfragen an die »Gemeinsame Erklärung«. In: 055, 100-128. L".

1114 Segal, Robert A.: **Why isn't religion an independent variable?** Method & theory in the study of religion 11 (Leiden 1999), 408-419.

1115 Tamcz, Elsa: **Die Rechtfertigung durch den Glauben aus der Sicht der Ausgeschlossenen.** Ökumenische Rundschau 48 (1999), 324-340.

1116 Thilo, Hans-Joachim: **Erlösen statt erleuchten:** was die Rechtfertigungslehre der Psychologie voraus hat. EvK 33 (2000) Heft 4, 35-37: Ill.

1117 Thöle, Reinhard: **Herausforderung und Chan-**

**cen des Dialoges mit orthodoxen Kirchen.** MD 51 (2000), 13-16.

1118 Thompson, Deanna A.: **Theological proximity to the cross:** a conversation between Martin Luther and feminist theologians. AnA: UMI, 2000. VI, 238 Bl. [Fotokopie] – Zugl.: Nashville, Tenn., Vanderbilt-University, Ph.D. in Religion, 1998.

1119 Union with Christ: **the new Finnish interpretation of Luther/** hrsg. von Carl E. Braaten; Robert W. Jenson/ Kurzfassung von Paul Lehninger. LuD 9 (2001), 124-144. [Vgl. LuB 2002, Nr. 051 und 1120]

1120 **Union with Christ:** the new Finnish interpretation of Luther/ hrsg. von Carl E. Braaten; Robert W. Jenson; [Kurzfassung von Paul Lehninger]. Nachdruck aus LD 9 (2001). RuYu 15 (2001), 99-130. [Vgl. LuB 2002, Nr. 051 und 1119]

1121 Vischer, Lukas: **Muss die Praxis des Ablasses wirklich auch im dritten Millenium aufrechterhalten werden?:** Anfragen an eine römische, aber nicht unbedingt katholische Sonderlehre. Ökumenische Rundschau 50 (2001), 354-375. L 364-366+".

1122 Vulpius, Axel: **Was ich von (m)einer Kirche erwarte:** den Konsens wiederherstellen; Auswüchse beschneiden. ZW 68 (1997), 102-107.

1123 Wagner, Harald: **Die Rechtfertigungsproblematik im ökumenischen Dialog:** vom Malta-Papier bis zur Gemeinsamen Erklärung. In: 055, 58-69.

1124 Weinstein, Donald: **Heiko Oberman's desert harvest.** In: 011, IX-XI.

1125 Wendebourg, Dorothea: **Die »Gemeinsame Erklärung zur Rechtfertigungslehre«:** Entstehung und endgültiger Text. Theol. Beiträge 29 (1998), 62-74.

1126 Wendland, Ernst R.: **The use of Luther's catechisms in our world mission field.** In: 035, 1 Diskette (3 1/2").

1127 Winkler, Eberhard: **Leute zu Gott bringen:** die Idee vom Priestertum aller Gläubigen ist eine große Chance für die Kirche. ZZ 2 (2001) Heft 2, 8-10: Ill.

1128 Winter, Friedrich: **Joachim Rogge (1929-2000).** JBrKG 63 (2001), 159-161: Portr.

1129 Yeago, David S.: **A response to Bradley Hanson.** CTM 27 (2000), 359-368.

1130 Yri, Norvald: **Luther speaks to Africa:** the question of salvation. In: Issues in African Christian theology/ hrsg. von Samuel Ngewa; Mark Shaw; Tite Tienou. Nairobi: East African educational, 1998, 186-191.

## 8 Romane, Schauspiele, Filme, Varia

1131 **Celebrate the Reformation, October 31:** a practical guide for a group celebration of the great Christian revolution/ zsgest. von Kerry Carr; Christl McCullars. Sorrento, FL: Elijah, 1998. IV, 56 S.: Ill.

1132 **Connections 3.** Videoausgabe. Bd. 8: **Fire from the sky/** erarb. von James Burke; Charles Mapleston. NY: Ambrose Video, 1998. 1 Videokassette (53 min.).

1133 Haase, Lisbeth: **Wibrandis Rosenblatt:** ein Leben an der Seite der Reformatoren. S: Christliches Verlagshaus, 2000. 120 S.

1134 Luther Blisset [Pseudonym]: **Q.** Torino: Enaudi, 1999. XV, 692 S. (Enaudi tascabili: stile libero)

1135 Luther Blisset [Pseudonym]: **Q** (Q ⟨niederl.⟩)/ aus dem Italien. übers. von Annegret Böttner; Jan van der Haar. Amsterdam: Wereldbibliotheek, 2001. 719 S.

1136 **Luther/** hergest. von John Osborne; Regie: Guy Green; Drehbuch: Edward Anhalt. Videoausgabe von 1974; ausgestrahlt und unter Lizenz aufgezeichnet am 7. Mai 1999. LO: Channel 5 Television, 1999. 1 Videokassette (120 min.).

1137 **Luther legacy/** erarb. von Robert E. A. Lee. Videoausgabe. Engl. Verfilmung nach dem dt. Drehbuch von »Martin Luther« (1953). Worcester, PA: Gateway Films, 1998. 1 Videokassette (60 min.).

1138 **The world of religion, philosophy and art/** Moderator: Tony Stewart; Gesprächsteilnehmer: Janell Burke; Steve Schenk; Martin Luther als Gesprächspartner dargestellt von William Chrystal; hergest. von Tony Steward. Videoausgabe. Coeur d'Alene, ID: North Idaho College, 1999. 1 Videokassette (29. min.).

## C FORSCHUNGSBERICHTE, SAMMELBESPRECHUNGEN, BIBLIOGRAPHIEN

1139 **Annotated bibliography/** zsgest. von Rod Rosenblatt. In: 032, 201-216.

1140 Arand, Charles P.: **The Small Catechism within the RCIA:** Bibliographie. Lutheran forum 32 (NY 1998), 40-44.

1141 **Bibliographie** [Melanchthonliteratur]. In: 038, 897-947. [Siehe die »Nachträge zur Bibliographie der ersten Auflage 1999« unter LuB 2002, Nr. 038, 948-950]

1142 **Bibliographie Bernd Moeller:** 1991-2000. In: 040, 285-292.

1143 **Bibliographie Heinz Scheible:** 1960-2000. In: 015, 537-573.

1144 Gestrich, Christof: **Ekklesiologie.** ThR 63 (1998), 290-328.

1145 **Heiko Augustinus Oberman:** bibliography. In: 011, 431-446.

1146 Hendrix, Scott H.: **Luther research in the twentieth century.** LQ 15 (2001), 1-23.

1147 Ji, Won Yong: **Dong-Asia eseo ui Ruteo yeon gu:** hyeon juso wa gongheon gwa jeonmang (Lutherstudien in Ostasien: aktuelle Situation, Beitrag und zukünftige Perspektive). RuYu 15 (2001), 7-28.

1148 Kwak, Weon-sang: **1983 nyeondobuteo 2000 nyeondokkaji Ruteo gwallyun seokbaksa nonmun jeongni** (Magister- und Doktorarbeiten zu Luther 1983-2000). RuYu 15 (2001), 145-178.

1149 Leppin, Volker: **Luther Literatur seit 1983 (II).** ThR 65 (2000), 431-454. [Vgl. LuB 2001, Nr. 1058]

1150 **Literaturbericht zur Liturgik/** zsgest. von Alexander Völker ... JLH 38 (1999), 138-156.

1151 Mager, Inge: **Regionale Reformationsgeschichte.** ThR 63 (1998), 434-446.

1152 Müller, Frank Bernhard; Ullmann, Ernst: **Bibliographie zur Kunstgeschichte in Sachsen.** L: Sächsische Akademie der Wissenschaften zu Leipzig; S; L: Hirzel, 2000. XLII, 497 S. (Abhandlungen der Sächsischen Akademie der Wissenschaften zu Leipzig: Phil.-hist. Klasse; 77)

1153 Schäfer, Rolf: **Evangelische Dogmatik.** ThR 63 (1997), 421-449. L 426-429. 436-442+".

1154 Schmidt, Günter R.: **Philippus Melanchthon – paedagogus christianus:** ein Rückblick auf das Melanchthonjahr 1997. ThLZ 124 (1999), 691-704.

1155 Schmidt-Lauber, Hans-Christoph: **Liturgiewissenschaft im Aufwind:** Literaturbericht 1984-1996. ThR 63 (1998), 137-158.

1156 **Schriftenverzeichnis Johannes Brosseder/** zsgest. von Christine Funk ... In: 07, 455-478.

1157 Skocir, Joan: **A search for the authentic Luther:** Kenneth Hagen's approach to the Luther studies. In: 01, 253-269.

1158 Thüringer, Walter: **Die Melanchthon-Forschungsstelle Heidelberg:** Gründung, Entwicklung, Ertrag. In: 015, 521-536.

**LuB 1993**

171 Link, Christian. – Kandler, Karl-Hermann: Lu 72 (2001), 54 f.

**LuB 1994**

21 Luther, Martin. – Gummelt, Volker: ThLZ 126 (2001), 182-184.

**LuB 1995**

607 Melanchthon, Philipp. – Blaufuß, Dietrich: Lu 72 (2001), 112 f.

**LuB 1996**

043 Peters, Albrecht. – Vorster, Hans: Ökumenische Rundschau 45 (1996), 508 f.

154 Blaumeiser, Hubertus. – Dörfel, Donata: Ökumenische Rundschau 46 (1997), 539 f.

658 Gaßner, Klaus. – Hans, Friedhelm: BlPfKG 68 (2001), 189 f.

659 Handbuch der bayer. Kirchengeschichte II. – Gößner, Andreas: Zeitschrift des Historischen Vereins für Schwaben 91 (1998), 393-403.

**LuB 1997**

016 Geschichte der Seelsorge ... II. – Sorg, Theo: Theol. Beiträge 27 (1996), 291 f.

020 Hendrix, Scott H. – Mattox, Mickey L.: Fides et historia 31 (Terre Haute, IN 1999), 125-128.

021 Hirschler, Horst. – Moeller, Bernd: ThR 62 (1997), 346.

749 Stadtwald, Kurt. – Lawe, Kari: KÅ (2000), 222-224.

991 Schorn-Schütte, Luise. – Karant-Nunn, Susan: SCJ 29 (1998), 571 f.

1263 Zeller, Eva. – Böhme, Wolfgang: ZW 67 (1996), 247 f.

**LuB 1998**

09 Die bewahrende Kraft ... – Nauerth, Claudia: ThLZ 124 (1999), 419 f.

089 Seebaß, Gottfried. – Brady, Thomas A., Jr.: SCJ 29 (1998), 1237 f; Gößner, Andreas: ThLZ 125 (2000), 720-722.

090 Spitz, Lewis W. – Mattox, Mickey L.: Fides et historia 31 (Terre Haute, IN 1999), 125-128.

091 Spitz, Lewis W. – McGoldrick, James Edward: SCJ 29 (1998), 800 f.

096 Unio. – Blaufuß, Dietrich: ZBKG 70 (2001), 230 f.

0109 Zugänge zu Martin Luther. – Pawlas, Andreas: Lu 72 (2001), 110 f.

167 Ebeling, Gerhard. – Schweitzer, Friedrich: Journal of religion 79 (Chicago, IL 1999), Nr. 2, 301-303.

231 Evang. Bekenntnisse I. – Wenz, Gunther: ThLZ 124 (1999), 209-212.

239 Peters, Christian. – Seils, Martin: ThLZ 124 (1999), 924-927; Wenz, Gunther: ThR 64 (1998), 200-205.

274 Goertz, Harald. – Globig, Christine: Ökumenische Rundschau 49 (2000), 251 f; Kirn, Hans-Martin: ThLZ 124 (1999), 529-531.

318 Burandt, Christian Bogislav. – Basse, Michael: ZKG 112 (2001), 113-115; Gummelt, Volker: ThLZ 124 (1999), 525-527.

326 Keen, Ralph. – Vries, Dawn de: SCJ 29 (1998), 1145 f.

434 Harran, Marilyn J. – Gritsch, E[ric] W.: Catholic historical review 85 (1999), Nr. 2, 306 f; Kittelson, James M.: ChH 68 (1999), 696-698; Strauss, Gerald: American historical review 104 (1999), Nr. 2, 666 f.

565 Arffman, Kaarlo. – Greschat, Martin: ThLZ 124 (1999), 525.

566 Bachmann, Claus. – Gößner, Andreas: ThLZ 124 (1999), 69-71; Mattox, Mickey L.: SCJ 29 (1998), 878 f.

612 Moeller, Bernd. – Taylor, Larissa Juliet: SCJ 29 (1998), 623-625.

650 Beuttenmüller, Otto. – Böcher, O[tto]: BlPfKG 68 (2001), 433-434 = Ebernburg-Hefte 35 (2001), 109 f.

785 Wengert, Timothy J. – Burigana, Riccardo: Cristianesimo nella storia 21 (Bologna 2000), 732-734.

896 Campi, Emidio. – Kreitzer, Beth: SCJ 29 (1998), 603 f.

**LuB 1999**

01 Andreas Bodenstein von Karlstadt ... – Robinson, Paul W.: SCJ 31 (2000), 1154-1156.
08 Beutel, Albrecht. – Bräuer, Siegfried: ThLZ 125 (2000), 647 f.
029 Die frühe Reformation ... – Gößner, Andreas: ZBKG 68 (1999), 234-238.
042 Die Kirche als Gemeinschaft. – Plathow, Michael: Lu 72 (2001), 51 f.
049 Lohse, Bernhard. – Pitkin, Barbara: SCJ 32 (2001), 617 f.
050 Luther in seiner Zeit. – Gößner, Andreas: ZKG 112 (2001), 410 f.
056 Martin Luther und seine Universität. – Gößner, Andreas: Mitteldeutsches Jahrbuch 7 (2000), 720-722.
228 Flogaus, Reinhard. – Bienert, Wolfgang: Ökumenische Rundschau 49 (2000), 238-240.
311 Buckwalter, Stephen E. – Bräuer, Siegfried: ThLZ 124 (1999), 1027-1029; Lawe, Kari: KÅ (2000), 224-226.
392 Wöhle, Andreas H. – Asendorf, Ulrich: ZKG 112 (2001), 115 f; Hofman, Frank: ThLZ 126 (2001), 779 f.
466 Rosin, Robert. – Alfsvag, Knut: SCJ 29 (1998), 894-896.
663 Belucci, Dino. – Gunnoe, Charles D.; Walter, Marguerite: SCJ 32 (2001), 287 f; Repo, Matti: KÅ (2000), 229-230.
779 Felmberg, Bernhard Alfred R. – Bielfeldt, Dennis: SCJ 31 (2000), 1112 f; Gatch, Milton McC.: ChH 68 (1999), 445-447.
893 Zeller, Reimar. – Haendler, Gert: ThLZ 124 (1999), 1264-1266.

**LuB 2000**

019 Katharina von Bora, die Lutherin. – Neuhaus, Sinnika: KÅ (2000), 228-229.
026 Lehmann, Hartmut. – Korsch, Dietrich: EvK 32 (1999), Heft 10, 52 f; Nowak, Kurt: ThR 65 (2000), 117 f.
031 Lutherjahrbuch LXVI: Glaube und Bildung/Faith and culture. – Koch, Ernst: ThLZ 126 (2001), 544-546.
043 Die Patristik ... – Farthing, John L.: SCJ 31 (2000), 1167-1169.
047 Philipp Melanchthon ...: die bunte Seite .... – Plathow, Michael: Lu 72 (2001), 111 f.
048 Profile des Luthertums. – Mennecke-Haustein, Ute: ThLZ 124 (1999), 1141-1143.
050 Die Provokation des Kreuzes. – Zademach, Wieland: Ökumenische Rundschau 49 (2000), 510-513.
052 Recent research on ... Luther. – Pawlas, Andreas: Lu 72 (2001), 47.
060 Sommer, Wolfgang. – Müller, Gerhard: ThLZ 126 (2001), 79-81.
32 Luther, Martin. – Gummelt, Volker: ThLZ 126 (2001), 182-184.
112 Bodenstein, Walter. – Gößner, Andreas: ZKG 112 (2001), 408-410; Müller, Hans Martin: ThR 65 (2000), 115-117.
176 Hauschild, Wolf-Dieter. – Mühlenberg, Ekkehard: ThLZ 126 (2001), 649-651.
192 Helmer, Christine. – Asendorf, Ulrich: ZKG 112 (2001), 116 f.
211 Kreuzer, Michael. – Link-Wieczorek, Ulrike: ThLZ 126 (2001), 775 f.
232 Brockmann, Thomas. – Jaynes, Jeff: SCJ 32 (2001), 284-287.
303 Galzignato, Mario. – Rostagno, Sergio: Pro 55 (2000), 338 f.
352 Asendorf, Ulrich. – Schmidt, Gerhard: Lu 72 (2001), 109 f.
525 Marius, Richard. – Arnold, Kenneth: Cross currents 49 (Kanagawa, Japan 1999), 403-407; Johnson, T. E.: Religious education 94 (Chicago, IL 1999), 465-468; Maschke, Timothy H.: SCJ 31 (2000), 1097-1099; Oberman, Heiko A.: The new republic 221 (NY 1999), Nr. 7, 40-45; Scott, Tom: English historical review 114 (LO 1999), Nr. 459, 1301 f.
609 Zur Mühlen, Karl-Heinz. – Wolgast, Eike: Lu 72 (2001), 51.
685 Melanchthon, Philipp. – Ricca, Paolo: Pro 55 (2000), 334-336; Wengert, Timothy J.: SCJ 31 (2000), 853 f.
686 Melanchthon, Philipp. – Ricca, Paolo: Pro 55 (2000), 336 f; Wengert, Timothy J.: SCJ 31 (2000), 854 f.
792 Springer, Klaus-Bernward. – Heutger, Nicolaus: Lu 72 (2001), 49 f.
1200 Oelke, Harry. – Holze, Heinrich: ZBKG 70 (2001), 244-247.
1288 Maffeis, Angelo. – Ribet, Paolo: Pro 55 (2000), 339 f.
1368 Quellenlexikon zur dt. Literaturgeschichte XIX. – Blaufuß, Dietrich: Lu 72 (2001), 48 f.
1369 Quellenlexikon zur dt. Literaturgeschichte XX. – Blaufuß, Dietrich: Lu 72 (2001), 48 f.

**LuB 2001**

014 Europa und die Türken … – Frenschkowski, Marco: BlPfKG 6 (2001), 320 f.
021 Eine glossierte Vulgata … – Dobschütz, Detlef von: Lu 72 (2001), 105 f; Zschoch, Hellmut: ThLZ 126 (2001), 542-544.
022 Grane, Leif. – Vercruysse, Jos. E.: Gregorianum 82 (Roma 2001), 803-805.
039 Kretschmar, Georg. – Vorster, Hans: Ökumenische Rundschau 50 (2001), 411-413.
066 Von Luther zu Bach. – Müller, Gerhard: ThR 66 (2001), 369-372.
130 Lohse, Bernhard. – Hägglund, Bengt: KÅ (2000), 226-228.
258 Reinhuber, Thomas. – Hailer, Martin: Ökumenische Rundschau 50 (2001), 416-418.
429 Kolb, Robert. – Heinze, Rudolph W.: SCJ 31 (2000), 1096 f; Nagel, Norman: CJ 27 (2001), 78 f.
497 Wittenberger Gelehrtenstammbuch I. – Gößner, Andreas: ZBKG 70 (2001), 219-224.
589 Kohler, Alfred. – Brecht, Martin: EvK 33 (2000), Heft 2, 52 f.
677 Dillenberger, John. – Spicer, Andrew: SCJ 31 (2000), 870-874.
691 Gößner, Andreas. – Heim, Manfred: Zeitschrift für bayerische Landesgeschichte 64 (2001), 537; Hofmann, Frank: Lu 72 (2001), 107 f; Schaeffer, Peter: SCJ 32 (2001), 450 f.

## Berichtigung

LuJ 67 (2000), 142, Abs. 2, vorletzte Zeile, muß es »Melanchthonkritik« statt »Lutherkritik« heißen.